SIEMENS NX
서피스 모델링

Version 2015 (Dec 2021)

저 자

고 재 철
김 선 용
이 동 구

ONSIA

SIEMENS NX 서피스 모델링

Siemens NX 서피스 모델링

Version 2015 (Dec 2021)

ISBN 978-89-94960-34-0

저자: 고재철, 김선용, 이동구
발행일: 2022년 4월 25일
출판사: (주)온솔루션인티그레이션
전화: 070-8065-7894
팩스: 02-6918-4602
이메일: support@onsia.kr
정가: 30,000원

커버 이미지 디자인: freepik.com

* 이 책은 저작권법에 의하여 보호를 받는 저작물이므로 무단 전재 또는 복제를 금합니다.

* 이 책의 부분 복사에 대한 저작권은 '한국문학예술저작권협회'에 의해 신탁관리되고 있습니다.
자세한 사항은 한국문학예술저작권협회(www.kolaa.kr)로 문의 바랍니다.

http://www.onsia.kr

(주)온솔루션인티그레이션의 교육 및 엔지니어링 서비스 프로그램

(주)온솔루션인티그레이션은 CAD/CAM/CAE 소프트웨어 사용법에 대한 교육과 기술 컨설팅 서비스를 제공하는 전문회사입니다.

다양한 경험과 전문지식을 바탕으로 CAD/CAM/CAE 관련 교육과정 개발, 기술서적 출판, 강사 파견 및 설계, 해석 용역 서비스를 수행하고 있습니다.
(전화: 070-8065-7894, 팩스: 02-6918-4602, 이메일: support@onsia.kr)

교육
기업체 맞춤 교육과정 및 교재 개발
NX, CATIA, CAE(Nastran) 강의

기술서비스
기구설계 용역, 강도, 진동, 피로, 열유체, 충돌 등 각종 해석 용역

당사 출판 서적

- CATIA V5 기본 모델링-2판: ISBN 978-89-94960-27-2
- CATIA V5 서피스와 실무 모델링-2판: ISBN 978-89-94960-31-9
- CATIA V5 유한요소 해석법: ISBN 978-89-94960-28-9
- NX 10 서피스 모델링: ISBN 978-89-94960-25-8
- NX 12 모델링 가이드: ISBN 978-89-94960-29-6
- SIEMENS NX 모델링 가이드: ISBN 978-89-94960-32-6
- SOLIDWORKS 기본 모델링: ISBN 978-89-94960-30-2
- NX 12 NASTRAN 유한요소 해석법: ISBN 978-89-94960-33-3

http://www.onsia.kr

SIEMENS NX 서피스 모델링

학습자료 다운로드 안내

홈페이지(www.onsia.kr)에 id를 등록하고 "정식 구매자 등록"을 하시면 학습자료를 내려 받고 관련 서비스를 이용하실 수 있도록 회원 등급을 조정하여 드립니다. 정식 구매를 하지 않으신 분은 홈페이지의 서비스 이용에 제한을 받을 수 있습니다.

인터넷 주소 창에 아래 주소를 입력하면 실습용 파일을 다운로드 하실 수 있습니다.
https://bit.ly/3xHYNoL (이 주소는 변경될 수 있습니다.)

http://www.onsia.kr

목 차

Chapter 1
시작하기   1

1.1 NX 버전 2
1.2 NX 시작하기 3
1.3 새 파트 생성하기 4
1.4 NX UI(User Interface, 사용자 인터페이스) 5
1.5 마우스 사용법 11
1.6 스케치와 모델 생성 16
     1.6.1 스케치 생성 16
     1.6.2 사각형 그리기 16
     1.6.3 돌출 시키기 18
1.7 View 팝업 메뉴 19
1.8 형상 변경 하기 25
1.9 형상 추가하기 25
1.10 형상 제거하기 27
1.11 파일 관리 28
1.12 Customer Defaults 29
     1.12.2 변경 사항 확인 및 삭제 30
     1.12.1 Fit Percentage 30
1.13 User Interface 설정 32
     1.13.1 단위창 위치 초기화 32
     1.13.2 정보 메시지 초기화 33

Chapter 2
서피스 모델링 소개   35

2.1 서피스 모델링의 정의 36
2.2 오브젝트(Object) 37
2.3 시행 착오(trial & error) 38
2.4 서피스 모델링을 위한 가이드라인 39
2.5 서피스 모델링의 방식 40
2.6 레이어(Layer) 52
     2.6.1 Category 53
     2.6.2 Layer Control 53
     2.6.3 레이어의 이동 및 복사 54

v

2.7 요약 60

Chapter 3
Ruled Surface   61

3.1 Ruled Surface 62
3.2 Ruled 기능의 옵션 64
    3.2.1 Alignment 옵션 64
    3.2.2 Settings 옵션 그룹 66
    3.2.3 Reverse Direction과 Specify Origin Curve 66
    3.2.4 Section을 선택하는 요령 67
    3.2.5 Section으로 점 이용하기 76
3.3 추가 예제 79
3.4 요약 86

Chapter 4
Through Curves   87

4.1 Through Curves 88
4.2 Through Curves 기능의 옵션 93
    4.2.1 Sections 93
    4.2.2 Continuity 93
    4.2.3 Constraint Face 97
    4.2.4 바디 타입 98
    4.2.5 Flow Direction 99
    4.2.6 Output Surface Options 옵션과 Settings 옵션 104
4.3 추가 예제 108
4.4 요약 113

Chapter 5
Face Analysis   115

5.1 Face Analysis 기능 116
5.2 Reflection 117
    5.2.1 Reflection 118
    5.2.2 Image Type 122
    5.2.3 Reflection 기능을 이용한 G0, G1 Continuity의 확인 126
5.3 Surface Continuity 128
    5.3.1 Surface Continuity 대화상자 128
5.4 Examine Geometry 135

5.5 Section Anaysis 138
    5.5.1 곡률반경(Radius of Curvature) 표시 143
    5.5.2 Peak, Inflection, Length 표시 144
5.6 Draft Analysis 145
5.7 요약 146

Chapter 6
Through Curve Mesh   147

6.1 Through Curve Mesh 148
6.2 Primary Curve와 Cross Curve의 조건 151
6.3 Curve의 이용 158
6.4 Through Curve Mesh의 옵션 164
    6.4.1 Spine 164
    6.4.2 Emphasis 169
    6.4.3 Continuity 170
6.5 추가 예제 178
6.6 요약 182

Chapter 7
Swept   183

7.1 Swept 184
7.2 Swept의 Section Options 이해 187
    7.2.1 Guide 1 개와 Section 1 개의 경우 188
    7.2.2 Guide 1 개와 Section 2 개 이상인 경우 190
    7.2.3 Guide 2 개와 Section 1 개의 경우 193
    7.2.4 Guide 2 개와 Section 2 개 이상의 경우 195
    7.2.5 Guide 3 개와 Section 1 개의 경우 197
    7.2.6 Guide 3 개와 Section 2 개 이상의 경우 199
    7.2.7 상황별 옵션 요약 201
7.3 Orientation Method 옵션 202
    7.3.1 Orientation Method의 결과 형상 비교 211
    7.3.2 Orientation Method의 V Grid Line 비교 212
7.4 Scaling Method 옵션 213
    7.4.1 Scaling Method의 결과 형상 비교 223
7.5 Spine 옵션 224
7.6 추가 예제 225
7.7 요약 232

Chapter 8
Studio Surface 233

8.1 Studio Surface 234
8.2 Through Curves의 대안으로서의 Studio Surface 235
8.3 Through Curve Mesh와 Swept 기능의 대안으로서의 Studio Surface 236

Chapter 9
Variational Sweep 239

9.1 Variational Sweep(V-Sweep) 240
9.2 인접한 서피스와의 G1 연속성 245
9.3 V Sweep 서피스의 생성 가능 여부 확인 249
9.4 V Sweep 옵션 249
    9.4.1 스케치 면의 위치 변경 249
    9.4.2 Limits 설정 251
    9.4.3 Secondary Section 251
9.5 Sketch 면의 Orientation 옵션 255
    9.5.1 Normal to Path 256
    9.5.2 Normal to Vector 256
    9.5.3 Parallel to Vector 260
    9.5.4 Through Axis 260
9.6 요약 266

Chapter 10
Curve 기능 267

10.1 Curve 기능 268
10.2 Helix 269
10.3 Text 271
10.4 Offset Curve 276
    10.4.1 Distance 276
    10.4.2 Draft 277
    10.4.3 Law Control 278
    10.4.4 3D Axial 278
10.5 Project Curve 280
10.6 Mirror Curve 281
10.7 Intersection Curve 281
10.8 Offset in Face 284
10.10 Isoparametric Curve 286
10.9 Composite Curve 286

10.11 Bridge 커브 289
10.12 Combined Projection 292
10.13 요약 294

Chapter 11
추가 모델링 기능   *295*

11.1 추가 모델링 기능 296
11.2 Trim and Extend (Make Corner Type) 297
11.3 Pattern Face 300
11.4 Law Extension 303
11.5 Face Blend 305
    11.5.1 Section Orientation – Rolling Ball .309
    11.5.2 Section Orientation – Swept Section 310
    11.5.3 Width Method 옵션 311
    11.5.4 Shape 옵션 313
11.6 Extend Sheet 319
11.7 Emboss 321
11.8 Trim Sheet 323
11.9 Tube 325
11.10 Offset Surface 326
11.11 Extract Geometry 329
11.12 요약 334

Chapter 12
종합 모델링   *335*

12.1 Door Knob 337
12.2 Bottle 2 339
12.3 no name 1 343
12.4 no name 2 345
12.5 no name 3 347
12.6 no name 4 351
12.7 Door Lock 355
12.8 Cup Holder 359
12.9 Propeller 1 363
12.10 Battery Case Cover 367
12.11 Bottle 1 371
12.12 Case Upper 1 375
12.13 Case Upper 2 378
12.14 Case Upper 3 383
12.15 Concent 387
12.16 Bottle 3 391

12.17 Interphone Upper 395
12.18 Stand Router. 399

Chapter 13
범퍼 스킨 모델링   *403*

13.1 개요 404
13.2 모델링 단계 요약 405
13.3 상세 모델링 406
    13.3.1 파일 생성 및 이미지 불러오기 406
    13.3.2 스케치 생성. 408
    13.3.3 커브 생성 411
    13.3.4 곡면 생성 414

Chapter 1
시작하기

■ 학습목표

- NX를 실행할 수 있다.
- NX의 UI(User Interface, 사용자 인터페이스)를 구성하는 요소의 명칭과 역할을 알 수 있다.
- 마우스 사용법을 알 수 있다.
- NX에서 환경 설정을 할 수 있다.

1 장: 시작하기

1.1 NX 버전

본 교재는 NX2015 버전(2022년 Release)으로 제작되었다. 메뉴버튼 > File > Help > About NX를 선택하여 버전을 확인할 수 있다. 이 버전으로 생성된 파일은 NX 2007 이후 버전에서 열 수 있다.

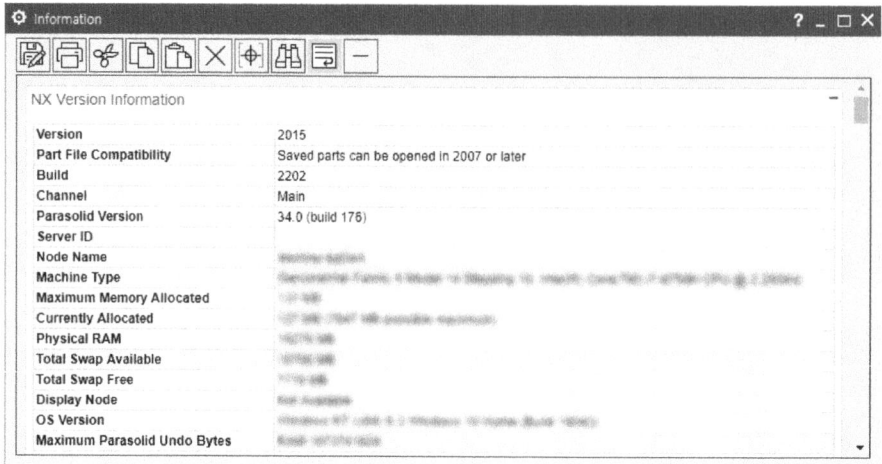

그림 1-1 NX의 버전

1.2 NX 시작하기

NX를 실행시키면 그림 1-2와 같은 화면이 나타난다. 이 화면에서는 NX 파트 파일을 열거나 새로운 NX 파일을 생성할 수 있다.

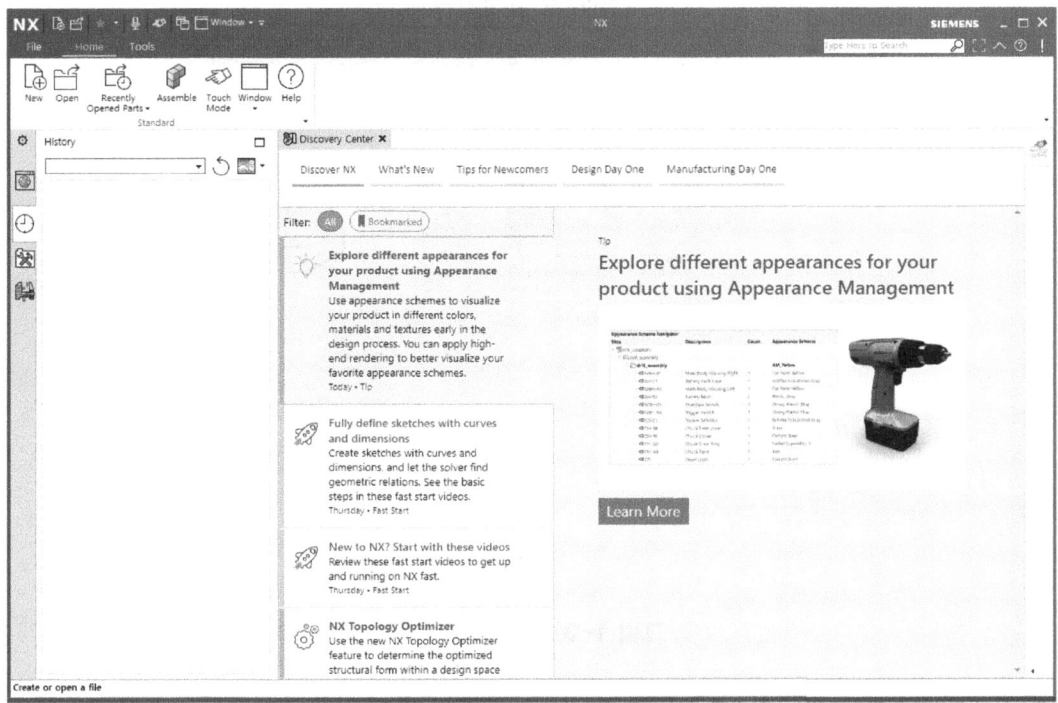

그림 1-2 NX의 시작 화면

1.3 새 파트 생성하기

Home 탭에 있는 New 아이콘을 누르면 그림 1-3과 같은 New 대화상자가 나타난다. 단위를 설정하고 Model 템플릿을 선택하여 파트 파일을 생성할 수 있다. Folder 창에 파트 파일의 경로를 설정하고 Name 입력창에 파일의 이름을 입력한다.

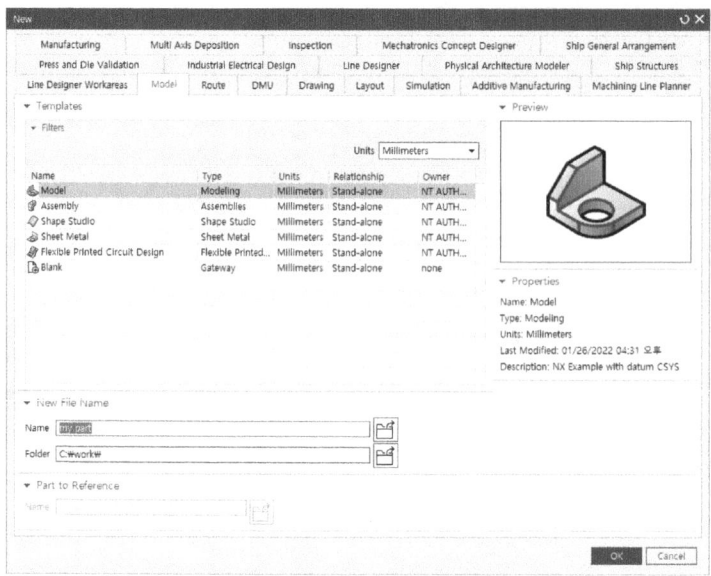

그림 1-3 New 대화상자

New 대화상자에서 OK 버튼을 누르면 그림 1-4와 같이 Modeling 환경이 실행되고 여러 가지 기능을 이용하여 3차원 형상을 만들거나 조립할 수 있다.

1.4 NX UI(User Interface, 사용자 인터페이스)

그림 1-4는 Model 템플릿으로 새 파일을 만든 상태이다. NX를 처음 실행시키면 Welcome 롤(Role)이 적용된다. Role이란, 작업자의 수준에 맞게 또는 특정 산업 분야에 필요한 기능 (command) 만을 표시하여 NX UI를 최적화 시켜 주는 편의 기능이다.

본 교재에서는 Advanced Role을 사용한다. NX 화면의 좌측(Resource Bar)에서 Role을 클릭한 후 Content를 눌러 Role Advanced를 클릭하면 NX의 화면이 그림 1-5와 같이 변경된다.

각 부분의 명칭과 용도에 대해 알아보자.

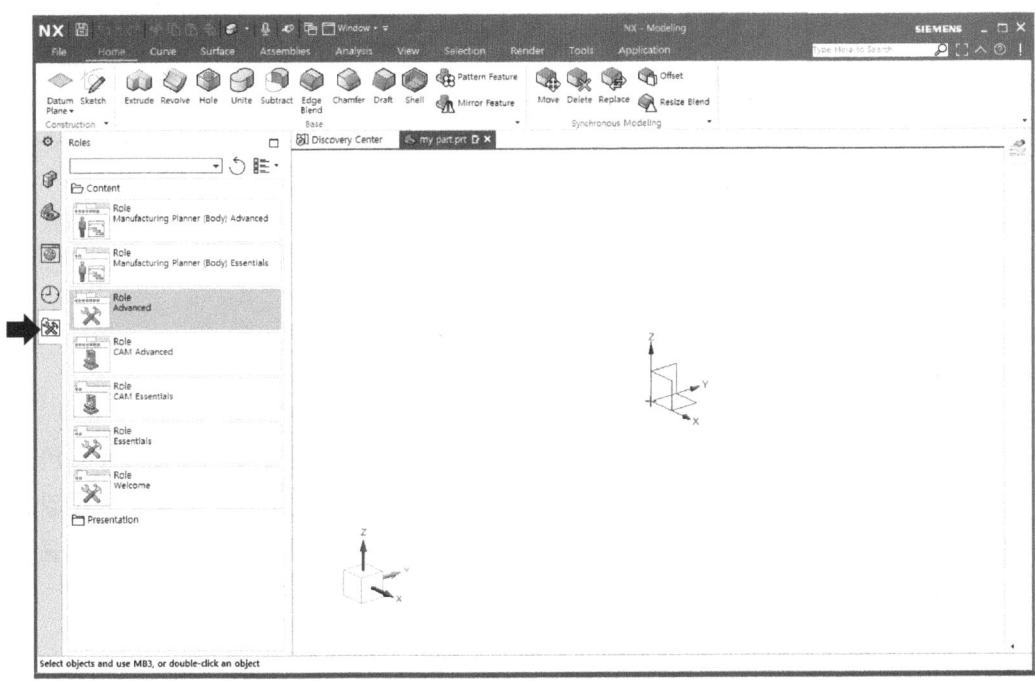

그림 1-4 NX의 첫 화면

1 장: 시작하기

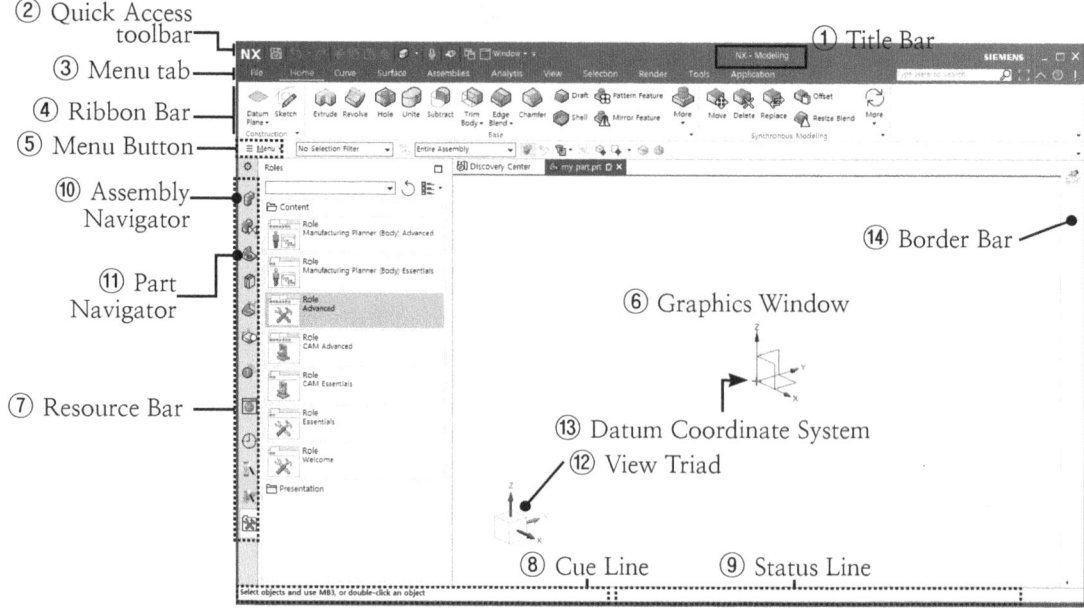

그림 1-5 NX 화면(Role - Advnaced)

① Title Bar(타이틀 바)
NX의 버전, 애플리케이션을 확인할 수 있다.

② 빠른실행 툴바(Quick Access Toolbar)

자주 사용하는 기능 아이콘을 추가하여 빠르게 사용할 수 있다. 그림 1-6은 빠른실행 툴바에 Extrude 아이콘을 추가한 것이다. 추가할 아이콘 위에 마우스 우클릭 하면 그림 1-7과 같은 팝업메뉴가 나타나고 Add to Quick Access Toolbar를 선택하여 빠른실행 툴바에 아이콘을 추가할 수 있다.

그림 1-6 빠른실행 툴바

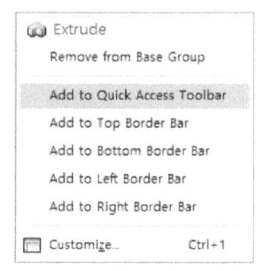

그림 1-7 아이콘 추가

③ 메뉴탭(Menu Tab)

탭을 누르면 메뉴 그룹에 들어 있는 아이콘이 나타난다. 리본바(Ribbon Bar)의 비어 있는 영역에 마우스 오른쪽 버튼을 눌러 탭을 추가하거나 없앨 수 있다.

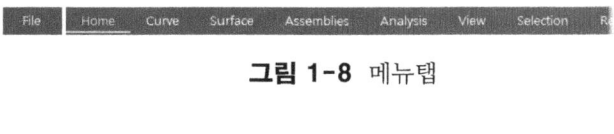

그림 1-8 메뉴탭

그림 1-9 메뉴탭 표시

④ 리본바(Ribbon Bar)

메뉴탭을 누르면 리본바에 아이콘이 표시된다. 그림 1-10은 Home 탭을 눌렀을 때 리본바에 나타나는 아이콘이다.

그림 1-10 Home 탭 그룹의 아이콘

⑤ 메뉴 버튼(Menu Button)

NX의 현재 Application에서 제공하는 기능들을 비슷한 범주(Category)로 구분하여 보여준다. 아이콘을 누르는 대신 메뉴버튼을 이용하여 애플리케이션의 기능을 실행시킬 수 있다.

그림 1-11 메뉴버튼

⑥ Graphics Window(그래픽스 윈도우)
파트가 만들어지고, 보여지고, 수정되는 실질적인 작업 공간이다. '작업창'이라 부른다.

⑦ Resource Bar(리소스 바)
Part Navigator와 Assembly Navigator 등의 도구(Tool) 등을 페이지 형태로 모아서 보여 주는 영역이다.

⑧ Cue Line(큐 라인)
사용자가 무엇을 해야 하는지를 메시지로 보여 주는 영역이다. 이 메시지에는 다음 작업에 대한 내용도 포함되는 경우도 있다. 아래 그림은 Sketch 기능을 실행한 직후 Cue Line에 표시되는 메시지이다.

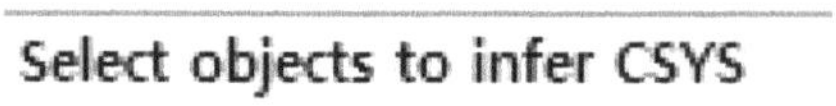

Select objects to infer CSYS

그림 1-12 Cue Line에 표시되는 메시지의 예

이 메시지의 의미는 다음과 같다.

> CSYS(Coordinate System)을 정의할 오브젝트를 선택하시오.

⑨ Status Line(스테이터스 라인)
마지막으로 수행한 작업에 대한 메시지를 보여 주는 영역이다. 아래 그림은 파트 파일을 저장했을 때 Status Line에 표시되는 메시지이다.

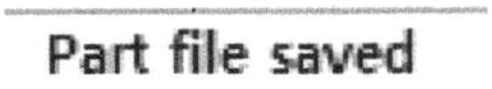

Part file saved

그림 1-13 Status Line에 표시되는 메시지의 예

⑩ Assembly Navigator(어셈블리 네비게이터)
그림 1-14와 같이 어셈블리 파트의 구조(서브 어셈블리와 컴포넌트의 구성)를 보여준다.

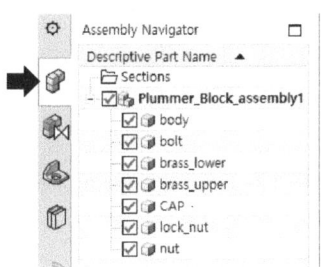

그림 1-14 Assembly Navigator

⑪ Part Navigator(파트 네비게이터)
그림 1-15와 같이 파트의 Model History를 보여준다. 사용자는 파트를 구성하는 Feature(피쳐)를 Part Navigator에서 수정할 수도 있다.

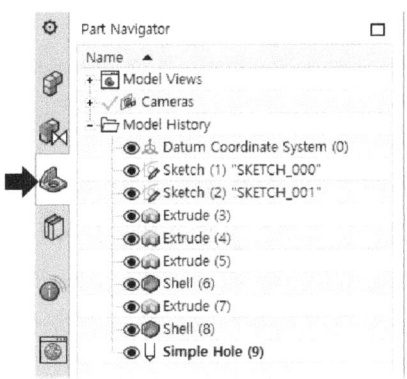

그림 1-15 Part Navigator

⑫ View Triad(뷰 트라이애드)
모델의 방향(orientation)을 절대좌표 기준으로 알려주는 역할을 한다.

그림 1-16 View Triad

⑬ Datum Coordinate Sytem(데이텀 좌표계)
Feature의 하나로 다음 3가지 오브젝트로 구성된다. 다양한 용도로 사용되며 가장 대표적인 용도는 Sketch 평면으로 사용되는 것이다.

그림 1-17 Datum Coordinate System

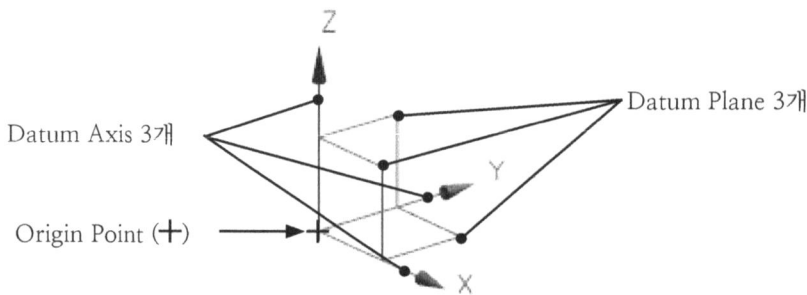

그림 1-18 Datum Coordinate System을 구성하는 3가지 오브젝트

⑭ 보더바(Border Bar)
Graphics Window의 네 곳 테두리에 자주 사용하는 아이콘을 배치할 수 있다. 이 영역을 보더바(Border Bar)라고 한다. 아이콘에 마우스 오른쪽 버튼을 누른 후 나타나는 그림 1-7의 팝업 메뉴에서 Top Border Bar, Bottom Border Bar, Left Border Bar, Right Border Bar에 아이콘을 추가한다. 추가된 아이콘 위에 다시 마우스 오른쪽 버튼을 눌러 제거할 수 있다.

1.5 마우스 사용법

본 교재는 휠(Wheel) 마우스를 기준으로 한다.

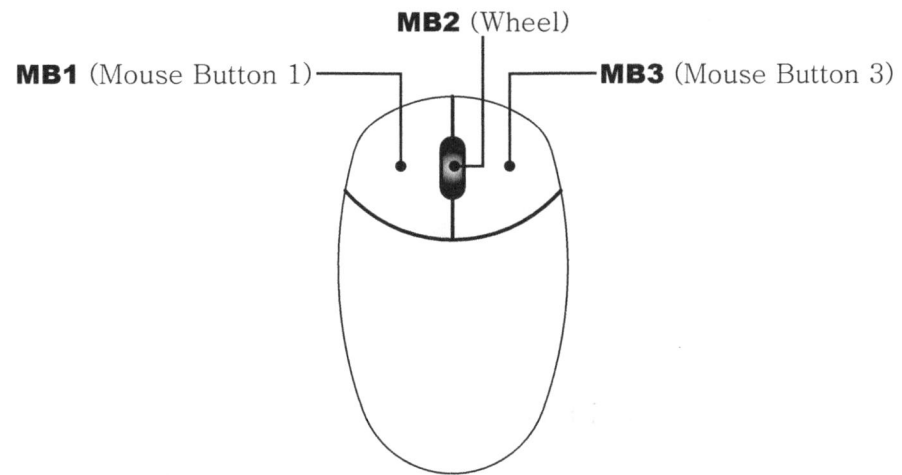

그림 1-19 휠 마우스 버튼의 이름

본 교재에서는 위의 그림과 같이 마우스 버튼의 이름을 MB1, MB2, MB3로 줄여서 부를 것이다. 다음 표는 NX의 대화상자와 작업창에서 마우스를 사용하는 방법을 표로 정리한 것이다.

No	키보드	마우스 버튼과 조작		기능
		마우스 버튼	조작	
1	누르지 않음	MB1	클릭	오브젝트 선택
2	Shift		클릭	오브젝트의 추가 선택 또는 취소
3	누르지 않음	MB2	클릭	OK, 대화상자에서 다음 스텝 진행
4			누르고 드래그	View Rotate(뷰 회전)
5			돌리기	View Zoom In/Out(뷰 확대/축소)
6	Ctrl		클릭	Apply
7			누르고 드래그	View Zoom In/Out(뷰 확대/축소)
8	Shift		클릭	View Pan(뷰 수평 이동)
9	Alt		클릭	Cancel
10	누르지 않음	MB3	클릭	팝업메뉴 표시
11	누르지 않음		누르고 드래그	Radial 팝업메뉴 표시
12	Ctrl + Shift	MB1	클릭	Radial Toolbar 1 표시
		MB2		Radial Toolbar 2 표시
		MB3		Radial Toolbar 3 표시

표 1-1 마우스 사용법

① MB1 클릭: 오브젝트 선택

아래 그림과 같이 오브젝트를 선택할 수 있다. 선택된 오브젝트는 주황색으로 보이며 팝업 메뉴가 나타나 모델링 기능을 빠르게 실행시킬 수 있다. 선택 취소 하려면 ESC 키를 누른다.

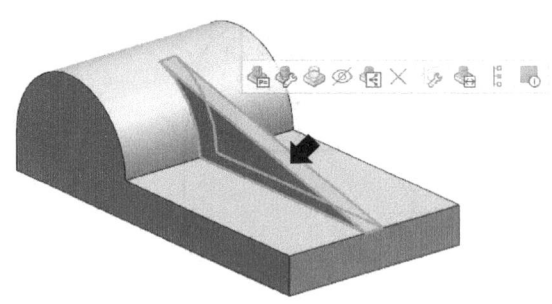

그림 1-20 피쳐를 선택한 상황

아무 것도 선택되어 있지 않은 상태에서 화면의 빈 곳에 MB1을 클릭하면 그림 1-21과 같은 빠른 실행 툴바가 나타난다.

그림 1-21 빠른 실행 툴바

② Shift + MB1 클릭: 선택된 오브젝트의 선택 해제

MB1으로 선택한 오브젝트 중에서 원하는 것을 선택 해제할 수 있다. 선택한 오브젝트를 모두 해제하고 싶은 경우 Esc 키를 누르면 된다.

③ MB2 클릭: OK, 대화상자에서 다음 스텝 진행

그림 1-22와 같이 대화상자에서 OK 버튼을 누르는 것과 동일하다. 단, OK 버튼을 누를 수 있는 경우에만 해당한다.

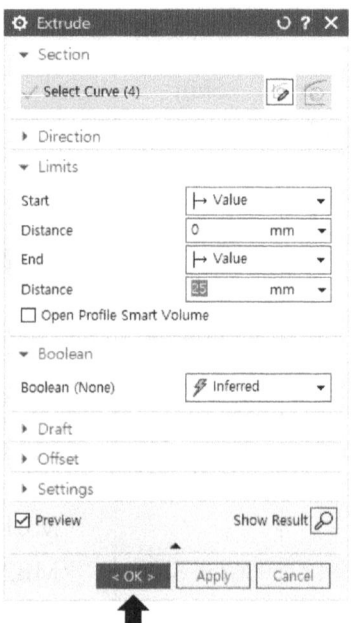

그림 1-22 OK 버튼

④ MB2 누르고 드래그: View Rotate (뷰 회전)

작업창에서 MB2를 누르고 드래그 하면 View를 회전 시킬 수 있다.

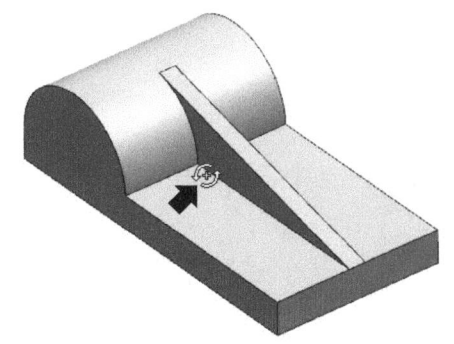

그림 1-24 View Rotate 시 마우스 커서의 모양

⑤ MB2 돌리기: View Zoom In/Out (뷰 확대/축소)

마우스 휠을 돌리면 마우스 커서의 위치를 기준으로 View를 확대/축소할 수 있다. View를 확대 하려면 휠을 작업자의 몸을 기준으로 바깥쪽으로 돌리고, 축소 하려면 안쪽으로 돌리면 된다.

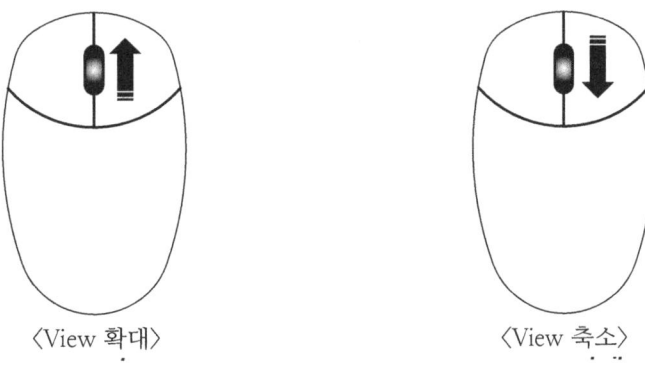

그림 1-23 마우스 휠 조작

⑥ Ctrl+MB2 클릭: Apply

대화상자에서 Apply 버튼을 누르는 것과 동일하다.

⑦ Ctrl+MB2 누르고 드래그: View Zoom In/Out (뷰 확대/축소)

View를 확대/축소할 수 있다. MB1과 MB2를 함께 눌러 확대 또는 축소할 수도 있다.

⑧ Shift + MB2 클릭: View Pan (뷰 수평 이동)

View를 가로, 세로 방향으로 수평 이동 할 수 있다. MB2와 MB3를 함께 눌러 수평 이동 할 수도 있다.

⑨ Alt + MB2 클릭: Cancel

대화상자에서 Cancel 버튼을 누르는 것과 동일하다.

⑩ MB3 클릭: 팝업 메뉴 표시

팝업 메뉴를 표시한다. 팝업 메뉴의 종류는 MB3를 클릭할 때 마우스 커서의 위치에 따라 다르다. 작업창의 빈 영역에 MB3를 클릭 하면 그림 1-25와 같이 Selection Minibar와 View 팝업 메뉴가 나타난다.

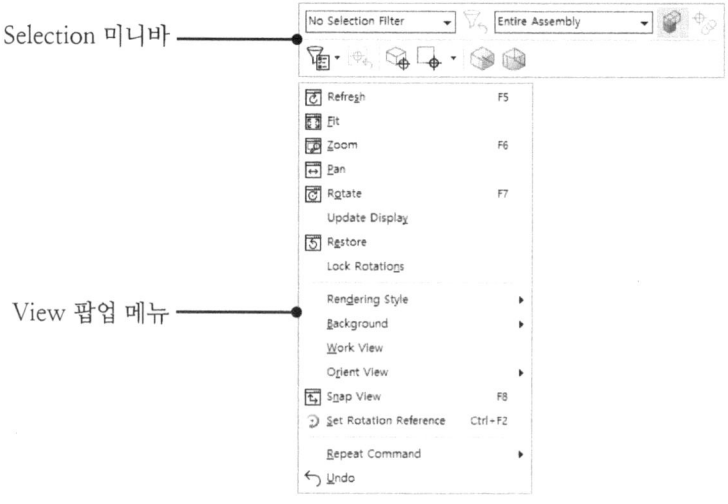

그림 1-25 Popup Menu

마우스 커서 밑에 오브젝트가 있는 경우 오브젝트의 종류에 따라 일부 다른 옵션의 팝업 메뉴가 나타난다.

그림 1-26 Extrude 피쳐에 대한 Popup Menu

⑪ MB3 누르고 기다림: Radial 팝업 메뉴 표시

작업창의 빈 영역에 MB3를 누르고 기다리면 아래 그림과 같이 View Radial 팝업 메뉴가 나타나며 각 위치에 있는 아이콘을 선택하여 해당 기능을 실행시킬 수 있다. Radial 팝업 메뉴를 이용하면 기능 아이콘을 툴바에서 찾지 않고 빨리 실행할 수 있다.

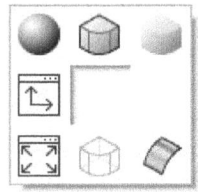

그림 1-27 View Radial Popup Menu

마우스 커서 밑에 오브젝트가 있는 경우 오브젝트의 종류에 따라 팝업 메뉴가 다르게 나타난다.

그림 1-28 Sketch Feature에 대한 Radial Popup Menu

1.6 스케치와 모델 생성

1.6.1 스케치 생성

1. Sketch 아이콘을 누른다.
2. XY 평면을 선택한 후 OK 버튼을 누른다. 스케치 면이 화면에 똑바로 정렬된다.

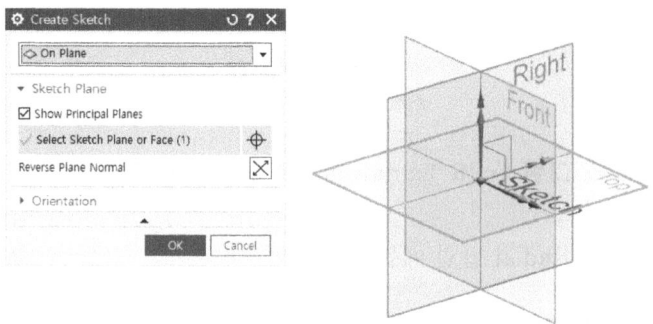

그림 1-29 스케치 평면 선택

3. MB2를 누른 후 마우스를 움직여 본다. 화면이 회전된다.
4. MB3를 누른 후 팝업 메뉴에서 Orient View to Sketch를 선택한다. 스케치 면이 정렬된다.

1.6.2 사각형 그리기

1. Rectangle 아이콘을 누른다.
2. 그림 1-30과 같이 임의의 위치 ❶과 ❷를 클릭하여 사각형을 생성하고 MB2를 눌러 Rectangle 기능을 종료한다.
3. 그림 1-31과 같이 사각형의 선을 선택한다. 치수가 나타나면 클릭한 후 200을 입력한다.
4. 빈 곳을 클릭하여 선택을 취소한다. MB2를 눌러도 된다.
5. 수직의 직선에 길이 120 치수를 생성한다.
6. 그림 1-32와 같이 직선 ❸과 ❹를 선택하고 치수를 100으로 수정한다.
7. 그림 1-33의 ❺와 같이 치수를 입력한다. Status Line에 Sketch is fully defined라고 나타남을 확인한다.
8. Finish Sketch 아이콘 (🏁)을 누른다. 스케치 기능을 종료하면 스케치 피쳐가 선택된 상태이다. 화면의 빈 곳을 클릭하여 선택 취소할 수 있다.

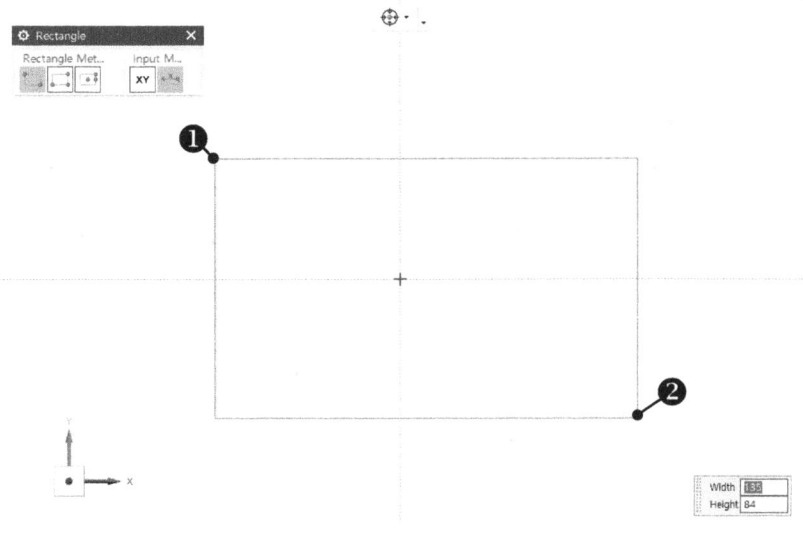

그림 1-30 사각형 그리기

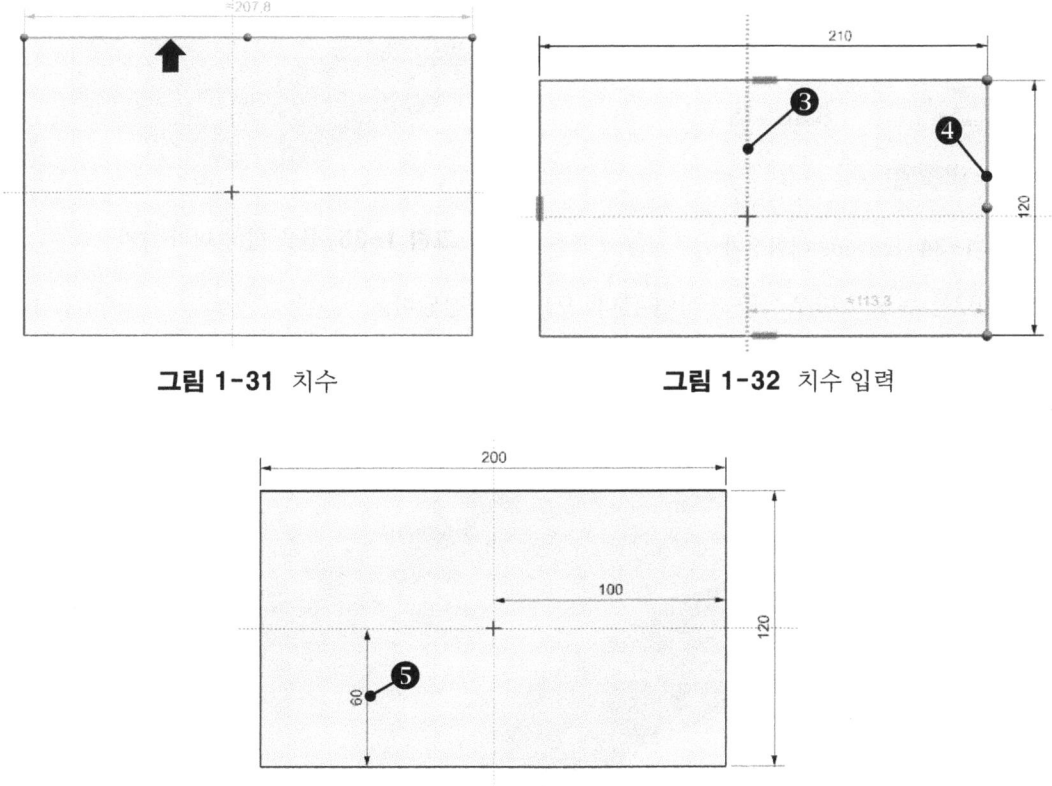

그림 1-31 치수　　　　　　　　　**그림 1-32** 치수 입력

그림 1-33 완전 구속

1.6.3 돌출 시키기

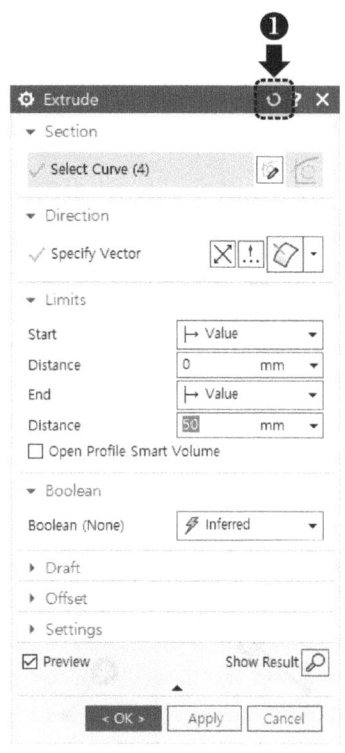

1. Feature 〉 Extrude 아이콘을 누른다.
2. 대화상자에서 Reset 버튼을 누른다. (그림 1-34의 ❶)
3. 사각형을 선택한다.
4. Distance 입력창에 50을 입력하고 Enter를 누른다. 그림 1-35와 같이 미리 보기가 변경된다.
5. OK 버튼을 누른다.

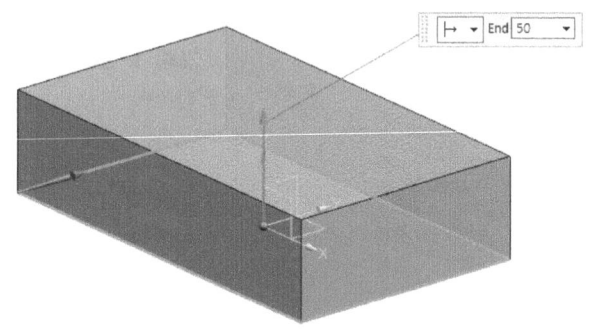

그림 1-34 Extrude 대화상자   **그림 1-35** 돌출 형상 미리 보기

6. MB2를 누르고 마우스를 움직여 본다. 모델이 회전된다.
7. Home 키를 누른다. 그림 1-36과 같이 화면에 꽉 차게 모델 방향이 회전된다.

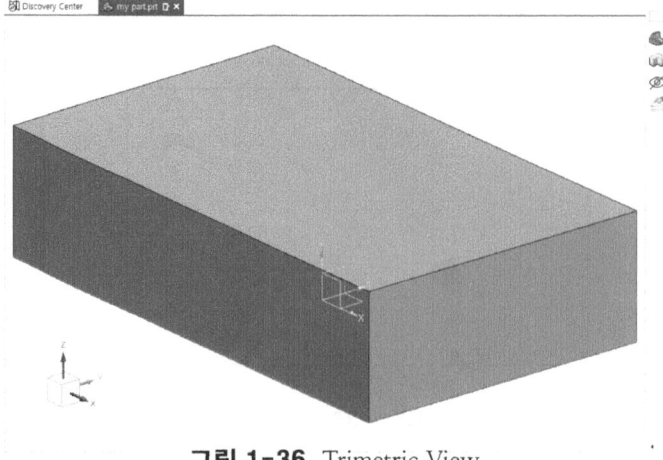

그림 1-36 Trimetric View

1.7 View 팝업 메뉴

뷰 팝업 메뉴는 작업 시 빈번하게 사용되는 화면 표시 옵션들을 그림 1-37과 같은 팝업메뉴로 제공한다.

① Refresh

아래 그림과 같이 임시적으로 보이는 아이템을 제거한다. 이러한 아이템에는 *(asterisk), 벡터 화살표 등이 있다.

그림 1-38 Asterisk

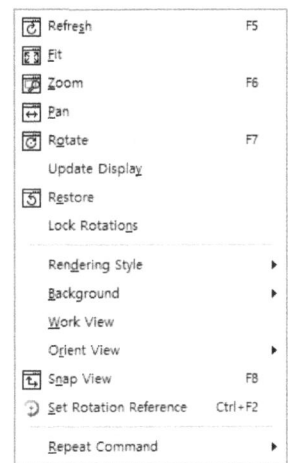

그림 1-37 View Popup Menu

② Fit

모델이 View 크기에 꽉 차도록 보여준다. 화면의 빈 곳을 MB1으로 더블클릭 해도 된다. Menu 버튼 > Preferences > Visualization 을 선택하여 Fit Percentage 옵션을 조정하면 채워지는 비율을 조정할 수 있다.

이 설정은 세션(Session) 내에서만 유효하다. 즉, NX를 종료한 후 다시 실행하면 초기값인 100%로 되돌아간다.

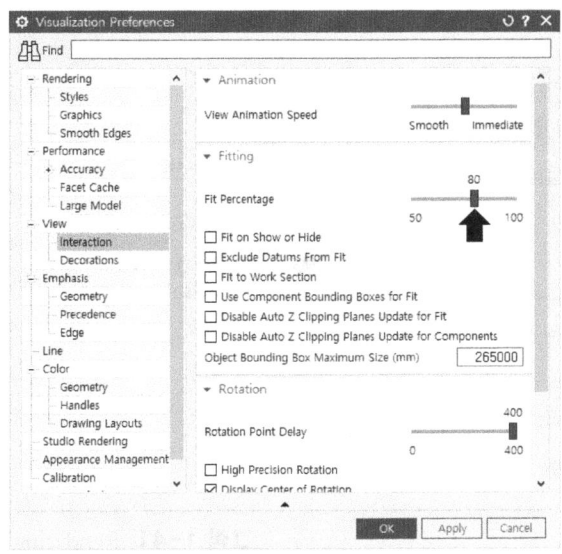

그림 1-39 Fit Percentage 옵션

Fit Percentage 값에 따른 차이점은 아래 그림에서 확인할 수 있다.

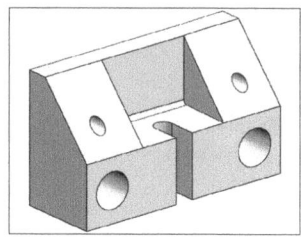 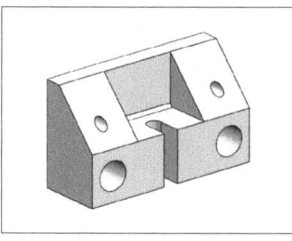 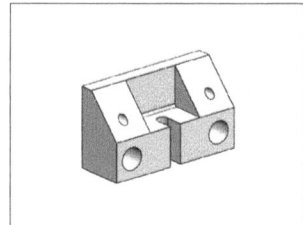

Fit Percentage=100%   Fit Percentage=80%   Fit Percentage=60%

그림 1-40 Fit Percentage 값에 따른 차이점

③ Zoom

작업창에 사각형을 그려 View를 영역 확대할 수 있다. MB1 + MB2를 누른 후 마우스를 움직여 확대 또는 축소할 수 있다.

④ Rotate

View를 회전시킬 수 있다. MB2를 눌러 회전시킬 수 있다.

⑤ Pan

View를 수평 이동할 수 있다. MB2 + MB3를 누른 후 마우스를 움직여 뷰를 수평 이동 할 수 있다.

⑥ Rendering Style

오브젝트의 겉보기 상태를 설정한다. 일반적인 작업에서는 주로 Shaded with Edges와 Static Wireframe을 번갈아 사용한다.

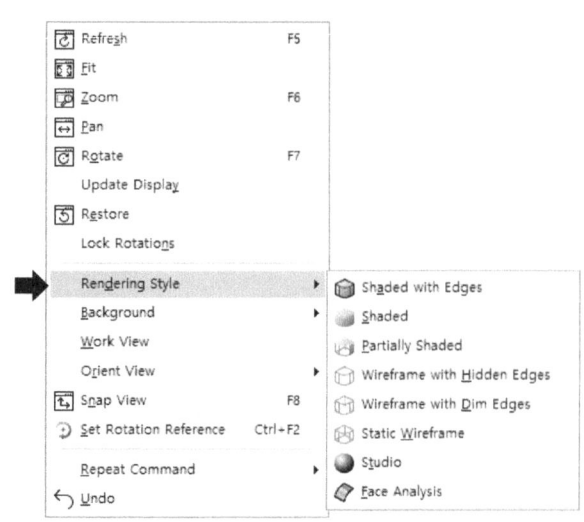

그림 1-41 Rendering Style (팝업 메뉴)

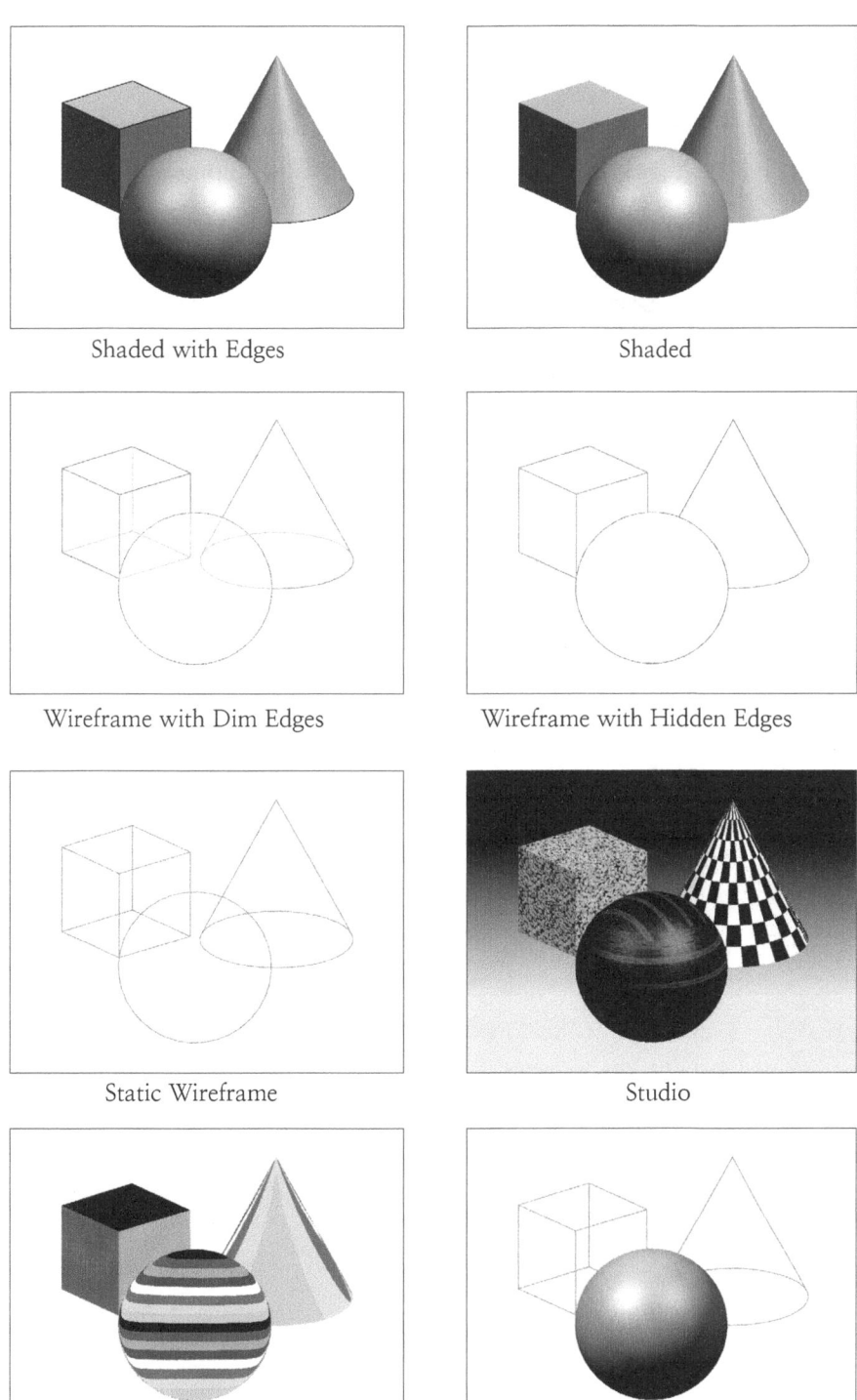

그림 1-42 Rendering Style

⑦ Orient View

View의 방향을 사전 정의된 방향으로 변경할 수 있다. Trimetric 혹은 Isometric View가 3D 모델을 파악하기에 가장 용이하다. Trimetric View의 단축키는 Home 키이다.

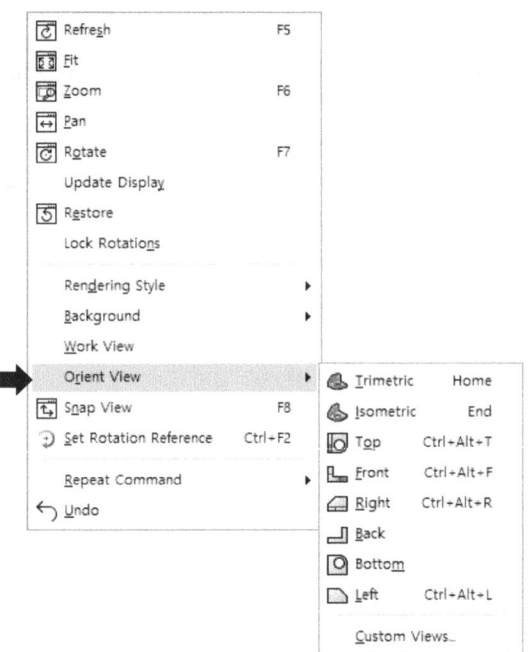

그림 1-43 Orient View (팝업 메뉴)

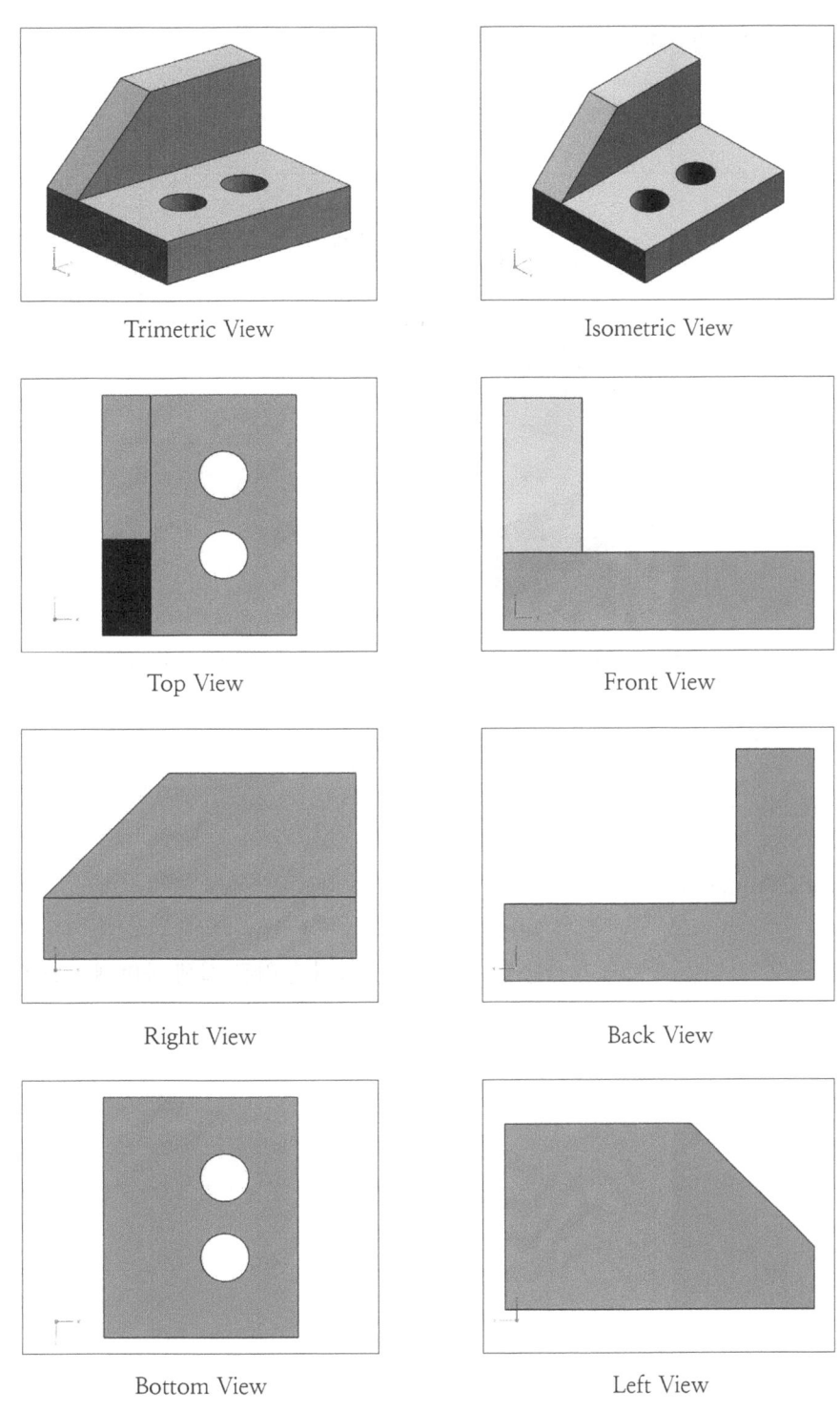

그림 1-44 Orient View

23

⑧ Set Rotation Reference

View Rotate 시 회전 중심을 지정할 수 있다.

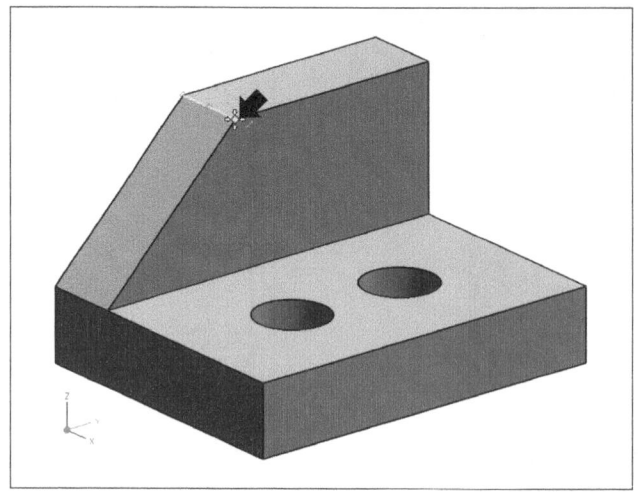

그림 1-45 모서리의 끝 점을 View 회전 중심으로 지정

⑨ Clear Rotation Reference

Set Rotate Reference로 지정한 회전 중심을 삭제한다.

⑩ Repeat Command

최근에 사용한 기능을 빠르게 재사용할 수 있다. 이 옵션은 빠른 실행 툴바에도 표시된다.

⑪ Undo

수행한 마지막 작업을 취소한다.

1.8 형상 변경 하기

1. Part Navigator에서 Extrude(1) 피쳐를 더블클릭 한다.
2. Extrude 대화상자의 Distance를 80으로 변경한 후 OK 버튼을 누른다.

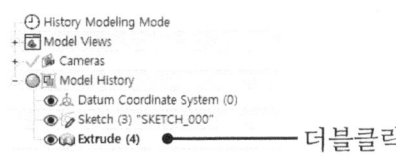

그림 1-46 Part Navigator

1.9 형상 추가하기

1. Sketch 아이콘을 누른다.
2. 그림 1-47과 같이 모델의 윗면을 선택한 후 OK 버튼을 누른다. 잘 못 선택한 스케치는 Part Navigator에서 삭제한다.
3. Circle 아이콘을 누른 후 그림 1-48과 비슷한 위치에 비슷한 크기의 원을 생성한다.
4. Finish Sketch 아이콘을 누른다. Sketch 피쳐가 선택된 상태로 종료되므로 화면의 빈 곳을 클릭하여 선택 취소 한다.

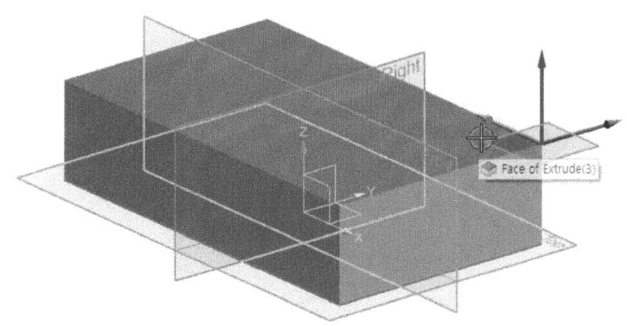

그림 1-47 스케치 면 선택

5. Extrude 아이콘을 누르고 대화상자에서 Reset 버튼을 누른다. (그림 1-34 참고)
6. 원을 선택한다. 이 때 평면을 선택하면 스케치가 실행되므로 선택하지 않도록 주의한다. Finish Sketch 아이콘을 누른 후 그림 1-49의 대화상자에서 Finish 버튼을 누른다.
7. Extrude 대화상자의 Distance 입력창에 50을 입력한 후 Boolean 옵션에서 Unite를 선택한다.
8. OK 버튼을 누른다. 그림 1-51과 같이 형상이 추가된다.

1 장: 시작하기

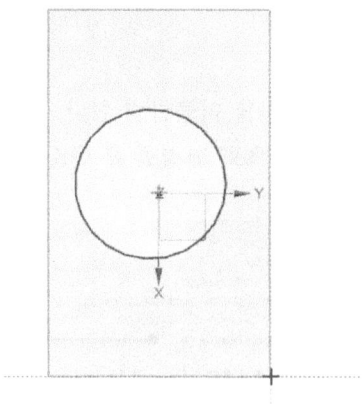

그림 1-48 원 생성

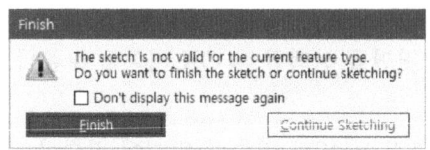

그림 1-49 Finish 대화상자

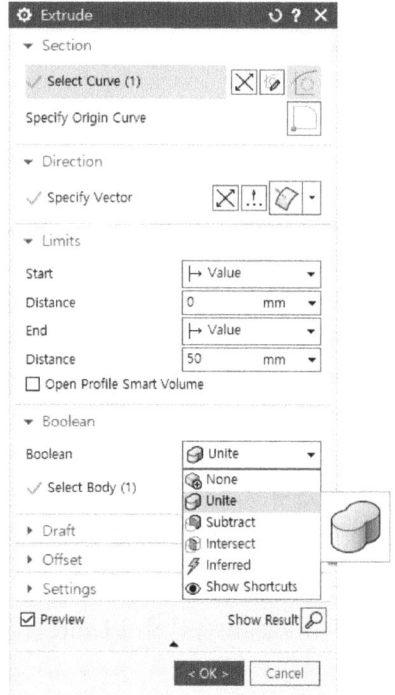

그림 1-50 Extrude 대화상자

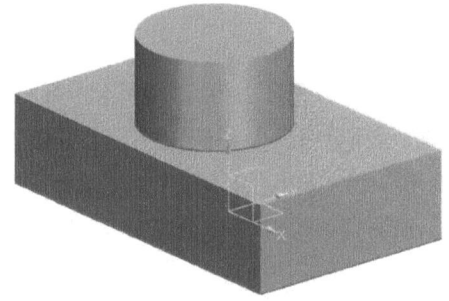

그림 1-51 생성된 Extrude 피쳐

1.10 형상 제거하기

1. Sketch 아이콘을 누른다.
2. 그림 1-52와 같이 측면을 선택한 후 OK 버튼을 누른다. 잘 못 선택한 스케치는 Part Navigator에서 삭제한다.
3. Circle 아이콘을 누른 후 그림 1-53과 비슷한 위치에 비슷한 크기의 원을 생성한다.
4. Finish Sketch 아이콘을 누른다. 화면의 빈 곳을 클릭하여 스케치를 선택 취소 한다.

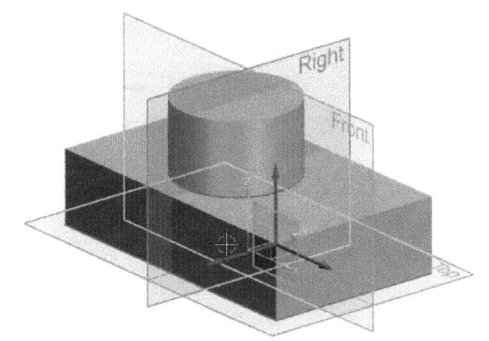

그림 1-52 스케치 면 선택

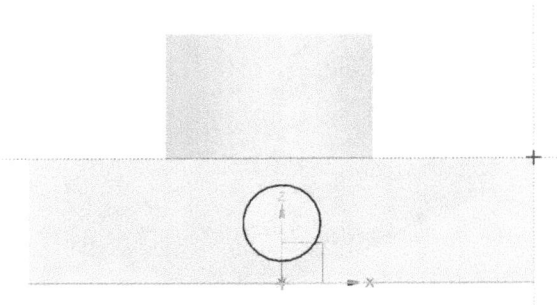

그림 1-53 원 생성

5. Extrude 아이콘을 누르고 대화상자에서 Reset 버튼을 누른다. (그림 1-34 참고)
6. 원을 선택한다.
7. Extrude 대화상자에서 Reverse Direction 버튼을 누르거나 화면의 돌출 방향 화살표를 더블클릭하여 방향을 반대로 한다.
8. 그림 1-54와 같이 End Limit 옵션을 Through All로, Boolean 옵션을 Subtract로 변경한 후 OK 버튼을 누른다. 그림 1-55와 같이 형상이 제거 된다.

1 장: 시작하기

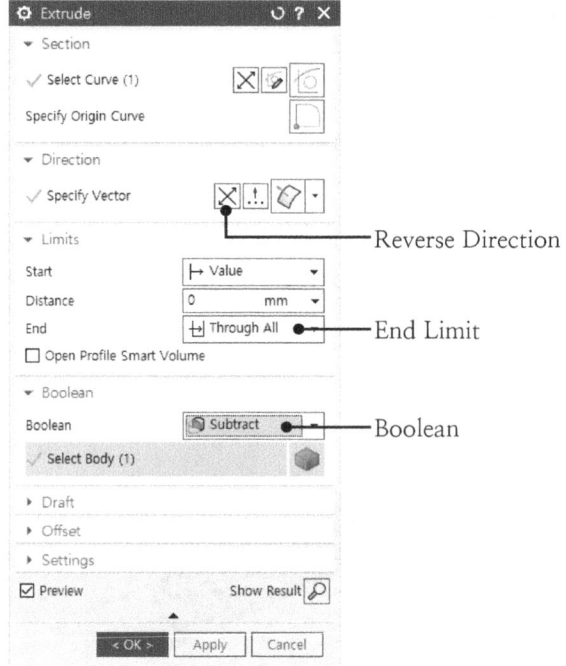

그림 1-54 Extrude 대화상자

그림 1-55 제거된 형상

1.11 파일 관리

1. File 〉 Save 〉 Save를 선택하여 파트 파일을 저장한다.
2. File 〉 New를 선택하여 새 파일을 생성한다. 파트명은 model1으로 둔다. 이렇게 되면 현재 실행된 NX에 파트 파일이 두 개 존재하게 된다. 그림 1-56의 A, B, C 부분을 눌러 파트 파일을 전환할 수 있다.

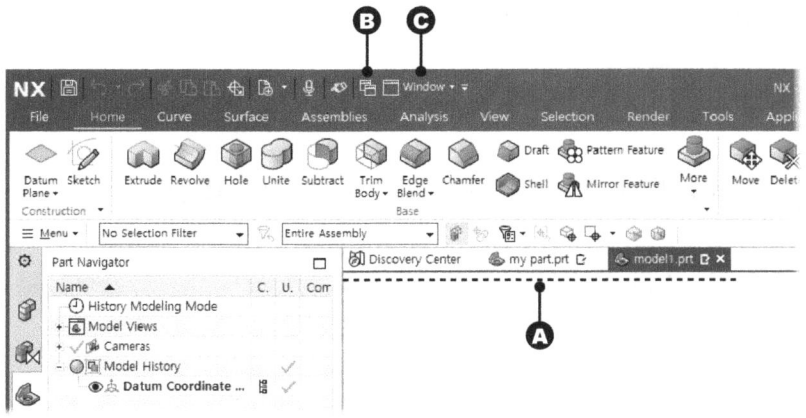

그림 1-56 파트 파일 전환 방법

3. File > Close > All Parts를 선택한다. 그림 1-57과 같은 대화상자가 나타난다. model1 파트를 저장하지 않았기 때문에 나타나는 현상이다. Yes를 눌러 저장 후 닫을 수 있고, No를 눌러 저장하지 않고 닫을 수 있으며 Cancel을 눌러 닫지 않을 수 있다.

4. No를 눌러 model1은 저장하지 않고 모두 닫는다.

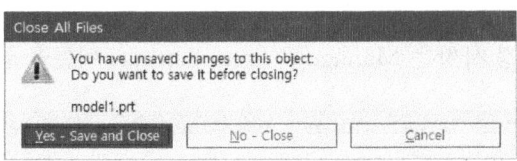

그림 1-57 닫기 옵션

5. 화면 왼쪽의 History 창의 빈 곳에 MB3 > Clear History를 선택한다. 파트 파일의 사용 이력을 삭제한다.

6. Open 아이콘을 눌러 앞에서 생성한 파트를 열어 보자.

1.12 Customer Defaults

본 교재를 이용하여 효과적으로 학습하기 위하여 다음과 같이 환경설정을 한다. 변경된 Customer Defaults는 NX를 다시 실행해야 적용된다.

```
File > Utilities > Customer Defaults
```

1.12.1 Fit Percentage

View를 Fit(화면에 딱 맞게 채우기) 했을 때 작업창의 80% 비율로 맞추도록 설정한다.

> Gateway > Visualization > View > Interaction > Fit Percentage

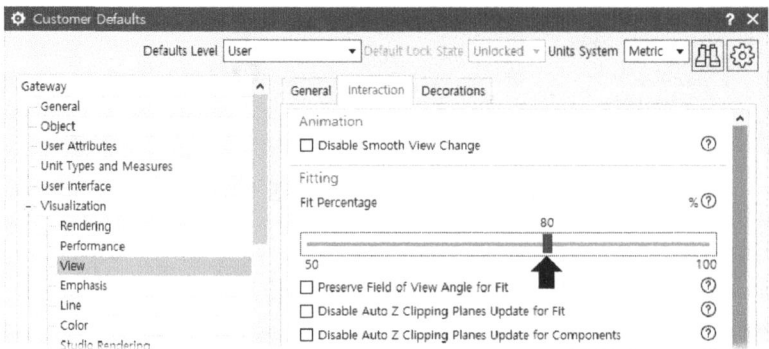

그림 1-58 Fit Percentage

1.12.2 변경 사항 확인 및 삭제

Customer Default의 변경 사항은 Manage Current Settings 버튼을 눌러 확인할 수 있다.

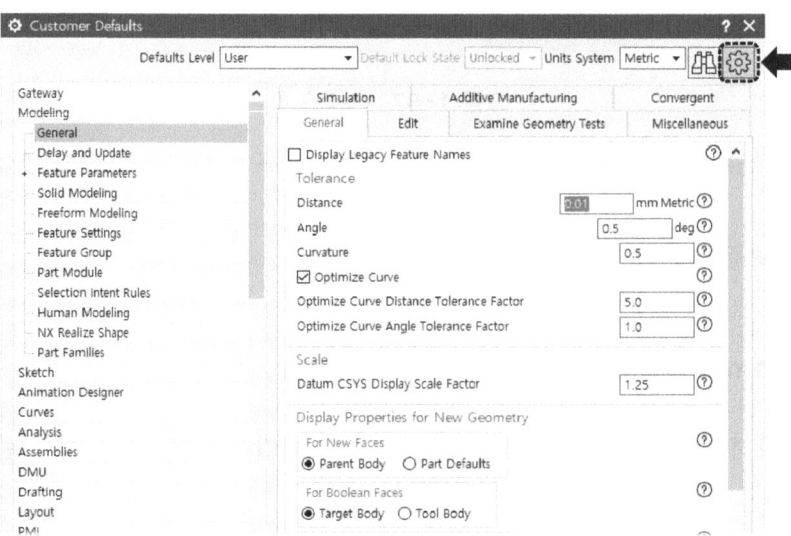

그림 1-59 Manage Current Settings 버튼

Manage Current Settings 대화상자에서 Customer Default를 내보내거나 불러들일 수 있으며 설정 사항을 선택한 후 삭제할 수 있다. 변경한 설정을 삭제하면 초기 해당 옵션이 초기화 되며 NX를 다시 실행시키면 적용된다.

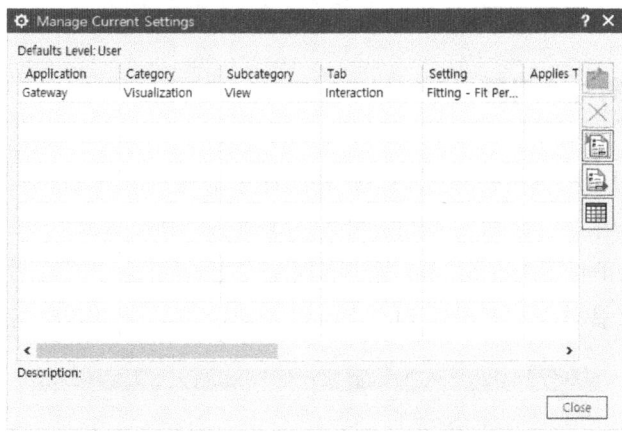

그림 1-60 Manage Current Settings 대화상자

1.13 User Interface 설정

File > Preferences > User Interface를 선택하여 NX의 User Interface를 변경할 수 있다. NX에 익숙하지 않는 처음 사용자는 이 설정을 변경하지 않도록 한다.

1.13.1 단위창 위치 초기화

Layout 메뉴(그림 1-61)에서는 툴바의 형태나 위치 등을 초기화할 수 있다. Slim Ribbon Style 옵션을 선택하여 간단한 형태의 리본바를 사용할 수 있다. Reset Window Position 버튼을 누르면 Resource Bar, Selection Bar 등 NX의 단위창 위치를 초기화 할 수 있다. Resource Bar 메뉴의 Display 옵션을 이용하여 리소스바의 위치나 형태를 변경할 수도 있다.

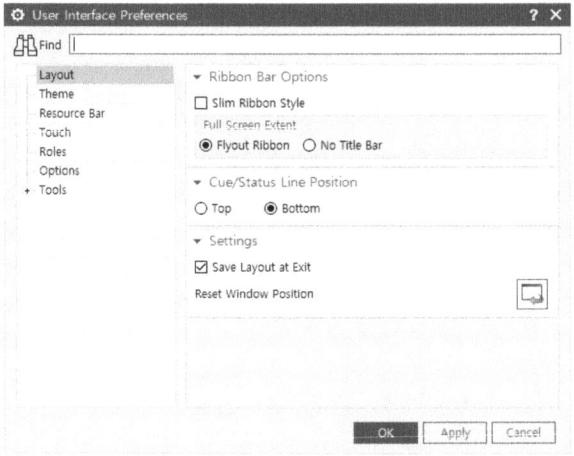

그림 1-61 Layout 메뉴

1.13.2 정보 메시지 초기화

Options 메뉴(그림 1-62)에서는 각종 정보메시지가 표시되지 않을 경우 초기화하여 다시 나타나게 할 수 있다. NX를 처음 시작할 때 초기 화면의 Welcome Page를 다시 나타나게 할 수 있으며 Reset "Don't display this message again" 옵션을 체크하여 정보창이 나타나지 않는 경우 초기화 하여 다시 나타나게 할 수 있다.

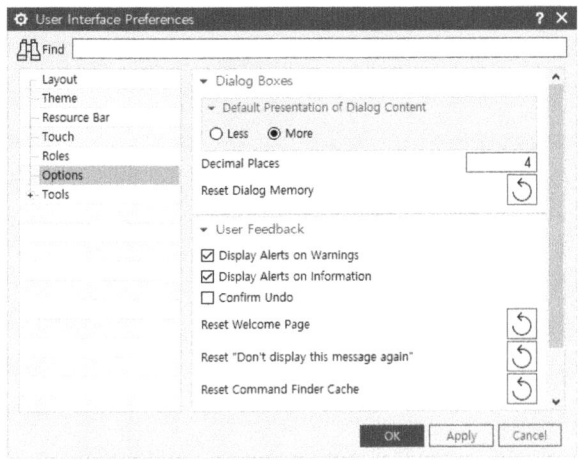

그림 1-62 Options 메뉴

(빈 페이지)

Chapter 2
서피스 모델링 소개

■ 학습목표

- 서피스 모델링의 특성을 이해한다.
- 서피스 모델링의 방식을 이해한다.
- 레이어를 이용하여 오브젝트를 관리하는 방법을 배운다.
- 서피스 모델링을 위한 환경을 설정한다.

2 장: 서피스 모델링 소개

2.1 서피스 모델링의 정의

서피스(Surface)란 곡면을 의미한다. 아래 그림과 같이 곡면을 하나 이상 포함한 면을 갖는 3D 형상을 생성하는 것을 서피스 모델링이라 한다.

그림 2-1 서피스 모델링의 예 (1)

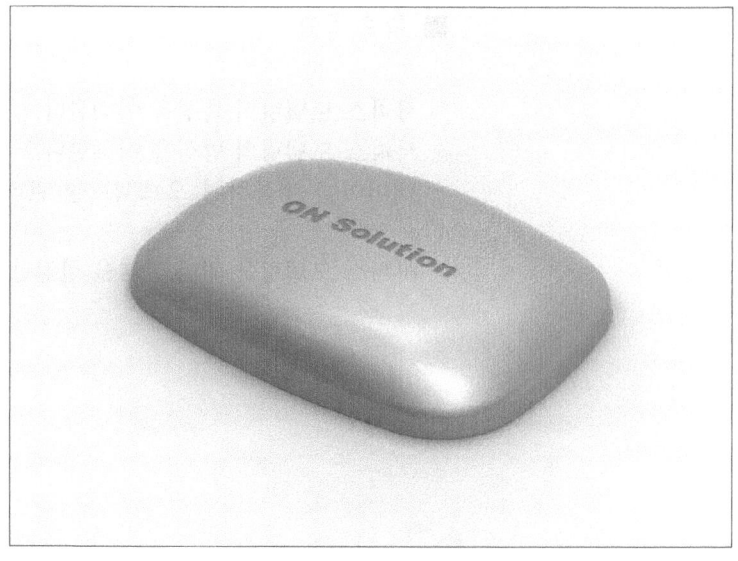

그림 2-2 서피스 모델링의 예 (2)

2.2 오브젝트(Object)

NX에서 모델링 중에 생성되는 결과물을 오브젝트라 부른다. 사용자는 각 오브젝트의 유형(Type)을 정확하게 구분할 수 있어야 한다. 다음 그림은 각 오브제트의 예를 든 것이다.

오브젝트를 구분하는 능력이 중요한 이유는 모델링 과정 중에 선택해야하는 혹은 선택할 수 있는 오브젝트의 유형이 다르기 때문이다.

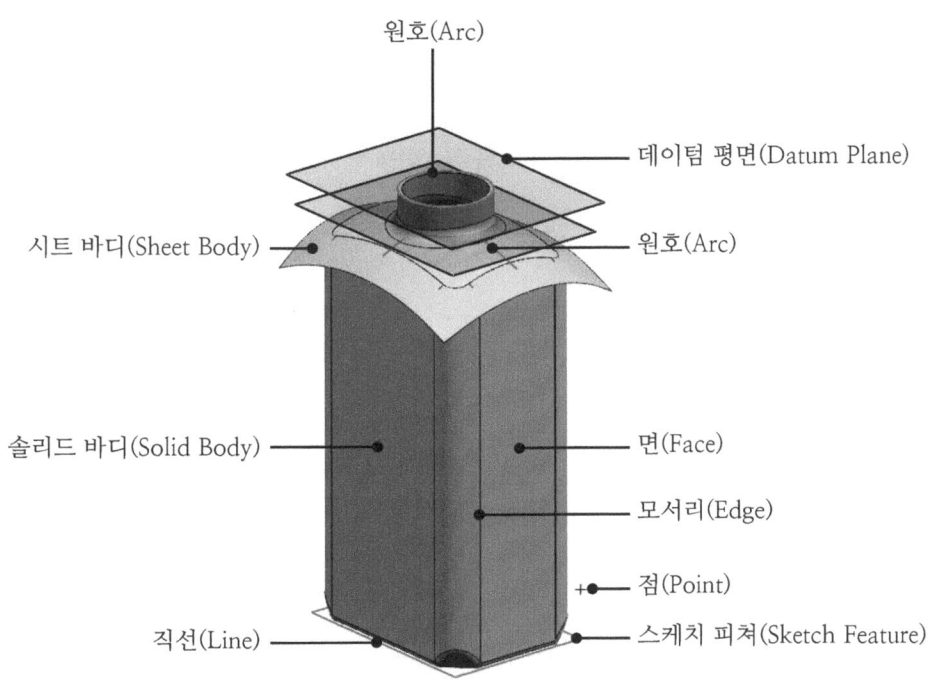

그림 2-3 NX의 오브젝트

2.3 시행 착오(trial & error)

서피스 모델링은 솔리드 모델링보다 형상을 만드는 기능 및 옵션의 수가 더 많다. 따라서 한 번의 모델링으로 만족스런 결과를 얻기가 쉽지 않다. 이런 점에서 서피스 모델링은 시행 착오를 많이 겪는 것이 당연한 것이다. 본 교재의 예제 도면을 모델링하면서 잘 안되는 것은 이러한 시행 착오를 겪는 것이라 생각하기 바란다.

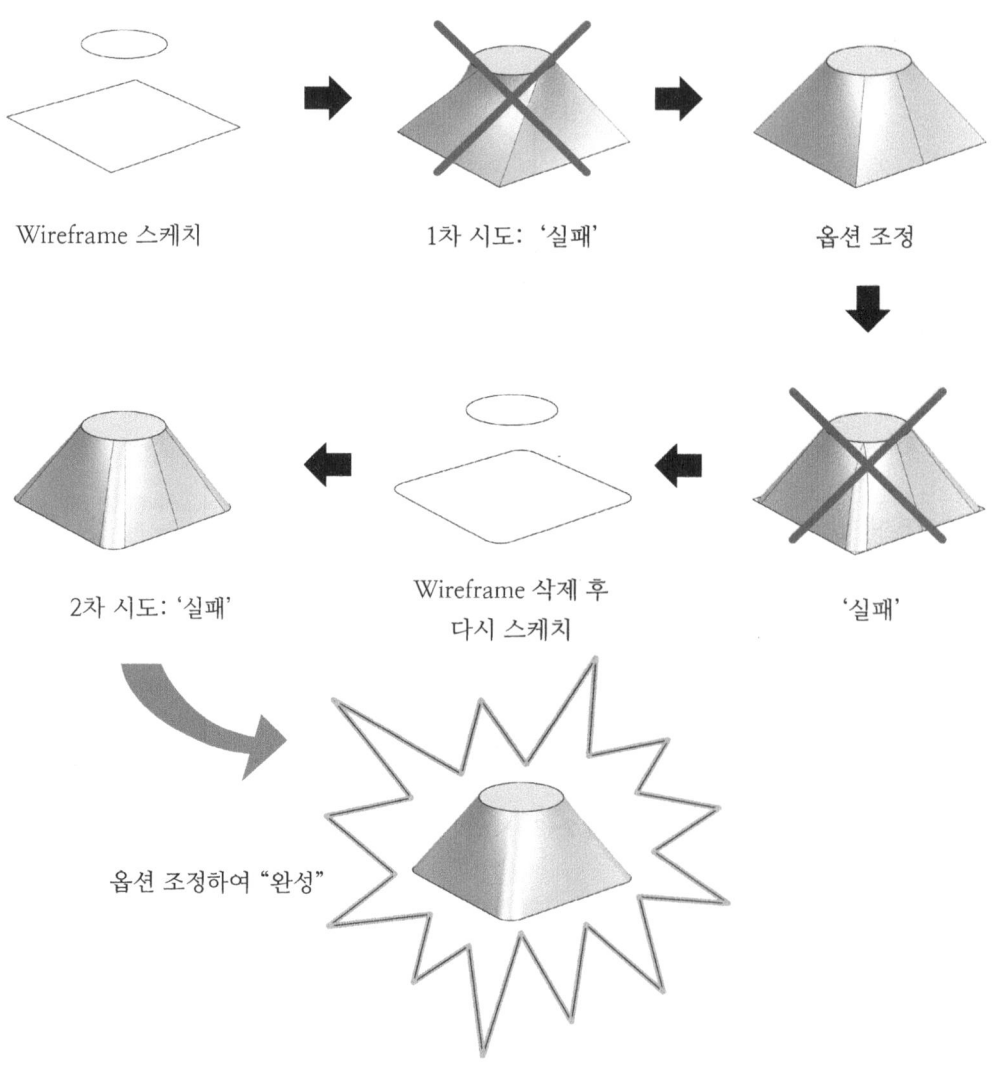

그림 2-4 서피스 모델링 과정의 시행 착오의 예

2.4 서피스 모델링을 위한 가이드라인

서피스 모델링에는 솔리드 모델링과 비교할 때 다음의 두 가지 특징이 있다. 이러한 특징을 미리 이해하면 학습에 임하는 마음가짐을 공고히 하는데 도움이 된다.

▶다뤄야 하는 지오메트리의 종류와 수가 많다.

지오메트리를 그림 2-3에서 본 바와 같이 솔리드 바디, 시트 바디, Wireframe, 데이텀, 커브 등으로 분류할 수 있다. 솔리드 바디를 완성하기 위해 수 많은 서피스가 필요하고, 또 각각의 서피스를 생성하기 위해 다양한 종류의 Wireframe이 필요하다. Wireframe을 정의하기 위해서는 점, 선, 평면 등을 효과적으로 사용해야 한다. 따라서 이러한 지오메트리를 잘 관리할 수 있어야 간결하게 모델링을 완성할 수 있다.

▶서피스 생성 기능이 다양하며 각 기능에 대한 옵션도 많다.

따라서 앞 페이지에서 설명한 바와 같이 만족스러운 서피스를 생성하기 위해서는 수 많은 시행착오를 겪어야 하는 경우가 많다. 특히 초보자의 경우 기능의 사용 조건, 옵션에 대한 완전한 이해가 부족하기 때문에 시행 착오가 더 할 수 밖에 없다. 이러한 점을 이해하면 포기하지 않고 학습을 계속할 수 있을 것이다.

서피스 모델링을 할 때는 위의 두 가지 특징을 이해하고 다음의 가이드라인에 따라 모델링을 하는 것이 좋다.

1. 가능한 단순하게 모델링 한다.
2. 오브젝트를 Layer로 정리하여 관리한다.
3. 모델링 과정의 모델과 최종 모델의 면과 면 사이에 기본 거리 공차 값보다 큰 틈새(gap)가 없게 한다.
4. 서피스 모델링 과정에서 솔리드 모델링의 기능을 적절히 활용한다. 서피스 모델링을 한다고 해서 100% 서피스 모델링 기능 만을 사용하는 것은 아니다.
5. 최종 모델은 대부분 솔리드 바디이기 때문에 가능한 빠른 시점에 Solid Body로 만든다.
6. 곡면은 가능한 매끄럽게 만든다.

2.5 서피스 모델링의 방식

최종 서피스는 두께가 일정하고 얇은 부품인 경우에는 그 자체를 최종 모델로 사용할 수도 있지만 일반적으로 솔리드 바디로 만들어 최종 모델을 완성한다. 서피스를 이용하여 솔리드를 만드는 방법으로는 다음의 네 가지 방식에 대하여 설명한다.

▶ Trim 타입: Solid Body를 Sheet Body로 절단하여 곡면 부분을 갖는 Solid Body를 만든다.

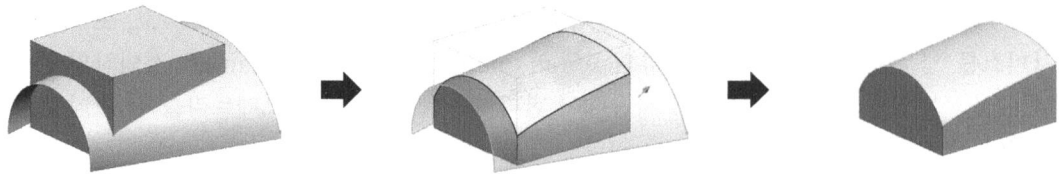

그림 2-5 Trim 타입의 예

▶ Patch 타입: Sheet Body를 이용하여 Solid Body의 일정 부분을 메운다.

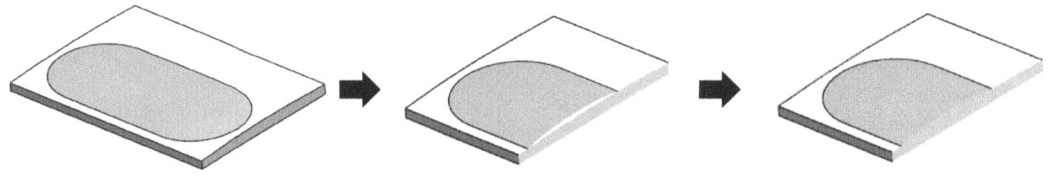

그림 2-6 Patch 타입의 예

▶ Sew 타입: 인접해 있는 여러 개의 Sheet Body를 붙여(꿰매어) Solid Body를 만든다.

그림 2-7 Sew 타입의 예

▶ Thicken 타입: Face에 두께를 정의하여 Solid Body를 만든다.

그림 2-8 Thicken 타입의 예

---

ch02_001.prt   **Trim Body** Exercise 01

Trim Body 기능을 이용하여 솔리드 바디의 일정 부분을 잘라내 보자. 이 기능을 사용할 때는 다음의 조건을 만족시켜야 한다.

▶ 자르는 바디(Tool)는 잘리는 바디(Target)를 완전히 포함해야 한다.

파일 열기 및 조건 확인

1. ch02_001.prt 파일을 연다.
2. Trim Body의 조건에 맞는지 확인한다. 시트바디(Tool)는 솔리드 바디(Target)를 완전히 포함하고 있다.

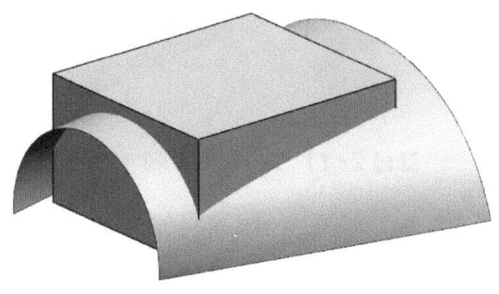

그림 2-9 실습용 파일

Trim Body 기능 실행

1. Trim Body 아이콘을 누른다.

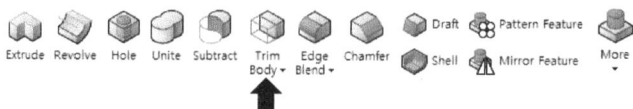

그림 2-10 Trim Body 아이콘

2. 대화상자를 Reset 하고 Target Body와 Tool Body를 선택한다.
3. 화살표를 더블클릭하거나 대화상자에서 Reverse Direction 버튼을 눌러 자르는 방향을 전환한다.
4. 대화상자에서 OK 버튼을 누르거나 MB2 (마우스 가운데 버튼)를 누른다.

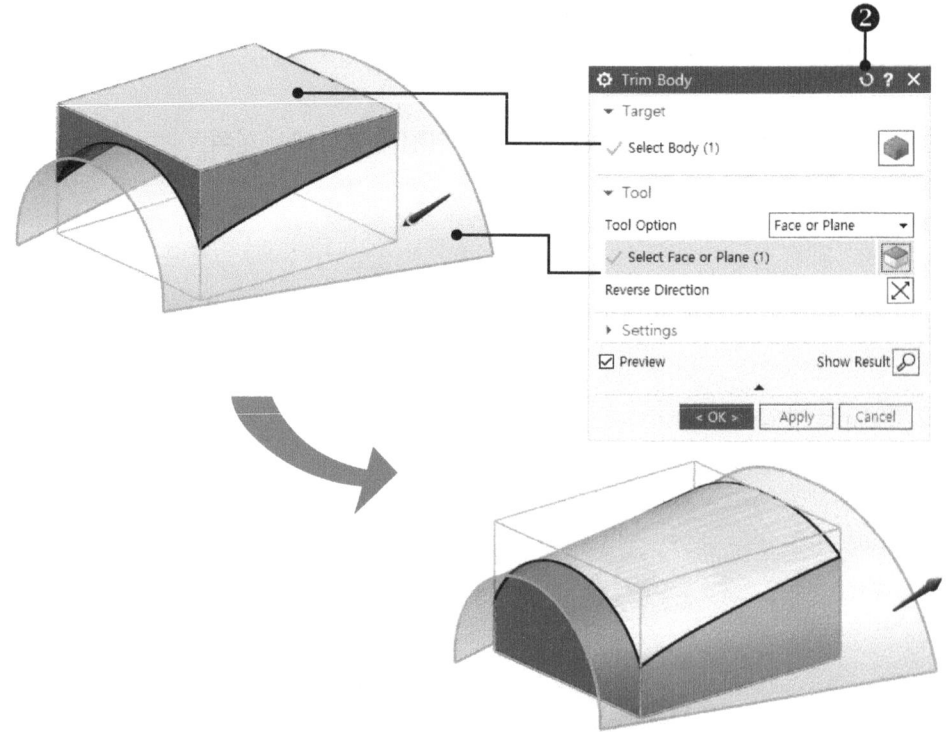

그림 2-11 Target과 Tool 선택

5. 시트 바디에 MB3 (마우스 오른쪽 버튼) 〉 Hide를 선택하여 시트바디를 숨긴다.

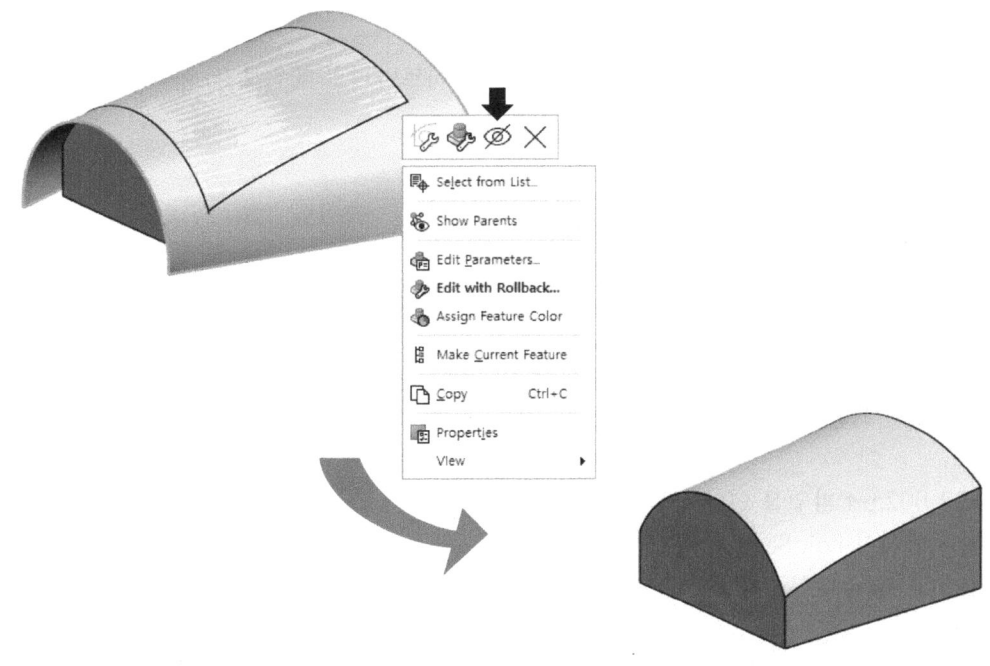

그림 2-12 모델링 완성

Exercise 02　Patch

ch02_002.prt

Patch 기능을 이용하여 솔리드 바디의 면의 일부를 시트바디로 메워보자. 이 기능을 사용하기 위해서는 다음의 조건을 만족시켜야 한다.

1. Target은 솔리드 바디 또는 시트 바디가 될 수 있다.
2. Tool은 반드시 하나의 시트바디여야 한다.
3. Tool의 모서리와 Target의 면과의 간격(Gap)은 설정된 Distance Tolerance 보다 작아야 한다.

파일 열기 및 모델 확인

1. ch02_002.prt 파일을 연다.
2. View 탭에서 Edit Section 아이콘을 누른다.
3. View Section 대화상자에서 Set Plane to X버튼을 누른다. 절단면이 X 방향과 수직으로 설정된다.
4. 시트 바디와 솔리드 바디 사이에 공간이 있음을 확인한다.
5. View Section 대화상자에서 Cancel 버튼을 누른다.

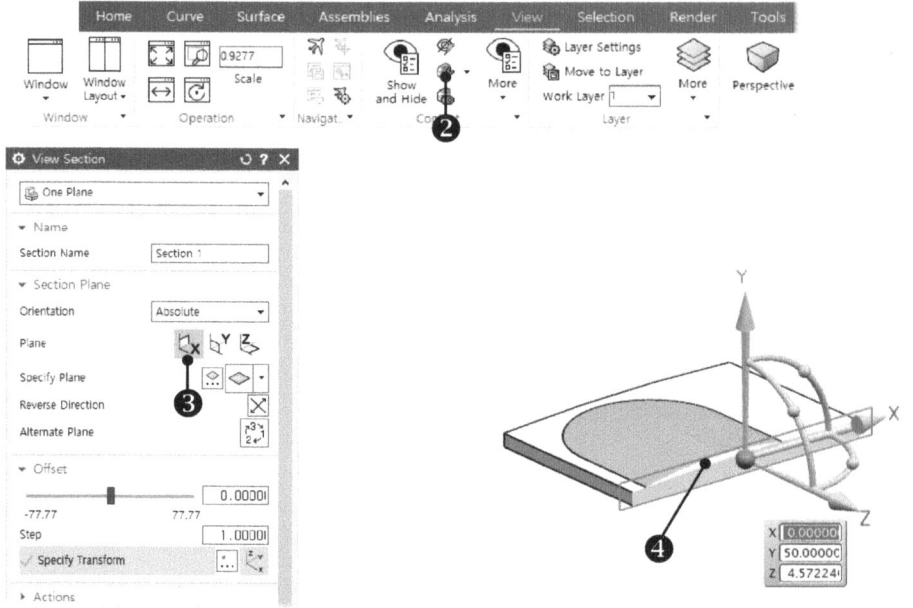

그림 2-13 모델 단면 확인

조건 확인

1. Analysis 탭을 누른다.
2. Relation 아이콘 그룹에서 Deviation Gauge 아이콘을 누른다. 또는 Menu 〉 Analysis 〉 Deviation 〉 Gauge를 선택해도 된다.

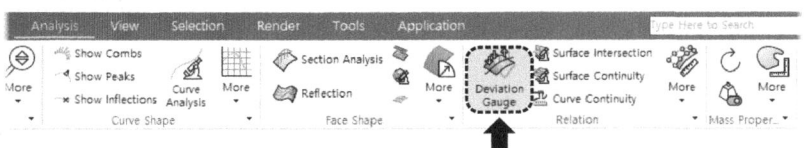

그림 2-14 Deviation Gauge 아이콘

3. 시트 바디의 모서리를 선택한다.
4. MB2 (가운데 버튼)를 누른다.
5. 솔리드 바디의 윗면을 선택한다. 최대 거리가 0mm로 나타난다.
6. Deviation Gauge 대화상자에서 Cancel 버튼을 누른다.

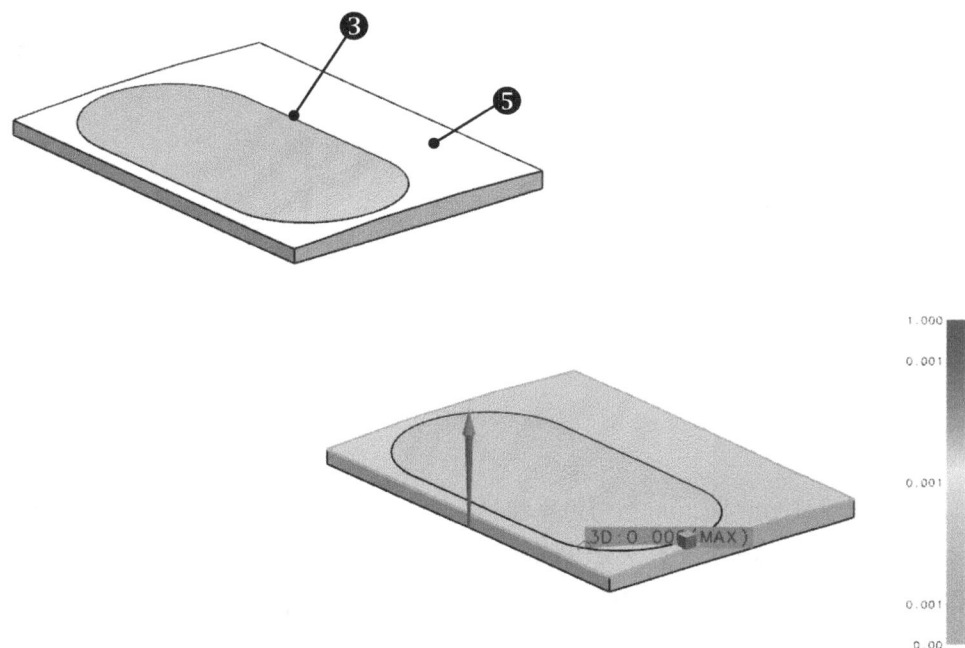

그림 2-15 모서리와 면 사이의 간격 확인

Patch 기능 실행

1. Surface 탭 > Combine > More > Patch 아이콘을 누른다.
2. Target(솔리드 바디)을 선택한다.
3. 연속하여 Tool(시트 바디)을 선택한다.
4. 화살표를 더블클릭하거나 대화상자에서 Reverse Direction 버튼을 눌러 방향을 바꾼다.
5. 대화상자에서 OK 버튼을 누른다.

대화상자의 Settings 옵션을 펼치면 Tolerance 값을 확인할 수 있다. 시트 바디의 모서리와 솔리드 바디의 면 사이의 Deviation은 여기에 설정된 값보다 작아야 한다.

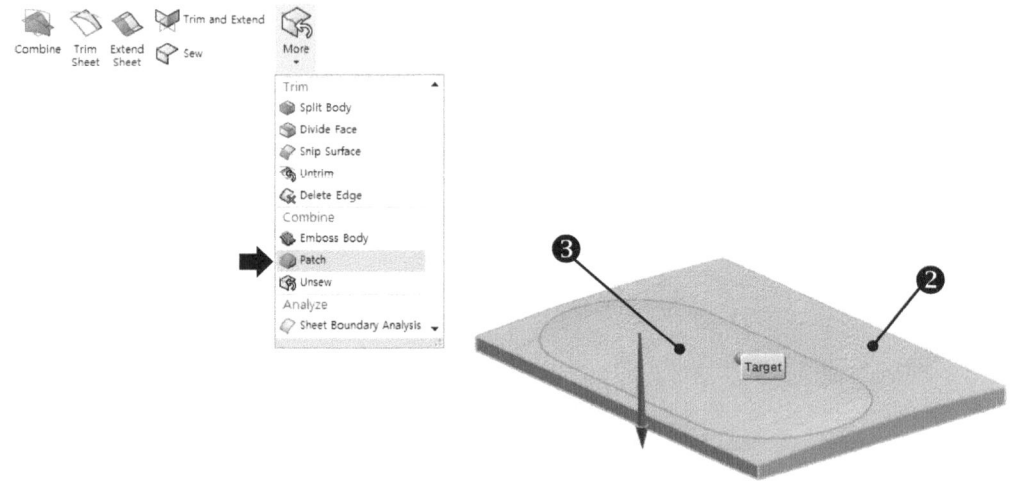

그림 2-16 Target과 Tool 선택

단면 확인

1. View 탭에서 Edit Section 아이콘을 누른다.
2. View Section 대화상자에서 Set Plane to X 버튼을 누른다.
3. 공간이 채워진 것을 확인한다.
4. View Section 대화상자에서 Cancel 버튼을 누른다.

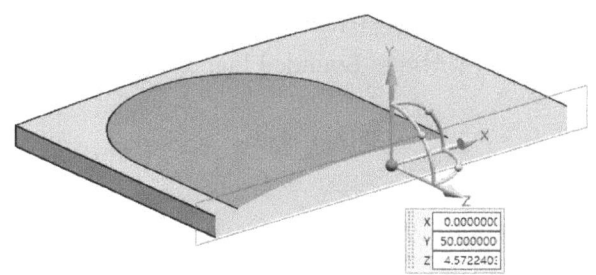

그림 2-17 단면 확인

END of Exercise

ch02_003.prt   **Sew**   **Exercise 03**

Sew 기능을 이용하여 솔리드 바디를 생성해 보자. 여러 개의 시트 바디를 이용하여 솔리드 바디를 만들려면 다음 조건을 만족하여야 한다.

1. 시트 바디는 닫힌 공간을 형성해야 한다.
2. 시트 바디의 모서리 사이의 간격은 설정된 Tolerance 값보다 작아야 한다.
3. Modeling Preference의 Body Type은 Solid로 설정되어 있어야 한다.

파일 열기

1. ch02_003.prt 파일을 연다.

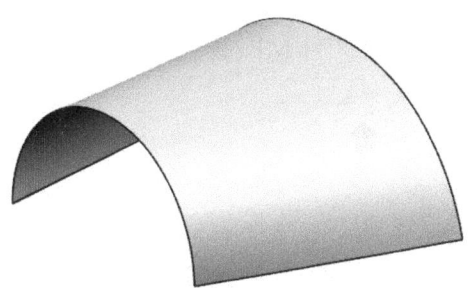

그림 2-18 실습용 파일

바닥면과 앞, 뒷면에 시트바디를 생성하여 닫힌 공간을 생성할 것이다. 이 때, 평면상에 정의된 폐곡선을 이용하여 시트바디를 생성하는 Bounded Plane 기능을 이용한다.

Line 생성

먼저 앞 면을 생성하기 위한 Line을 생성한다.

1. Curve 탭 > Base > Line 아이콘을 누른다.
2. 시작점을 선택한다. 모서리의 끝 점을 선택해야 한다.
3. 끝 점을 선택한다.
4. 대화상자에서 OK 버튼을 누른다.

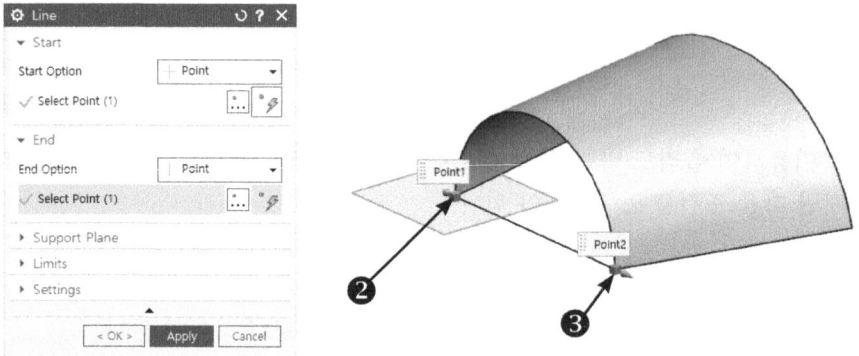

그림 2-19 Line 생성

Bounded Plane 생성

1. Surface 탭 > Base > More > Fill > Bounded Plane을 선택한다.
2. Curve Rule을 Single Curve로 설정한다.
3. 커브와 모서리를 선택하여 Bounded Plane을 생성한다.
4. 대화상자에서 OK 버튼을 누르거나 MB2를 누른다.

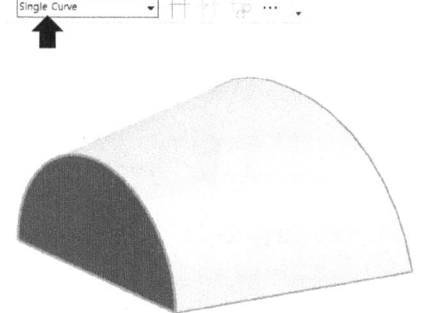

그림 2-20 앞 면 생성

뒷 면, 바닥면 생성 및 단면 확인

1. 같은 방법으로 직선을 추가로 생성한 후 뒷 면과 바닥 면을 생성한다.
2. Edit Section 아이콘을 누른다.
3. 그림 2-21과 같이 내부가 비어 있음을 확인한다.
4. View Section 대화상자에서 Cancel 버튼을 누른다.

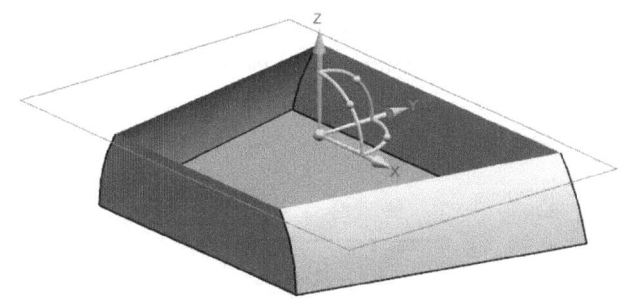

그림 2-21 단면 확인

Modeling Preference 확인

Sew 기능을 이용하여 솔리드 바디를 생성하기 전에 Modeling Preference를 확인해 보자.

1. Menu 버튼 > Preferences > Modeling을 선택한다.
2. General 탭을 누른다.
3. Body Type이 Solid로 설정된 것을 확인한다.
4. Distance Tolerance를 0.01 mm로 수정한다.
5. OK 버튼을 눌러 대화상자를 닫는다.

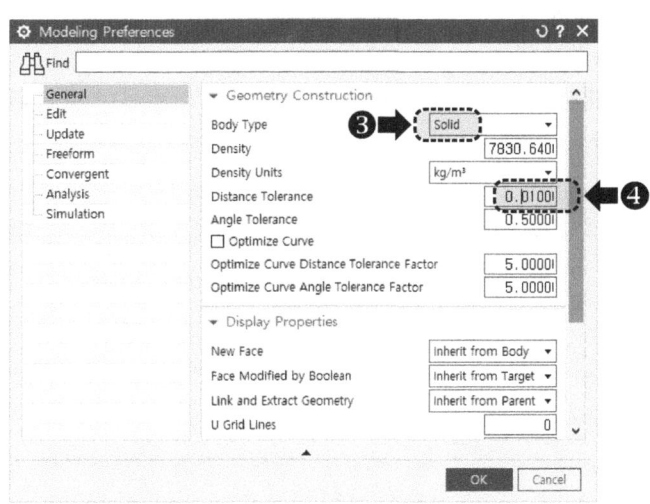

그림 2-22 Modeling Preference 확인

솔리드 바디 생성

1. Surface 탭 > Combine > Sew를 선택한다.
2. 대화상자를 Reset 한다.
3. 시트바디 중 하나를 Target으로 선택한다.
4. 나머지 시트바디를 Tool로 선택한다. 이 때 마우스를 드래그하여 전체 시트바디를 선택하면 앞에서 선택한 Target 바디를 제외한 나머지 시트바디가 Tool로 선택된다.
5. 대화상자에서 OK 버튼을 누른다. 마우스를 움직이지 않는다.
6. 스테이터스라인에는 "Solid Body Created"라는 메시지가 나타난다.

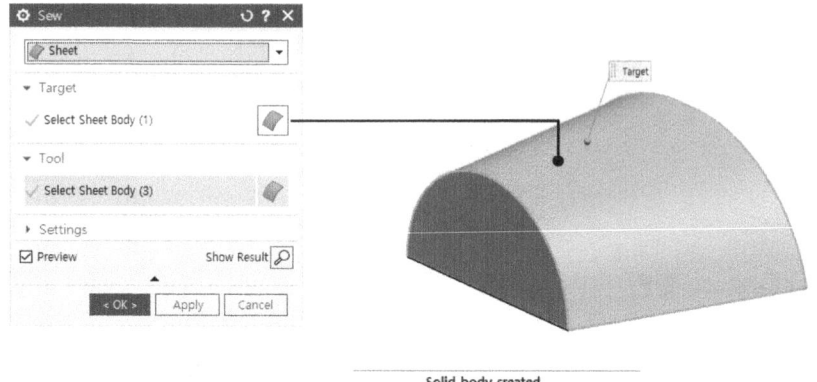

그림 2-23 Sew 기능 실행

대화상자의 Settings 옵션 영역에는 Modeling Preference에 설정되어 있는 Tolerance가 나타난다. 대화상자에서 이 값을 수정하면 Modeling Preference에 설정되어 있는 값보다 우선하여 적용된다.

7. Edit Section 기능을 이용하여 단면을 확인하면 안쪽이 꽉 차있는 솔리드 바디가 생성된 것을 알 수 있다.

END of Exercise

ch02_004.prt   **Thicken** Exercise 04

Thicken 기능을 이용하여 시트 바디에 두께를 정의하여 솔리드 바디로 만들어 보자. 이 때 주의할 점은 서피스의 각 위치에서 수직인 방향으로 두께를 생성한다는 점이다.

파일 열기

1. ch02_004.prt 파일을 연다.
2. Menu 버튼 > Insert > Offset/Scale > Thicken 기능을 이용하여 두께 5mm의 솔리드 바디를 생성한다.

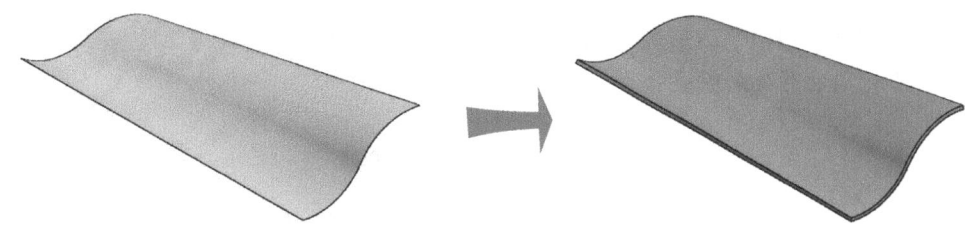

그림 2-24 두께 생성

솔리드 바디 확인

시트바디에 두께를 정의하여 솔리드 바디를 생성하면 시트바디는 그대로 남고 새로운 솔리드 바디가 생성된다. 확인해보자.

1. Type Filter를 Sheet Body로 설정한다.
2. 마우스 포인터를 모델 위로 가져간다. 시트 바디가 하이라이트 된다.
3. Selection Filter를 Solid Body로 설정한 후 마우스 포인터를 모델 위로 가져가면 솔리드 바디가 하이라이트 된다.
4. Reset 버튼을 눌러 Selection Filter를 Reset 한다.

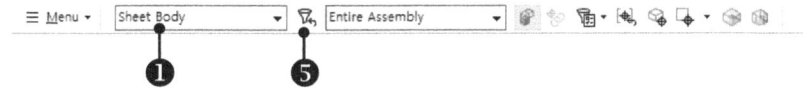

그림 2-25 Selection Filter

END of Exercise

2.6 레이어(Layer)

앞에서 서피스 모델링을 할 때는 다양한 종류의 오브젝트를 다룬다고 하였다. 이러한 오프젝트들이 화면에 모두 보이는 상태로는 복잡한 모델링을 수행하기는 어렵다. 오브젝트의 개수가 많지 않은 간단한 서피스 모델링의 경우 Show/Hide 기능을 이용하여 화면 상태를 관리할 수 있지만 복잡할 경우에는 효율적이지 않다. 이럴 때는 Layer를 사용한다. 모델링이 끝난 후에는 Layer Category의 기준에 따라 레이어를 정리하는 습관을 들이는 것이 좋다.

레이어는 생성하는 것이 아니라 이미 정해져 있는 레이어에 모델링 오브젝트를 할당하는 것이다. NX에서는 1번 부터 256번 까지의 레이어가 정해져 있으며 어떤 오브젝트를 몇 번 레이어에 할당할지를 설계 표준으로 정한 뒤 사용하면 된다.

View 탭의 Visibility 아이콘 그룹에서 Layer Settings 아이콘(단축키: Ctrl + L)을 누르면 그림 2-26과 같은 대화상자가 나타난다.

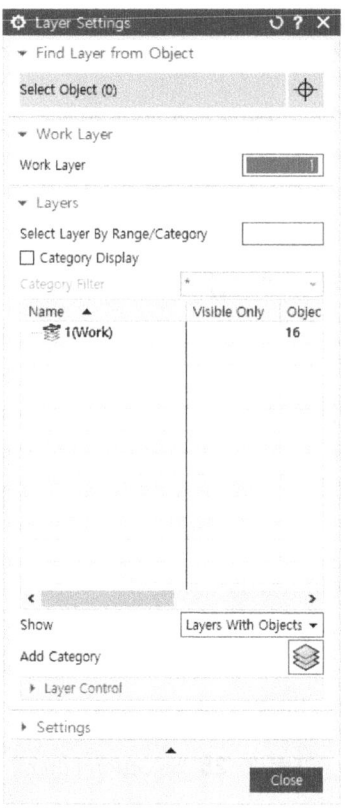

그림 2-26 Layer Settings 대화상자

2.6.1 Category

NX의 Model Template 파트 파일에는 다음과 같이 Layer Category가 할당되어 있다. 번호 만으로 레이어를 관리하기 힘들기 때문에 Category를 정의하여 레이어 번호를 할당한다. Layer Settings 대화상자의 Category Display 옵션을 체크하면 Category 별로 할당된 레이어를 볼 수 있다.

Layer Category Name	할당된 Layer	오브젝트
Solids	1 ~ 10	Solid Body
Sheets	11 ~ 20	Sheet Body
Sketches	21 ~ 40	Sketch
Curves	41 ~ 60	Curve
Datums	61 ~ 80	Datum CSYS Datum Plane Datum Axis

Show 드롭다운 목록에는 Layers With Objects 옵션이 기본으로 선택되어 있다. 따라서 레이어에 할당된 오브젝트가 없을 경우 레이어 번호는 나타나지 않는다. Show 목록에서 All Layers를 선택하면 모든 레이어 번호를 볼 수 있다.

2.6.2 Layer Control

Layer를 선택한 후 Layer Control 옵션 영역을 확장시켜 선택한 레이어의 상태를 변경할 수 있다.

▶ Make Selectable: 선택한 레이어의 오브젝트가 화면에 나타나며 MB1 (왼쪽 버튼)으로 선택할 수도 있다.
▶ Make Work Layer: 선택한 레이어가 작업 레이어로 지정된다. 새롭게 생성하는 오브젝트는 작업 레이어에 할당된다. 작업레이어는 대화상자의 Work Layer 입력창에 레이어 번호를 입력한 후 Enter 키를 눌러 지정할 수도 있으며 레이어 목록창에서 더블클릭하여 지정할 수도 있다.
▶ Make Visible Only: 선택한 레이어의 오브젝트가 화면에 보이기만 할 뿐 MB1 (왼쪽 버튼)으로 선택할 수는 없다.

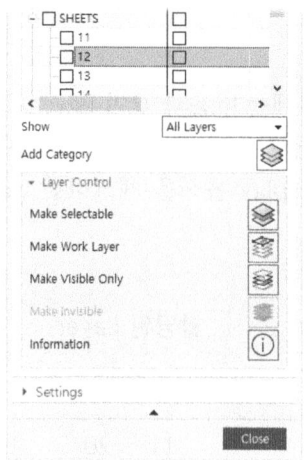

그림 2-27 Layer Control 옵션

▶ Make Invisible: 선택한 레이어의 오브젝트가 화면에 보이지 않는다.

Selectable, Visible Only 상태는 레이어 목록창의 사각형 박스를 체크하여 변경할 수도 있다.

2.6.3 레이어의 이동 및 복사

작업 레이어에 할당된 레이어를 이동 또는 복사하려면 View 탭의 Layer 아이콘 그룹에서 Move to Layer 또는 Copy to Layer (More 버튼)를 선택한다. 다음 절차를 따른다.

1. Move to Layer 또는 Copy to Layer 아이콘을 클릭한다.
2. 작업창에서 이동 또는 복사할 오브젝트를 선택한다.
3. Class Selection 대화상자에서 OK 버튼을 누른다.
4. Layer Move 또는 Layer Copy 대화상자의 Destination Layer or Category 입력창에 할당할 레이어 번호를 입력한 후 OK 버튼을 누른다.

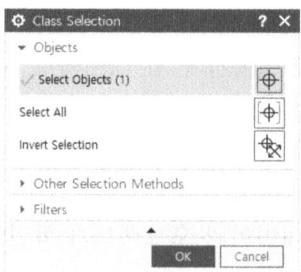

그림 2-28 Class Selection 대화상자

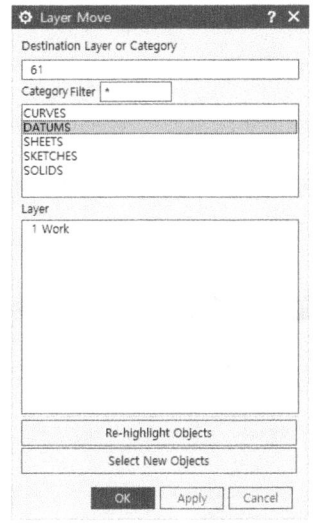

그림 2-29 Layer Move 대화상자

ch02_005.prt   **Layer** **Exercise 05**

그림 2-30의 파일에는 여러 가지 오브젝트를 작업 레이어에 생성하였다. 각각의 오브젝트를 NX의 Modeling Template의 해당 Category Layer로 이동시켜 관리해 보자.

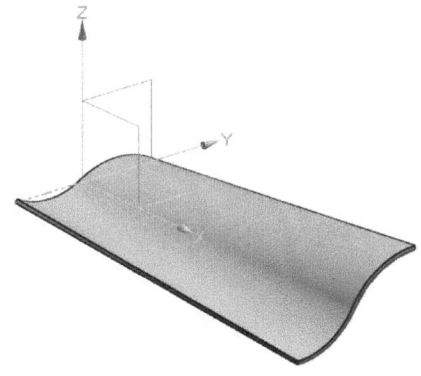

그림 2-30 실습용 모델

2 장: 서피스 모델링 소개

레이어 확인

1. Ctrl + L 키를 누른다.
2. 대화상자를 Reset 한다.
3. 1번 레이어(Work)에 16개의 오브젝트가 할당되어 있음을 확인한다.
4. Close 버튼을 눌러 대화상자를 닫는다.

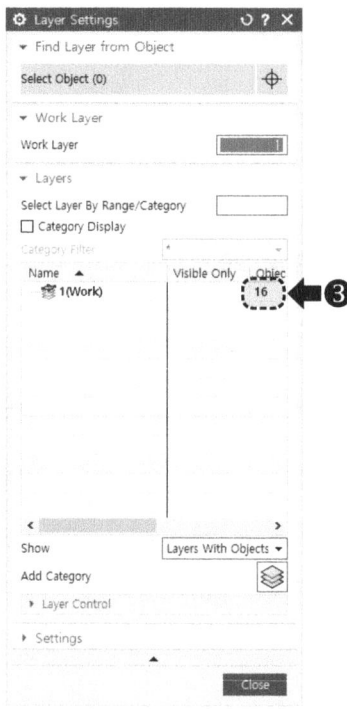

그림 2-31 Layer 확인

Datum 좌표계를 61번 레이어로 이동

1. WCS가 나타나 있으면 키보드에서 W 키를 눌러 WCS를 숨긴다. WCS는 모델링 오브젝트가 아니다.
2. View 탭 > Layer > Move to Layer 아이콘을 클릭한다.
3. 작업창에서 Datum 좌표계를 선택한다.
4. Class Selection 대화상자에서 OK 버튼을 누른다.
5. Layer Move 대화상자의 Destination Layer or Category 입력창에 61을 입력한 후 Apply 버튼을 누른다.
6. 61번 레이어가 Selectable로 표시됨을 확인한다.

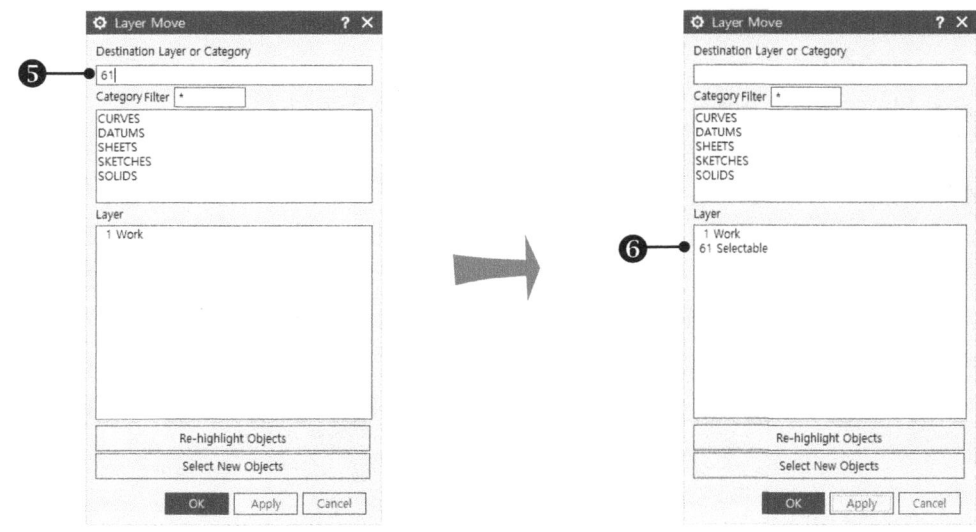

그림 2-32 레이어 할당 과정

스케치를 21번 레이어로 이동

연속하여 스케치 오브젝트를 21번 레이어로 이동시켜 보자.

1. 그림 2-32의 Layer Move 대화상자에서 Select New Objects 버튼을 누른다.
2. 작업창의 모델에서 스케치 오브젝트를 선택한다. 또는 Part Navigator에서 Sketch(1) 피쳐를 선택해도 된다.
3. Class Selection 대화상자에서 OK 버튼을 누르거나 MB2 (가운데 버튼)를 누른다.
4. Layer Move 대화상자의 Destination Layer or Category 입력창에 21을 입력한 후 Apply 버튼을 누른다.
5. 21번 레이어가 Selectable로 표시됨을 확인한다.

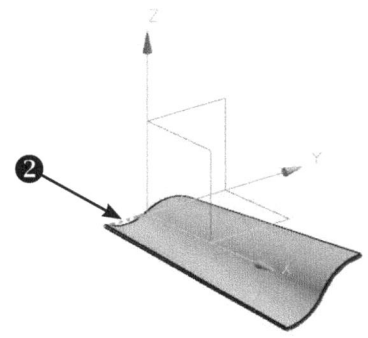

그림 2-33 Sketch 이동

커브를 41번 레이어로 이동

1. Layer Move 대화상자에서 Select New Objects 버튼을 누른다.
2. 모델에서 Curve를 선택한다.
3. MB2 (가운데 버튼)를 누른다.
4. Layer Move 대화상자에서 Curves를 선택한다. Destination Layer 번호가 41로 변경됨을 확인한다.
5. Apply 버튼을 누른다. 41번 Layer는 Selectable로 표시되지 않는다.

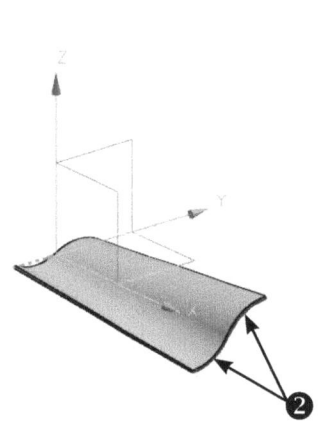 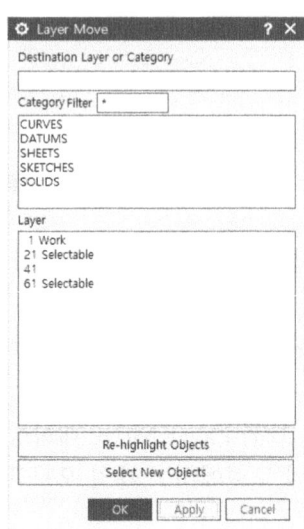

그림 2-34 Curve 이동

시트 바디를 11번 레이어로 이동

1. 대화상자에서 Select New Objects 버튼을 누른다.
2. Selection Filter를 Sheet Body로 설정한다.
3. 모델에서 시트 바디를 선택한다.
4. MB2 (가운데 버튼)를 누른다.
5. Layer Move 대화상자에서 SHEETS를 선택한다. Destination Layer가 11로 바뀐 것을 확인 후 Apply 버튼을 누른다.
6. 11번 레이어는 Selectable이 표시되지 않으며 화면에서 시트 바디가 사라진다.
7. Layer Move 대화상자에서 Cancel 버튼을 누른다.

레이어 관리

아직 화면에 나타나 있는 Datum 좌표계와 스케치를 숨겨보자.

1. Ctrl + L 키를 누른다.
2. Layer Settinge 대화상자가 나타나고 오브젝트가 할당되어 있는 레이어가 표시된다.
3. 21번과 61번 레이어 앞에 있는 체크마크(☑)를 해제한다.
4. 각 번호에 할당되어 있는 스케치와 Datum 좌표계가 화면에서 사라지는 것을 확인한다.
5. Layer Settings 대화상자에서 Close 버튼을 누른다.

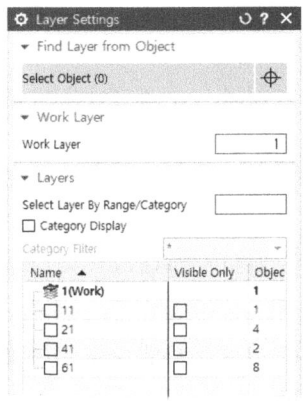

그림 2-35 레이어 숨기기

END of Exercise

! 11번 레이어와 41번 레이어가 Invisible로 되는 이유

Layer Settings 대화상자에서 Category Display 옵션을 체크 해보자. 오른쪽 그림과 같이 Curves와 Sheets 카테고리에 있는 레이어에 체크 마크가 해제되어 있다. 따라서 Curves 카테고리에 해당되는 11번 레이어와 Sheets 카테고리에 해당되는 41번 레이어는 할당되는 순간 Invisible로 된다.

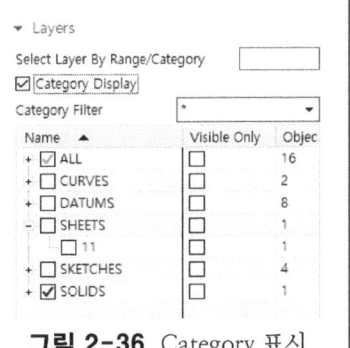

그림 2-36 Category 표시

2.7 요약

1. 서피스 모델링이란 자유 곡면을 하나 이상 포함하는 3D 형상을 모델링 하는 것이다.

2. NX에서 생성되는 결과물을 오브젝트라 부르고, 여러가지 타입으로 구분된다.

3. 서피스 모델링은 시행 착오를 많이 겪는 것이 당연하다.

4. 서피스 모델링을 위한 가이드 라인이 있으며, 이를 숙지하면서 모델링 하는 것이 바람직하다.

5. Trim Body는 Solid Body를 Sheet Body로 절단하여 곡면 부분을 갖는 Solid Body를 만든다.

6. Patch 기능은 면의 일부를 다른 면으로 교체한다.

7. Sew 기능은 Sheet Body로 틈새가 없게 막은 후 모든 Sheet Body를 꿰매어 Solid Body를 만든다.

8. Thicken 기능은 Sheet Body에 두께를 주어 Solid Body를 만든다.

9. Bounded Plane은 평면을 이루는 폐곡선을 이용하여 평평한 단일 Sheet Body를 만드는 기능이다.

10. NX에서 생성되는 오브젝트는 Layer를 이용하여 관리한다.

Chapter 3
Ruled Surface

■ 학습목표

- Ruled Surface 기능의 적용 예를 이해할 수 있다.
- Ruled Surface 기능의 기본 사용법과 작업 과정을 이해할 수 있다.
- Alignment Method 옵션의 차이점과 적용 예를 이해할 수 있다.
- Ruled Surface 대화상자의 옵션을 이해할 수 있다.

3 장: Ruled Surface

3.1 Ruled Surface

두 개의 Section을 연결하여 Solid Body 혹은 Sheet Body를 만든다.

그림 3-1 Ruled Surface의 적용 예

Exercise 01   Ruled Surface 기본 사용법   *ch03_001.prt*

예제를 이용하여 Ruled Surface를 생성해 보자.

파일 열기

1. ch03_001.prt 파일을 연다.

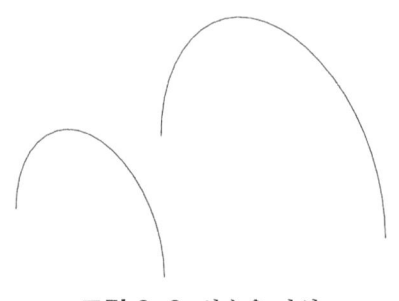

그림 3-2 실습용 파일

Ruled 기능 실행

1. Surface 탭 > Base > More > Mesh > Ruled 아이콘을 클릭한다.
2. 대화상자를 Reset 한다.
3. 첫 번째 Section을 선택한다. 화살표의 시작점과 방향을 확인한다.
4. MB2 (가운데 버튼)를 누른다.

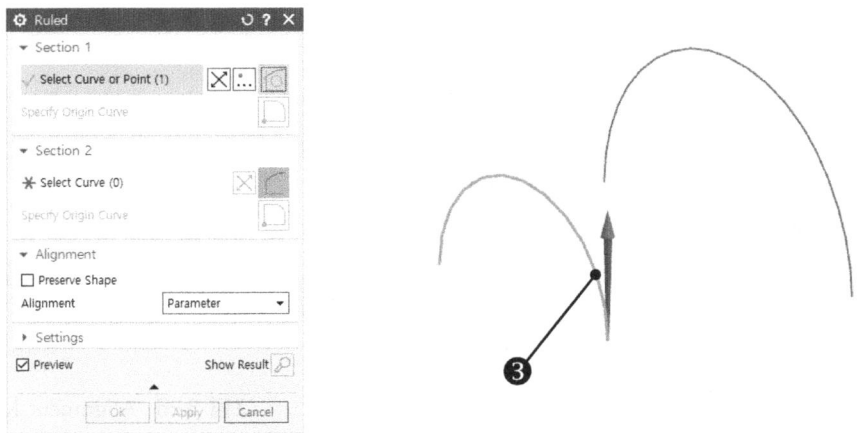

그림 3-3 첫 번째 Section 선택

5. 두 번째 Section을 선택한다. 그림 3-4에서 가리키는 부분을 선택하여야 화살표의 시작점과 방향이 앞의 것과 동일하게 된다.
6. MB2 (가운데 버튼)를 누르거나 대화상자에서 OK 버튼을 누른다.

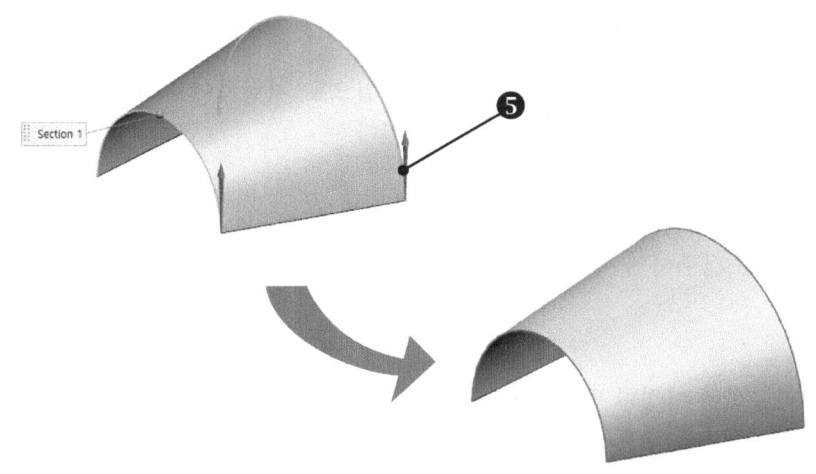

그림 3-4 Ruled 서피스 생성

END of Exercise

3.2 Ruled 기능의 옵션

3.2.1 Alignment 옵션

Ruled Surface를 생성할 때 각 Section을 선택할 때 나타나는 화살표의 시작점끼리 연결한 다음 화살표 방향으로 진행하면서 서피스를 생성하게 되는데, 이 때 Section 간의 정렬(alignment)방식을 결정한다. 이 옵션에 따라 NX는 Section 간의 연결 점의 위치를 정하여 서피스를 생성하므로 결과적으로 Alignment Method 옵션은 서피스의 모양을 결정한다. 자주 사용하는 네 가지 옵션에 대하여 알아보자.

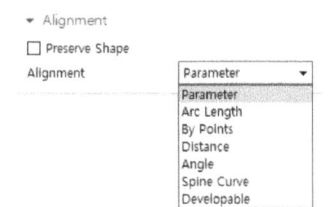

그림 3-5 Alignment Method 옵션

Parameter
Section의 속성 그대로의 서피스를 생성한다. Preserve Shape 옵션을 사용하거나 사용하지 않을 수 있다.

By Points
Section 간의 연결 점의 위치 및 개수를 작업자가 수작업으로 지정하여 서피스를 생성한다. Preserve Shape 옵션을 사용하거나 사용하지 않을 수 있다.

Arc Length
Section을 하나의 커브로 간주하여 서피스를 생성한다. Preserve Shape 옵션을 사용할 수 없다.

Angle
Section 간의 모든 연결선이 지정한 벡터(Vector) 축을 지나도록 서피스를 생성한다. Preserve Shape 옵션을 사용할 수 없다.

Spine Curve

Spine Curve를 지정하여 서피스의 모양을 규제할 수 있다.

Preserve Shape 옵션을 체크하면 Alignment Method 옵션은 Parameter와 By Points 만 사용할 수 있다. 따라서 이외의 Alignment 옵션을 이용하려면 반드시 Preserve Shape 옵션을 해제하여야 한다.

Preserve Shape 옵션은 각 진 Section을 사용할 경우 그 상태를 그대로 유지하도록 해준다. 또한 각 진 부분을 연결하는 선을 표시해 준다. 이 옵션을 사용하지 않으면 각 진 Section을 사용하더라도 Settings 옵션의 G0(Position) 입력창에 입력된 값의 한도 내에서 부드럽게 생성한다.

---

ch03_002.prt **Parameter와 Arc Length 옵션 비교** **Exercise 02**

ch03_002.prt 파일을 열어 실습을 수행한다. Alignment Method 옵션을 Paramenter와 Arc Length로 선택하여 서피스를 생성해 보자.

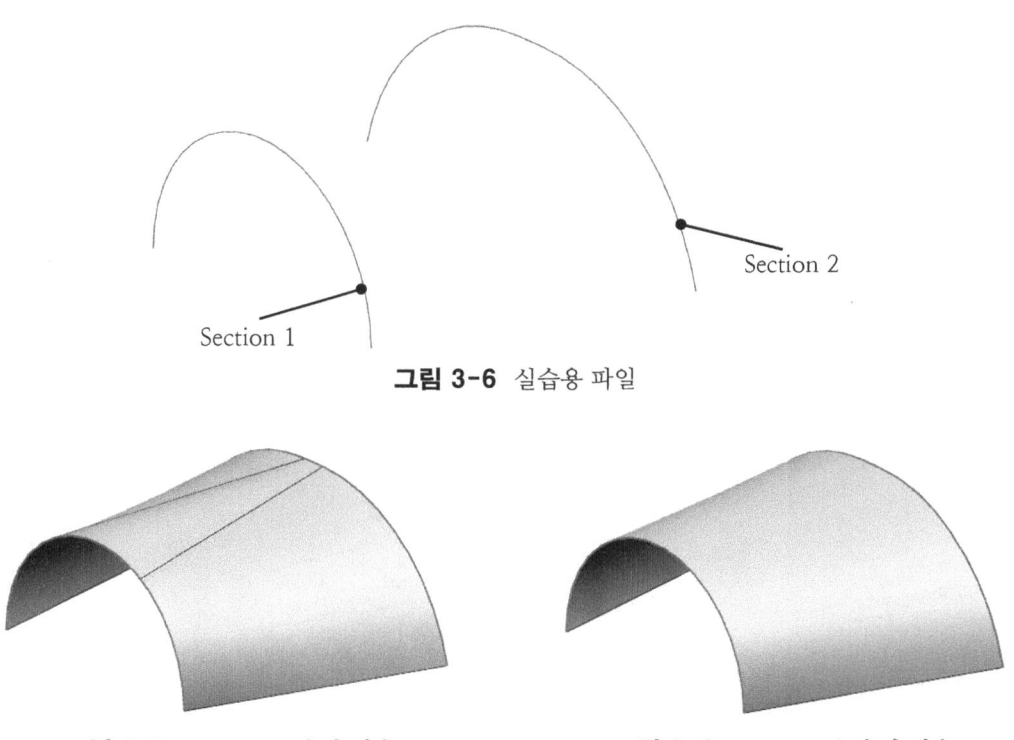

그림 3-6 실습용 파일

그림 3-7 Parameter 옵션 이용   **그림 3-8** Arc Length 옵션 이용

Section 2가 여러 개의 커브로 이루어져 있기 때문에 Parameter 옵션을 이용할 경우 커브의 연결점 속성을 유지한다.

Arc Length 옵션을 이용할 경우 Section 2를 이루는 세 개의 커브를 하나로 인식하여 Section 1의 전체 길이와 Section 2의 전체 길이를 균등하게 배분하여 연결한다.

END of Exercise

3.2.2 Settings 옵션 그룹

Body Type 드롭다운 목록에서는 Ruled Surface 기능으로 생성될 바디의 타입을 설정한다.

Section이 모두 개곡선일 경우 Body Type과 상관 없이 Sheet Body를 생성한다. Section이 모두 폐곡선이고 평면 상에 정의되어 있는 경우에는 Body Type에 설정된 옵션에 따라 Sheet Body를 생성할 수도 있고 Solid Body를 생성할 수도 있다.

3.2.3 Reverse Direction과 Specify Origin Curve

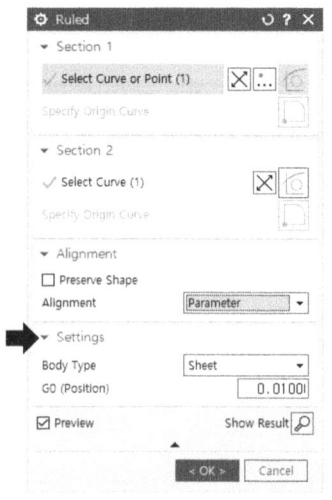

그림 3-9 Settings 옵션 그룹

Section을 선택할 때 나타나는 화살표의 시작점과 방향을 변경할 수 있다. Reverse Direction 옵션은 화살표의 방향을 변경한다. 모델에 나타난 화살표를 더블클릭해도 된다.

Specify Origin Curve 옵션을 이용하면 화살표의 시작점을 다시 지정할 수 있다. 이 옵션은 폐곡선의 Section을 사용할 때만 활성화 된다.

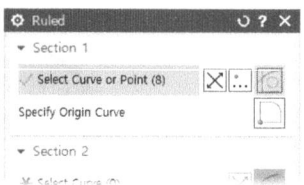

그림 3-10 Section 시작점과 방향 설정 옵션

그림 3-11 Reverse Direction 옵션 적용

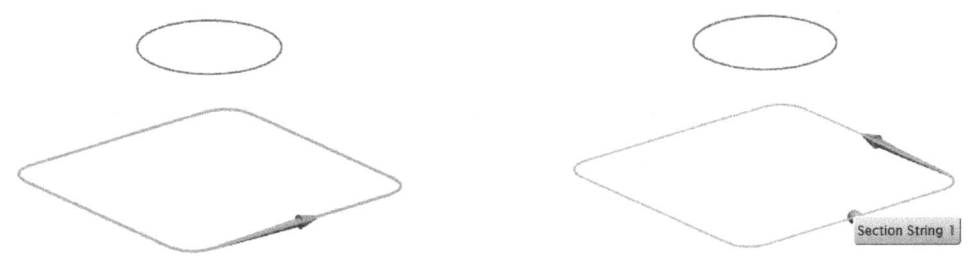

그림 3-12 Specify Origin Curve 옵션 적용

3.2.4 Section을 선택하는 요령

서피스 모델링에서 커브를 선택하는 요령은 대단히 중요하다.

1. 끝 점(End Point)과 중간 점(Mid Point)를 피하여 선택한다.

그림 3-13에서 동그라미로 표시한 부분은 Section을 구성하는 커브들의 끝 점과 중간 점이다. 이 점들을 피하여 선택하는 것이 첫 번째 요령이다.

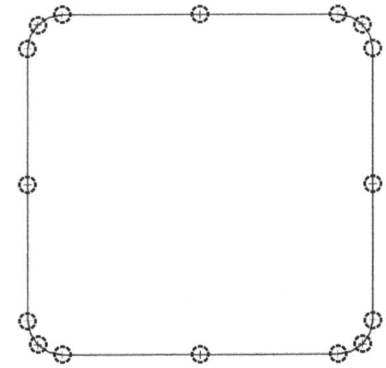

그림 3-13 Section을 구성하는 커브들의 끝점과 중간점

2. 끝점(End Point)과 중간점(Mid Point)을 선택하지 않는다.

Ruled Surface는 Section 1로 점(Point)을 선택할 수 있다. 이로 인해 커브를 선택해야 할 때 Snap Point의 설정에 따라 실수로 점을 선택하지 않도록 하자.

3. Selection Intent(선택 의도) 옵션을 적절히 활용하여 선택한다.

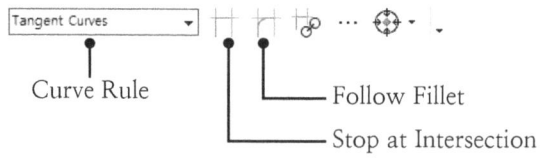

그림 3-14 Selection Intent

4. Direction Arrow는 마우스 커서에서 가장 가까운 커브의 끝 점에서 시작하여 마우스 포인터의 방향을 향하게 설정된다.

Exercise 03 By Points 옵션

ch03_003.prt

주어진 파일을 이용하여 다음 사항을 학습하자.

1. By Point Alignment Method 이용
2. 폐곡선의 Section 이용

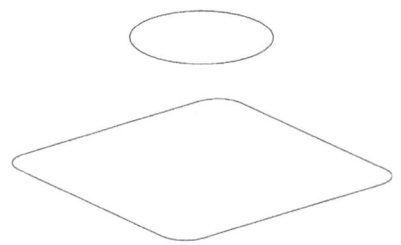

그림 3-15 실습용 파일

파일 열기 및 첫 번째 Section 선택

1. ch03_003.prt 파일을 연다.
2. Ruled 기능을 실행시키고 대화상자에서 Reset 버튼을 누른다.
3. Section 1으로 원을 선택한다. 화살표의 시작점과 방향을 확인한다.

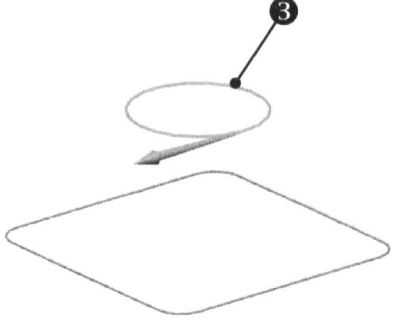

그림 3-16 Section 1 선택

두 번째 Section 선택

1. MB2 (가운데 버튼)를 눌러 Section 2 옵션 영역으로 진행시킨다.
2. 마우스 포인터의 위치 (그림 3-17의 ❷)에서 두 번째 Section을 선택한다. 화살표의 방향이 맞지 않음을 확인한다. Preserve Shape 옵션을 켠다.

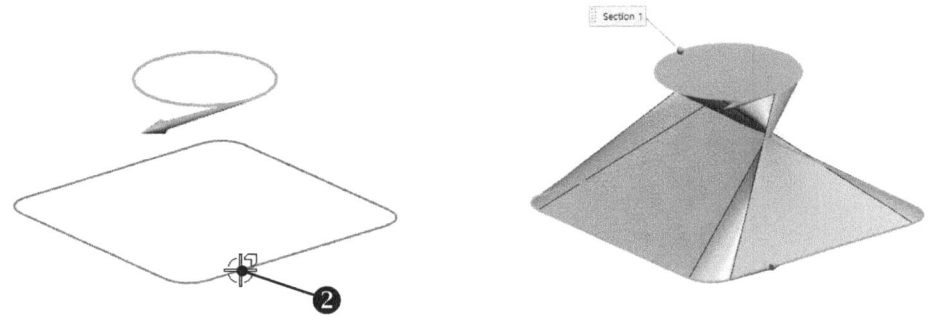

그림 3-17 Section 2 선택

3. 대화상자의 Section 2 옵션 영역에서 Reverse Direction 버튼을 누른다.
화살표 방향이 맞춰지면서 형상의 미리보기가 바뀐다. 그러나 여전히 서피스가 꼬여 있다.

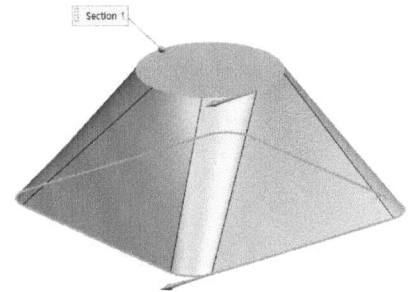

그림 3-18 화살표 방향 전환

Alignment 옵션 변경

1. 대화상자에서 Alignment 옵션 영역을 확장시킨다.
2. Alignment 드롭다운 목록에서 By Points를 선택한다.
3. 모델에 나타난 연결 점을 확인한다.

이 때, 섹션의 연결점과 Section을 표시하기 위한 점을 구분하여야 한다. Section 표시 점은 각 섹션에 하나씩 표시되며 나머지 점은 섹션의 연결점이다.

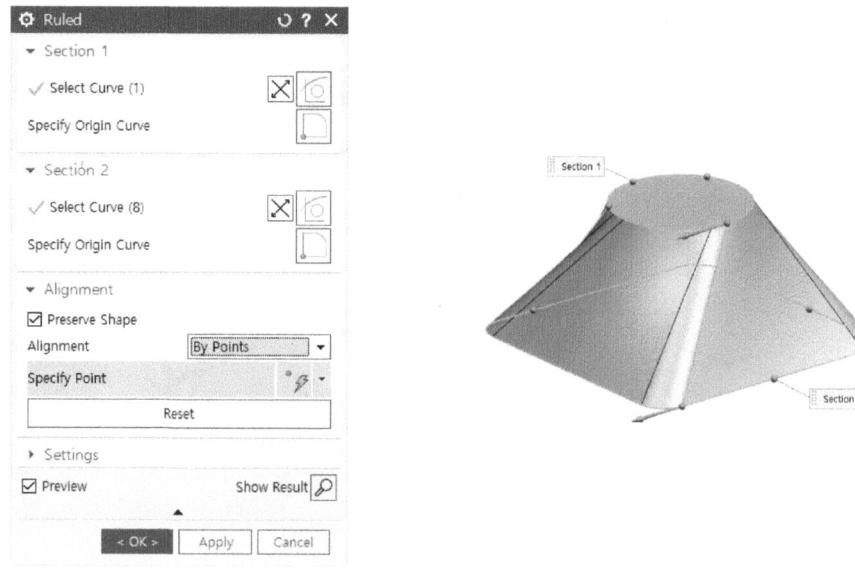

그림 3-19 Alignment 옵션 변경

모델뷰 변경

1. 대화상자가 열려 있는 상태에서 모델뷰를 TOP으로 변경한다. (단축키: Ctrl + Alt + T)
2. Section 박스를 드래그하여 적당히 이동시킨다.

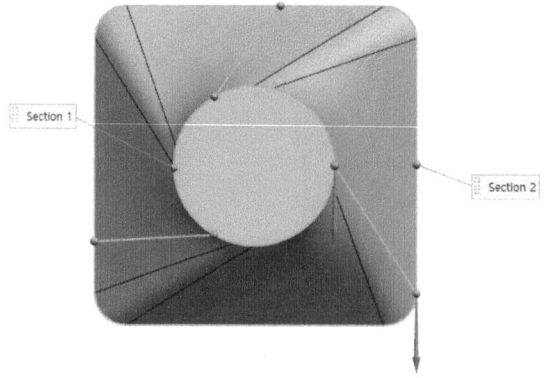

그림 3-20 뷰 방향 변경

섹션 연결 점 변경 1

연결점의 위치를 다시 설정하는 과정이다. 따라서 Snap Point 옵션을 적절히 이용하여야 한다는 점을 기억하자.

1. Section 2에서 화살표 시작점을 클릭한다. 볼의 색깔이 변경되며 % 입력창이 나타난다.
2. 연속하여 선의 중간 위치로 마우스 포인터를 가져간다. 이 위치에는 선의 중간점이 있고, Section 2 표시 점이 함께 있다.
3. 마우스 포인터가 그림 3-22와 같이 변경되었을 때 클릭한다.
4. 그림 3-23의 Quick Pick 대화상자에서 Midpoint를 선택한다. 연결점의 위치가 변경되며 서피스의 모양이 바뀐다.

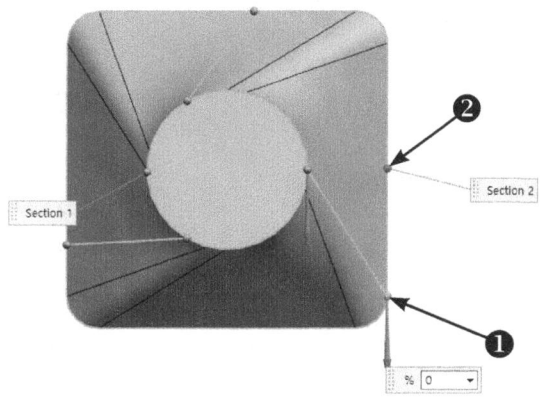

그림 3-21 연결점 선택

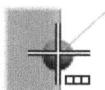

그림 3-22 변경된 마우스 커서

그림 3-23 Quick Pick 대화상자

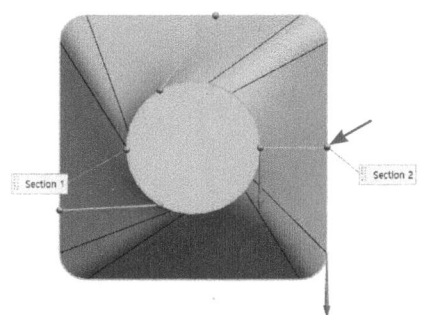

그림 3-24 변경된 연결점

3 장: Ruled Surface

섹션 연결 점 변경 2

동일한 방법으로 A, B, C, D 점을 각각 E, F, G, H 점으로 이동시킨다. E 점과 G 점을 선택할 때는 Snap Point 옵션에서 Quadrant Point(◯)를 켜야 한다.

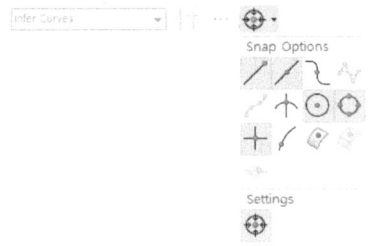

그림 3-25 Snap Point 옵션

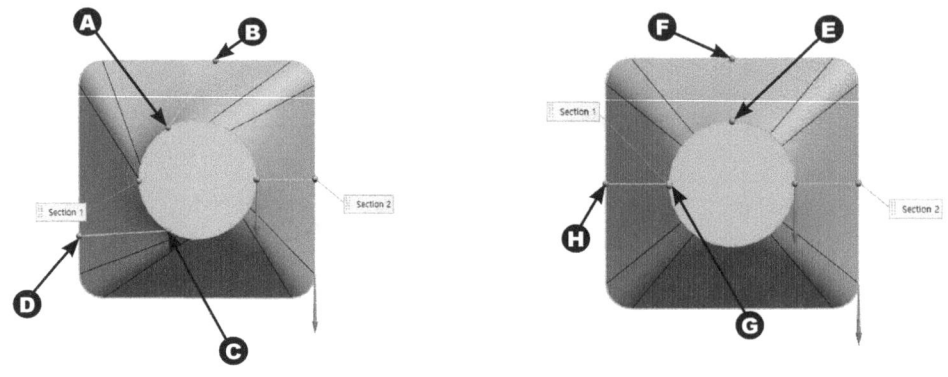

그림 3-26 섹션 연결 점 변경

섹션 연결 선 추가

1. Snap Point 옵션에서 Quadrant Point(◯)를 켠다.
2. Section 2에 해당하는 원의 6시 위치(그림 3-27)를 선택한다.
3. 섹션 연결선이 추가된 것을 확인한다.
4. OK 버튼을 누른다.

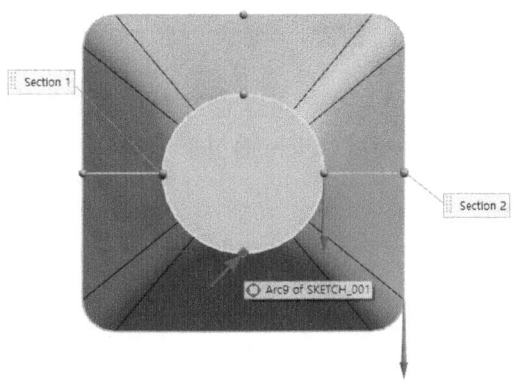

그림 3-27 섹션 연결선 추가

Preserve Shape 옵션

Settings 옵션 그룹에서 Preserve Shape 옵션을 체크한 결과와 이 옵션을 해제한 결과 모델을 비교한다.

그림 3-28 Preserve Shape = On
1 Solid Body, 10 Faces

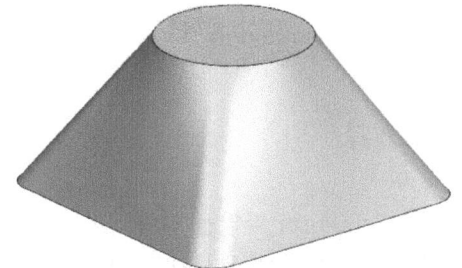

그림 3-29 Preserve Shape = Off
1 Solid Body, 3 Faces

END of Exercise

3 장: Ruled Surface

> **! 섹션 연결 점을 지우는 방법**
>
> 아래 그림과 같이 Point 위에 마우스 커서를 올려 놓고 MB3 (오른쪽 버튼)를 누르면 팝업 메뉴가 나타난다. 팝업 메뉴에서 Delete 옵션을 선택하면 Point와 연결선이 삭제된다.
>
>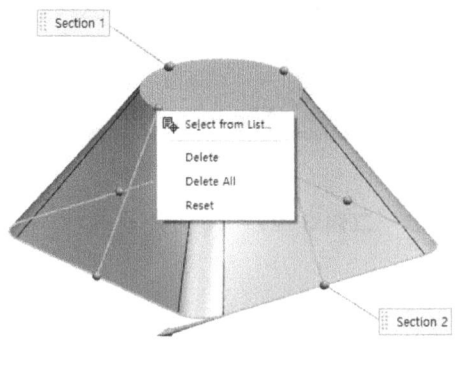
>
> **그림 3-30** Point 팝업 메뉴

Exercise 04   Angle 옵션   *ch03_004.prt*

Alignment Method 옵션으로 Angle을 사용하는 예를 살펴보자.

파일 열기

1. ch03_004.prt 파일을 연다.
2. Ruled 기능을 실행시키고, 대화상자를 Reset 한다.
3. 그림과 같이 두 개의 Section을 선택한다.

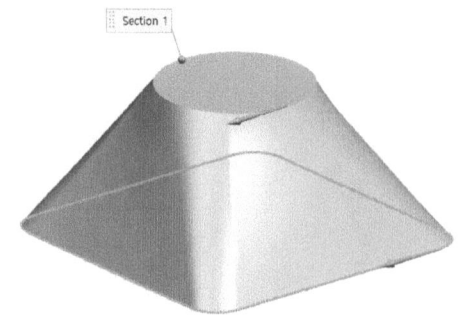

그림 3-31 Section 선택

Alignment Method 설정

1. 대화상자가 나타나 있는 상태에서 Ctrl + L 키를 눌러 61번 레이어를 Selectable로 설정한다.
2. Alignment Method를 Angle로 선택한다.
3. Axis로 데이텀 좌표계의 Z 축을 선택한다.

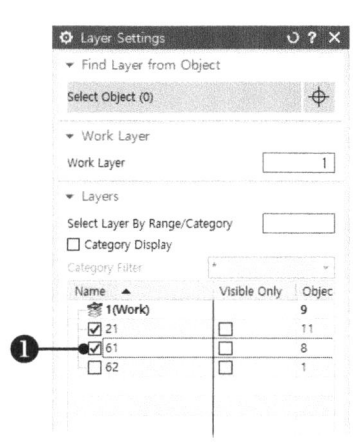
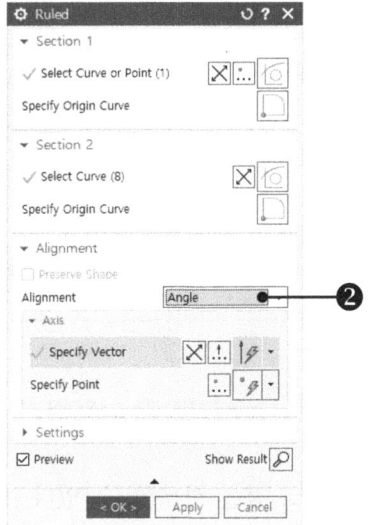

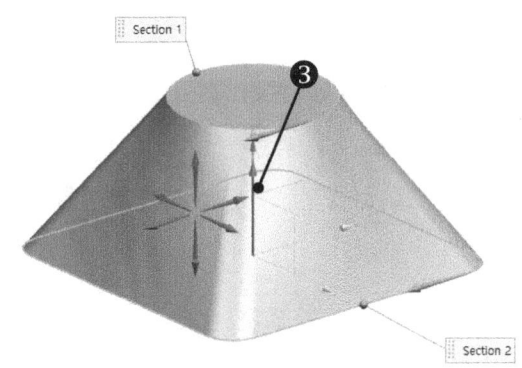

그림 3-32 옵션 설정

3장: Ruled Surface

4. 대화상자에서 OK 버튼을 누른다.
5. 21번 레이어와 61번 레이어를 숨긴다.

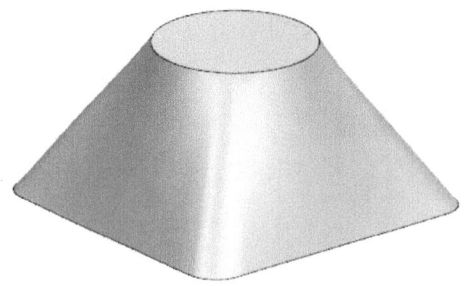

그림 3-33 생성된 모델

END of Exercise

3.2.5 Section으로 점 이용하기

Section 1으로 점을 선택할 수 있다. Ruled 대화상자의 Section 1 옵션 영역을 보면 Point Dialog(Ⓐ) 버튼이 있으며, 이는 Section 1으로 점을 선택할 수 있음을 의미한다. 또한, 점을 선택할 수 있는 단계에서는 Snap Point 옵션이 활성화 되는 것을 알 수 있다.

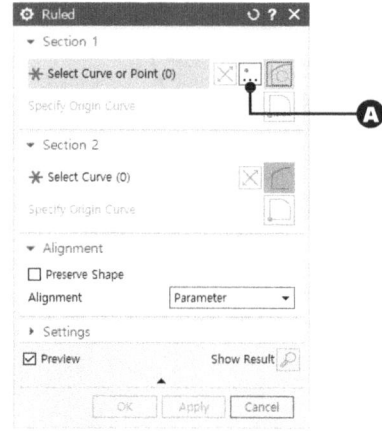

그림 3-34 Point Dialog 버튼

ch03_005.prt 　　　　　　　　　　　　　　　　　　　점 이용 **Exercise 05**

Section 1으로 점을 선택하여 Section 2로 사각형을 선택하여 피라미드 형상을 생성하시오.

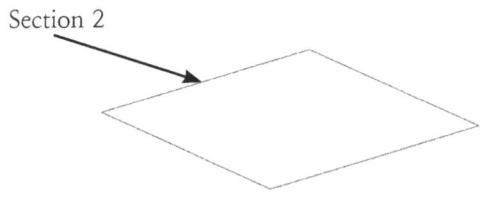

그림 3-35 실습용 파일

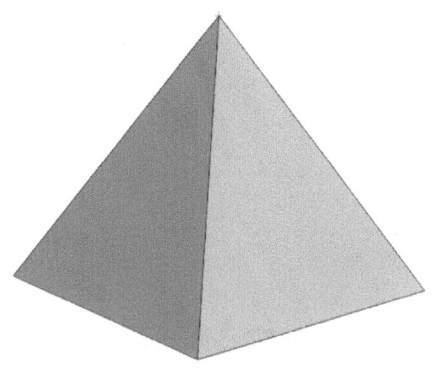

그림 3-36 생성된 Solid Body

END of Exercise

3 장: Ruled Surface

> **! 바디의 타입을 확인하는 방법**
>
> 이전 작업의 결과물은 Solid Body이지만 색은 파란색으로 만들어질 수도 있다. NX의 오브젝트 기본 설정값에 의해 Solid Body와 Sheet Body의 색은 각각 다음 표와 같다.
>
> | 오브젝트 Type | 색 |
> |---|---|
> | Solid Body | 129 (Medium Steel) |
> | Sheet Body | 171 (Medium Midnight) |
>
> 경우에 따라서는 오브젝트의 색 만으로 Solid Body인지 Sheet Body인지를 구분하기 어려울 수도 있다. 이런 경우 사용할 수 있는 방법 중 한 가지를 소개한다. Selection Bar에서 Selection Filter를 Solid Body로 변경 후 마우스 커서를 오브젝트 위에 올려 놓는다. 그러면 Status Line에 표시되는 메시지(그림 3-38)로 오브젝트의 타입을 확인할 수 있다.
>
>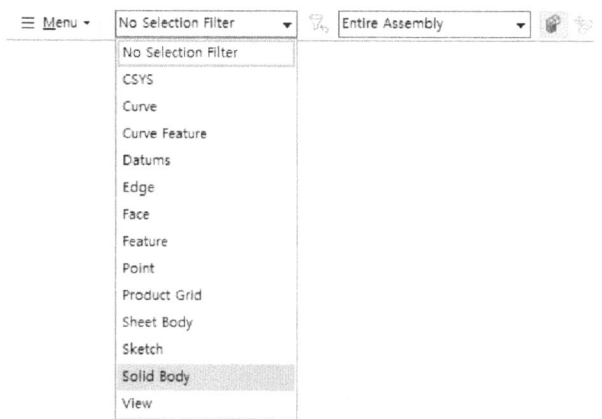
>
> **그림 3-37** Selection Filter
>
> **그림 3-38** Status Line에 표시된 오브젝트 Type

3.3 추가 예제

다음 도면을 모델링 하시오.

주의사항

1. 파일명은 도면의 표제란을 참조하여 사용자가 임의로 정한다.

2. Modeling Preferences의 Distance Tolerance는 0.01mm여야 한다.

3. 점(Point)을 제외한 모든 커브는 Sketch로 그려야 하며, 모든 Sketch 커브는 완전구속(fully constrained) 시켜야 한다.

4. Ruled Surface 기능은 단 1회만 사용한다.

5. 완성 모델이 Solid Body인지 혹은 Sheet Body인지는 도면의 Iso View를 보고 판단한다.

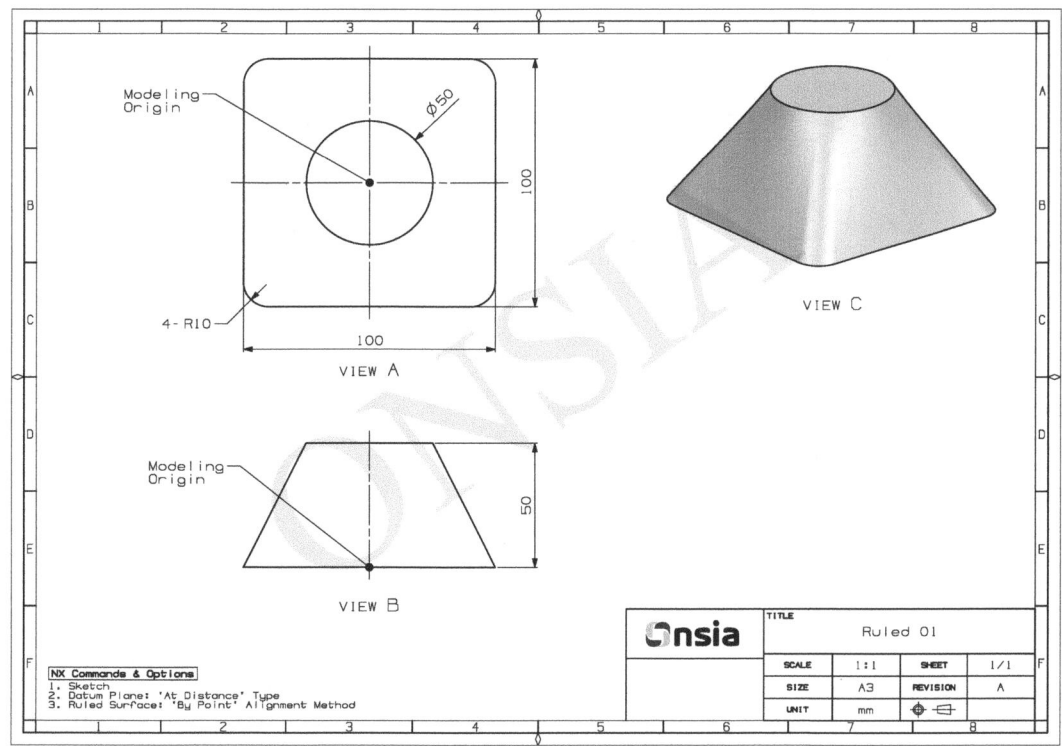

3 장: Ruled Surface

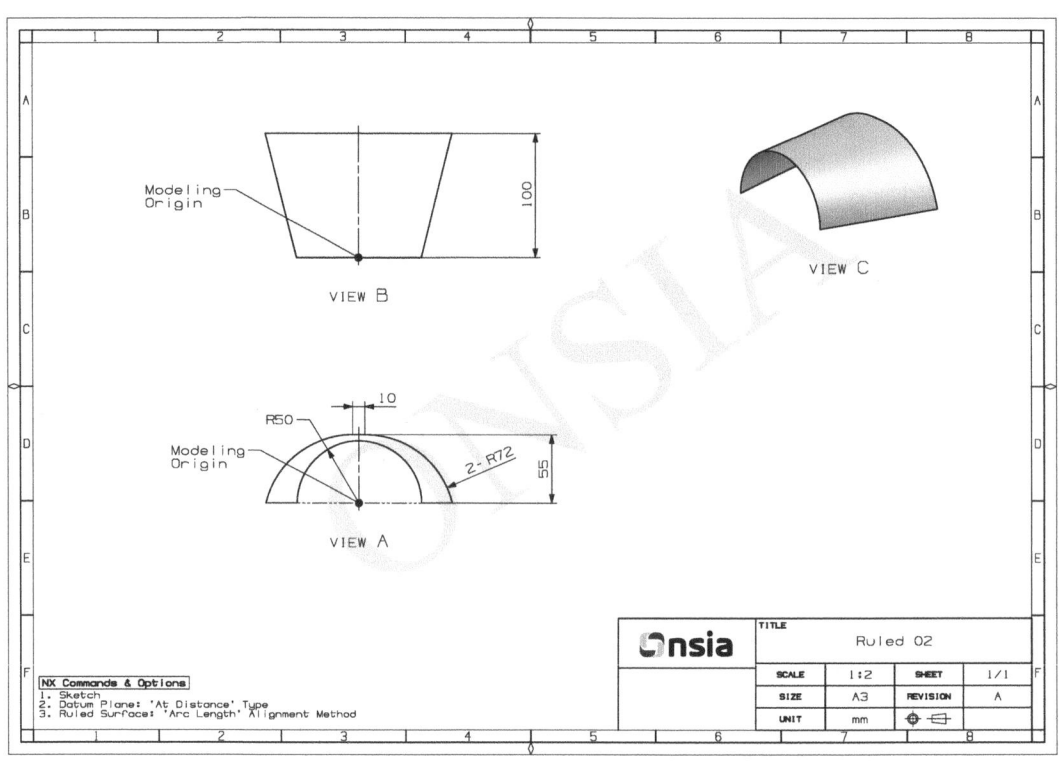

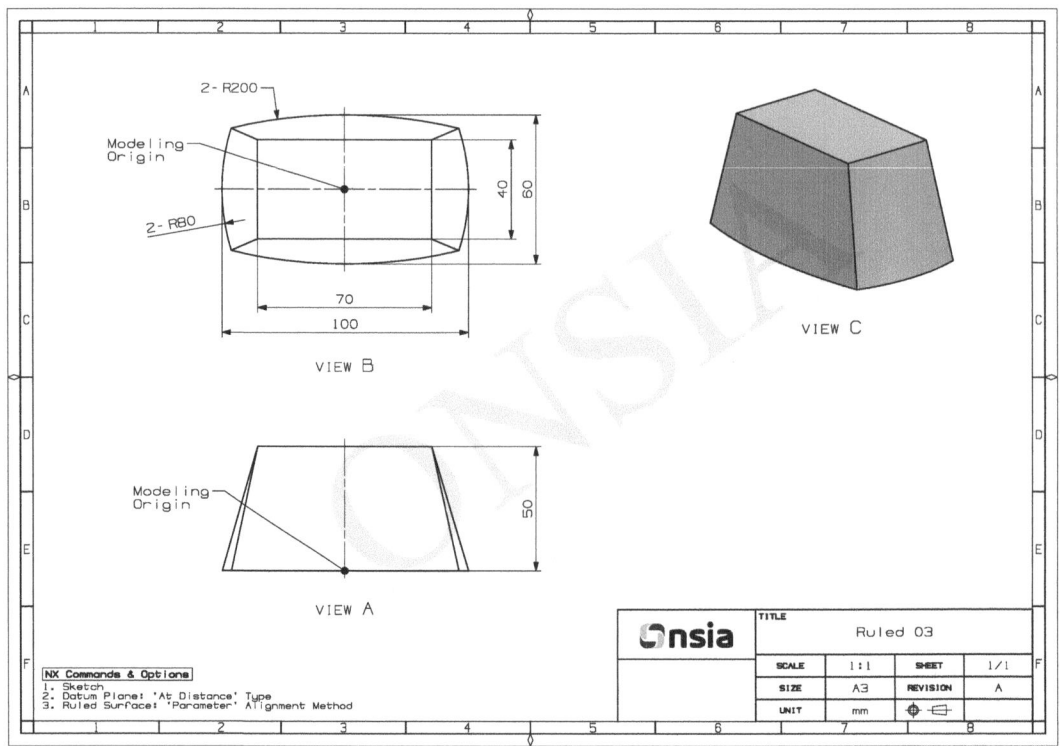

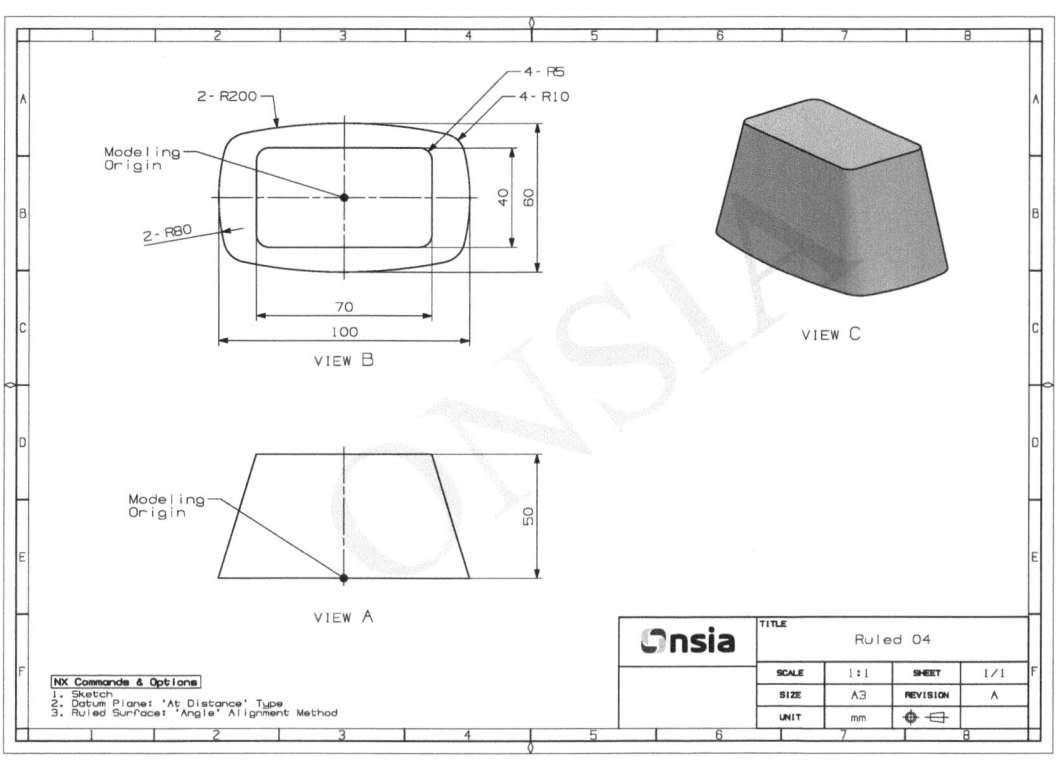
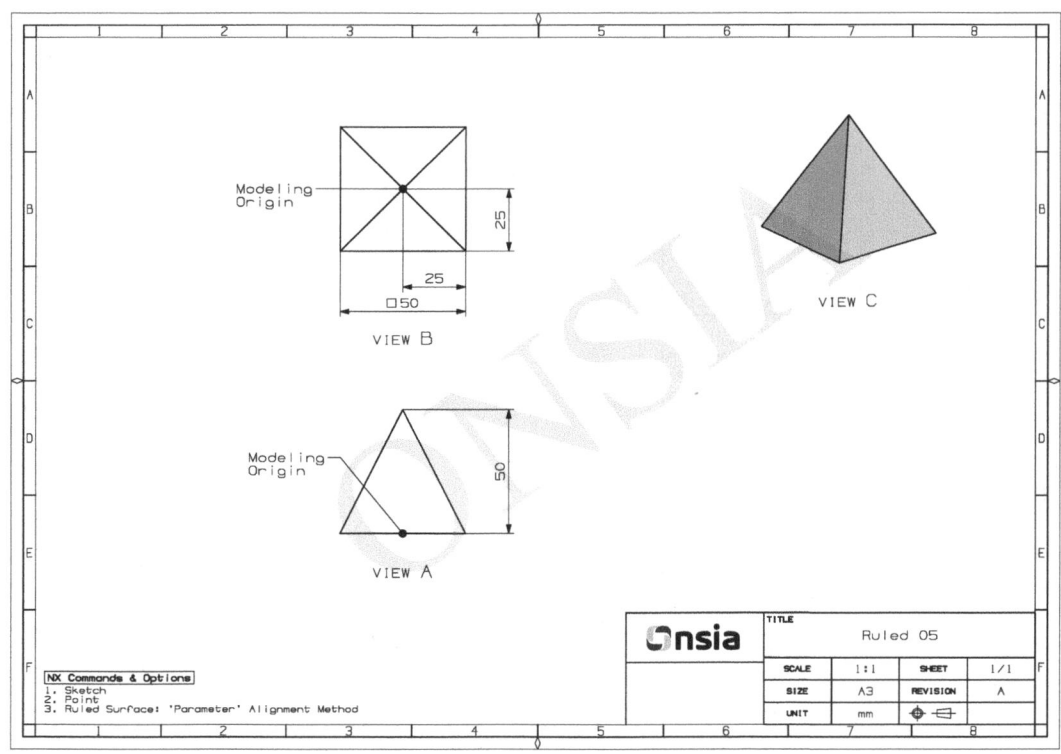

3 장: Ruled Surface

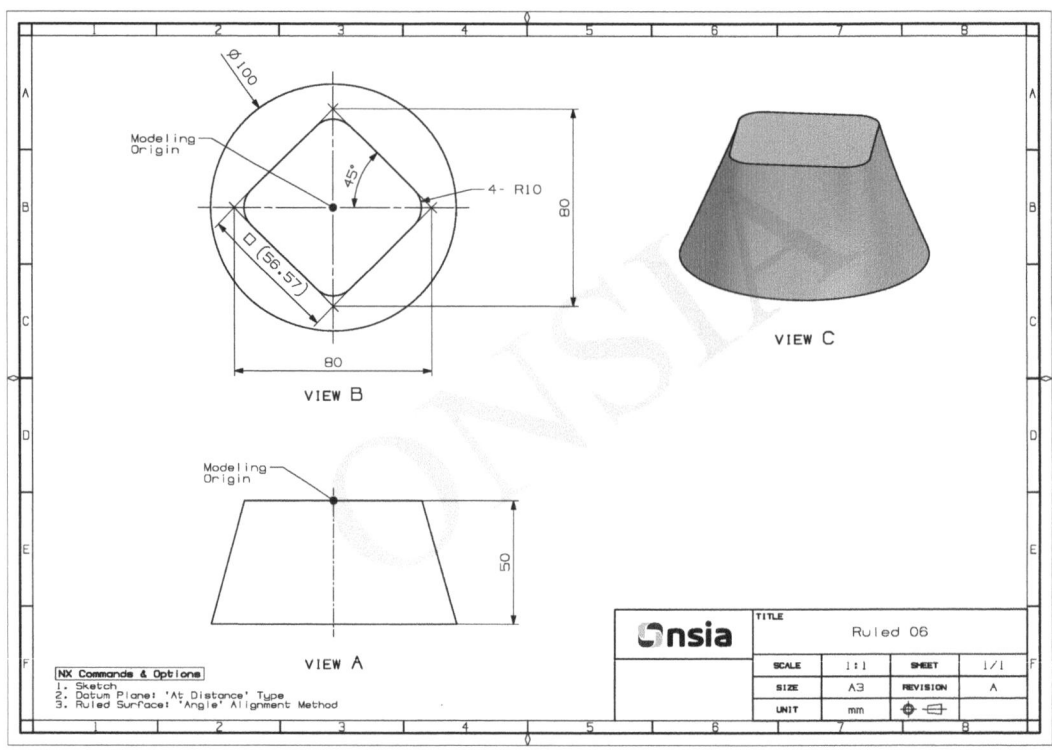

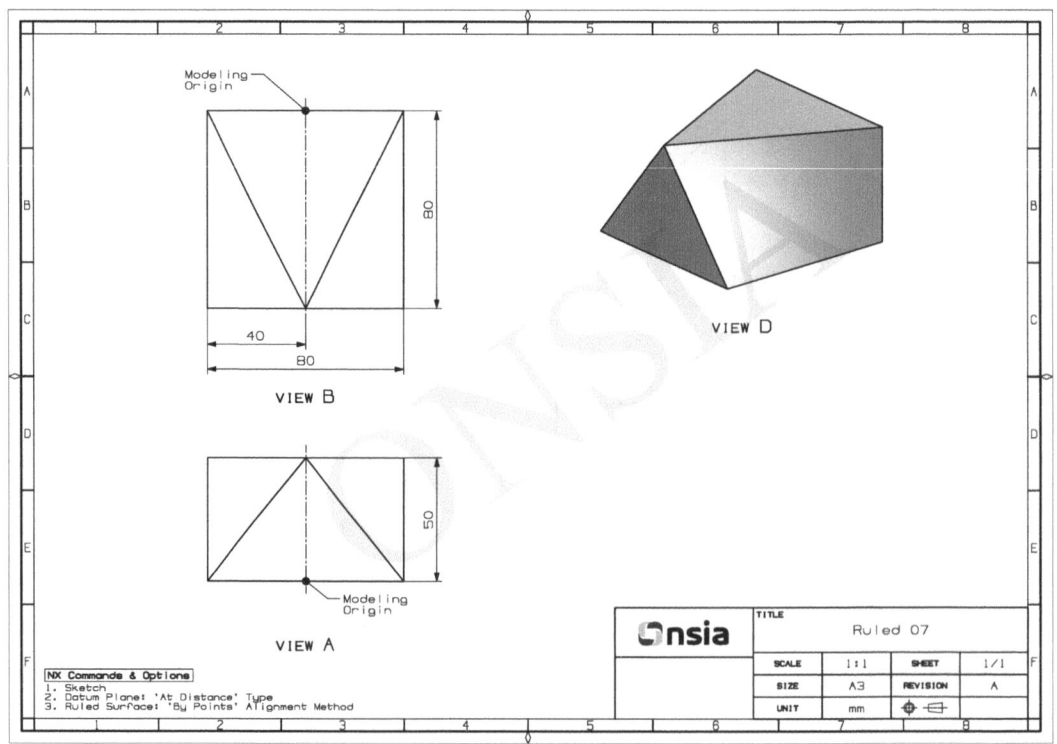

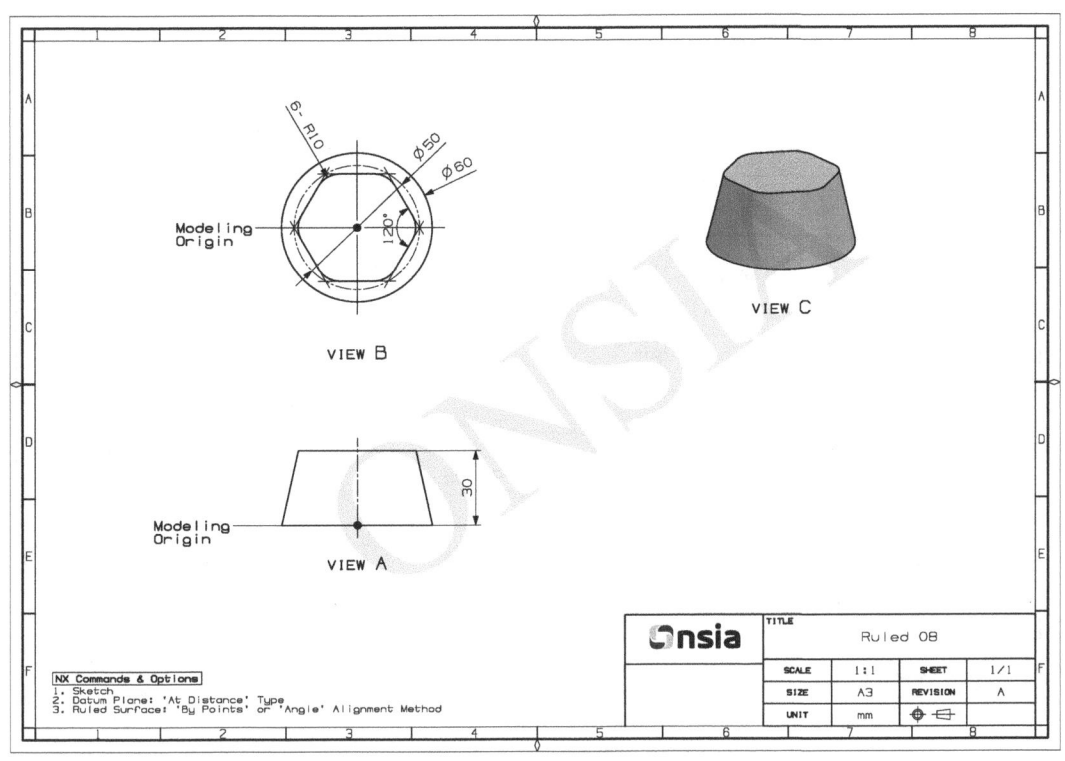
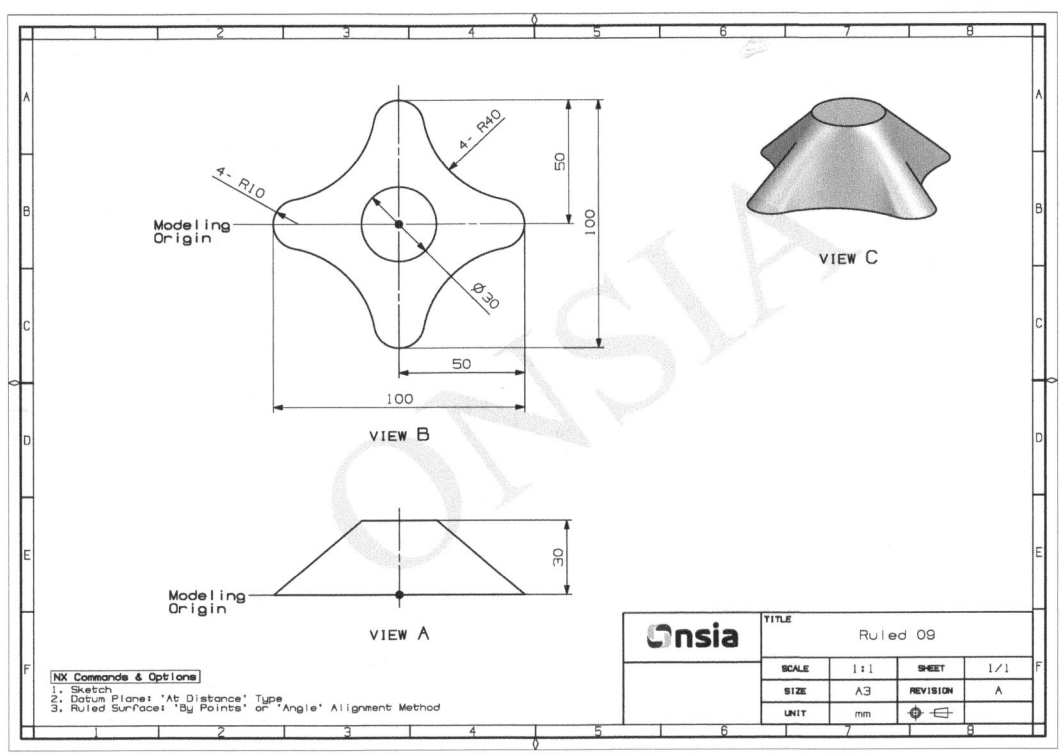

3 장: Ruled Surface

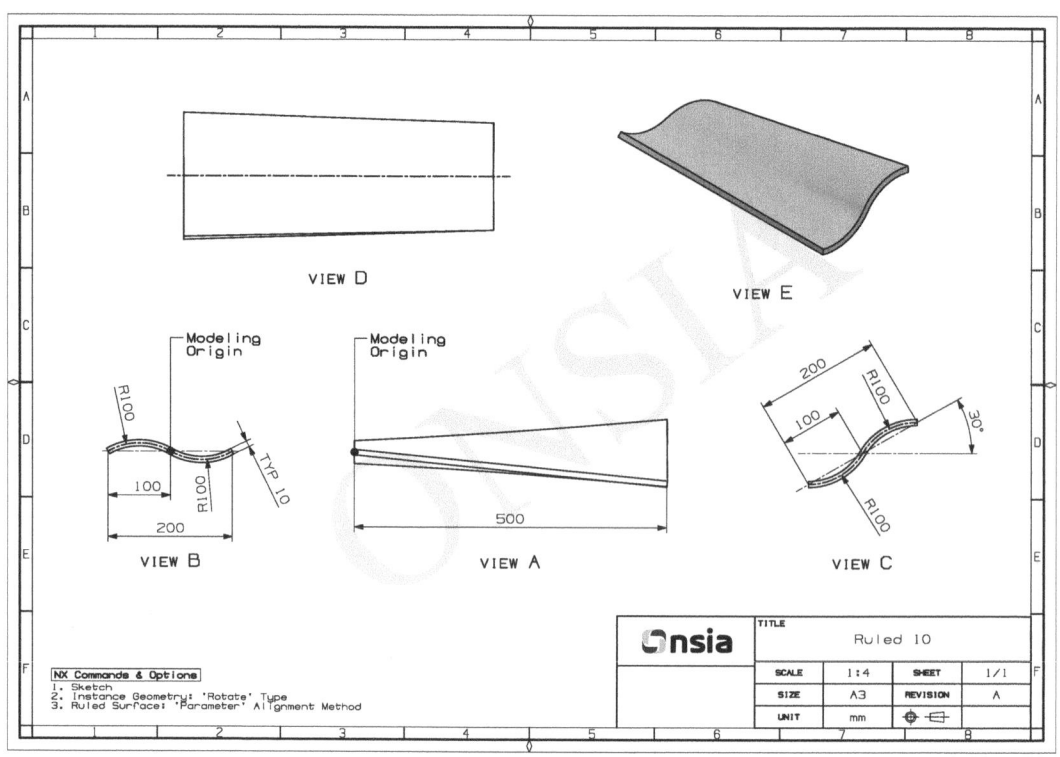

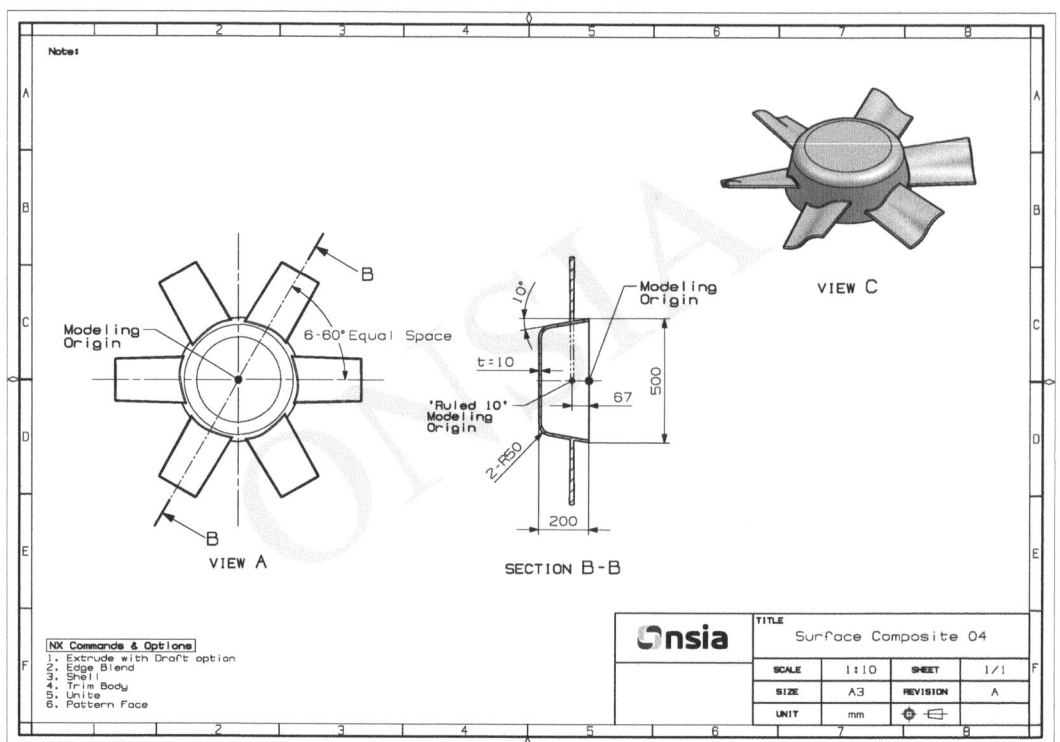

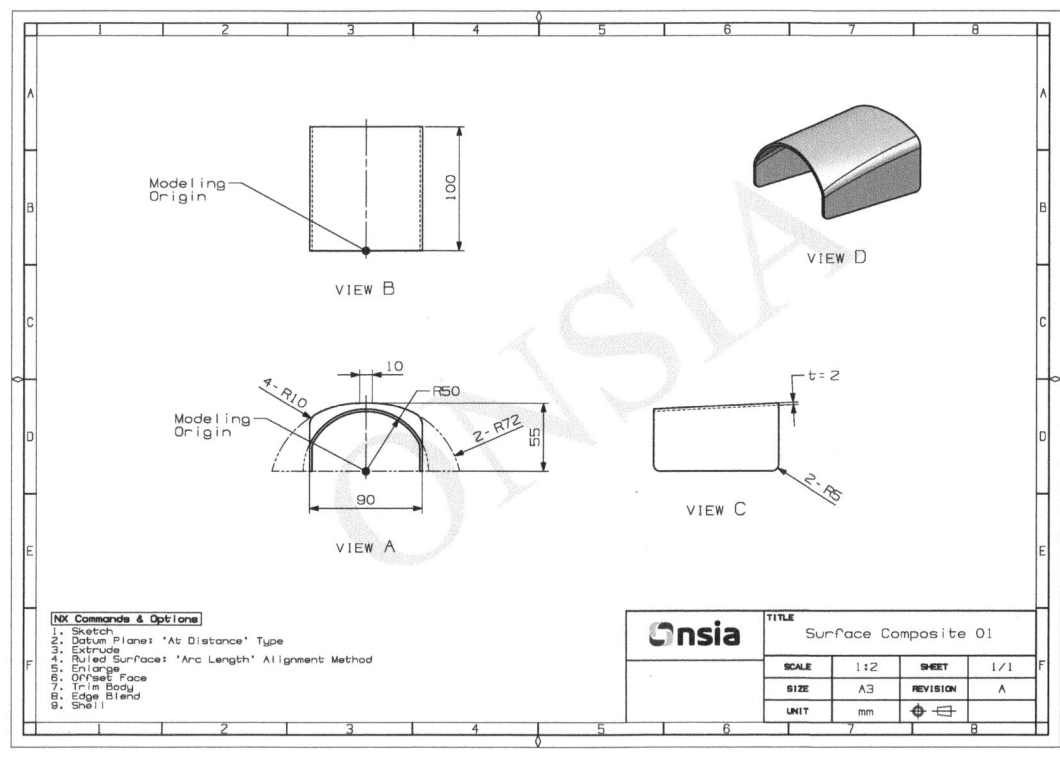

3.4 요약

1. Ruled Surface 기능은 2개의 Section을 연결하여 Solid Body 혹은 Sheet Body를 생성하는 서피스 기능이다.

2. Section 중 하나가 점(Point)인 경우, 반드시 Section 1로 선택해야 한다.

3. Alignment Method 옵션은 두 개의 Section을 내부적으로 어느 위치에서 어떤 방식으로 연결할지 여부를 지정하는 옵션이다.

4. Alignment Method 옵션 중 많이 사용되는 것은 Parameter, Arc Length, By Point 이다.

5. Preserve Shape 옵션은 모서리의 생성 여부를 결정하는 옵션이다.

6. Ruled Surface 대화상자에서 모든 Alignment Method 옵션을 보려면 Preserve Shape 옵션을 꺼야 한다.

7. 2개의 Section이 모두 평면상의 폐곡선인 경우, Solid Body를 생성할 수 있다.

Chapter 4
Through Curves

■ 학습목표

- Through Curves 기능의 적용 예를 이해할 수 있다.
- Through Curves 기능의 기본 사용법과 작업 과정을 이해할 수 있다.
- Continuity 옵션 중 G0와 G1으로 생성된 Sheet Body의 차이점을 이해할 수 있다.
- Through Curves 대화상자의 옵션을 이해할 수 있다.

4 장: Through Curves

4.1 Through Curves

두 개 이상의 Section을 연결하여 Solid Body 혹은 Sheet Body를 만든다. Through Curves 기능은 Ruled 기능을 포함하며 생성 옵션이 더 다양하다.

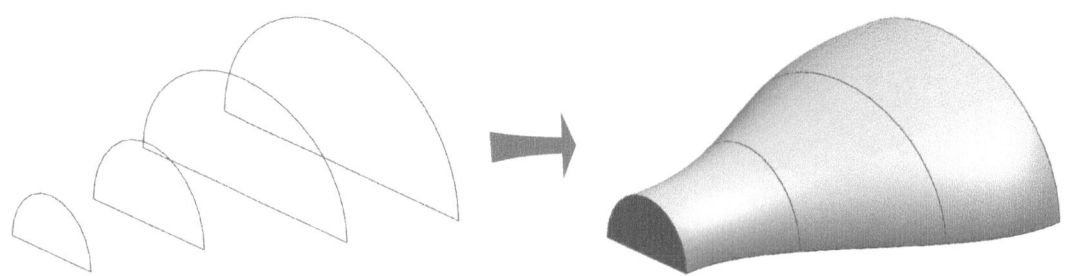

그림 4-1 Through Curves의 적용 예

Exercise 01 **Through Curves 기본 사용법** *ch04_001.prt*

Through Curves 기능을 이용하여 서피스를 생성해 보자.

파일 열기

1. ch04_001.prt 파일을 연다.

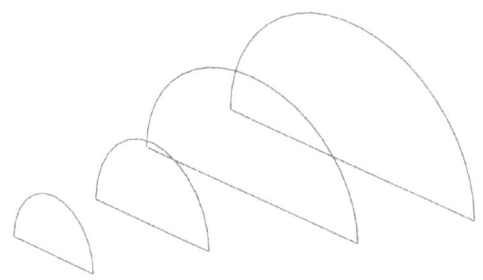

그림 4-2 예제 파일 ch04_001.prt

Through Curves 기능 실행 및 첫번째 Section 선택

1. Surface 탭 > Base > Through Curves 아이콘을 클릭한다.
2. 대화상자를 Reset 한다.
3. 예제 파일 ch04_001.prt의 커브는 모두 Sketch로 만든 것이다. Selection Intent의 Curve Rule이 Infer Curve 임을 확인한다.
4. 그림 4-3에서 화살표가 가리키는 위치에서 첫 번째 Sketch 커브의 직선(❹)을 선택한다.
5. MB2 (가운데 버튼)를 누른다.
6. 대화상자의 Section List 옵션 영역을 클릭하여 펼친다. Section 1이 정의되어 있는 것이 보이고, New 섹션이 하이라이트 되어 있다.

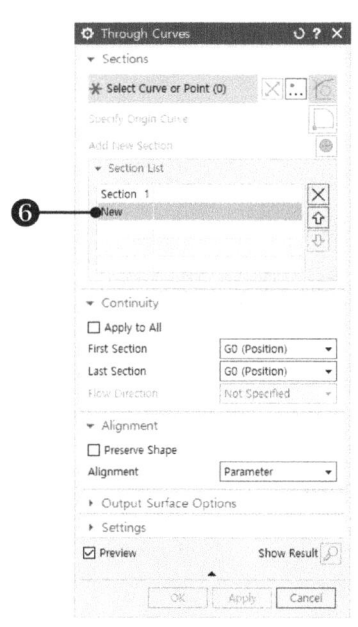
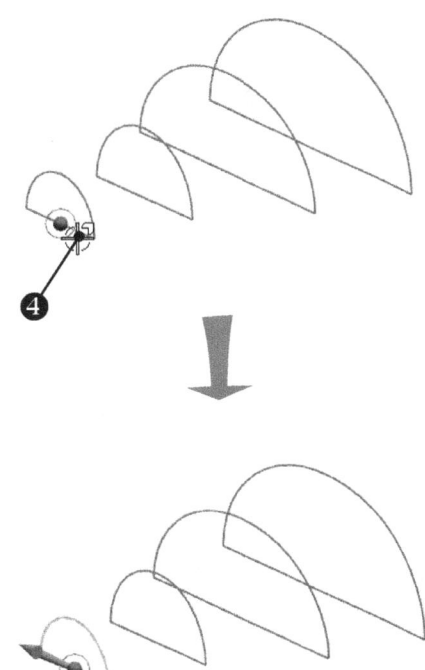

그림 4-3 Section 1 선택

두 번째 Section 선택

1. 두 번째 Section 을 선택한다. 화살표의 시작 위치와 방향이 같도록 그림 4-4에서 표시한 위치를 선택하여야 한다.

두 번째 섹션을 선택하는 순간 미리보기가 나타난다. 3차원 형상을 생성을 위한 기본 요건이 충족되면 미리보기에 반영된다. Preview 옵션에서 미리보기가 나타나지 않게 할 수도 있다.

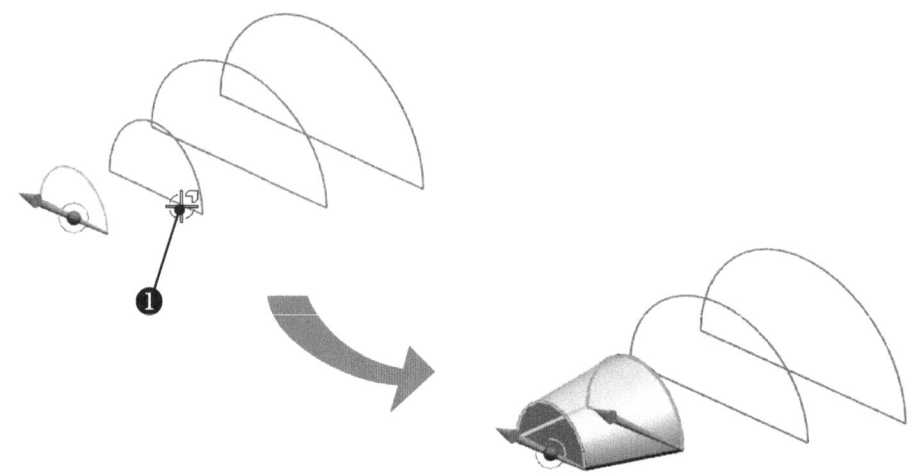

그림 4-4 두번째 섹션 선택

2. MB2를 누른다.
3. 대화상자의 List 영역을 보면 두 번째 섹션이 표시되고, New 섹션이 하이라이트 되어 있다. 이는 새로운 섹션을 정의하겠다는 뜻이다.

두 번째 섹션을 선택하면 서피스를 생성하기 위한 최소 요건이 충족되었으므로 OK와 Apply 버튼이 활성화되는 것을 알 수 있다.

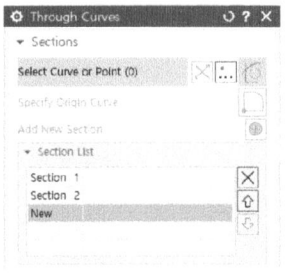

그림 4-5 Section 2 정의

나머지 섹션 정의

1. 같은 방법으로 Section 3, Section 4를 정의한다. 아래 그림은 Section 4를 정의한 후 MB2를 누른 상태이다.
2. Section 4를 선택한 후 더이상 추가할 섹션이 없으므로 OK 버튼을 누른다.

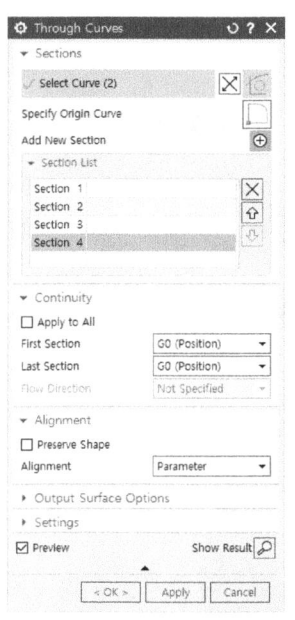 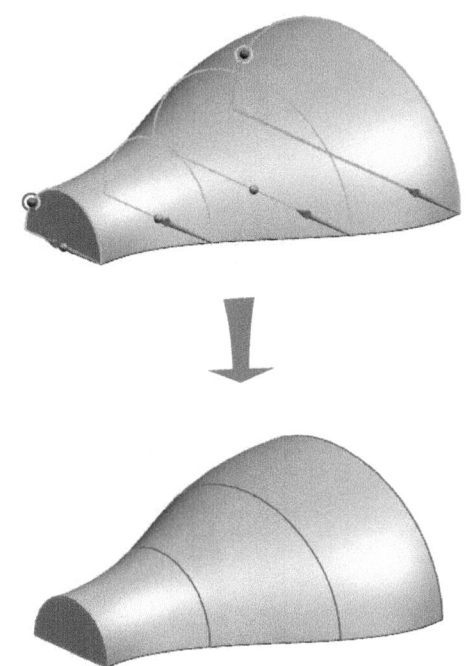

그림 4-6 나머지 섹션 정의

END of Exercise

Exercise 02 — 첫 번째와 마지막 섹션으로 점 이용

ch04_002.prt

첫 번째 섹션과 마지막 섹션으로 점을 이용할 수 있다. 주어진 파일을 이용하여 실습해 보자.

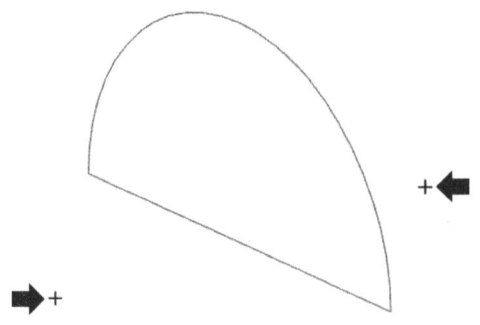

그림 4-7 예제 파일 ch04_002.prt

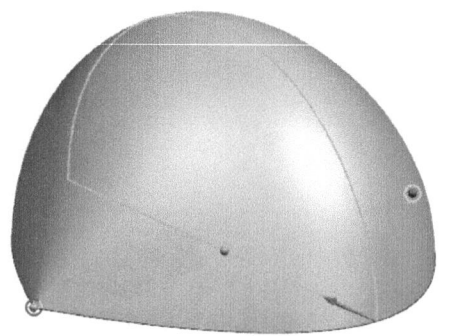

그림 4-8 형상의 미리 보기

END of Exercise

> **! 점을 선택할 때는 Snap Point 옵션을 이용한다.**
>
> 점을 선택할 때는 Snap Point 옵션이 활성화된다는 점을 기억해야 한다. 첫 번째와 마지막 섹션으로 Point를 선택할 수도 있지만 Snap Point 옵션을 이용하여 선분의 끝 점, 원의 중심점 등을 선택할 수도 있다. Point를 선택하려면 Snap Point 옵션의 해당 버튼이 활성화 되어 있어야 한다.
>
>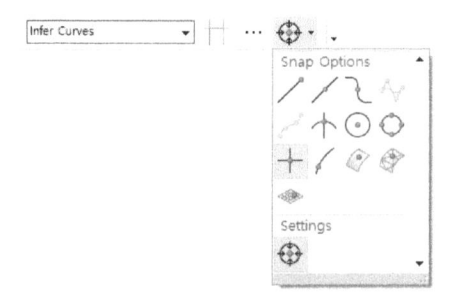
>
> **그림 4-9** Existing Point 옵션

4.2 Through Curves 기능의 옵션

Through Curves 대화상자의 옵션에는 Sections, Continuity, Alignment, Output Surface Options, Settings가 있다. 각각의 옵션의 주요 사용법을 알아보자.

4.2.1 Sections

섹션을 정의하는 옵션을 제공한다. Select Curve, Reverse Direction, Specify Origin Curve 옵션은 Ruled 기능에서 설명하였다.

Add New Set 버튼은 다음 섹션을 정의할 때 누른다. MB2를 누르면 자동으로 이 버튼이 클릭된다.

List 영역의 오른쪽에 있는 Remove 버튼을 눌러 정의한 섹션을 삭제할 수 있고, Move Up이나 Move Down 버튼을 눌러 섹션의 순서를 변경할 수 있다.

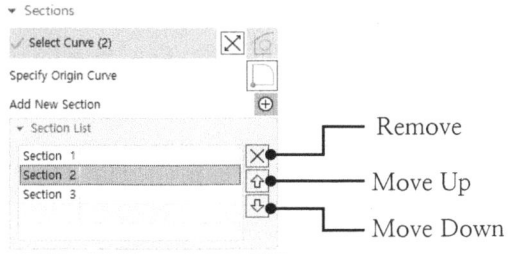

그림 4-10 Section List 옵션

4.2.2 Continuity

Through Curves 기능에서 가장 중요한 옵션이다. 이 옵션을 사용하면 첫 번째 섹션과 마지막 섹션에 인접한 서피스와 Tangent 혹은 Curvature가 동일하게 연결되는 서피스를 만들 수 있다.

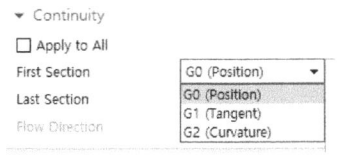

그림 4-11 Continuity 그룹

Section들을 연결하는 방향으로 V 방향이 정의되고, 이와 교차하는 방향으로 U 방향을 정의한다. 그림 4-12에서 생성될 서피스의 V 방향 커브를 f라 하고, 기존 서피스의 V 방향 커브를 g라고 할 때 두 커브가 만나는 점 A(x,y,z)에서의 연속성은 다음과 같이 설명할 수 있다.

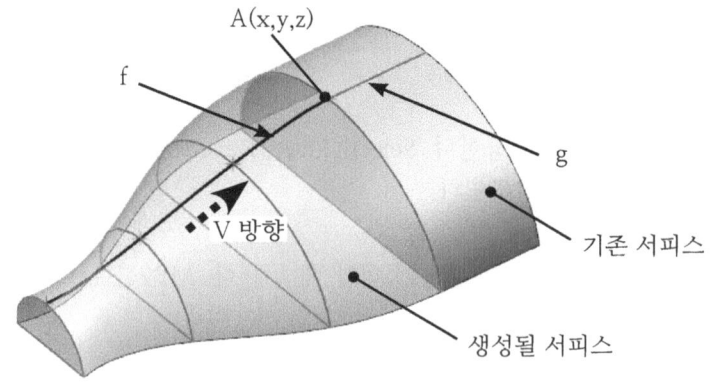

그림 4-12 V 방향 커브

▶ G0(Position): 커브 f의 끝 점과 g의 끝 점의 좌표값이 같다. 즉, f(A)와 g(A)가 같다.

▶ G1(Tangent): 연결점에서의 기울기가 같다. 즉, f'(A)와 g'(A)가 같다. 이를 Tangency 연속이라고 한다.

▶ G2(Curvature): 연결점에서의 기울기의 변화율이 같다. 즉, f''(A)와 g''(A)가 같다. 이를 Curvature 연속이라고 한다.

Continuity는 첫번째 섹션과 마지막 섹션에만 줄 수 있다는 점을 기억해야 한다. 첫번째 섹션 또는 마지막 섹션이 점일 경우에는 이 옵션을 사용할 수 없다.

ch04_003.prt   **Continuity 옵션 이용** Exercise 03

연속성을 적용하여 서피스를 생성해 보자.

파일 열기와 Layer 변경

1. ch04_003.prt 파일을 연다.
2. View 탭 > Layer > Layer Settings 아이콘을 클릭한다. 또는 Ctrl + L 키를 누른다.
3. 11번 레이어를 체크한다. 첫 번째 섹션과 마지막 섹션에 사용할 커브에 서피스가 생성되어 있다.

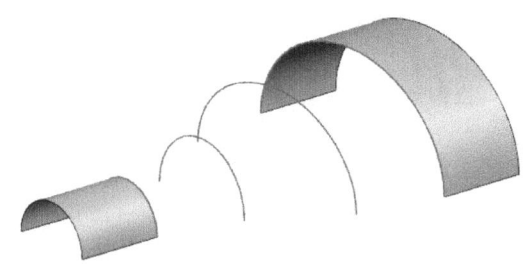

그림 4-13 레이어 변경

4. Layer Settings 대화상자의 Work Layer는 1번으로 되어 있음을 확인하고, Close 버튼을 눌러 대화상자를 닫는다.

Through Curves 기능 실행

1. Through Curves 아이콘을 클릭한다.
2. 대화상자를 리셋 한 후 Section List 옵션을 펼친다.
3. Curve Rule을 Feature Curves로 선택한다.
4. Section 1 ~ Section 4를 차례로 선택한다. 각 섹션을 선택한 후에는 MB2를 눌러야 한다.

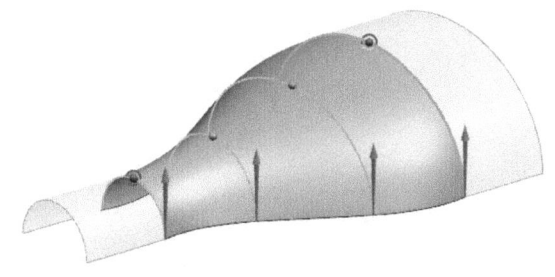

그림 4-14 네 개의 섹션 선택

Tangent 연속성 정의

1. Through Curves 대화상자의 Continuity 옵션 영역에서 First Section 옵션을 G1(Tangent)로 선택한다. Select Face 옵션이 나타난다.
2. 첫 번째 섹션과 인접한 서피스를 선택한다.

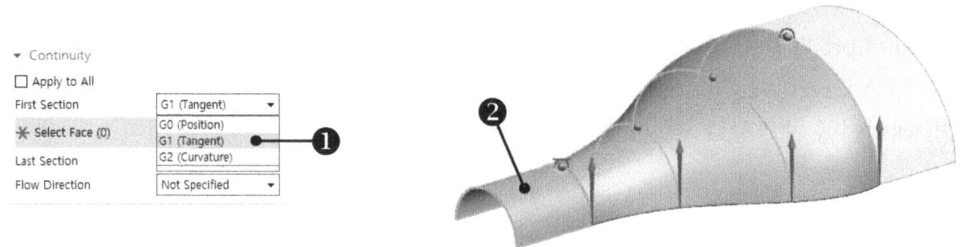

그림 4-15 첫번째 섹션의 연속성 정의

3. 대화상자의 Last Section 옵션을 G1(Tangent)로 선택한다. Select Face 옵션이 나타난다.
4. 마지막 섹션과 인접한 서피스를 선택한다.
5. 대화상자에서 OK 버튼을 누른다. 또는 MB2를 눌러도 된다.

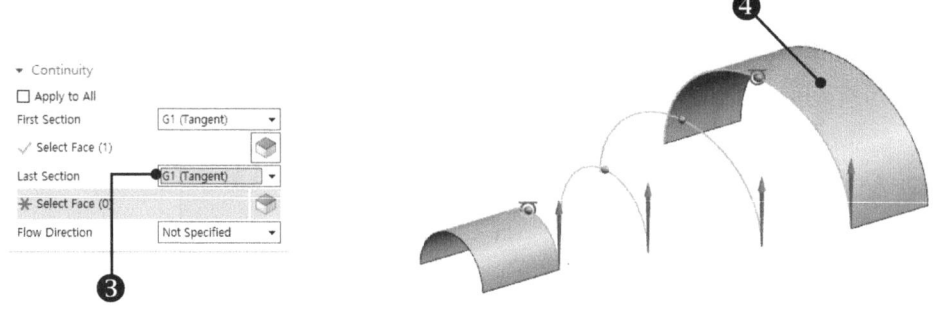

그림 4-16 마지막 섹션의 연속성 정의

확인

1. Orient View를 Top으로 변경한다.

아래 그림과 같이 인접한 서피스와 부드럽게 연결되는 새로운 바디가 생성되었다.

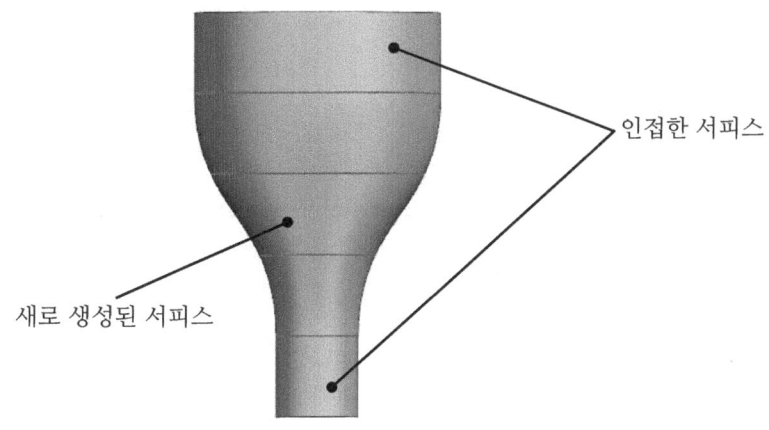

그림 4-17 G1 Continuity를 적용한 결과

END of Exercise

4.2.3 Constraint Face

Tangent 또는 Curvature 연속성을 부여할 때 선택하는 인접한 서피스를 Constraint Face라고 한다. 연속성 옵션을 선택한 후 Select Face 옵션이 활성화되어 있을 때 큐라인을 보면 Continuity Constraint Face를 선택하라는 메시지가 나타난다.

그림 4-18 큐라인 메시지

4.2.4 바디 타입

Through Curves 기능으로 솔리드 바디가 생성되려면 다음과 같은 조건이 만족되어야 한다.

1. 대화상자의 Settings 옵션의 Body Type이 Solid로 되어 있어야 한다.
2. 모든 섹션은 폐곡선이어야 한다.
3. 섹션은 평면상에 정의되어 있어야 한다.

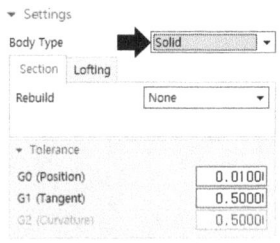

그림 4-19 Body Type 옵션

Exercise 04 · G1 Continuity 적용 연습 · ch04_004.prt

예제 파일 ch04_004.prt를 열어, Through Curves 기능을 사용하여 그림 4-21과 같은 Solid Body를 만드시오.

<조건>

① 첫 번째와 마지막 Section에 대해 G1 Continuity를 적용한다.
② Extrude 기능을 사용하여 Continuity를 적용하기 위한 면을 Sheet Body로 생성한다.
③ Through Curves 기능은 반드시 1회 사용한다.

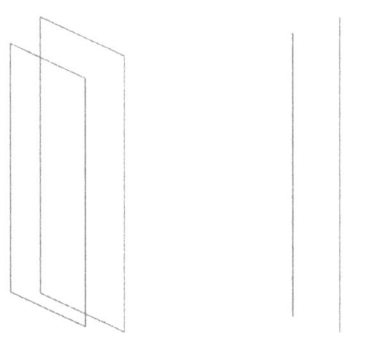
Trimetric View · Right View
그림 4-20 예제 파일 ch04_004.prt

 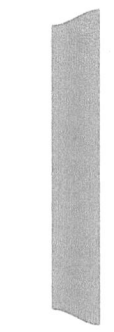
Trimetric View · Right View
그림 4-21 완성해야 할 모델

END of Exercise

4.2.5 Flow Direction

Through Curves 기능으로 만들어질 Sheet Body의 Boundary Edge 커브의 모양을 제어할 수 있다. Continuity 옵션이 모두 G0인 경우에는 이 옵션을 사용할 수 없다.

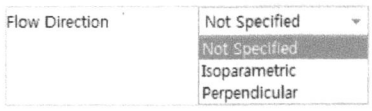

그림 4-22 Flow Direction 옵션

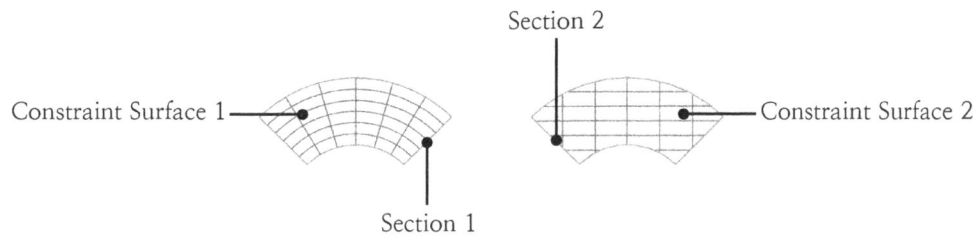

그림 4-23 주어진 조건

Flow Direction	G1 Continuity 적용 결과	기능
Not Specified		Constraint Surface와 상관없이 Section 1과 Section 2를 연결한 면을 만든다.
Isoparametric		Constraint Surface의 Isoparametric 선인 U, V Grid를 반영하여 면을 만든다.
Perpendicular		Section 1과 Section 2에서 직각으로 출발하여 면을 만든다.

4 장: Through Curves

Exercise 05 Flow Direction 적용 연습 1 *ch04_005.prt*

주어진 파일을 이용하여 그림 4-23과 같이 Section 1과 Section 2를 선택하여 Through Curves 기능으로 연결하는 서피스를 생성하시오. 인접한 서피스와 G1 연속성을 줄 것인데, Flow Direction 옵션을 Perpendicular로 설정해 보자.

파일 열기와 Rendering Style 변경

1. ch04_005.prt 파일을 연다.
2. Rendering Style을 Static Wireframe으로 선택한다. 그림 4-24와 같이 Grid Line이 표시된다. Grid Line 설정 방법은 이후에 설명할 것이다.

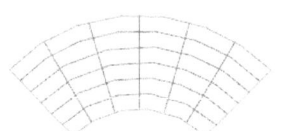 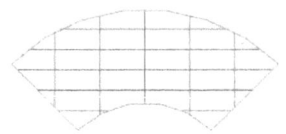

그림 4-24 실습용 파일

Through Curves 기능 실행

1. Through Curves 기능을 실행시키고, Reset 버튼을 누른다.
2. List 영역을 펼치고, Section 1과 Section 2를 선택한다.
3. Continuity 옵션 영역에서 Apply to All 옵션을 체크하고, First Section 옵션에서 G1을 선택한다. Last Section 옵션도 G1으로 동시에 설정됨을 알 수 있다.
4. First Section의 Constraint Face를 선택한다.
5. Last Section의 Select Face 옵션을 선택하여 활성화 시킨다.
6. Last Section의 Constraint Face를 선택한다.
7. 생성될 서피스의 미리보기가 나타난다. 이는 Flow Direction이 Not Specified로 되어 있을 때의 결과물을 보여주는 것이다.

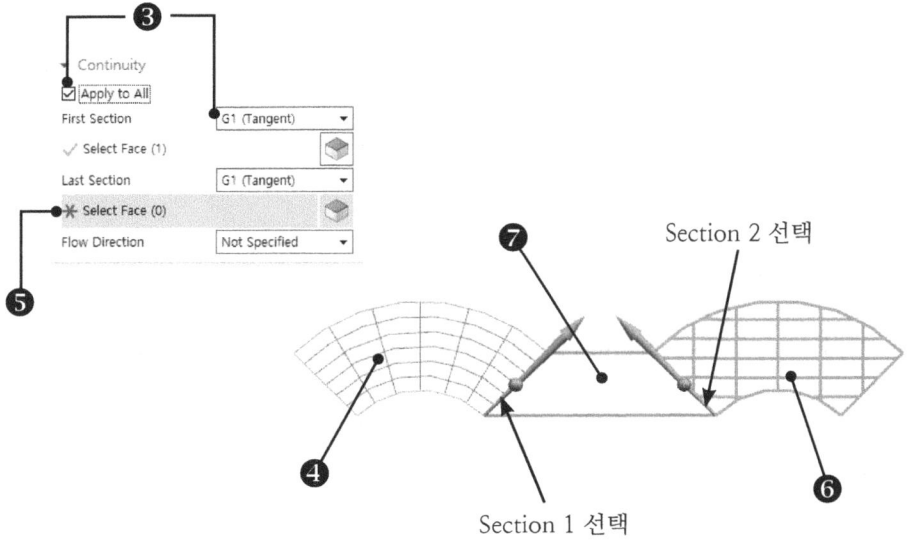

그림 4-25 옵션 선택

Flow Direction 설정

1. Continuity 옵션 영역에서 Flow Direction을 Perpendicular로 변경한다.
2. 미리보기를 확인한다.
3. OK 버튼을 누르고 Rendering Style을 Shaded with Edge로 선택한다.

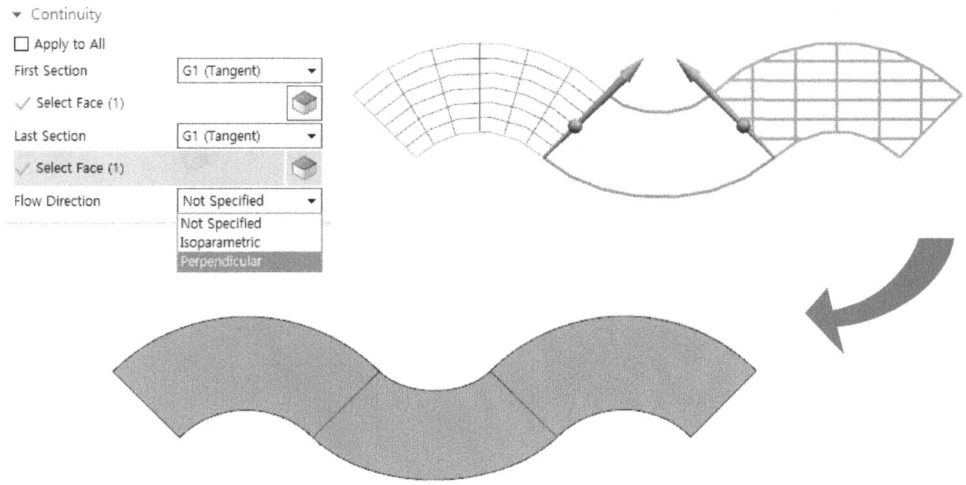

그림 4-26 Flow Direction 옵션 변경

4 장: Through Curves

Grid Line 표시

모든 서피스는 U, V 방향으로 정의되며 각 방향으로 Isoparametric 커브를 표시할 수도 있고, 추출할 수도 있다. Isoparametric 커브란 U 또는 V가 일정한 커브를 의미한다. Isoparametric 커브를 모델 보기에 표시한 것을 Grid Line이라고 한다. Through Curves로 생성한 서피스에 Grid Line을 표시해 보자.

1. Rendering Style을 Static Wireframe으로 변경한다. Grid Line은 이 때만 표시된다.
2. View 탭을 누르고 Visualization 그룹에서 Edit Object Display 버튼을 누른다. 또는 단축키 Ctrl + J를 누른다.
3. 생성된 서피스를 선택하고 Class Selection 대화상자에서 OK 버튼을 누른다.
4. Edit Object Display 대화상자의 Wireframe Display 옵션 영역을 펼친다.
5. U와 V 입력창에 각각 5, 10을 입력한다.
6. OK 버튼을 누른다.

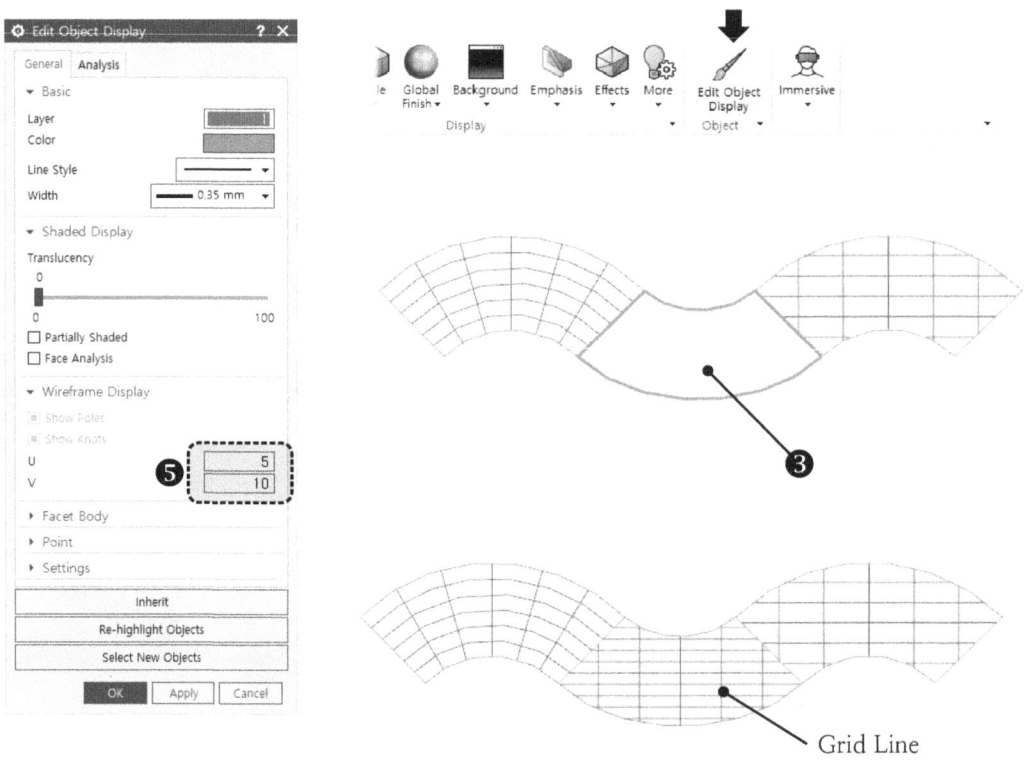

그림 4-27 Grid Line 표시

END of Exercise

ch04_006.prt **Flow Direction 적용 연습 2** Exercise 06

주어진 파일을 이용하여 Flow Direction을 적용하는 두 번째 연습문제를 직접 수행해 보자. 다음의 절차를 따른다.

1. 두 개의 섹션을 ZC 방향과 -ZC 방향으로 돌출시켜 Sheet Body를 생성한다.

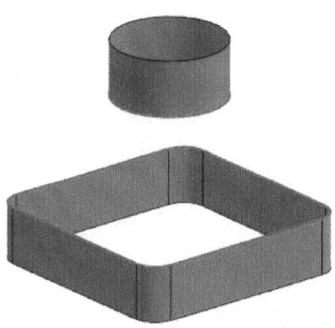

그림 4-28 Sheet Body 생성

2. Through Curves 기능을 이용하여 두 개의 섹션을 연결한다.
3. Continuity 옵션을 G1으로 설정하고 Flow Direction을 적용하여 아래 그림과 같은 결과가 나오는지 확인한다.

 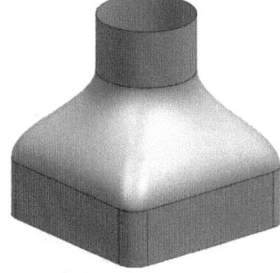 

Flow Direction = Not Specified   Flow Direction = Isoparametric   Flow Direction = Perpendicular

그림 4-29 G1 Continuity로 Through Curves 기능을 사용한 예

END of Exercise

4.2.6 Output Surface Options 옵션과 Settings 옵션

① Patch Type

면(Face)의 V 방향의 Patch 개수를 제어할 수 있다.

Patch란 서피스를 구성하는 단위이다. 즉, 서피스는 하나 이상의 Patch가 연결되어 만들어지는 오브젝트이다.

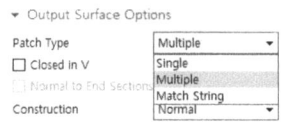

그림 4-30 Patch Type 옵션

Patch Type을 Single로 설정하면 V 방향 Patch의 개수가 1개인 면을 만든다. Section 개수, 차수(Degree), Patch 개수에는 다음과 같은 관계식이 있다.

$$\text{Section 개수(S)} - \text{Degree(D)} = \text{Patch 개수(P)}$$

차수는 Settings > Lofting 옵션의 Degree 옵션에서 설정하는데, 섹션의 개수가 정해져 있고, Patch Type을 Single(1)로 설정하면 차수는 자동으로 정해지기 때문에 Settings 옵션의 Degree 옵션은 아래 그림과 같이 비활성화 된다.

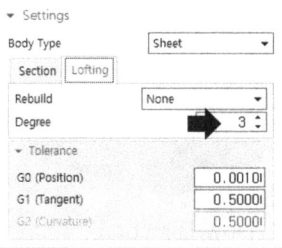

그림 4-31 비활성 Degree 옵션

Patch Type을 Multiple로 하면 면의 Patch 개수가 관계식 S-D=P에 의해 결정된다.
Exercise 1의 경우, Patch Type 옵션을 Multiple로 지정하면,

Section 개수(S) - Degree(D) = Patch 개수(P)

4 - 3 = 1

의 관계식에 의해 Patch의 개수가 1개인 면으로 이루어진 Sheet Body가 만들어진다.

! 면의 Patch 개수를 숫자로 보는 방법

Menu 버튼 > Information > B-surface... 기능을 사용하면 된다. B-surface는 B Spline Surface를 의미한다.

아래 그림과 같이 B-Surface Analysis 대화상자에서 Output to Listing Window 옵션을 체크한 후 OK 버튼을 누르고 면을 선택한다.

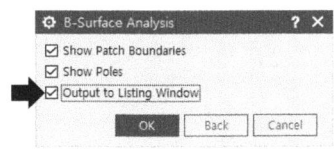

그림 4-32 B-Surface Analysis 대화상자

```
============================================================
Display fonts: C0 - dotted; C1 - dashed; C2 - solid
------------------------------------------------------------
Information on b-surface #  1

Degree in u          3
Degree in v          3
Rational status      Polynomial
Number poles in u    22
Number poles in v    4
Number C0 seams u    0
Number C1 seams u    0
Number C2 seams u    18
Number C0 seams v    0
Number C1 seams v    0
Number C2 seams v    0
Number patches in u  19
Number patches in v  1
************************************************************
```

그림 4-33 Patch의 개수 확인

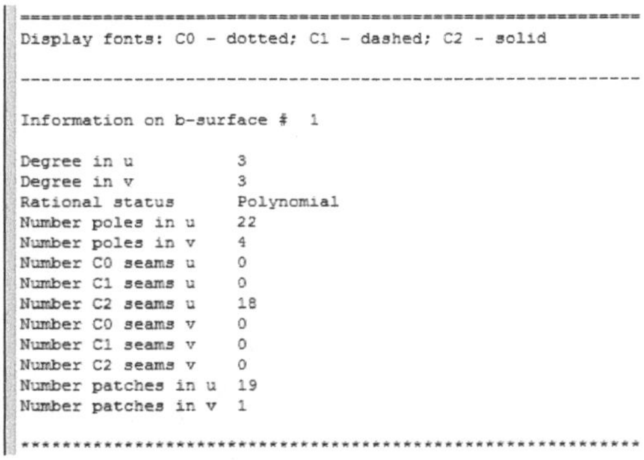

② Close in V

V 방향으로 첫 번째 Section과 마지막 Section을 연결하는 면을 만들 수 있다. Patch Type을 Single로 할 경우 이 옵션은 활성화 되지 않는다.

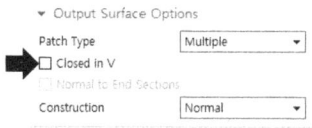

그림 4-34 Closed in V 옵션

아래 그림과 같은 경우를 살펴보자. 첫 번째 Section은 Section 1이고, 마지막 Section은 Section 6이다.

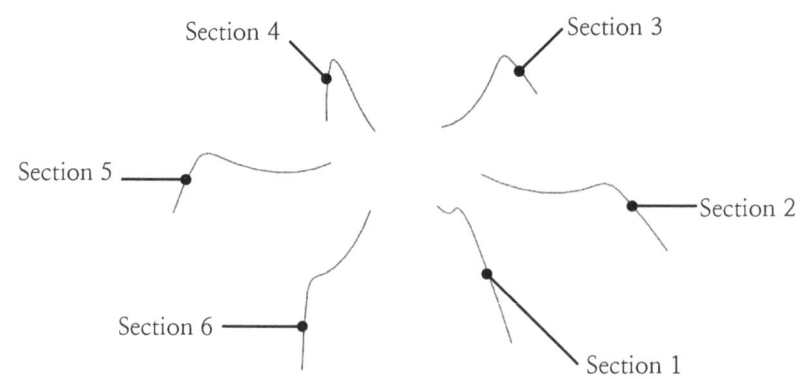

그림 4-35 6개의 Section

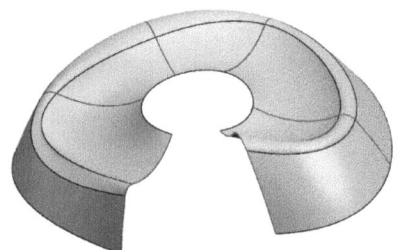 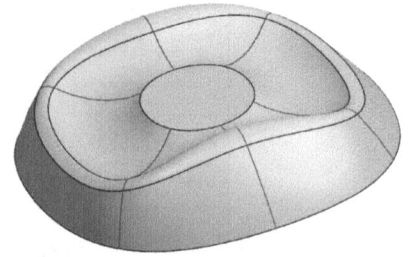

그림 4-36 Closed in V 옵션을 끈 경우   **그림 4-37** Closed in V 옵션을 켠 경우

③ Normal to End Section

첫 번째 Section에서 직각으로 출발하여 마지막 Section에 직각으로 도달하는 면을 만들 수 있다. 이 옵션은 Continuity 옵션이 모두 G0인 경우에만 활성화 된다.

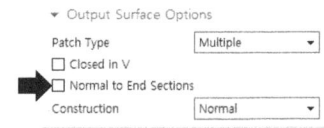

그림 4-38 Normal to End Sections 옵션

아래 그림은 예제 파일 ch04_001.prt에 Normal to End Sections 옵션을 적용하지 않은 경우와 적용한 경우이다.

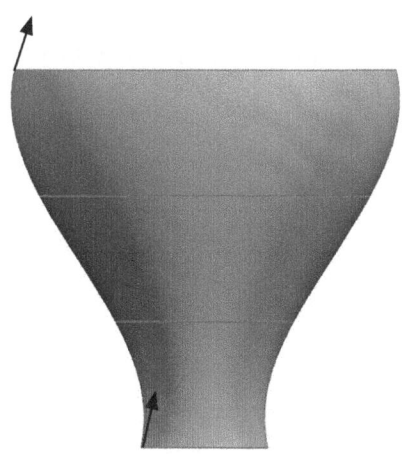 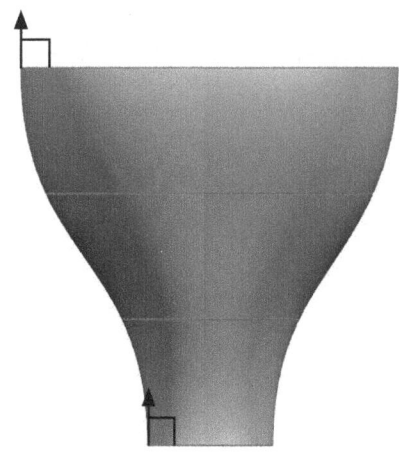

그림 4-39 Normal to End Sections 옵션을 끈 경우

그림 4-40 Normal to End Sections 옵션을 켠 경우

4.3 추가 예제

다음 도면을 모델링 하시오.

주의사항

1. 파일명은 도면의 표제란을 참조하여 사용자가 임의로 정한다.

2. Modeling Preferences의 Distance Tolerance는 0.01mm여야 한다.

3. 점(Point)을 제외한 모든 커브는 Sketch로 그려야 하며, 모든 Sketch 커브는 완전구속(fully constrained) 시켜야 한다.

4. Through Curves 기능은 단 1회만 사용한다.

5. 완성 모델이 Solid Body인지 혹은 Sheet Body인지는 도면의 Iso View를 보고 판단한다.

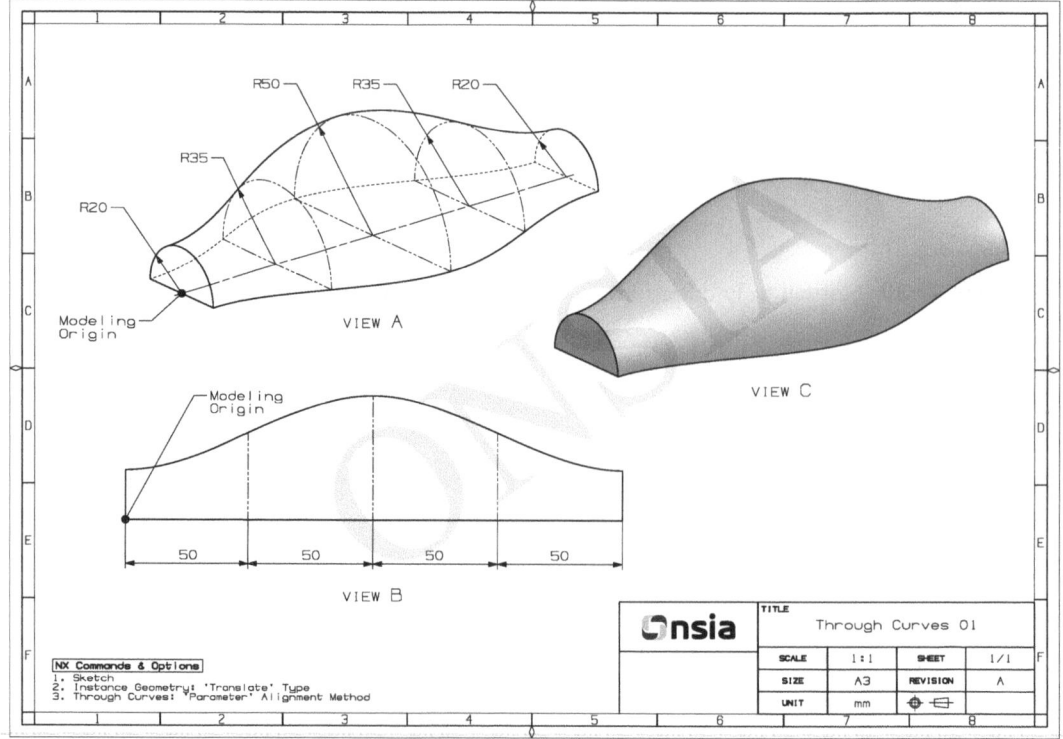

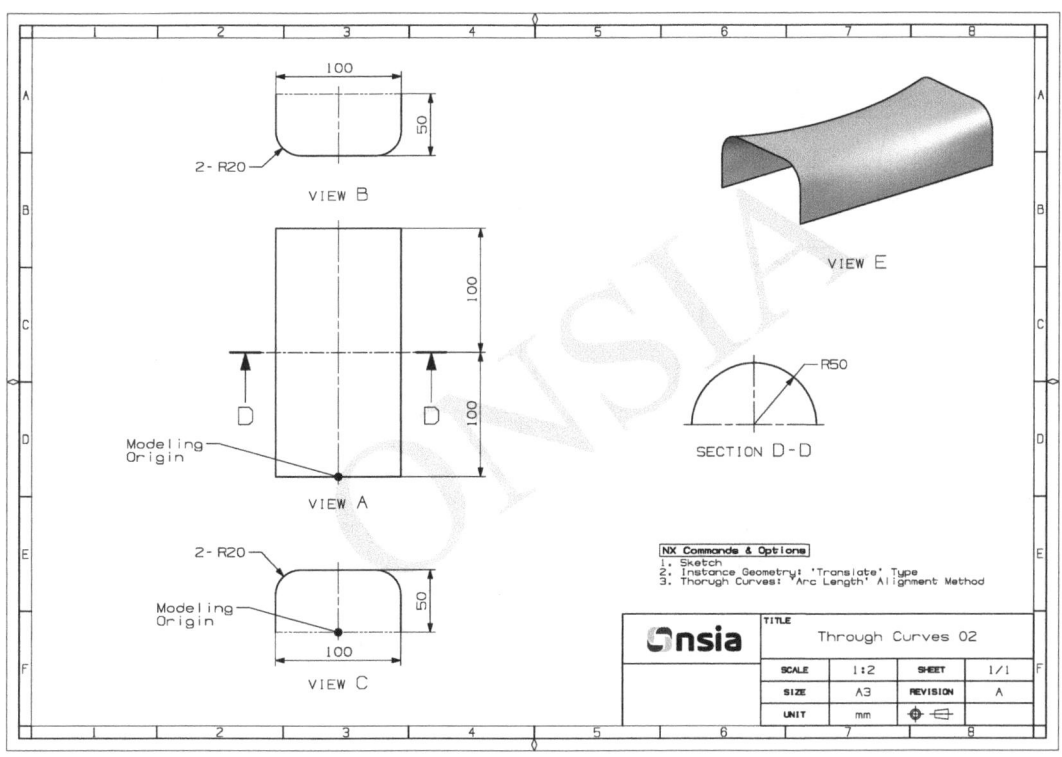
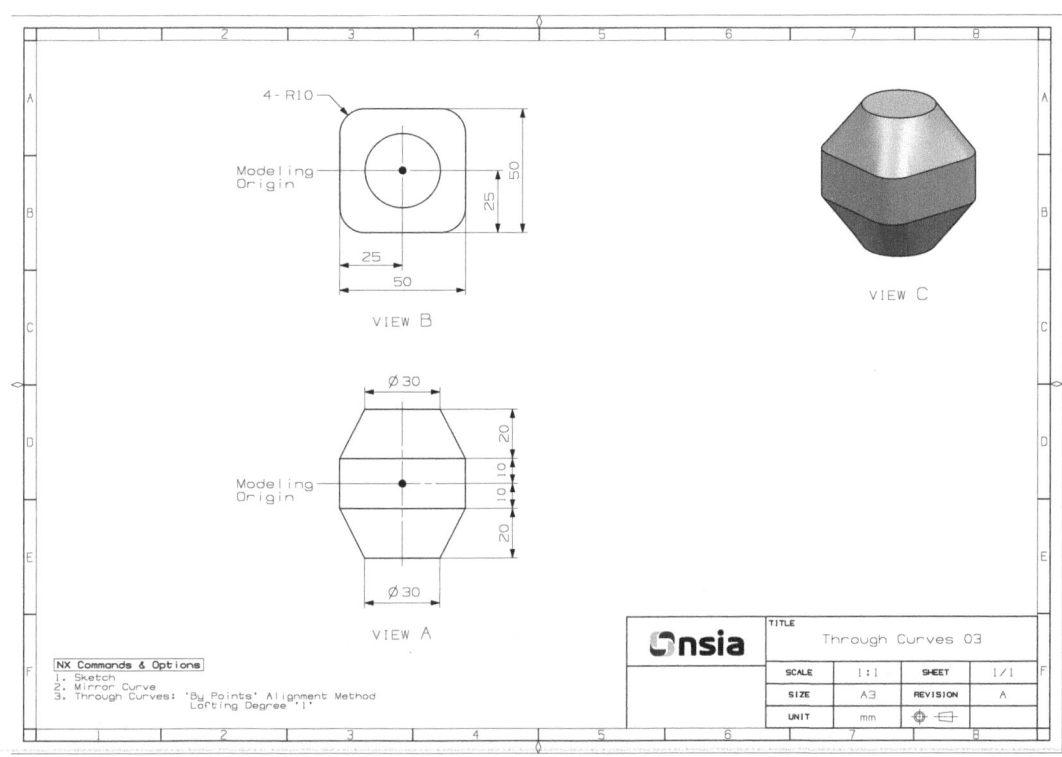

4 장: Through Curves

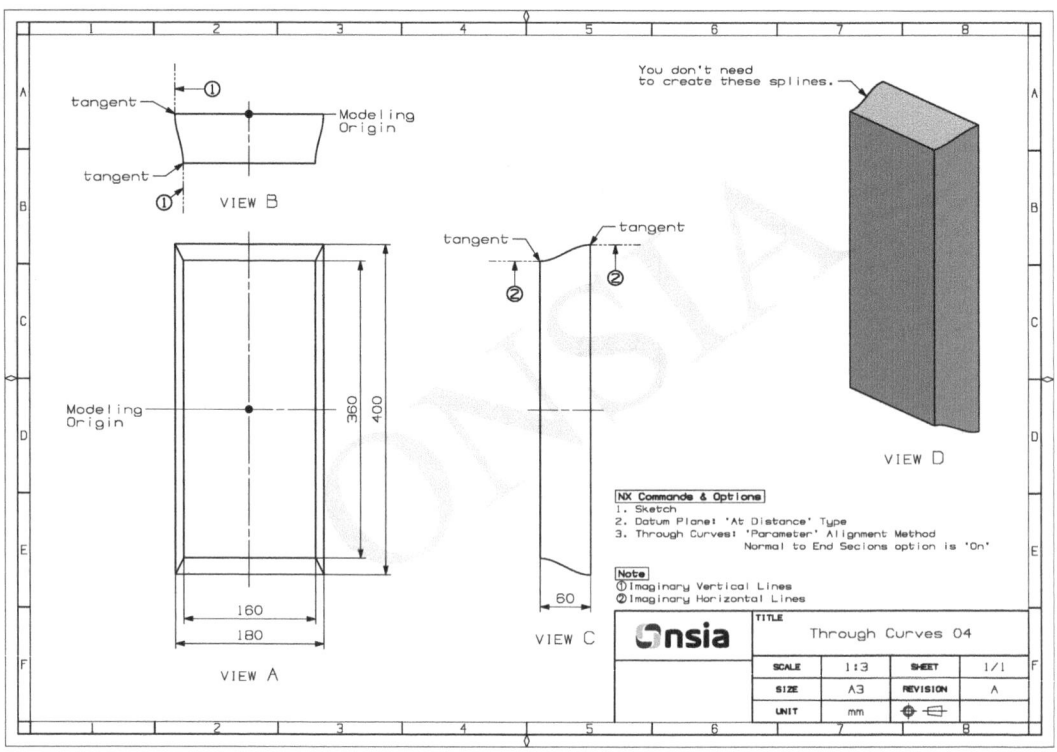

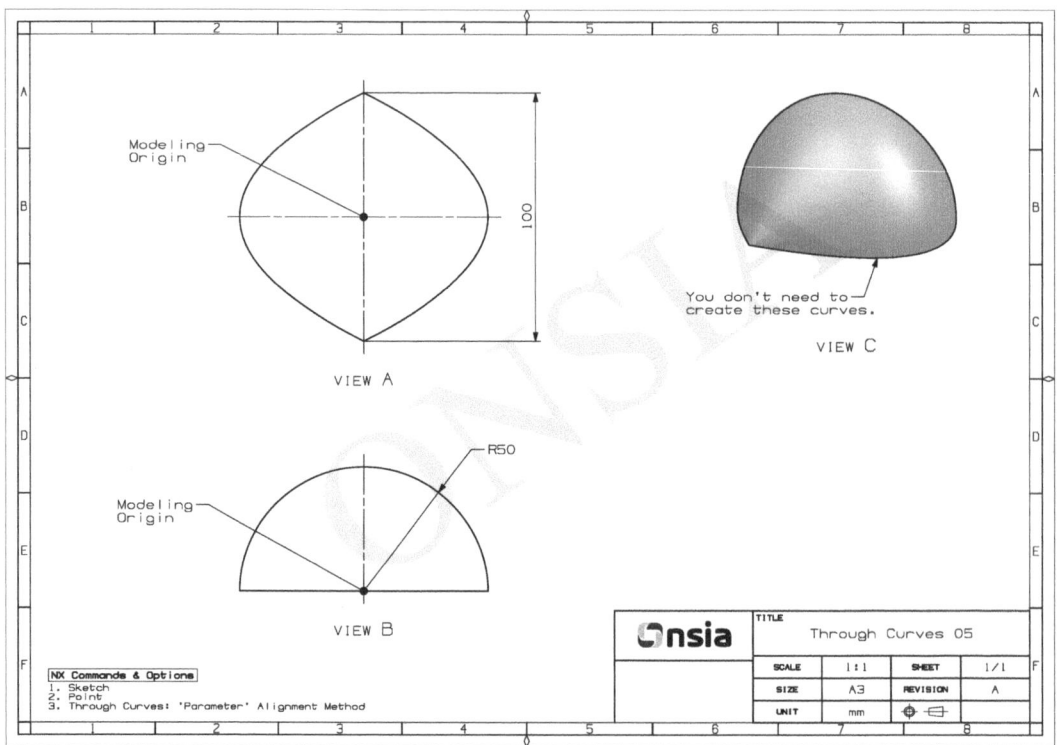

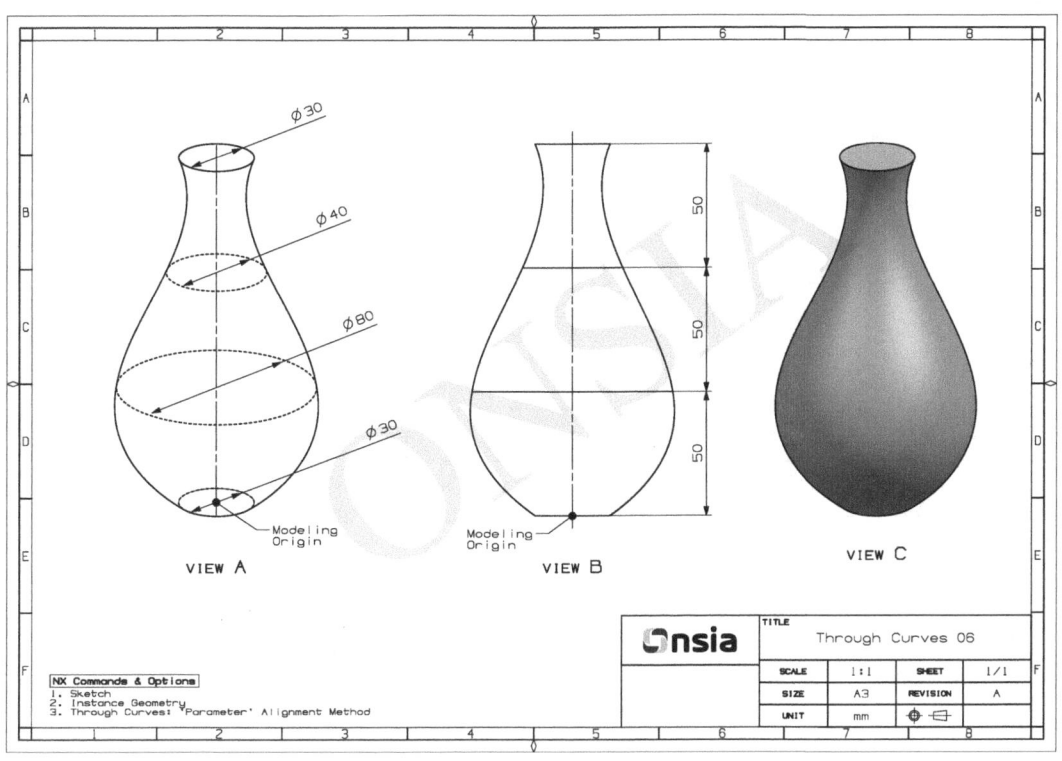
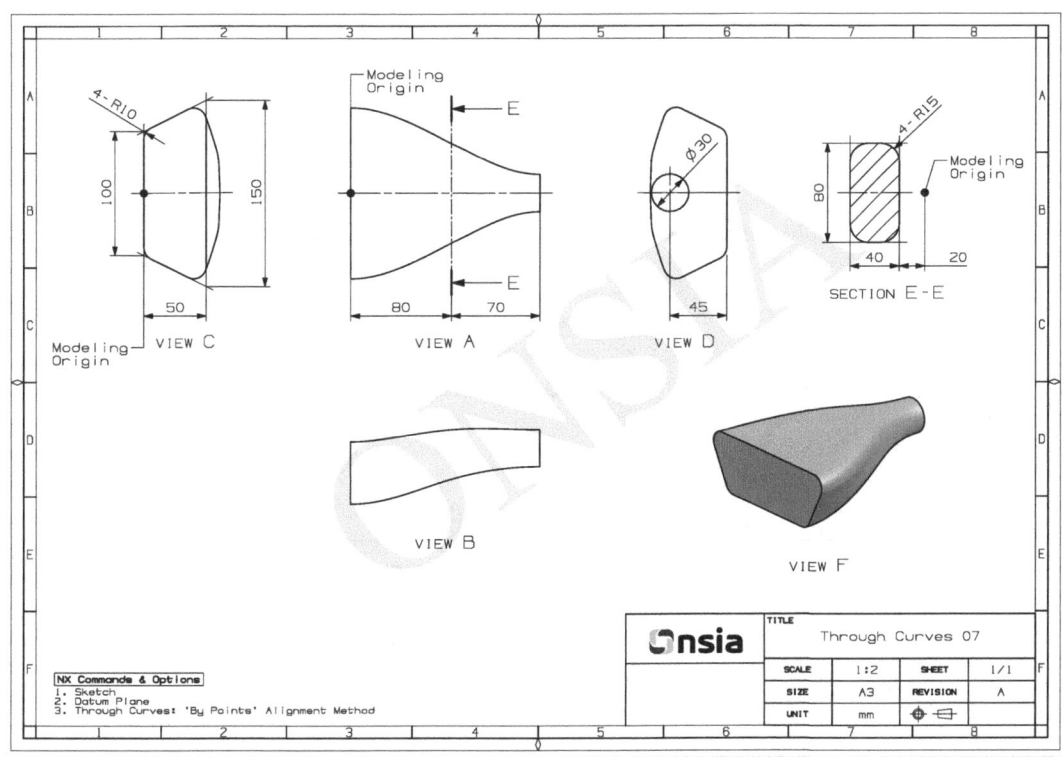

4 장: Through Curves

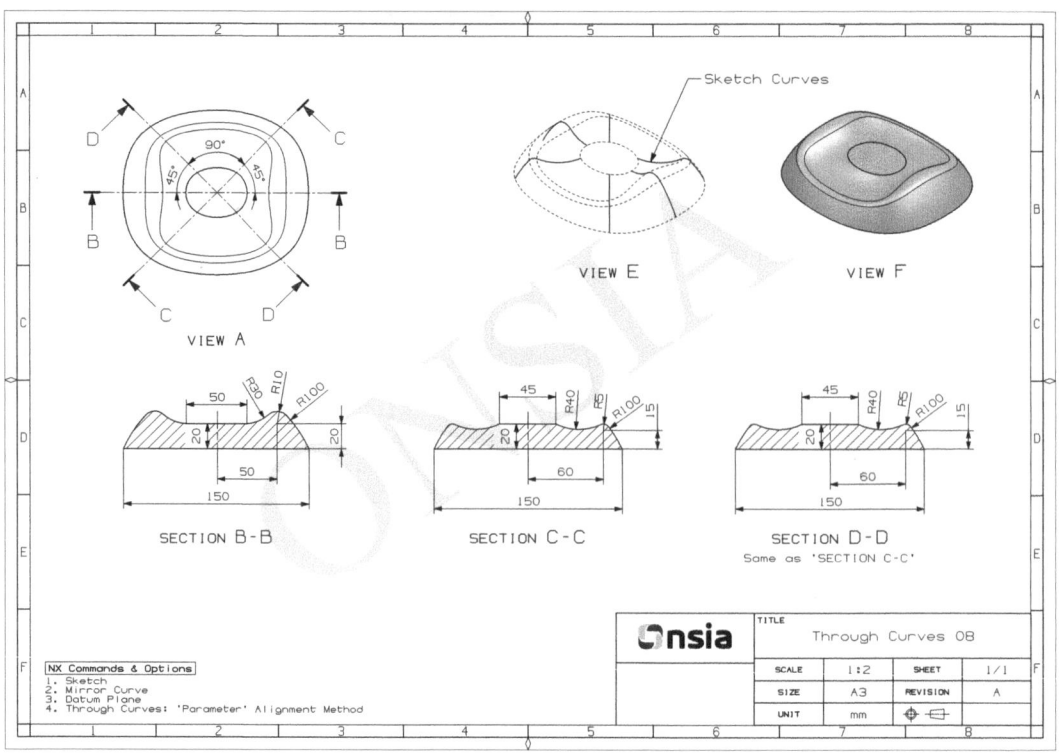

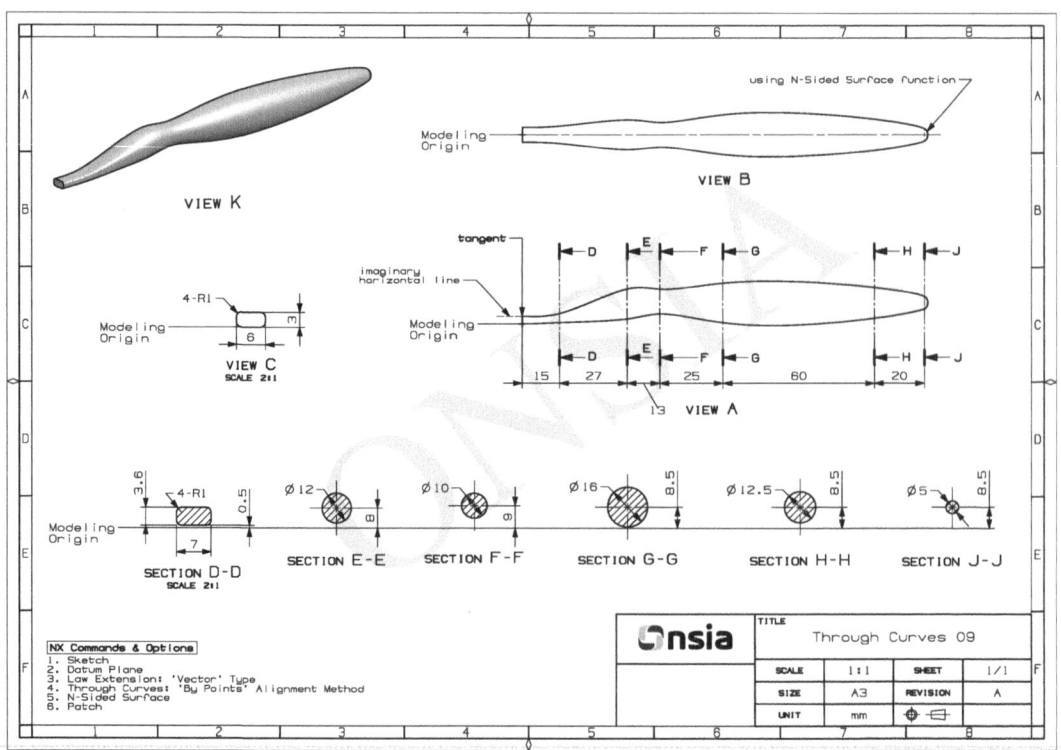

4.4 요약

1. Through Curves 기능은 최소 2개부터 150개의 Section을 연결하는 Solid Body 혹은 Sheet Body를 생성하는 서피스 기능이다.

2. 첫 번째와 마지막 Section으로 점(Point)을 사용될 수 있다.

3. Continuity란 서로 다른 면(Face)이 연결된 상태를 'G숫자' 형태로 표현하는 용어이다.

4. G1 Continuity는 탄젠트(Tangent) 연결을 의미한다.

5. G1 Continuity는 G0 Continuity를 포함한다.

6. Through Curves 대화상자에서 Flow Direction 등의 몇 가지 고급 옵션은 기구설계 업무에서 특별한 경우에 한정적으로 사용된다. 따라서 옵션을 정확히 모르더라도 설계 업무에 큰 지장을 주지는 않는다.

7. Through Curves 기능의 결과물이 Solid Body가 되는 경우는 Ruled Surface 기능과 유사하다. 하지만 좀 더 다양한 사례가 있다. 이 모든 사례를 외우는 것이 아니라 기능을 사용하면서 습득하는 것이 바람직하다.

4 장: Through Curves

(빈 페이지)

Chapter 5
Face Analysis

■ 학습목표

- Face Analysis(면 분석)의 목적 및 중요성을 이해할 수 있다.
- Reflection 기능의 기본 사용법을 이해할 수 있다.
- Surface Continuity 기능의 기본 사용법을 이해할 수 있다.
- Examine Geometry 기능의 기본 사용법을 이해할 수 있다.
- Deviation Gauge 기능의 기본 사용법을 이해할 수 있다.
- Section Anaysis 기능의 기본 사용법을 이해할 수 있다.

5장: Face Analysis

5.1 Face Analysis 기능

5장에서는 면을 분석하는 여러 가지 기능 중 Reflection, Surface Continuity 및 기타 주요 분석 기능에 대하여 살펴보자.

서피스 모델링에서 면의 품질을 검사한다는 것은 주로 다음을 의미한다.

① Rendering Style: Shading일 때 육안으로 뚜렷하게 보이지 않는 면의 매끄럽지 않은 구간
② G0 Continuity 여부(Sew 기능과 밀접한 연관이 있음)
③ G1 Continuity 여부
④ G2 Continuity 여부

시각적으로 면의 품질을 검사하는 방식을 정성적 분석(Qualitative Analysis)라 하고, 숫자로 표현하여 객관적으로 분석하는 방식을 정량적 분석(Quantitative Analysis)라 한다. Reflection은 정성적 분석에 해당되고, Surface Continuity 분석은 정량적 분석에 해당된다.

Analysis 탭에서 해당 기능을 사용할 수도 있고, 메뉴 버튼 〉 Analysis 〉 Shape을 선택하여 사용할 수도 있다. 여러 가지 Face Analysis 기능 중 다음 기능을 살펴볼 것이다.

▶ Reflection(Ⓐ)
▶ Surface Continuity(Ⓑ)
▶ Examine Geometry(그림 5-2의 메뉴바 참고)
▶ Section Analysis(Ⓒ)
▶ Draft Analysis(Ⓓ)

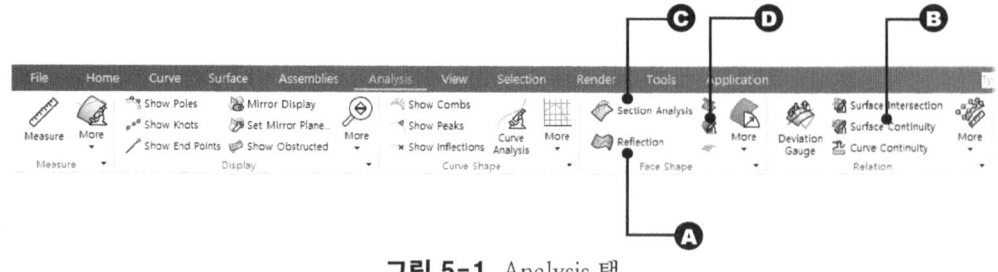

그림 5-1 Analysis 탭

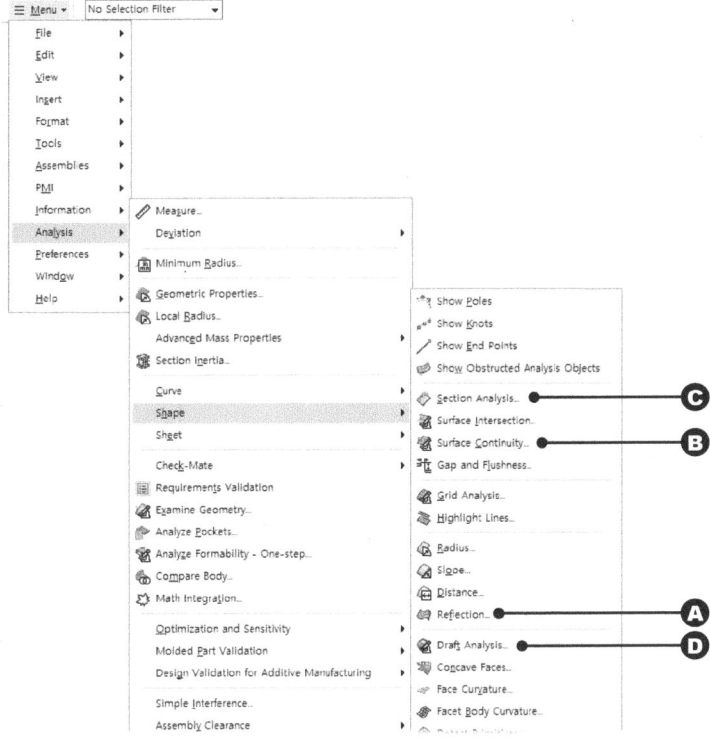

그림 5-2 Face Analysis 메뉴

5.2 Reflection

그림을 면에 비추어 '반사(Reflection)'시켜 보여준다.

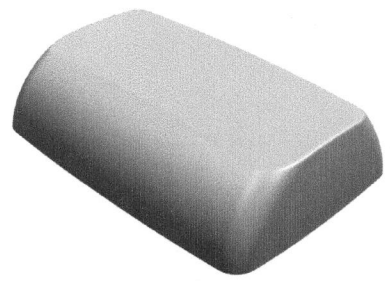

그림 5-3 Reflection 기능 적용 전

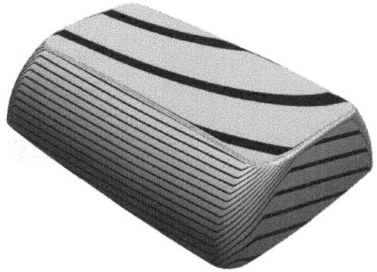

그림 5-4 Reflection 기능 적용 후

5.2.1 Reflection

서피스에 Line Images, Scene Images, 그림 파일의 이미지를 반사시켜 반사되는 이미지의 상태를 보고 서피스의 품질을 판별할 수 있다.

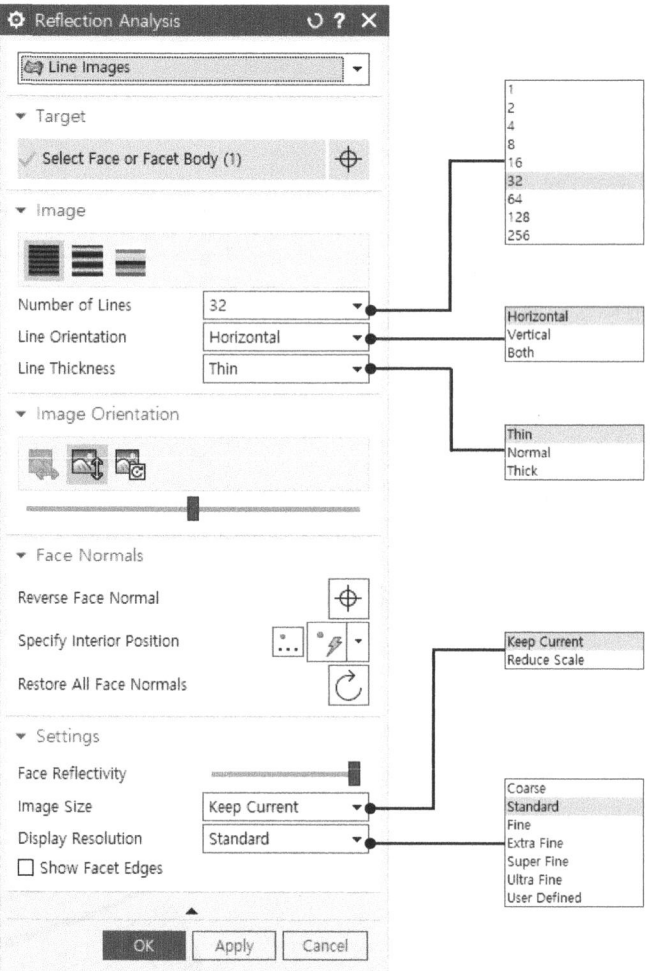

그림 5-5 Reflection 대화상자

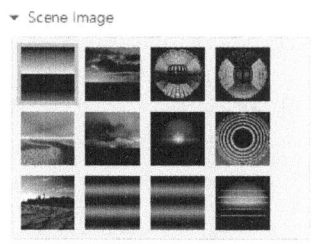

그림 5-6 Scene Images

ch05_001.prt

Reflection 사용법 — Exercise 01

Reflection Analysis의 사용법을 알아보자.

파일 열기, 레이어 변경

1. 실습용 파일을 연다.
2. 21번 레이어를 Invisible로 설정한다.

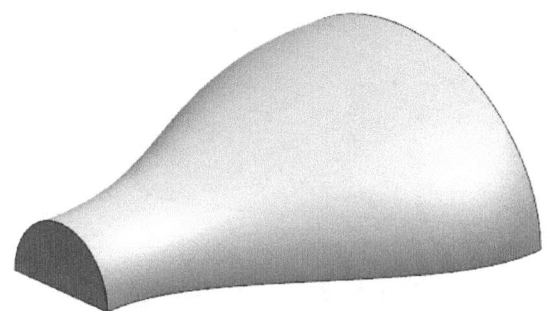

그림 5-7 실습용 파일

Reflection 기능 실행

1. Analysis 탭 〉 Face Shape 〉 Reflection 아이콘을 누른다.
2. 큐라인 메시지를 확인한다. Reflection을 적용할 서피스를 선택하여야 한다.
3. 모델에서 면을 선택한다.
4. Face Analysis 대화상자의 드롭다운 목록에서 Line Images로 선택한다.
5. Line 이미지 중 첫 번째 버튼(Black Lines)을 선택한다. 선택한 면에 그림 5-8과 같이 Line 의 반사 문양이 표시된다.
6. Apply 버튼을 누른다.
7. Rendering Style을 Shaded with Edges로 변경한다.

5 장: Face Analysis

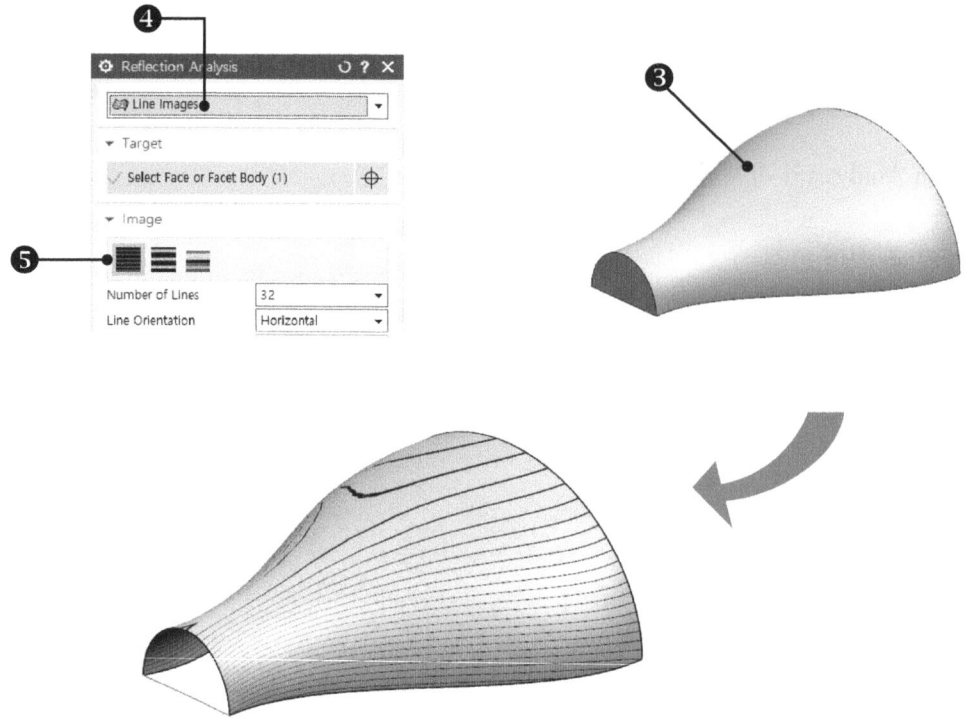

그림 5-8 Line 이미지 반사

다른 이미지 적용하기

1. Cancel 버튼을 눌러 대화상자를 닫는다.
2. Radial 팝업을 이용하여 다른 Rendering Style을 적용한 후 다시 분석 결과를 볼 수 있다.

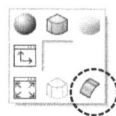

그림 5-9 Radial 팝업 메뉴

3. 다시 Reflection 아이콘을 누른다.
4. 다른 Face를 추가로 선택한 후 Apply 버튼을 눌러 Reflection을 적용한다.

면에 적용된 Reflection을 해제하려면 Shift 키를 누르고 적용된 면을 선택한 후 Apply 버튼을 누른다.

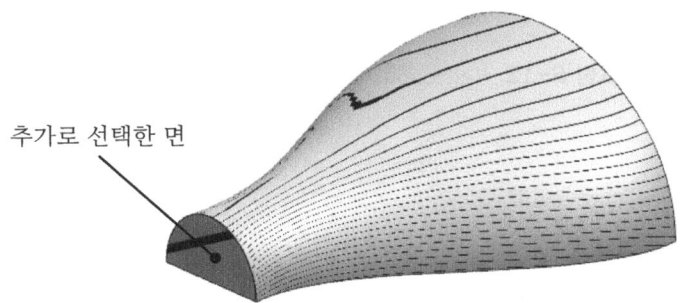

그림 5-10 분석할 면 추가

5. 대화상자에서 Line 타입을 세번째 버튼(Colored Lines)으로 선택한 후 Apply 버튼을 누른다.

아래 그림과 같이 색깔 있는 Line을 반사시켜 보여 준다.

그림 5-11 Colored Line 반사

END of Exercise

5.2.2 Image Type

Refelction 대화상자에서 Image Type의 종류와 제공되는 이미지를 살펴보자.

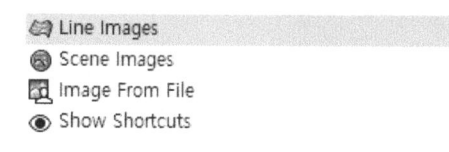

그림 5-12 Reflection 대화상자의 3가지 Image Type

① Line Images

다음 3가지 줄무늬 그림 중 하나를 선택할 수 있다.

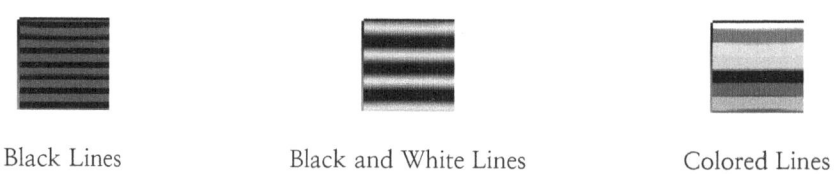

Black Lines   Black and White Lines   Colored Lines

Black Lines   Black and White Lines   Colored Lines

그림 5-13 3가지 Line Images를 적용한 경우

② Scene Images

다음 12가지 풍경(Scene) 그림 중 하나를 선택할 수 있다.

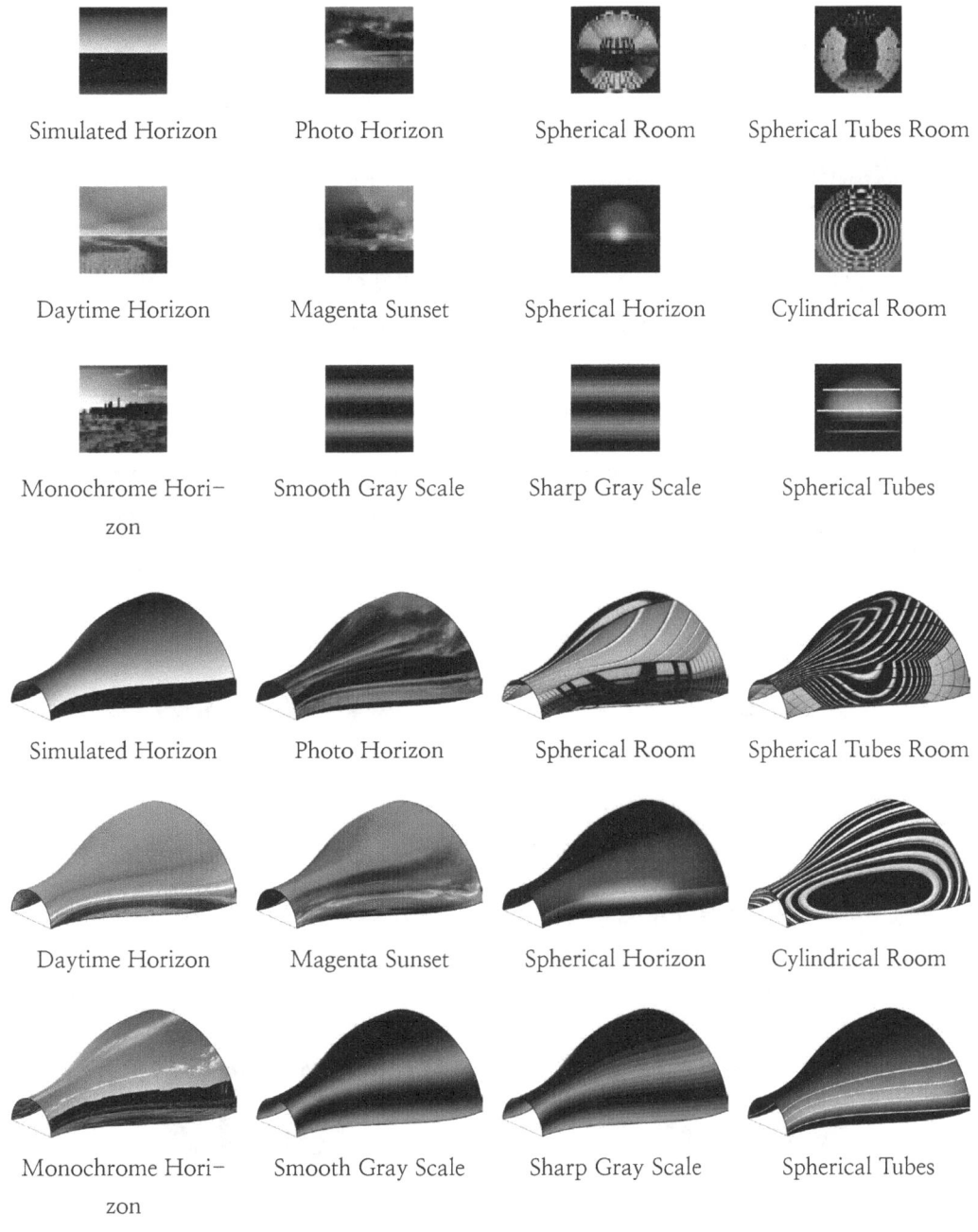

그림 5-14 12가지 Scene Images를 적용한 경우

③ User Specified Image

확장자가 TIFF, JPEG, PNG인 그림 파일을 선택할 수 있다.

 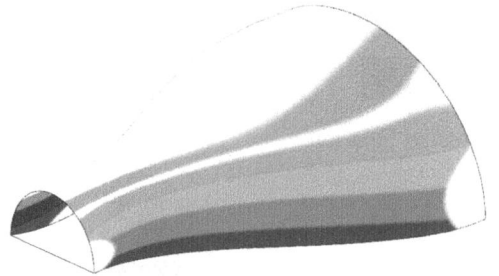

PNG 파일 면에 이미지를 반사시킨 상태

그림 5-15 사용자 그림을 적용한 상태

> **User Specified Image 사용하기**
>
> 그림 5-16 같이 면의 매끄럽지 않은 부분(화살표)은 Shading 상태에서 육안으로 구분하기란 어려운 일이다. 이럴 때 아래 오른쪽 그림과 같이 익숙한 사진을 면에 비추어 왜곡되는 부분을 좀 더 쉽게 육안으로 발견할 수 있다.
>
>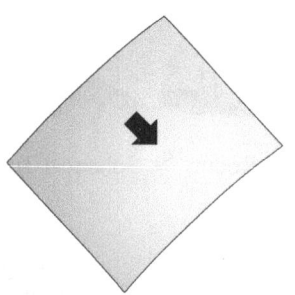
>
> **그림 5-16** 매끄럽지 않은 면   **그림 5-17** 익숙한 사진
>
>
>
> **그림 5-18** 매끄러운 면의 반사 상태   **그림 5-19** 매끄럽지 않은 면의 반사 상태

ch05_002.prt | 서피스의 품질 확인 **Exercise 02**

예제 파일 ch05_002.prt의 Sheet Body에는 매끄럽지 않은 부분이 한 군데 있다.

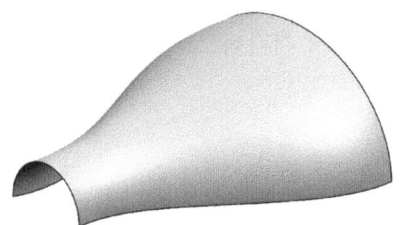

그림 5-20 예제 파일 ch05_002.prt

아래 그림에 그 위치를 대략적으로 표시하시오.

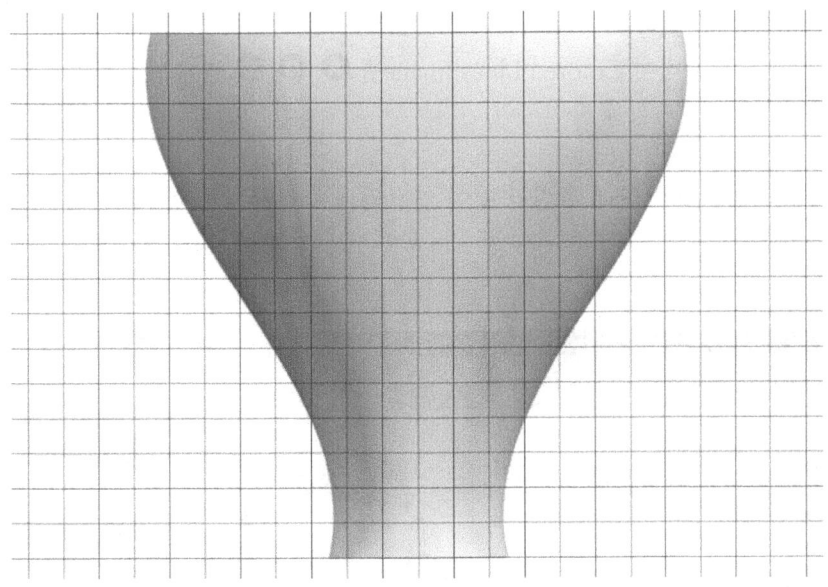

그림 5-21 매끄럽지 않은 부분을 표시

END of Exercise

5.2.3 Reflection 기능을 이용한 G0, G1 Continuity의 확인

아래 그림은 Tangent 연속을 이용하여 생성한 서피스를 보여준다. 만일 누군가가 그림에서 화살표 부분이 G1 Continuity인 것을 대화상자의 옵션이 아닌 다른 방법으로 증명해 보라고 하면, 어떻게 이를 증명할 것인가?

Reflection 기능으로 이를 작업창에서 시각적으로 증명해 보일 수 있다.

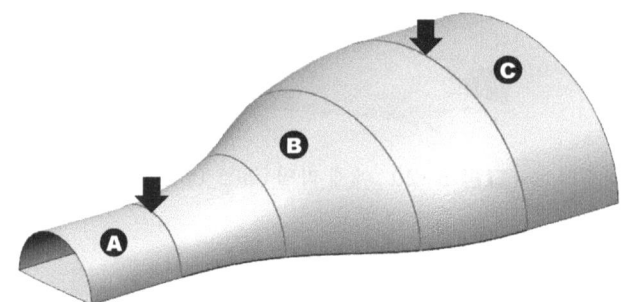

그림 5-22 Tangent 연속으로 생성한 솔리드 바디

Reflection 기능을 사용하여 Colored Lines Image를 ❹, ❺, ❻ 면에 반사시키킨 후 뷰 방향을 바꿔가면서 Image의 연속성을 확인하면 된다.

G0 연속(Position)인 경우 아래 그림과 같이 연결되는 부분에서 불연속적인 Line을 반사시켜 보여준다.

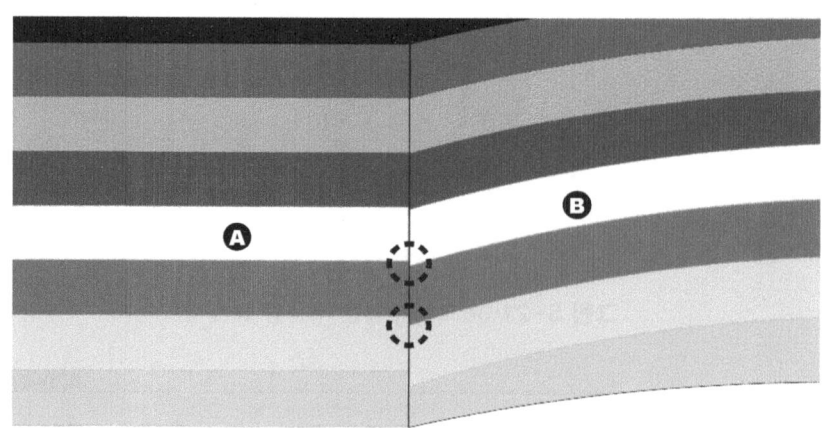

그림 5-23 Line이 불연속인 부분 (점선 내)

G1 연속(Tangent)인 경우 아래 그림과 같이 아래 그림과 같이 서로 다른 면(Ⓐ와 Ⓑ)이 연결된 부분에서 어떠한 색 띠도 어긋나지 않은 것을 확인할 수 있다. Top View로 보면 좀 더 정확하게 관찰 할 수 있다.

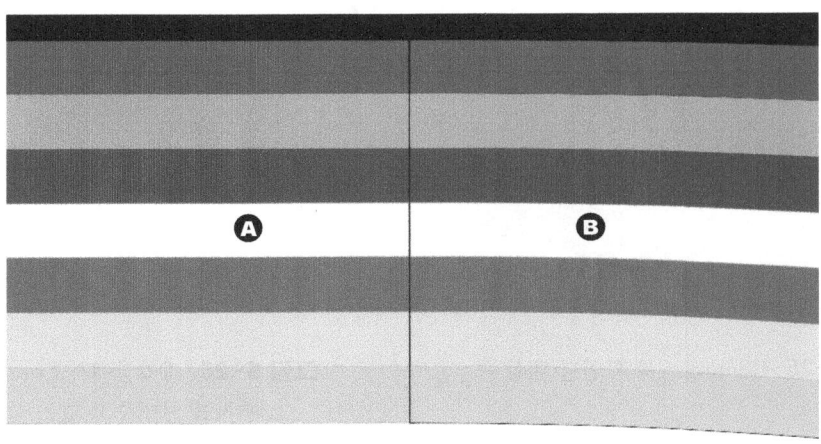

그림 5-24 모든 Line이 매끄럽게 연속인 상태

> **! Refelction 기능으로 반사 이미지를 보는 요령**
>
> 이웃한 면의 연속성과 반사된 이미지의 선의 형태 사이의 관계를 표로 정리하면 다음과 같다.
>
> | 면의 연속성 | 반사된 이미지의 선 |
> |---|---|
> | G0 | 경계에서 어긋남 |
> | G1 | G0(경계에서 꺾임) |
> | G2 | G1(경계에서 부드러움) |
>
> Display Surface Resolution 옵션에 의해 잘못 판단하지 말아야 하고, View를 돌려 가면서 정확한 정보를 파악해야 한다.

5.3 Surface Continuity

이 기능을 사용하면 Position(G0), Tangent(G1), Curvature(G2), Flow(G3)의 편차를 측정할 수 있다. 두 개의 서피스가 공유하는 모서리에 대하여 측정한다.

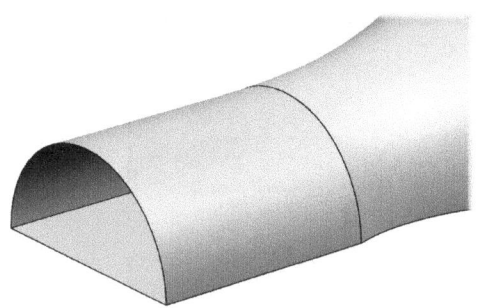

그림 5-25 Continuity를 확인할 대상

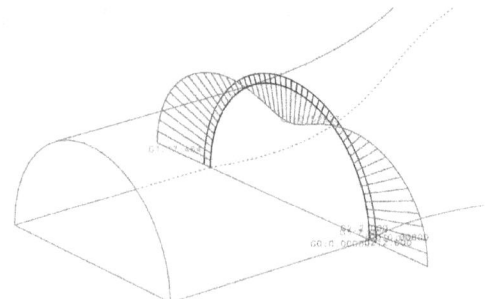

그림 5-26 작업창에서 Continuity의 편차를 보여주고 있는 상태

5.3.1 Surface Continuity 대화상자

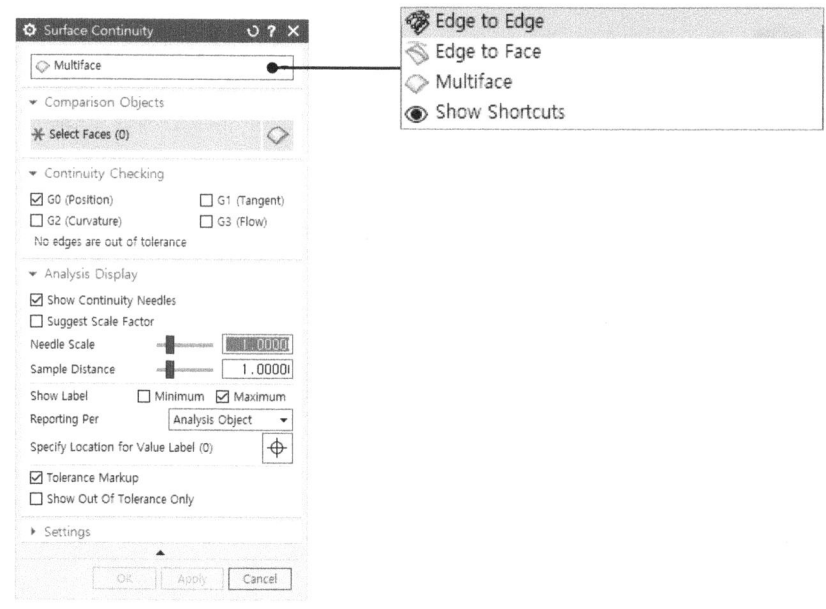

그림 5-27 Surface Continuity 대화상자

ch05_003.prt　　　　　　　　　　**Surface Continuity 사용법**　　**Exercise 03**

Surface Continuity 기능을 이용하여 두 서피스가 만나는 모서리에서의 연속성을 정량적으로 측정해 보자.

주어진 파일의 **A** 면과 **B** 면, **B** 면과 **C** 면 사이에는 G1 Continuity가 적용되어 있다.

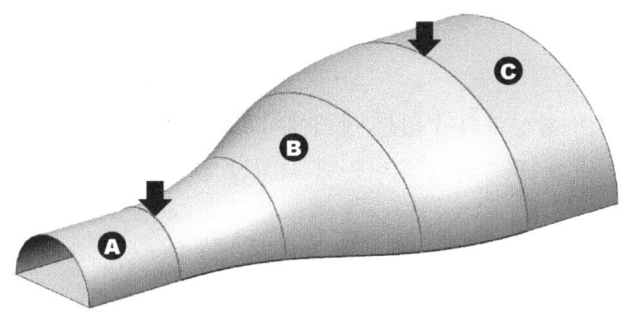

그림 5-28 실습용 파일

A 면과 **B** 면이 연결된 부분(화살표)에서 무엇을 측정하면, G1(Tangent) Continuity 여부를 증명할 수 있을까? 잠시 생각해 보자.

두 개의 화살표가 있다. 왼쪽 그림의 두 화살표를 각각의 서피스에서의 접선 방향이라고 생각하자. Surface Continuity는 두 접선 사이의 기울기의 차이를 측정하는 것인데, 그 차이가 0.001°나왔다고 하면 이를 G1이라고 할 수 있을까?

여기에 각도 Tolerance가 관련된다. 각도 공차(Through Curves 대화상자의 Settings 옵션 중 Tolerance)가 0.5°로 되어 있다면 공통 모서리에서의 접선의 기울기 차이가 -0.5°~ 0.5°사이이면 두 면의 Continuity는 G1으로 인정한다. 따라서 기울기의 차이가 0.001°라면 G1 연속이라고 할 수 있다.

129

파일 열기 및 Surface Continuity 기능 실행

1. 파일을 연다
2. Analysis 탭에서 Surface Continuity 기능을 실행시킨다.
3. 대화상자를 리셋한다.

Type으로 Edge to Edge를 선택한다. 이는 인접한 서피스의 공유 모서리에서의 연속성을 측정하겠다는 뜻이다.

서피스 선택

1. Select Edge 1 옵션이 활성화되어 있는 상태에서 ❸ 서피스의 마우스가 가리키는 곳(그림 5-29의 ❶)을 선택한다. 서피스를 선택하는데 측정할 공통 모서리에서 가까운 쪽을 선택하여야 한다.
2. MB2를 누른다.
3. 인접한 서피스(❸)를 선택한다. 이 때도 마찬가지로 공통 모서리에서 가까운 쪽을 선택한다.

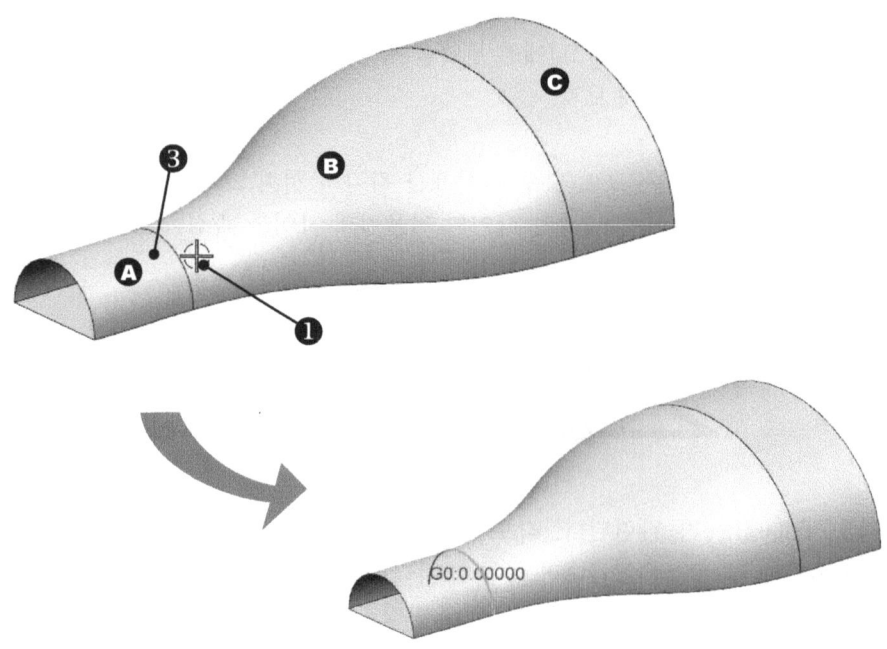

그림 5-29 서피스 선택

두번째 서피스를 선택하는 순간 모델에는 G0:0.0000이라고 표시된다. 이는 대화상자의 Continuity Checking 옵션에 G0(Position)가(이) 선택되어 있기 때문이다.

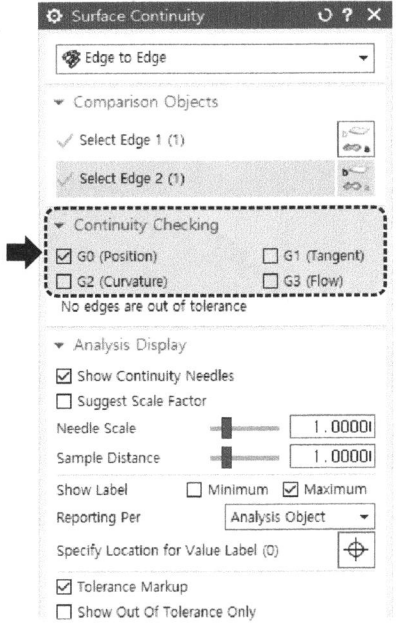

그림 5-30 Continuity Checking 옵션

G1 연속성 체크

1. 대화상자의 Continuity Checking 옵션에서 G0를 해제하고 G1을 체크한다.

아래 그림과 같이 G1 역시 0.0000으로 나온다. 따라서 앞에서 선택한 두 서피스(Ⓐ와 Ⓑ)가 서로 붙어 있으며(G0 연속) G1 연속 또한 만족함을 알 수 있다. Reflection과 비교하면 숫자로 연속성을 표현해 주기 때문에 논란의 여지가 없다.

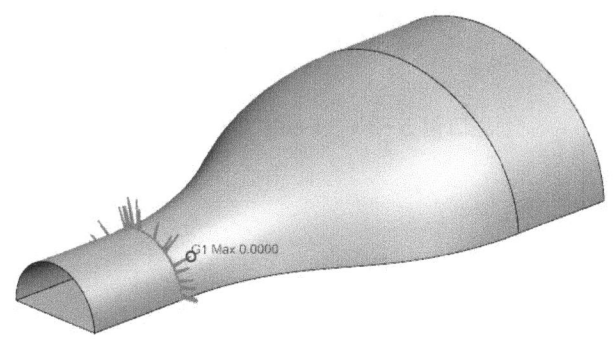

그림 5-31 G1 연속성 체크 결과

5장: Face Analysis

G2 연속성 체크

1. 대화상자에서 G1 옵션을 해제하고 G2 옵션을 선택한다.

아래 그림과 같이 그 값은 2.000으로서 G2 연속성은 만족하지 않음을 알 수 있다. G2 연속에 대한 Tolerance는 0.1이다.

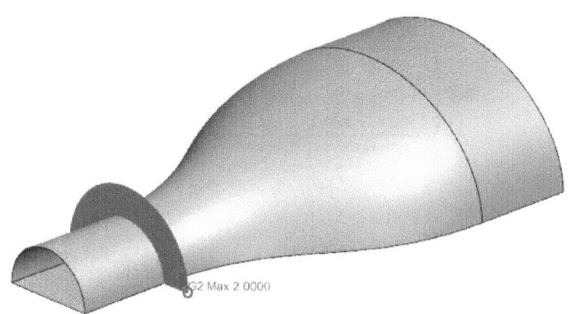

그림 5-32 G2 연속성 체크 결과

2. Needle Scale과 Sample Distance 옵션을 변경해 보자.

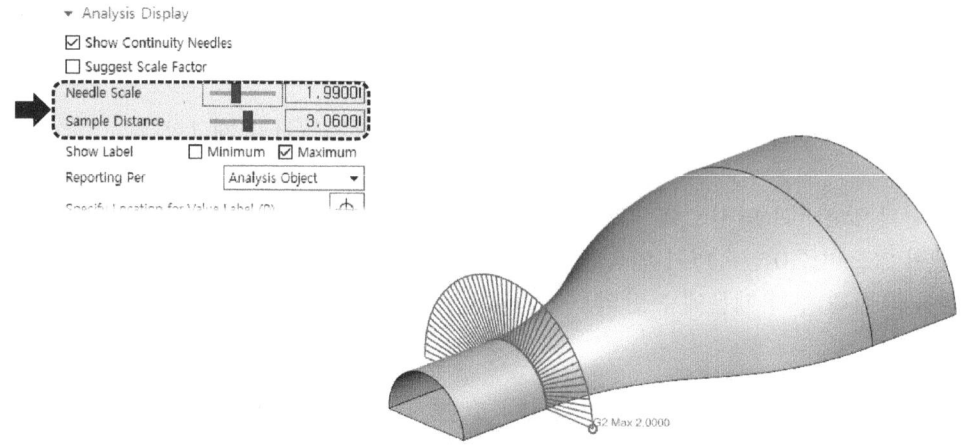

그림 5-33 Needle 표시 옵션

3. 대화상자에서 OK 버튼을 누른다.

아래 그림과 같이 Part Navigator에 Analysis 항목이 새롭게 생기고, 그 하위에 Surface Continuity Analysis가 보이는 것을 확인할 수 있다. (Surface Continuity Analysis 좌측의 빨간색 체크 표시를 선택하면 작업창에 보이는 Needle 선을 숨길 수 있다.)

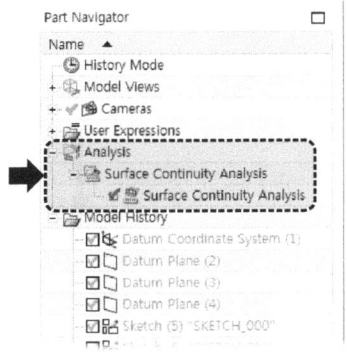

그림 5-34 Analysis 항목

END of Exercise

Exercise 04 — Sew 기능으로 Solid Body를 만들지 못하는 이유

ch05_004.prt

예제 파일 ch05_004.prt를 열어 4개의 Sheet Body를 Sew 기능을 적용한 결과는 아래 그림과 같이 Sheet Body가 된다. 그 이유를 거리 공차(Tolerance)와 관련하여 설명하시오.

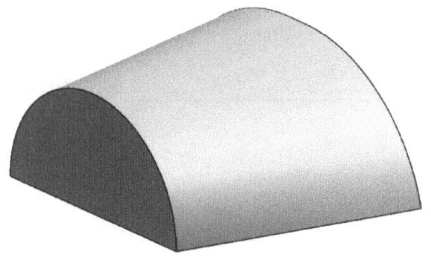

그림 5-35 예제 파일 ch05_002.prt

그림 5-36 Sew 기능을 적용한 직후 Status Line의 메시지

END of Exercise

Exercise 05   G0, G1 Continuity의 최대값 측정하기   ch05_005.prt

ch05_005.prt 파일을 열어 아래 그림과 같이 Through Curves 피쳐를 수정하여 ④ 면과 ⑧ 면의 Continuity를 G0으로 변경하시오. 그리고 ④ 면과 ⑧ 면 간의 G0 Continuity와 G1 Continuity의 최대값을 측정하여 아래 표에 적으시오. (단, ⑧ 면과 ⓒ 면의 Continuity는 G1으로 그대로 둔 상태에서 측정한다.)

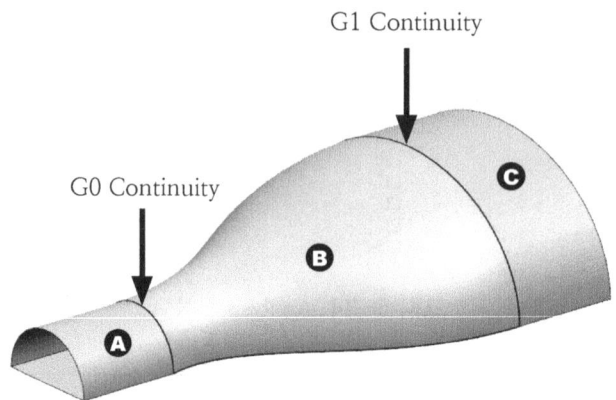

그림 5-37 A, B, C 면의 Continuity 상태

측정 항목	측정값
A, B 면 간의 G0 Continuity 최대값	
A, B 면 간의 G1 Continuity 최대값	

5.4 Examine Geometry

Solid Body, Face, Edge에 문제점이 있는지를 검사한다.

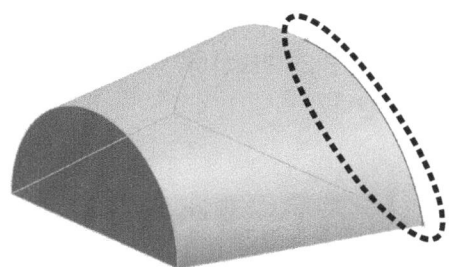

그림 5-38 Examine Geometry 기능을 이용한 틈새 부분

---

ch05_006.prt | **Examine Geometry 사용법** | **Exercise 06**

Sew 기능을 이용하여 Sheet Body를 꿰맨 후 형상에 어떤 문제가 있는지 살펴보자.

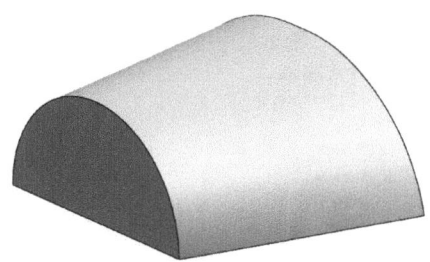

그림 5-39 실습용 파일

Sew

1. 주어진 파일을 연다.
2. Sew 기능을 이용하여 Sheet Body를 꿰맨다. Status Line에는 Sheet Body가 생성되었다는 메시지가 나타난다.

5 장: Face Analysis

Examine Geometry 기능 실행

1. Menu 버튼 > Analysis > Examine Geometry를 선택한다.
2. 대화상자를 리셋한다.
3. Selection Filter를 Sheet Body로 설정한다.
4. Sheet Body를 선택한다.
5. 대화상자에서 Sheet Boundary 옵션을 체크한다.
6. Examine Geometry 버튼을 누른다.

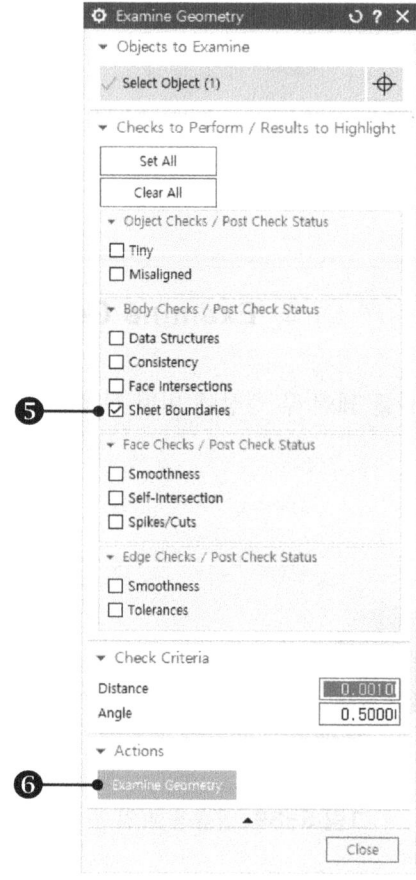

그림 5-40 Examine Geometry 기능 실행

결과 확인

Examine Geometry 버튼을 누르는 순간 대화상자의 옵션이 변경됨을 알 수 있다.

1. 대화상자에서 Highlight Results 옵션을 체크한다.

그림과 같이 Sheet Body의 경계가 빨간색으로 표시된다. 이는 이 부분의 서피스 사이의 거리가 Distance Tolerance에 설정되어 있는 값보다 커서 Sew 되지 않았다는 것을 의미한다.

F5 키를 누르면 빨간색 표시가 사라진다.

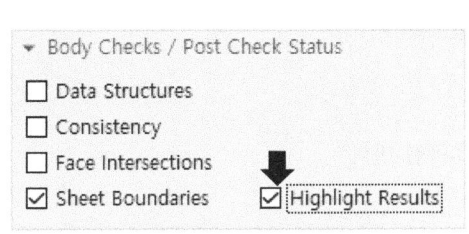

그림 5-41 Highlight Results 옵션

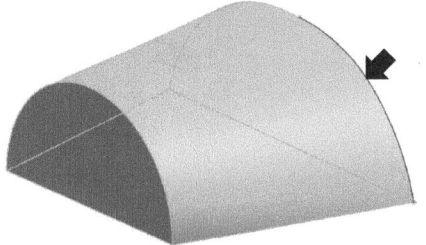

그림 5-42 Sheet Boundary

END of Exercise

> ***Examine Geometry는 문제점을 고치는 기능이 아니다.***
>
> Examine Geometry는 문제점이 있는 부분을 작업창에 보여주기만 하는 기능이다. 문제점을 고치는 기능은 아니다.

5.5 Section Anaysis

Section은 어떤 면을 정해진 방법에 따라 잘라서 생성되는 커브를 의미한다. Section Analysis 기능을 이용하면 이렇게 정의되는 Section의 곡률(Curvature) 또는 곡률반경(Radius of Curvature)를 측정할 수 있다.

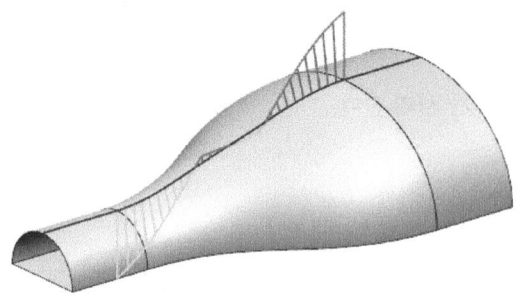

그림 5-43 3개 면의 곡률 변화

Exercise 07   Section Analysis 사용법   ch05_007.prt

연결되어 있는 서피스의 섹션에서의 곡률 변화를 분석해 보자.

Section Analysis 기능 실행

1. 파일을 연다.
2. Analysis 탭 〉 Face Shape 〉 Section Analysis 아이콘을 누른다.
3. 대화상자를 리셋한다.
4. Selection Filter를 Face로 선택한다.

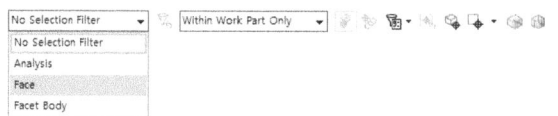

그림 5-44 Selection Filter 설정

분석할 서피스 선택

세 개의 서피스를 연속하여 선택한다.

옵션에 따라 섹션이 표시된다. 대화상자를 리셋 하였을 때의 Definition 옵션을 참고한다.

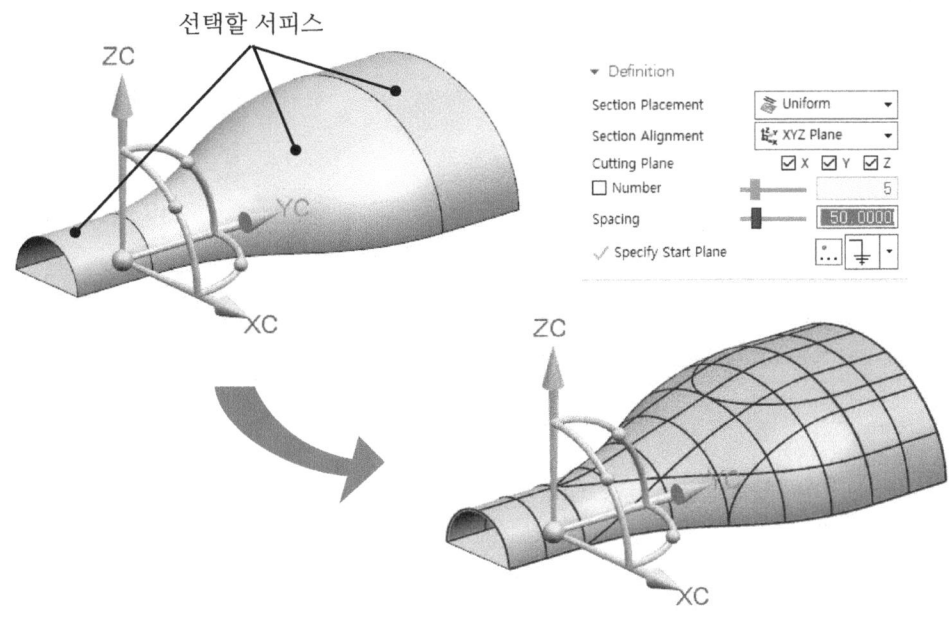

그림 5-45 분석할 서피스 선택

옵션 설정

1. Cutting Plane 옵션에서 Y, Z의 체크를 해제한다.
2. Number 옵션을 체크하고 값을 1로 한다. Enter 키를 누르면 가운데에 한 개의 섹션만 나타난다.
3. Analysis Display 옵션 그룹에서 Show Comb 옵션을 체크한다.
4. Suggest Scale Factor 옵션을 체크한다.

5 장: Face Analysis

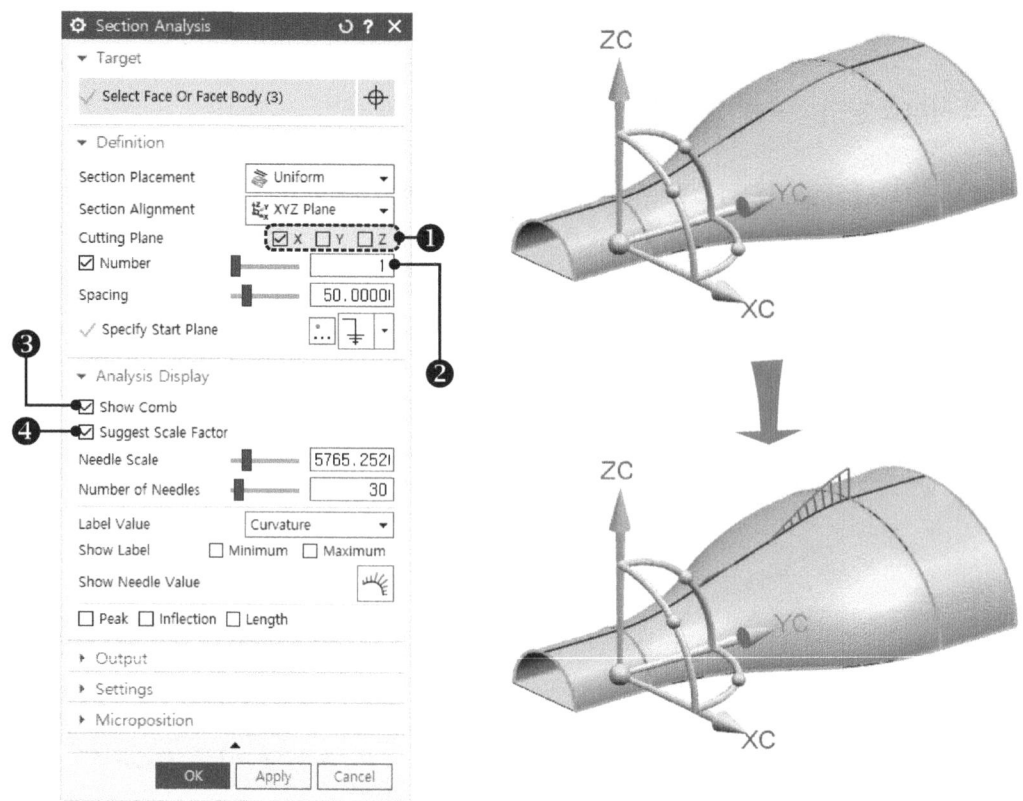

그림 5-46 옵션 설정

화면 표시 변경

1. Needle Scale을 20000으로 입력하고 Enter 키를 누른다.
2. Analysis 탭 > Display > Show Obstructed 아이콘을 누른다.

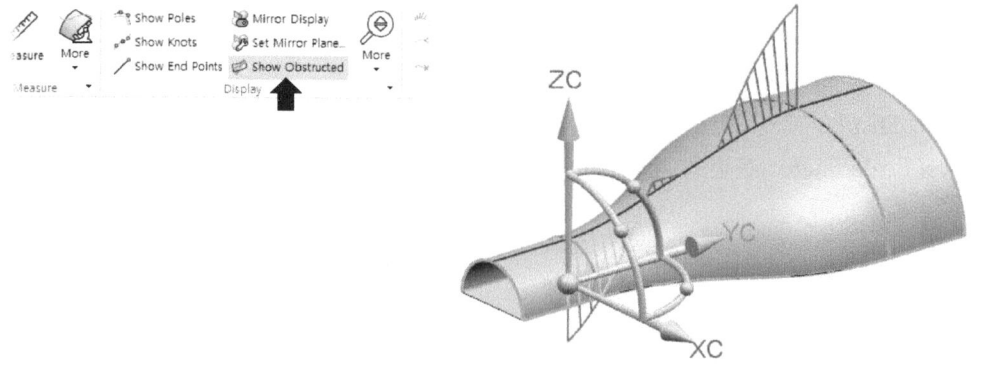

그림 5-47 화면 표시 변경

분석 결과의 의미 이해

1. 첫번째 서피스와 YZ 평면 사이에 형성되는 Section 커브의 곡률은 0이다. (그림 5-48의 ❶)
2. 두번째 서피스와 YZ 평면 사이에 형성되는 Section 커브의 곡률은 그림과 같이 변화한다. (그림 5-48의 ❷)
3. 세번째 서피스와 YZ 평면 사이에 형성되는 Section 커브의 곡률은 0이다. (그림 5-48의 ❸)

각각의 서피스가 연결되는 부분에서 양쪽의 곡률이 서로 같지 않기 때문에 G2 연속이 아니다.

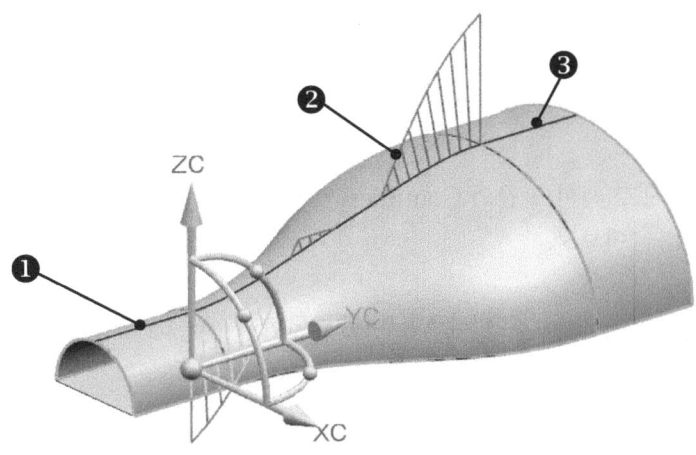

그림 5-48 Section 분석

연속성 변경

1. 대화상자에서 OK 버튼을 누른다.
2. 파트네비게이터에서 Through Curves 피쳐를 더블클릭한 후 Last Section (Section 4)의 연속성을 G2 (Curvature)로 변경한다.
3. Analysis의 결과가 바뀐 것을 확인한다.

연속성 옵션을 변경한 결과 공통 모서리에서의 Curvature는 인접한 서피스에서 모두 0이므로 현재의 섹션 커브에 대하여 G2 연속을 확인할 수 있다.

5 장: Face Analysis

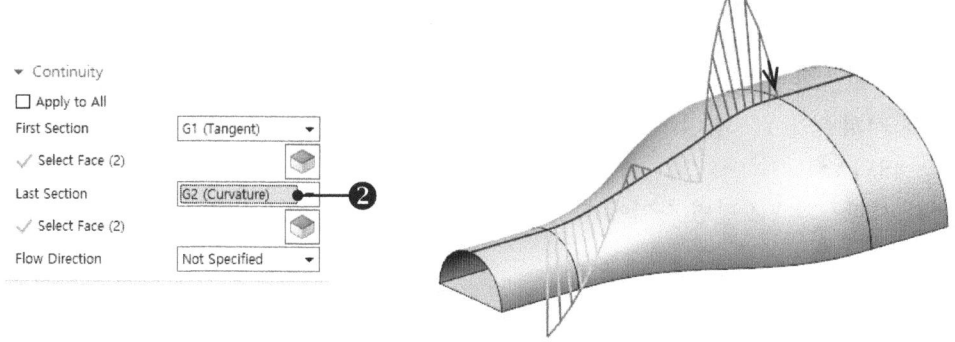

그림 5-49 연속성 옵션 변경

Section 커브의 모양과 개수 증대

Section 커브 하나만으로 서피스 간의 Continuity가 G2 임을 주장하기에는 부족한 면이 있다. Section Line의 수를 늘여보자.

1. 작업창에서 Section Analysis 오브젝트를 더블클릭한다. 또는 Part Navigator에서 Section Analysis를 더블클릭해도 된다.
2. Section Alignment 옵션을 Isoparametric으로 한다.
3. Direction은 U 방향만 체크한다. U 파라미터 값이 일정한 커브가 섹션으로 지정되며 그 개수는 Number 옵션에 정한 바와 같다.
4. Suggest Scale Factor 옵션을 체크한다.
5. OK 버튼을 누른다.

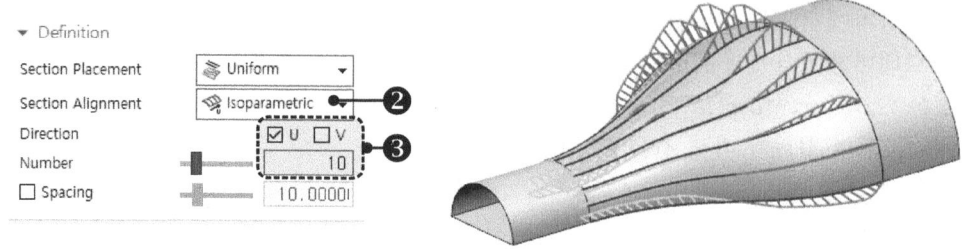

그림 5-50 여러 개의 Parametric Section 커브

END of Exercise

> **!** *Isoparametric 커브*
>
> B-Surface 상의 좌표는 U, V 값으로 정의한다. B-Surface에는 U, V 값이 일정한 선이 정의된다. 이를 Isoparametric 커브라 한다. Extrude나 Revolve 기능으로 생성한 서피스는 B-Surface가 아니다. 따라서 양 끝의 서피스에는 Isoparametric 커브가 정의되지 않기 때문에 분석 결과도 나타나지 않는다.

5.5.1 곡률반경(Radius of Curvature) 표시

Settings 옵션에서 Calculation Method를 선택할 수 있다. 곡률이 0인 경우 Scaling Method를 Logarithmic으로 설정하면 아래 그림과 같은 곡률 반경을 얻을 수 있다.

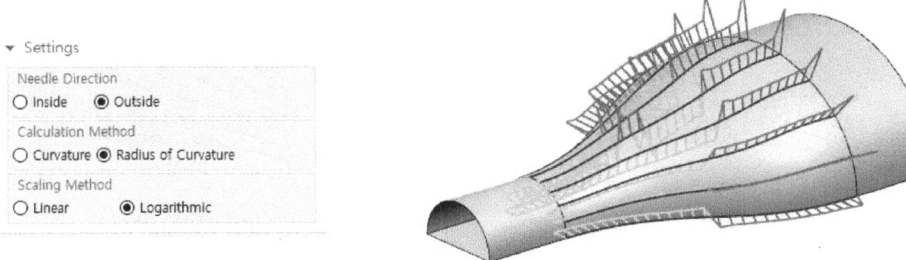

그림 5-51 곡률 반경 표시

5.5.2 Peak, Inflection, Length 표시

그래프의 최대 및 최소값 위치(Peak), 변곡점(Inflection) 및 Section 커브의 길이를 표시할 수 있다.

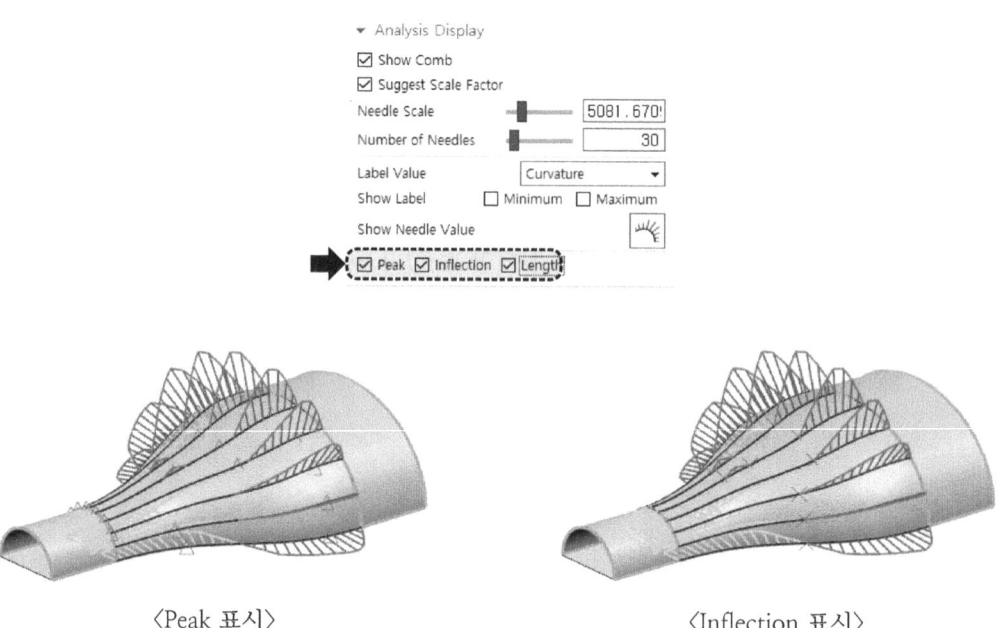

〈Peak 표시〉　　　　　　　　　　　〈Inflection 표시〉

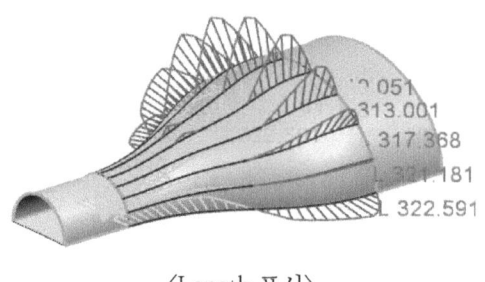

〈Length 표시〉

그림 5-52 Peak, Inflection, Length 표시

5.6 Draft Analysis

Draft Analysis 기능을 이용하여 빼기 구배를 검사한다.

각각의 옵션은 다음 사항을 정한다.

A : 기준이 되는 구배각을 입력한다.
B : 정구배(Positive Draft)의 범주를 색깔로 표시한다.
C : 역구배(Negative Draft)의 범주를 색깔로 표시한다.
D : Isocline(기준 구배각에 해당되는 위치를 연결한 선)을 표시한다.
E : 파팅 라인을 표시한다.
F : 드래그하여 구배 방향을 변경할 수 있다.
G : 클릭 후 방향을 설정할 수 있다.

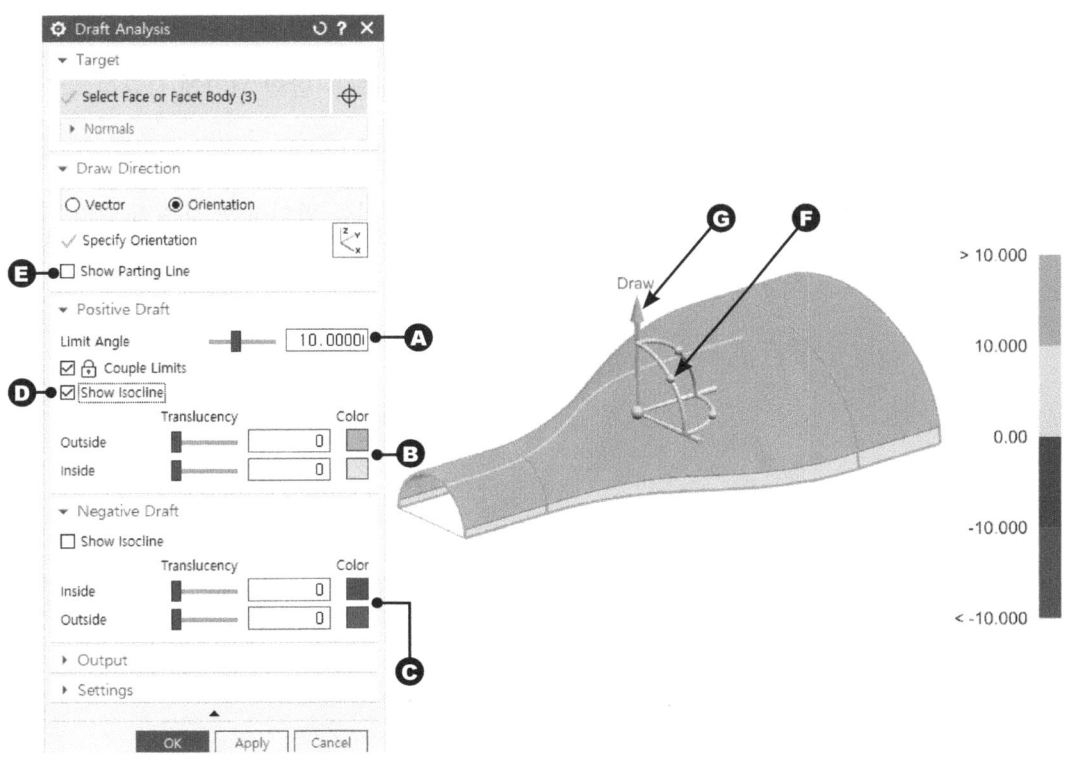

그림 5-53 Draft 분석

5.7 요약

1. Face Analysis(면 분석)란 시각적인 구체적인 정보로 면의 품질(Quality)을 확인하는 것을 말한다.

2. Face Analysis 기능으로는 Reflection, Surface Continuity, Examine Geometry, Section Anaysis 등이 있다.

3. Reflection은 그림(Image)을 면에 비추어 반사(Reflection)되는 모양을 통해 면의 품질을 확인하는 기능이다.

4. Surface Continuity는 G0, G1, G2, G3의 편차를 측정하는 기능이다.

5. Examine Geometry는 Solid Body, Face, Edge에 문제점이 있는지 여부를 검사하는 기능이다.

6. Section Anaysis는 서피스의 곡률(Curvature) 변화 등의 정보를 단면 위치에 시각적으로 표시하는 기능이다.

7. 생성한 서피스에 대해 Face Analysis 기능을 사용하여 품질을 확인하는 것은 모델링 작업만큼 중요하다.

Chapter 6
Through Curve Mesh

■ 학습목표

- Through Curve Mesh 기능의 기본 사용법과 작업 과정을 이해할 수 있다.
- Through Curve Mesh 기능에서 사용되는 Intersection Tolerance가 모델에 미치는 영향을 이해할 수 있다.
- Primary String과 Cross String의 선택 순서에 따라 서피스를 만들 수 있는 여러 가지 경우가 있음을 이해할 수 있다.
- Through Curve Mesh 기능을 이용하여 잘 만들 수 있는 서피스와 그렇지 못한 서피스를 이해할 수 있다.
- Through Curve Mesh 기능의 Spine과 Emphasis 옵션을 이해할 수 있다.

6장: Through Curve Mesh

6.1 Through Curve Mesh

Primary Curve와 Cross Curve를 지정하여 Solid Body 혹은 Sheet Body를 만든다. Primary Curve가 평면상에 정의되어 있는 폐곡선이면 Solid Body를 생성한다. 이 때 Settings 옵션 그룹의 Body Type을 Sheet로 설정하면 Sheet Body가 생성된다.

그림 6-1 Through Curve Mesh의 적용 예

Exercise 01 — Through Curve Mesh 기본 사용법 *ch06_001.prt*

Through Curve Mesh 기능으로 서피스를 생성하기 위하여 Primary Curve와 Section Curve를 선택하는 방법을 실습을 통하여 알아보자.

파일 열기와 Through Curve Mesh 기능 실행

1. ch06_001.prt 파일을 연다.
2. Surface 탭 > Base > Through Curve Mesh 아이콘을 누른다.
3. 대화상자를 리셋한다.

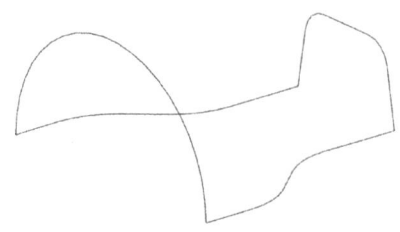

그림 6-2 실습용 파일

Primary Curve 선택

1. 대화상자의 Primary Curves 옵션 그룹에 있는 List 영역을 펼친다.
2. 첫 번째 Primary Curve(그림 6-3의 ❷)를 선택한다. 선택 위치에 따라 화살표의 시작점과 방향이 결정된다.
3. MB2(마우스 가운데 버튼)를 누르거나 대화상자에서 Add New Set 버튼(그림 6-3의 ❸)을 누른다. Primary Curve List 영역에는 New 항목이 나타나며 연속하여 다음의 Primary Curve를 선택할 수 있다.
4. 두 번째 Primary Curve(그림 6-3의 ❹)를 선택한다. 화살표의 시작 위치와 방향을 확인한다. 방향이 반대로 나타난다면 대화상자에서 Reverse Direction 버튼을 누르거나 화살표를 더블클릭한다.

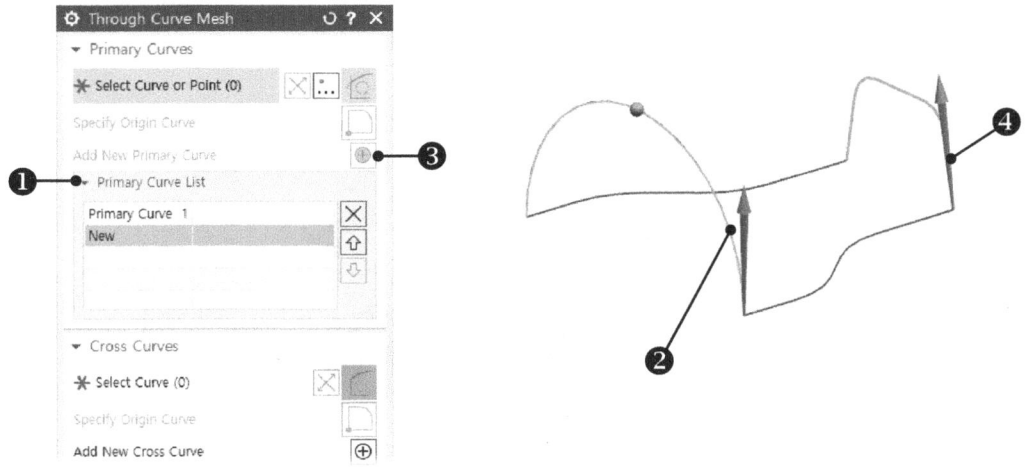

그림 6-3 Primary Curve 선택

Cross Curve 선택

1. 마지막의 Primary Curve를 선택한 후 MB2 (마우스 가운데 버튼)를 누른다.
2. 더 이상 선택할 Primary Curve가 없으므로 MB2를 다시 한 번 누른다.

Cross Curves 옵션 영역의 Select Curve 옵션이 활성화된다. 이제부터는 Cross Curve를 선택하는 단계이다.

3. Cross Curve 옵션 영역의 Cross Curve List 영역을 확장시킨다.
4. 첫 번째 Cross Curve (그림 6-4의 ❹)를 선택한 후 MB2를 누른다.
5. 두 번째 Cross Curve (그림 6-4의 ❺)를 선택한 후 MB2를 누른다.

6 장: Through Curve Mesh

작업창에는 생성될 서피스의 미리보기가 나타난다. 이는 Through Curve Mesh 서피스를 생성하기 위한 최소 요건이 충족되었기 때문이다.

Primary Curve 또는 Cross Curve의 갯수가 세 개 이상일 경우 미리보기가 나타나면 선택할 때 어려움이 있다. 이럴 경우에는 Preview 옵션을 해제하면 된다.

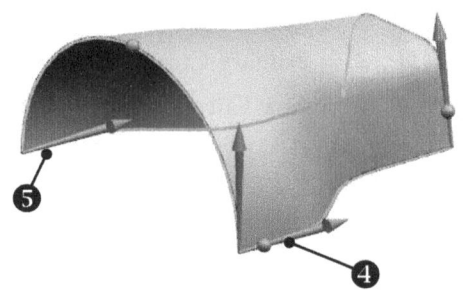

그림 6-4 생성될 서피스의 미리보기

6. 대화상자에서 OK 버튼을 누르면 서피스가 생성된다.

END of Exercise

> **Through Curve Mesh 기능에서 화살표 방향 및 시작점**
>
> 3장 Ruled Surface와 4장 Through Curves 기능에서 커브를 선택할 때 Arrow Direction이 일치하도록 선택하는 것이 매우 중요하다고 언급했다.
>
>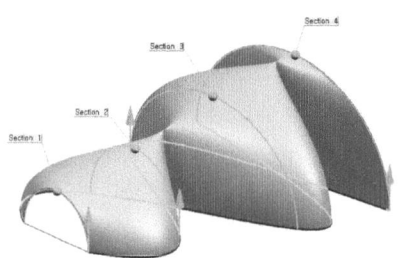
>
> 그림 6-5 Arrow Direction이 일치하지 않는 경우: Through Curves
>
> Thorugh Curve Mesh 기능의 경우 Primary Curve건 Cross Curve건 아래 그림과 같이 화살표의 방향이 일치되지 않아도 서피스는 올바르게 만들어진다. 하지만 모델링 작업은 습관이 중요한만큼 서피스가 꼬일 수 있다는 것을 염두에 두고 커브를 선택하자.
>
>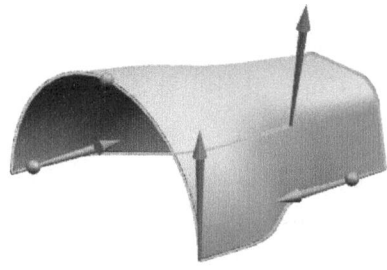
>
> 그림 6-6 Arrow Direction이 일치 하지 않는 경우: Through Curve Mesh

6.2 Primary Curve와 Cross Curve의 조건

Primary Curve와 Cross Curve를 지정할 때 다음 조건을 만족시켜야 한다.

① 개별 Primary Curve와 Cross Curve는 자체 내에서 교차(Self-intersecting)하지 않아야 한다. 이는 일반적인 섹션의 요건과 같다.

② Primary Curve와 Cross Curve는 Intersection Tolerance 값(기본값은 0.01mm) 내에서 교차하여야 한다. 그렇지 않을 경우 그림 6-9와 같은 오류 메시지가 나타난다.

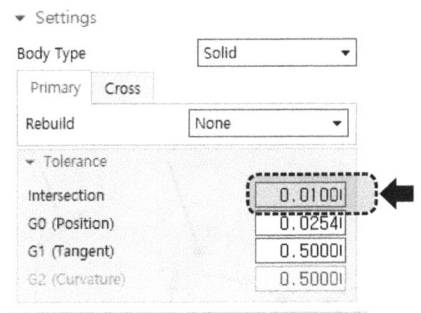

그림 6-7 Intersection Tolerance

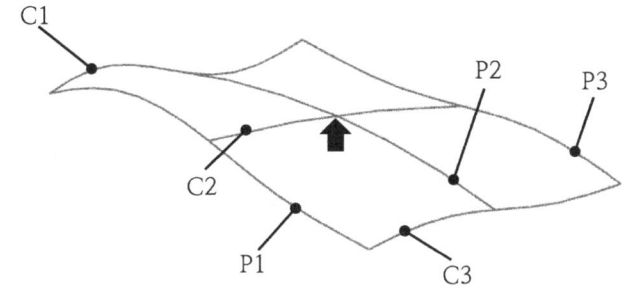

그림 6-8 Primary Curve와 Cross Curve의 교차

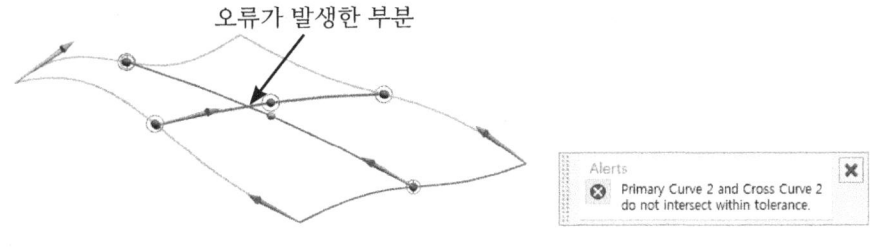

그림 6-9 오류 메시지

③ Primary Curve의 끝점은 Intersection Tolerance내에서 Boundary Cross Curve 위에 있어야 한다. Cross Curve의 끝점도 역시 Boundary Primary Curve 위에 있어야 한다. 그렇지 않을 경우 그림 6-11과 같은 오류 메시지가 나타난다.

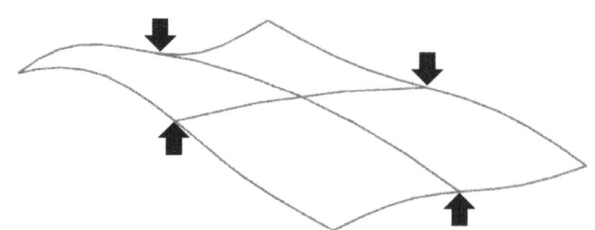

그림 6-10 Primary Curve와 Cross Curve의 끝점의 조건

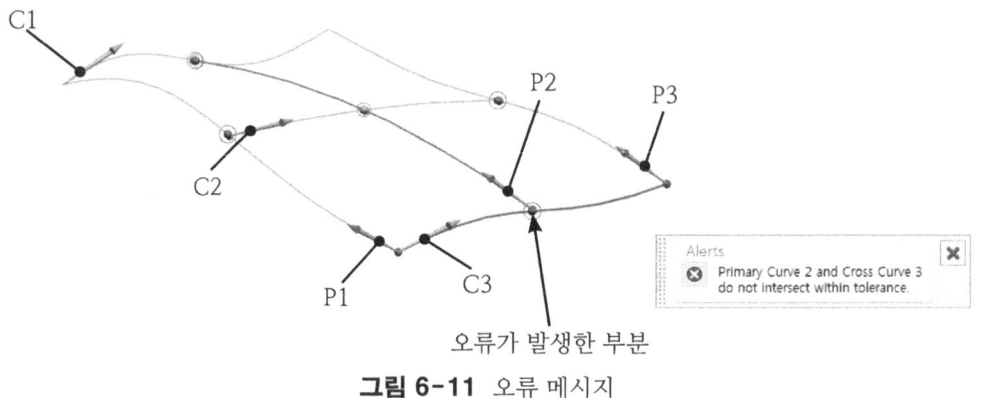

그림 6-11 오류 메시지

끝 점의 조건은 Boundary Curve를 사용할 때만 적용된다. 그림 6-12와 같이 C2가 P1, P2, P3와 Tolerance 내에서 교차한다면 P1, P2, P3의 끝점은 C2 위에 있지 않아도 된다. P는 Primary Curve를 의미하고, C는 Cross Curve를 의미한다. Primary Curve와 Cross Curve는 서로 뒤바뀌어도 상관 없다.

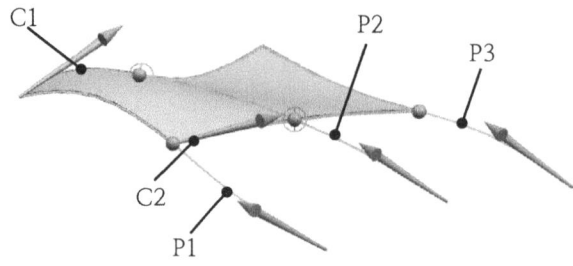

그림 6-12 Boundary Curve를 벗어난 끝점

ch06_002.prt ｜ 교차하는 커브 그리기 - 1 **Exercise 02**

스케치 기능을 이용하여 서로 교차하는 커브를 생성한 후 Through Curve Mesh 기능으로 서피스를 생성해 보자.

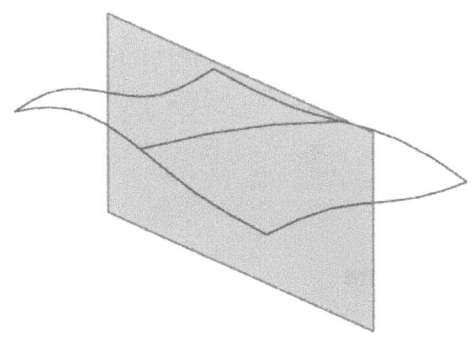

그림 6-13 실습용 파일

스케치 기능 실행

1. Construction > Sketch 아이콘을 누른다.
2. 그림과 같이 생성되어 있는 Datum Plane을 선택한다. 스케치 면이 정의되고, Sketch 환경이 실행된다.
3. 키보드에서 Home 키를 눌러 Trimetric View를 표시한다.

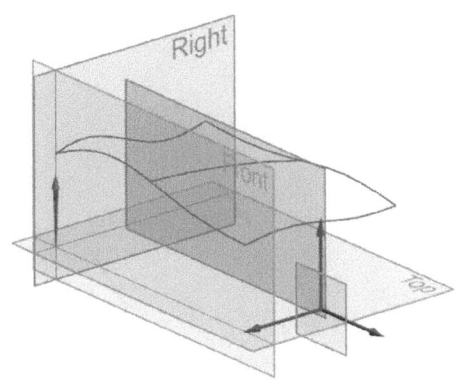

그림 6-14 Sketch 면 선택

교차점 생성

Curve는 Spline 기능을 이용하여 생성할 것이다. Spline은 다른 커브와 교차하여야 하므로 Intersection Point 기능을 이용하여 교차점을 생성해야 한다.

1. Include > More > Intersection Point 아이콘을 누른다.
2. 첫번째 커브를 선택한다. (그림 6-15의 ❷)
3. 대화상자에서 Apply 버튼을 누르면 교차점이 생성된다.

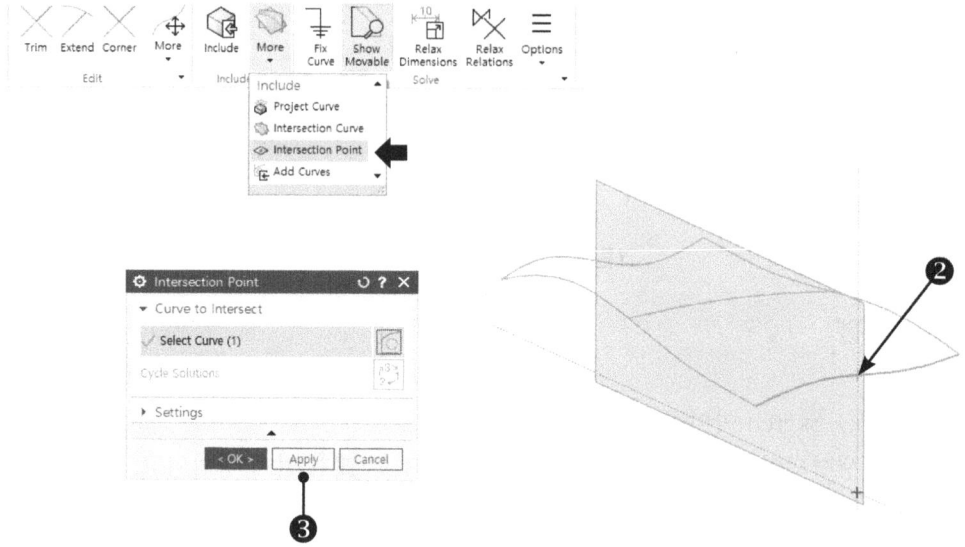

그림 6-15 첫번째 교차점 생성

4. 연속하여 두번째 커브와 세번째 커브와의 교차점을 생성한다. 그림 6-16은 세 개의 교차점을 표시한다.

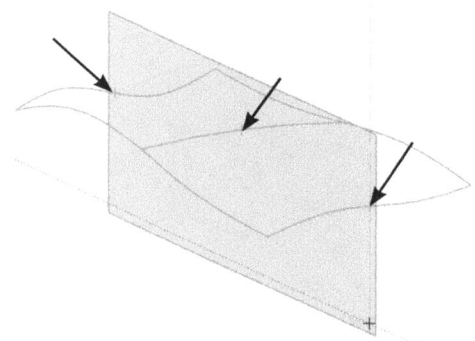

그림 6-16 생성된 교차점

Spline 생성

1. Curve 〉 Spline 아이콘을 누른다.
2. Studio Spline 대화상자를 Reset 하고, Type 옵션에서 Through Points를 선택한다.
3. Snap Point 옵션에서 다른 옵션은 끄고 Existing Point 옵션을 활성화 시킨다. (그림 6-17 의 ❸)
4. 벡터 핸들을 드래그하여 이동시키고, 교차점을 순차적으로 선택한다.

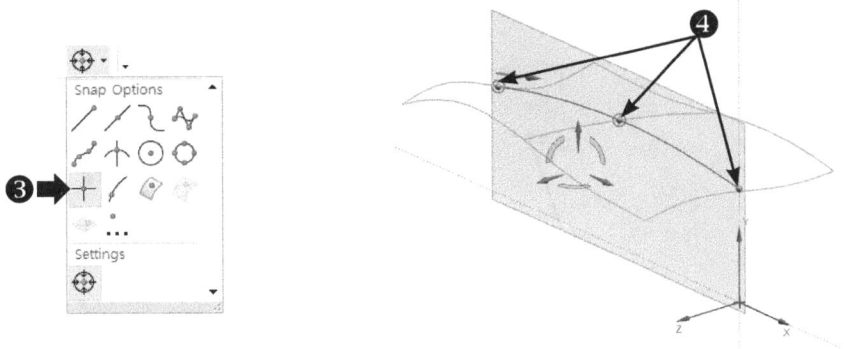

그림 6-17 Spline 생성

5. OK 버튼을 누른다. 그림 6-18의 메시지 창에서 OK 버튼을 누른다.
6. Finish Sketch 아이콘을 눌러 스케치를 종료하고, 빈 곳을 클릭하여 스케치를 선택 취소한다.

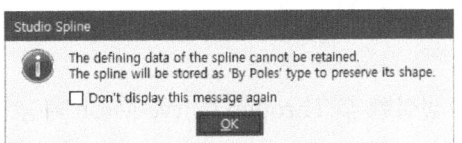

그림 6-18 메시지 창

6 장: Through Curve Mesh

서피스 생성

1. Datum Plane을 숨긴다.
2. Rendering Style을 Shaded with Edges로 변경한다.
3. Through Curve Mesh 아이콘을 누르고, 대화상자를 Reset 한다.
4. Primary Curve와 Cross Curve를 순서대로 선택한다.
5. 대화상자에서 OK 버튼을 눌러 서피스를 생성한다.

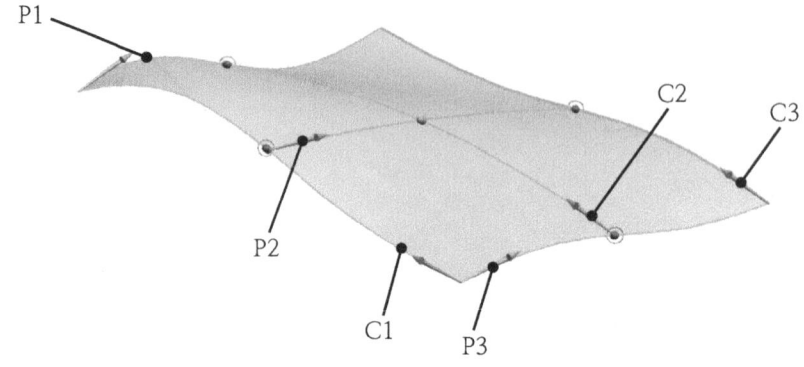

그림 6-19 서피스 생성

END of Exercise

Exercise 03 교차하는 커브 그리기 - 2   ch06_003.prt

필요한 커브를 조건에 맞게 생성한 후 Through Curve Mesh 기능으로 서피스를 생성해 보자.

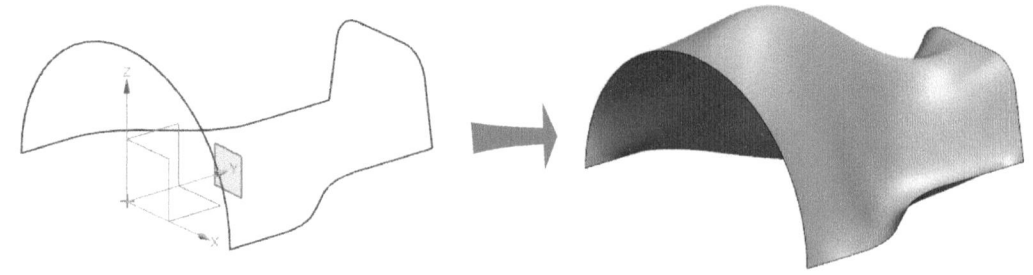

그림 6-20 실습용 파일

Step 1

1. 데이텀 좌표계의 yz 평면에 스케치 면을 지정한다.
2. 양 끝에 교차점을 생성한다.
3. Spline 기능을 이용하여 아래 그림과 비슷한 커브를 생성한다. 양 끝 점은 교차점에 스냅을 걸어서 지정하고 중간의 점은 임의로 지정한다.

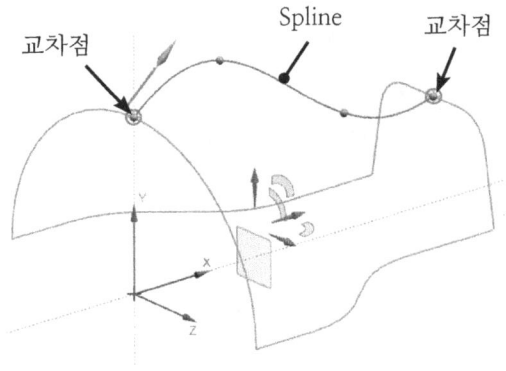

그림 6-21 Spline 생성

Step 2

1. 중간에 있는 Datum Plane에 스케치 면을 지정한다.
2. 교차점 세 개를 생성한다. 교차점 ⓐ, ⓒ를 생성할 때는 교차 커브를 주의 깊게 선택해야 한다. 선택한 커브와 정확히 교차하는지 반드시 확인한다.
3. Spline을 생성한다. 세 개의 교차점과 두 개의 임의 점을 이용한다. 임의 점에 대칭 구속을 줄 수도 있다.

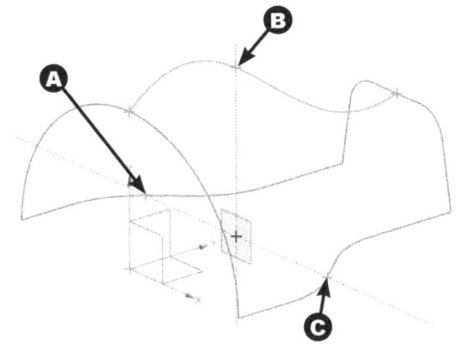

그림 6-22 교차점 생성

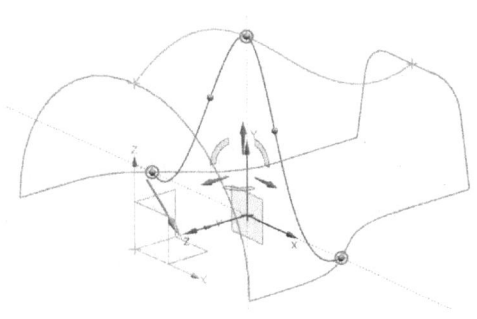

그림 6-23 Spline 생성

Step 3

Through Curve Mesh 기능을 이용하여 서피스를 생성한다. P2를 선택할 때는 중간의 교차점이 Section으로 선택되지 않도록 해야 한다. Feature Curve나 Infer Curve 옵션을 이용하면 안된다.

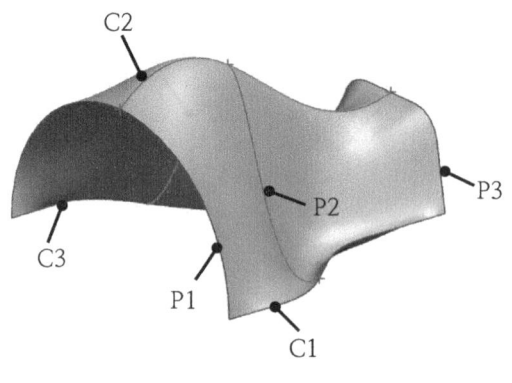

그림 6-24 서피스 생성

END of Exercise

6.3 Curve의 이용

Primary Curve나 Cross Curve로 사용할 수 있는 커브 또는 점을 이용하는 경우에 대하여 생각해 보자면 아래와 같은 경우가 있다.

▶ 꺾인 커브를 Primary 또는 Cross Curve로 이용하기
▶ 첫번째 Primary Curve 및/또는 마지막 Primary Curve로 점을 이용하기
▶ Primary Curve 또는 Cross Curve로 평평한 면에 정의되어 있는 폐곡선 이용하기

각각의 경우를 예제를 통하여 알아보자.

ch06_004.prt　　　　　　　　　　　　　　　꺾인 커브 이용　**Exercise 04**

주어진 파일을 열어 Through Curve Mesh 기능으로 서피스를 생성해 보자.

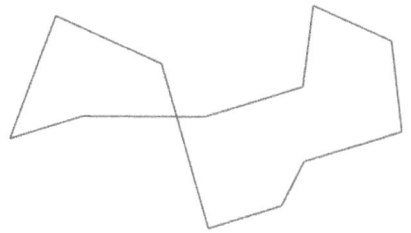

그림 6-25 주어진 파일

Curve Rule을 Single Curve로 선택한 후 각각의 Primary Curve와 Cross Curve를 선택한다. 아래 그림과 같이 불안정하게 꺾인 서피스가 생성된다. Through Curve Mesh의 옵션 중에는 Primary 또는 Cross Curve를 연결하는 방법을 정의하는 Alignment 옵션이 없다.

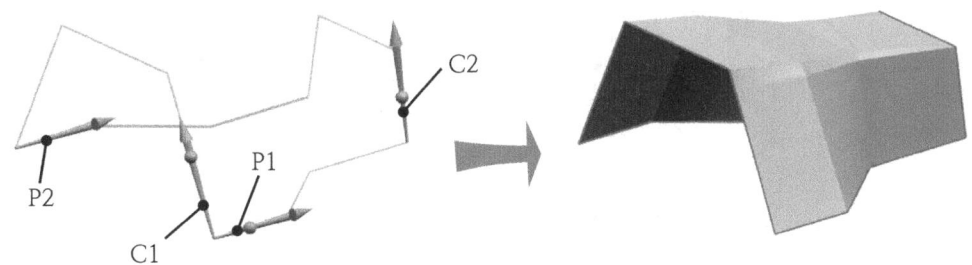

그림 6-26 서피스 생성

Output Surface Options에서 Construction 옵션을 Simple로 지정하면 아래 그림과 같이 커브를 만족하지 않는 부분이 생긴다.

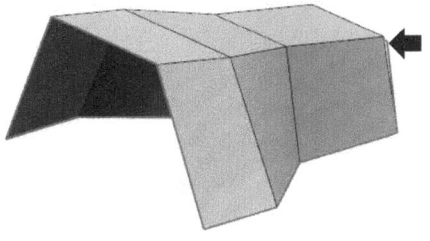

그림 6-27 Construction 옵션 변경

Exercise 05   폐곡선 이용

ch06_005.prt

평면상에 정의되어 있는 폐곡선을 Primary 또는 Cross Curve로 이용할 수 있다. 만약 Solid Body를 생성하고자 한다면 다음과 같이 선택하여야 한다.

- 폐곡선을 Primary Curve로 선택한다.
- 폐곡선을 따라 Cross Curve를 선택할 때 Primary Curve에 나타난 화살표의 시작점에 있는 커브를 첫 번째 Cross Curve로 선택한다.
- Primary Curve에 나타난 화살표 방향으로 나머지 Cross Curve를 지정한다.
- 첫 번째 Cross Curve를 마지막 Cross Curve로 한 번 더 선택한다.

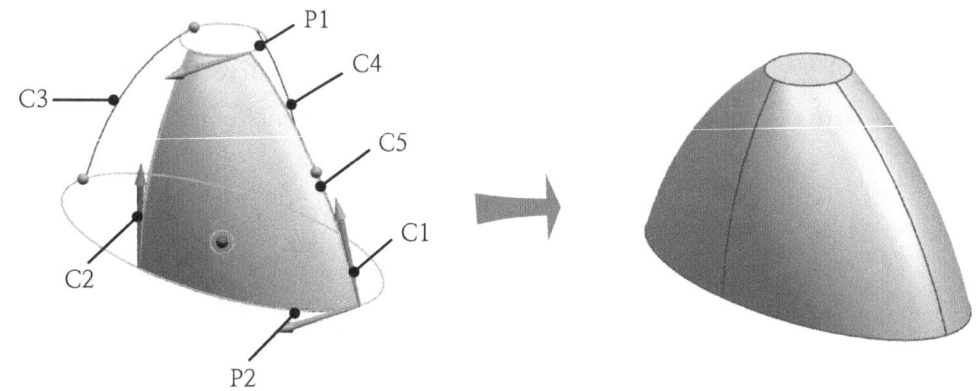

그림 6-28 폐곡선을 이용한 Solid Body 생성

폐곡선을 Cross Curve로 선택하면 그림 6-29와 같이 Sheet Body가 생성된다.

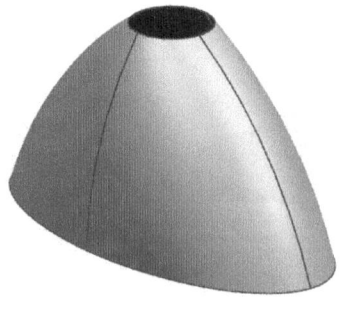

그림 6-29 폐곡선을 Cross Curve로 사용한 경우

ch06_006.prt   점(Point) 이용   **Exercise 06**

점을 이용할 때는 첫 번째 및/또는 마지막의 Primary Curve로 사용하여야 한다. 점을 선택할 때는 Snap Point 옵션을 이용한다.

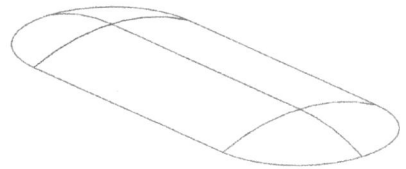

그림 6-30 실습용 파일

첫 번째 Primary Curve 선택

1. Surface 탭의 Base 아이콘 그룹에서 Through Curve Mesh 아이콘을 누른다.
2. 대화상자를 Reset 한다.
3. Snap Point 옵션의 End Point를 활성화시킨다.
4. Arc의 끝 점을 선택한다. (그림 6-31의 ❹)
5. MB2(마우스 가운데 버튼)를 누른다.

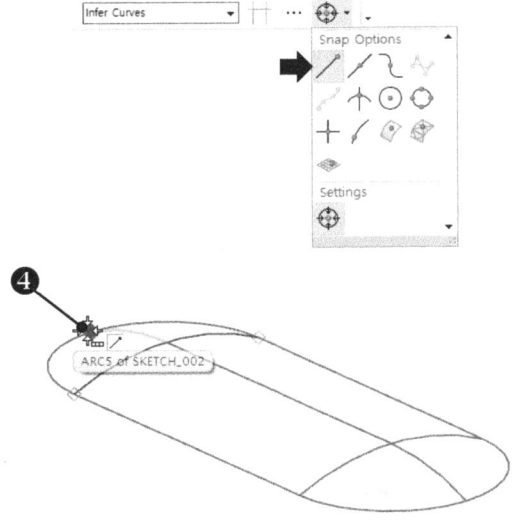

그림 6-31 첫 번째 Primary Curve 선택

6 장: Through Curve Mesh

나머지 Primary Curve 선택

1. 두 번째 커브를 선택한다. (그림 6-32의 ❶)
2. MB2(마우스 가운데 버튼)를 누른다.
3. 세 번째 커브를 선택한다. (그림 6-32의 ❸)
4. MB2를 누른다.
5. Arc의 끝점을 마지막 Primary Curve로 선택한 후 MB2를 누른다. (그림 6-32의 ❺)

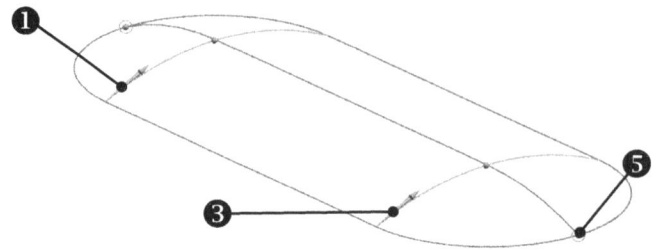

그림 6-32 나머지 Primary Curve 선택

첫번째 Cross Curve 선택

1. Primary Curve는 모두 지정하였으므로 MB2를 다시 한 번 눌러 Cross Curve 선택 옵션으로 진행한다.
2. Curve Rule 옆에 있는 Stop at Intersection 버튼을 누른다. (그림 6-33의 ❷)
3. Primary Curve의 화살표가 시작하는 위치에 있는 첫 번째 Cross Curve를 선택한다. 아래 그림에서 ⓐ로 표시한 부분을 먼저 선택한 후 나머지 커브를 선택한다.
4. MB2를 누른다.

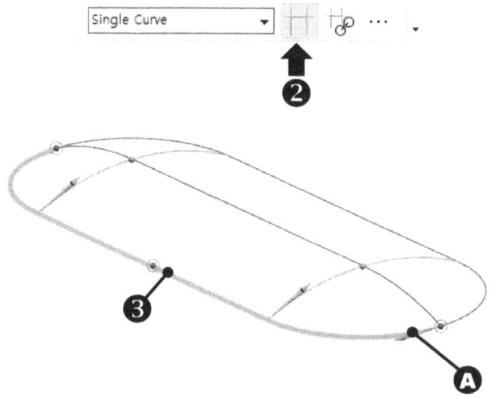

그림 6-33 첫 번째 Primary Curve 선택

두번째 Cross Curve 선택

1. 두 번째 Cross Curve를 지정하기 위해 지시한 위치를 클릭한다. (그림 6-34의 ❶)

화살표가 나타나면서 그림과 같은 오류 메시지가 나타난다. 이 메시지의 의미는 아래와 같다.

> **Alerts**
> ⊗ Primary Curve 1과 Cross Curve 2는 공차 이내에서 교차하지 않습니다.
> ⊗ Primary Curve 2와 Cross Curve 2는 공차 이내에서 교차하지 않습니다.

이러한 상황이 발생하는 이유는 Cross Curve 2 지정을 완료하지 않았기 때문이다. 즉, 현재 상태로 Cross Curve 2는 Primary Curve 3, 4와는 교차하지만 Primary Curve 1, 2와는 교차하지 않는다. 계속하여 나머지 커브를 선택하면 된다.

2. 나머지 부분을 선택하여 두 번째 Cross Curve를 지정한다. Through Curve Mesh 서피스 생성을 위한 최소 요건(Primary 2 개와 Cross 2 개)이 충족되었기 때문에 미리보기가 나타난다.

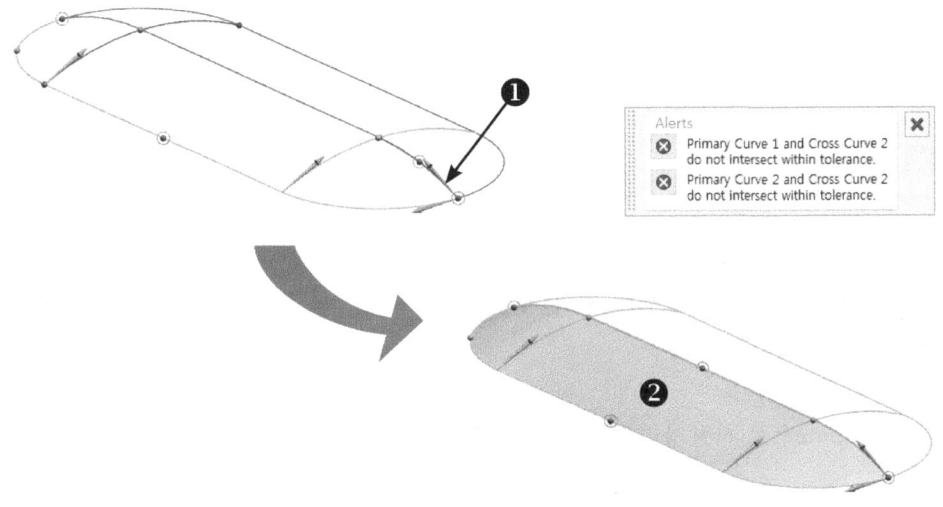

그림 6-34 두 번째 Cross Curve 선택

세번째 Cross Curve 선택

1. MB2(마우스 가운데 버튼)를 누른다.
2. 세 번째 Cross Curve를 지정하기 위해 지시한 위치를 클릭한다.
3. 나머지 커브를 선택한 후 OK 버튼을 눌러 서피스를 완성한다.

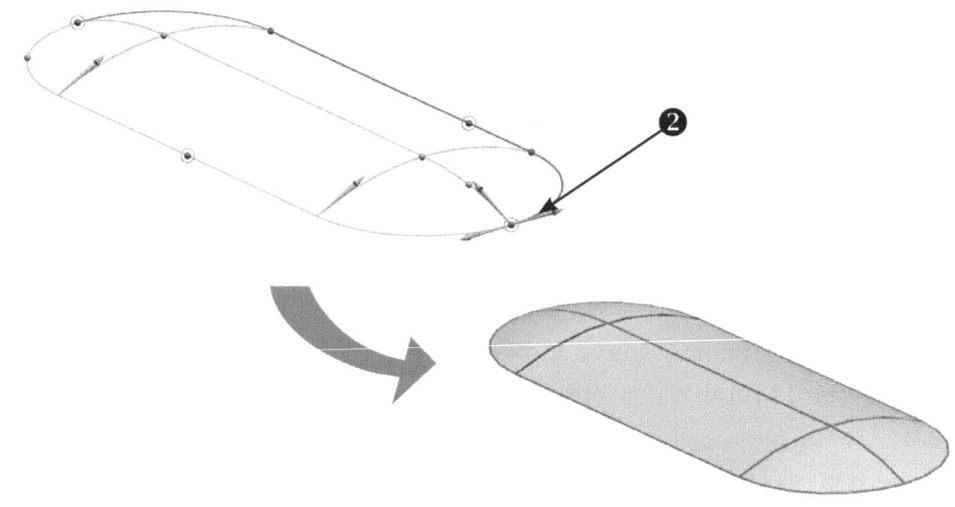

그림 6-35 서피스 완성

END of Exercise

6.4 Through Curve Mesh의 옵션

6.4.1 Spine

U 방향의 Grid Line을 Spine과 직교하도록 생성한다. 그림 6-36과 그림 6-37은 Exercise 06에서 생성한 서피스의 U 방향 Grid Line과 Spine을 직선으로 지정한 후의 Grid Line의 차이점을 보여 주고 있다.

어떤 커브를 Spine으로 사용하려면 다음과 같은 조건이 만족되어야 한다.

▶ 모든 Cross Curve보다 충분히 길어야 한다.
▶ 첫 번째와 마지막 Primary Curve와는 직각을 이루어야 한다.

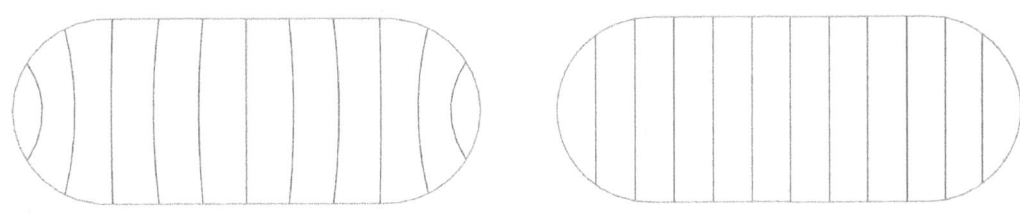

그림 6-36 Spine 미지정   **그림 6-37** Spine 지정

---

ch06_007.prt   **Spine 지정** `Exercise 07`

Spine을 지정하여 서피스를 생성하고 Grid Line을 표시해 보자. 주어진 파일에는 Spine으로 사용할 커브가 생성되어 있다.

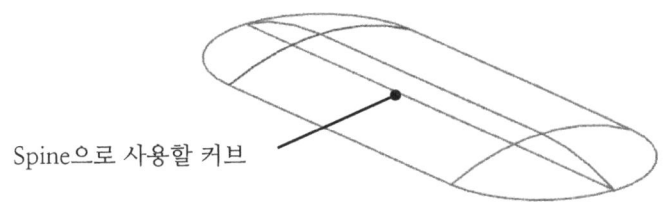

그림 6-38 실습용 파일

Spine 선택

1. Exercise 06과 같이 Primary Curve와 Cross Curve를 선택한다.
2. 대화상자에서 Spine 옵션 영역을 펼친다. Spine 옵션은 Primary Curve를 두 개 이상 선택했을 때만 나타난다.
3. Select Curve 옵션을 클릭한다.

그림 6-39 Spine 선택 옵션

6장: Through Curve Mesh

4. Preview 옵션 영역에서 Preview 옵션을 해제한다. 아니면 Rendering Style을 Static Wireframe으로 변경한다. 이는 Spine을 선택하기 위한 것이다.
5. Spine을 선택한다. (그림 6-40의 ❺)
6. OK 버튼을 눌러 서피스를 생성한다.

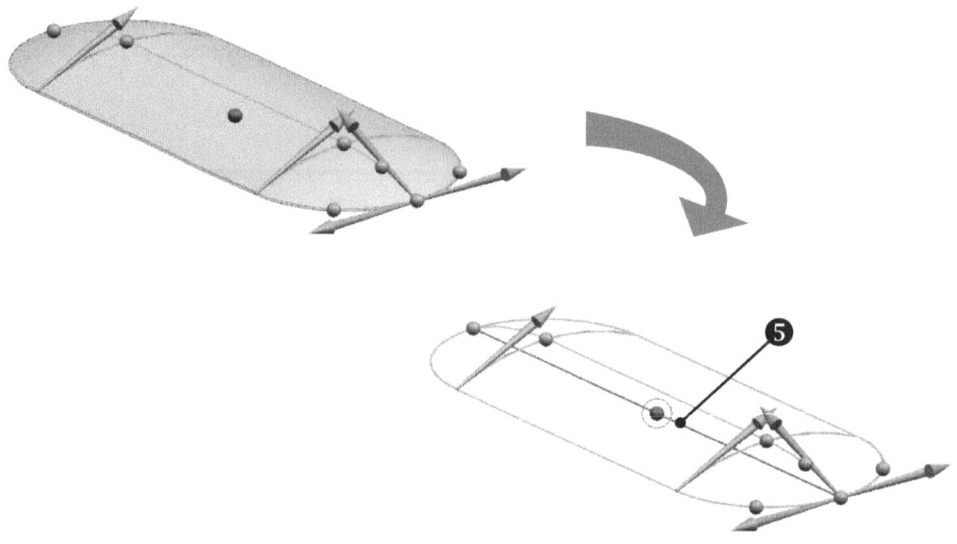

그림 6-40 Spine 선택

Grid Line 표시

1. Rendering Style을 Static Wireframe으로 변경한다.
2. Selection Filter를 Face로 설정한다.
3. 앞에서 생성한 Face를 클릭한다.
4. 빠른실행 툴에서 Edit Display를 선택한다. (그림 6-41의 ❹)

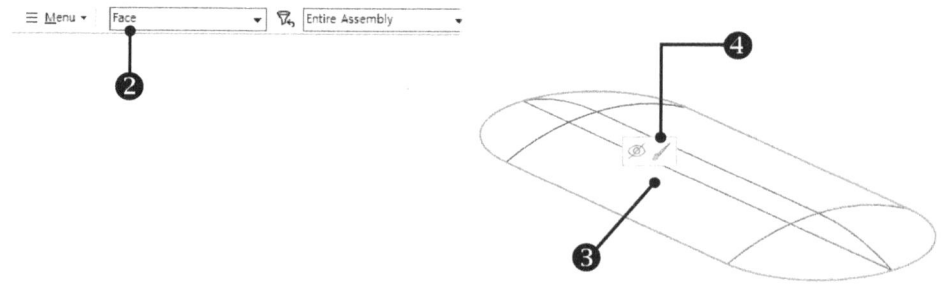

그림 6-41 Face 선택

5. Edit Object Display 대화상자의 Wireframe Display 옵션 그룹을 펼친다.
7. U 입력창에 11을 입력하고 OK 버튼을 누른다. 아래 그림과 같이 U 방향의 Grid Line이 표시된다.

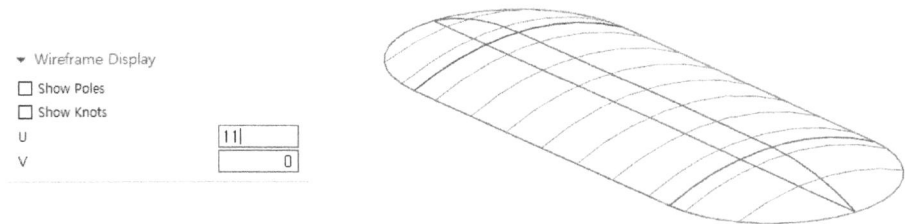

그림 6-42 Grid Line 표시

Top View를 보면 아래와 같다. Sketch는 모두 숨긴 상태이다. 아래 그림과 같이 모든 U 방향 Grid가 Spine 커브와 직각(ㄱ)을 이루는 것을 확인할 수 있다.

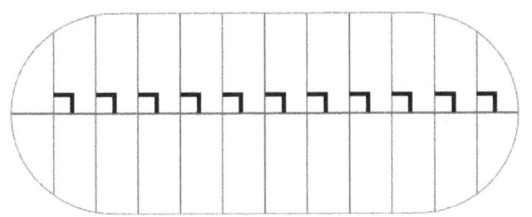

그림 6-43 Top 방향에서 본 Grid Line

END of Exercise

> **! Regenerate Work**
>
> Rendering을 Static Wireframe으로 설정 후 뷰를 회전시키면 아래 그림과 같이 처음 뷰 방향에 대한 실루엣이 나타난다. 이는 실제 존재하는 선이 아니다. 현재 뷰 방향에 맞는 실루엣 커브를 다시 생성하려면 메뉴 버튼 > View > Operation > Regenerate Work를 선택한다.
>
>
>
> **그림 6-44** 실루엣

Exercise 08　Spine 지정

ch06_008.prt

주어진 파일을 이용하여 다음에 따라 서피스를 생성하시오.

1. Spine으로 사용할 커브를 생성한다. (Curve 탭 > Base > Line 기능 이용)

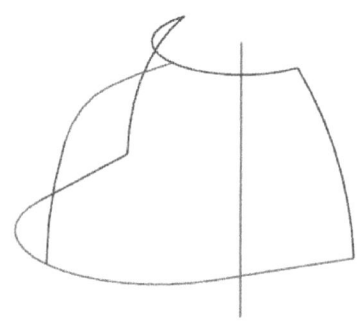

그림 6-45 Spine으로 사용할 Line 생성

2. Through Curve Mesh 기능을 이용하여 서피스를 생성한 후 아래 그림과 같이 Grid Line을 표시한다.

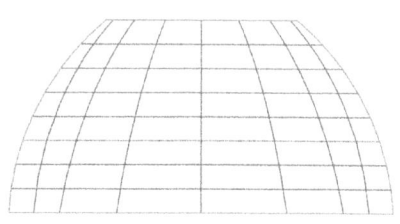
그림 6-46 Front View

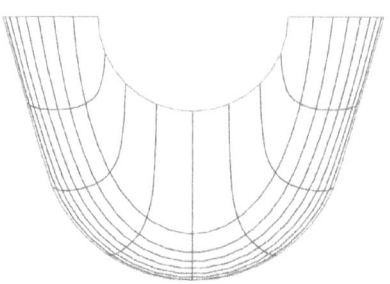
그림 6-47 Top View

END of Exercise

6.4.2 Emphasis

Primary Curve와 Cross Curve 사이의 Gap이 Intersection Tolerance 보다 클 경우 Through Curve Mesh 기능으로 서피스를 생성할 수 없다. 따라서 커브를 생성할 때는 Exercise 02와 같은 방법으로 Curve 들이 정확히 교차하도록 생성하는 것이 일반적이다.

한편, Primary Curve와 Cross Curve 사이의 Gap이 크더라도 Intersection Tolerance를 크게 설정하면 서피스를 생성할 수 있다. 이 때 생성된 서피스는 Cross Curve 또는 Primary Curve 를 정확히 따라가지 않을 수밖에 없는데, 어떤 Curve를 우선적으로 만족하도록 서피스를 생성할 것인지를 지정하는 옵션이 Emphasis 옵션이다.

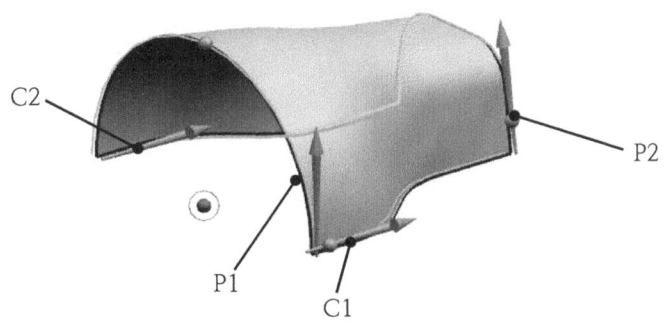

그림 6-48 Tolerance = 10 mm

위 그림과 같이 Primary Curve와 Cross Curve를 선택한 후 Output Surface Options 에서 Emphasis 옵션을 Both, Primary 또는 Cross로 설정할 수 있다. Both를 선택하면 두 커브의 중간 부분에 서피스를 생성한다.

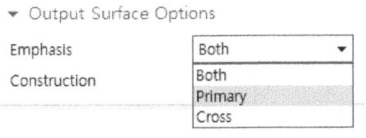

그림 6-49 Emphasis 옵션

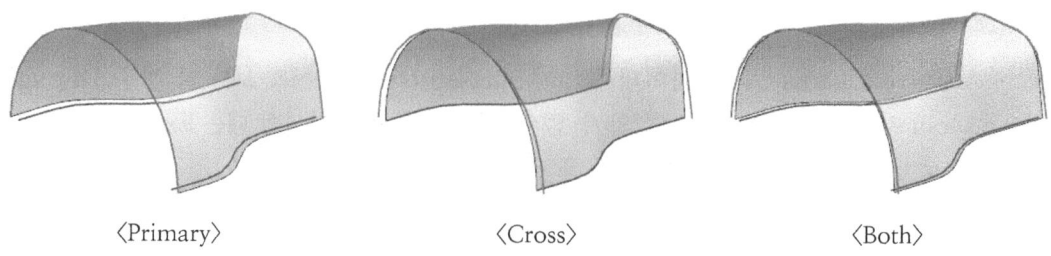

⟨Primary⟩　　　　　　⟨Cross⟩　　　　　　⟨Both⟩

그림 6-50 Emphasis 옵션에 따른 결과

6.4.3 Continuity

첫 번째와 마지막 Primary Curve 및 첫 번째와 마지막 Cross Curve에 서피스가 존재할 경우 연속성을 정의할 수 있다.

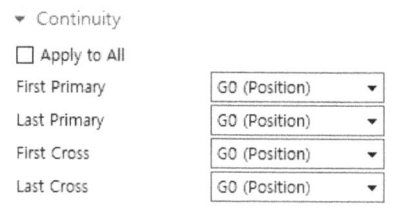

그림 6-51 Continuity 옵션

Through Curve Mesh에서 연속성을 정의할 때는 다음 조건을 만족시켜야 한다.

▶ 첫 번째와 마지막 Primary Curve에서의 연속성을 정의할 때, 각각의 Cross Curve는 인접한 서피스의 Isoparametric Curve와 연속이어야 한다.

▶ 첫번 째와 마지막 Cross Curve에서의 연속성을 정의할 때, 각각의 Primary Curve는 인접한 서피스의 Isoparametric Curve와 연속이어야 한다.

이러한 제약 조건은 Through Curve Mesh로 서피스를 생성할 때 선택한 Primary Curve 및 Cross Curve를 반드시 만족시켜야 하기 때문이다. Through Curves에서는 서피스가 반드시 만족시켜야 할 U 방향 커브가 없기 때문에 이러한 조건이 없는 것과는 대조된다.

ch06_009.prt

Continuity 적용 — Exercise 09

G1 Continuity를 적용할 수 있도록 커브를 생성해 보자.

직선 생성

1. ch06_009.prt 파일을 연다.
2. Curve 탭 > Base > Line 기능을 이용하여 두 개의 Line을 생성한다.

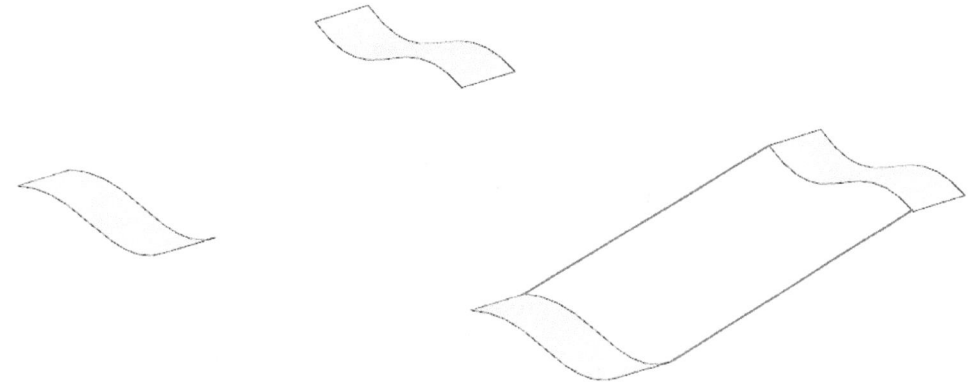

그림 6-52 Line 생성

Through Curve Mesh 기능 실행

1. Surface 탭에서 Through Curve Mesh 아이콘을 누르고, 대화상자를 Reset 한다.
2. 그림과 같이 Primary Curve와 Cross Curve를 선택한다.

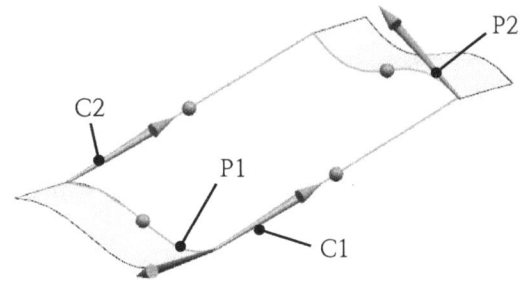

그림 6-53 커브 선택

G1 Continuity 적용

1. First Primary를 G1으로 설정한다.
2. 첫번째 Primary Curve와 인접한 서피스를 선택한다. (그림 6-54의 ❷)
3. Last Primary를 G1으로 설정한다.
4. 마지막 Primary Curve와 인접한 서피스를 선택한다. (그림 6-54의 ❹)

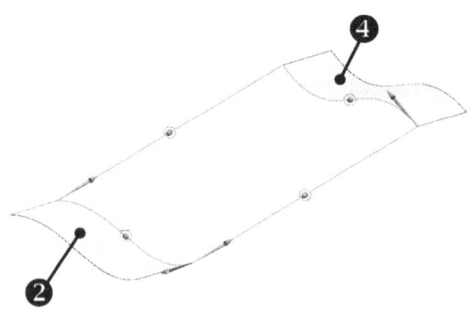

그림 6-54 첫번째 Tangent 서피스 선택

5. OK 버튼을 누른다. 그림 6-55와 같이 Tangent 연속을 만족시키지만 Cross Curve는 만족시키지 못하는 서피스가 생성된다. 이는 Through Curves 기능으로 생성한 것과 같은 것이다.

Part Navigator의 Through Curve Mesh 피쳐 위에 마우스 포인터를 놓으면 그림 6-56과 같이 메시지를 표시해 준다.

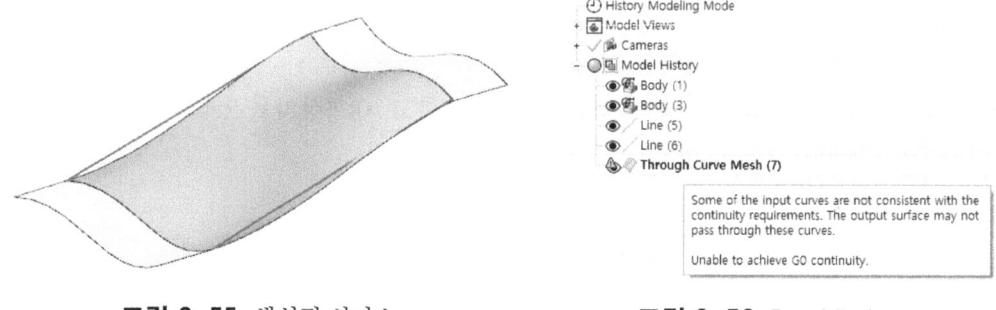

그림 6-55 생성된 서피스   **그림 6-56** Part Navigator

연속하여 Tangent 조건을 만족하도록 커브를 생성한 후 G1 연속성을 적용해 보자.

Spline 생성

1. 앞에서 생성한 Line과 Through Curve Mesh 서피스를 삭제한다.
2. Curve 탭 > Derived > Bridge를 선택하고 대화상자를 Reset 한다.

Bridge 기능은 기존 커브를 연결하여 새로운 커브를 생성하는 기능이다.

3. 모서리의 한쪽 부분(그림 6-57의 ❸)을 선택하고 MB2 (마우스 가운데 버튼)를 누른다.
4. 다른 모서리의 한쪽 부분을 선택한다. (그림 6-57 ❹) 그림 6-58과 같이 커브의 미리보기가 나타난다.
5. Bridge Curve 대화상자의 Connectivity 옵션을 펼친다. Start와 End의 Continuity 옵션에 G1이 적용되어 있음을 확인한다.
6. Bridge Curve 대화상자에서 Apply 버튼을 누른다.

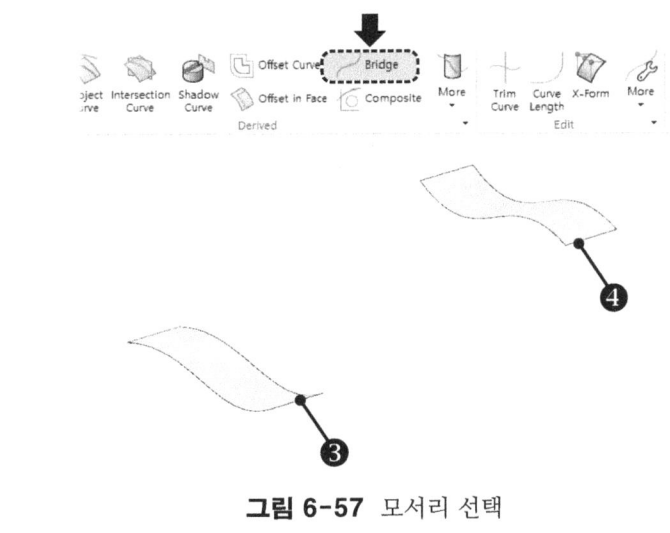

그림 6-57 모서리 선택

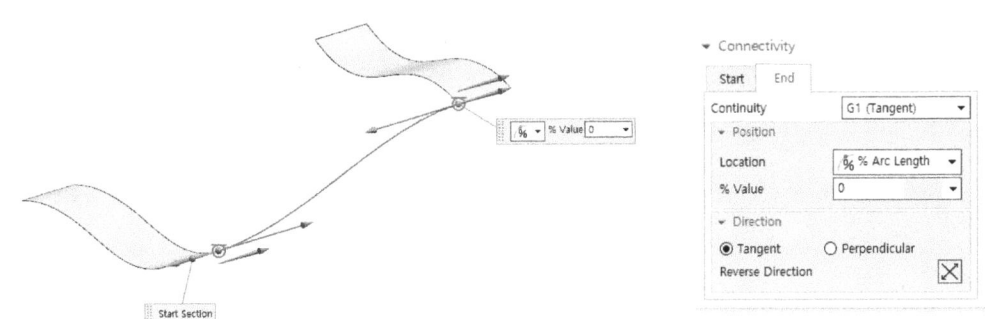

그림 6-58 Bridge 커브의 미리보기

7. 같은 방법으로 다른 쪽 모서리를 연결하는 Bridge Curve를 생성한다.

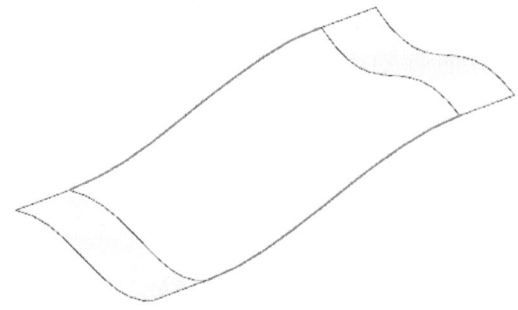

그림 6-59 Bridge Curve 완성

Isoparametric Curve 생성

중간 부분의 연결하는 Spline을 생성할 것이다. 여기서 생성할 Spline은 인접한 서피스의 Isoparametric Curve와 접하여야 하기 때문에 먼저 Isoparametric Curve를 생성해야 한다.

1. Curve 탭 〉 Derived 〉 More 〉 From Body 〉 Isoparametric Curve를 선택한다.
2. 서피스를 선택한다.(그림 6-60의 ❷)
3. Direction을 V로 선택하고, Location을 Through Point로 선택한다. (그림 6-60의 ❸)
4. ❹ 모서리 상의 중간 쯤 적당한 점을 선택한다. 생성될 커브의 미리보기가 면 위에 나타난다.
5. Apply 버튼을 누른다.
6. 같은 방법으로 다른 서피스 상에도 Isoparametric Curve를 생성한다.

그림과 같이 V Parameter가 일정한 커브가 생성된다.

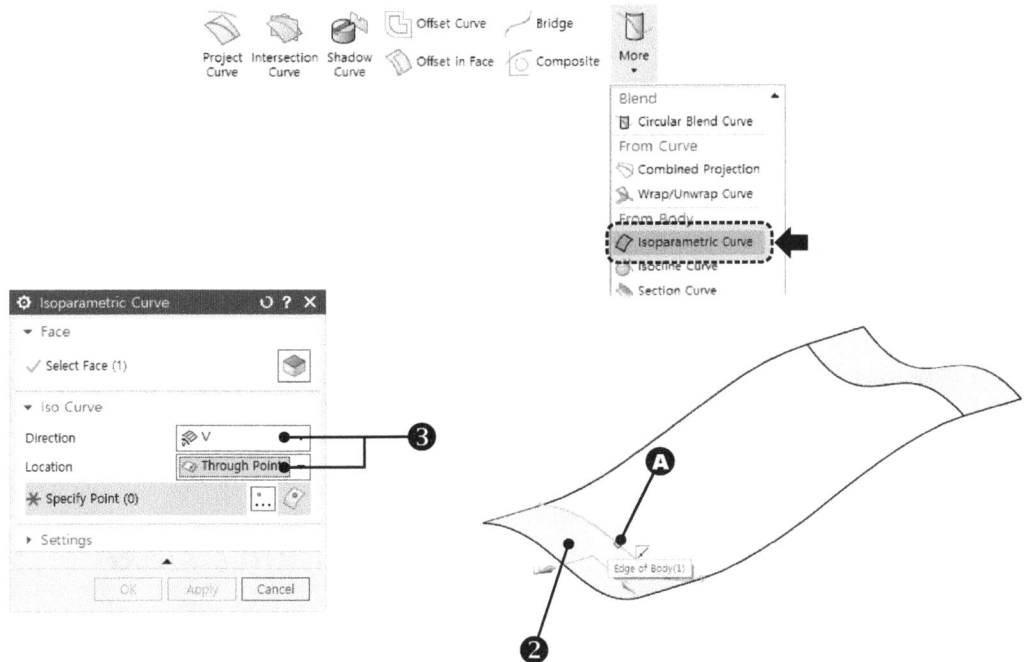

그림 6-60 Isoparametric 커브 생성

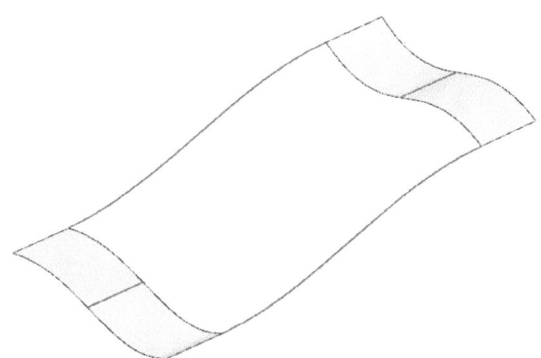

그림 6-61 생성된 Isoparametric 커브

3차원 Spline 생성

앞에서 생성한 두 개의 Isoparametric 커브의 끝점을 연결하고 중간 점을 이용하여 Spline을 생성할 것이다.

1. Curve 탭 > Base > Studio Spline 아이콘을 클릭한다.
2. 대화상자를 Reset 한다.
3. YZ Plane을 선택한다 (그림 6-62의 ❸). 선택한 평면은 Drawing Plane으로 지정된다.
4. 첫 번째 면에 생성한 Isoparametric 커브의 끝 점을 선택한다. 이 때, 첫 번째 Isoparametric Curve가 하이라이트 된 상태에서 끝 점을 선택하여야 한다.
5. G1 Constraint를 적용한다.
6. 중간 쯤에 두 번째 점을 선택한다. (그림 6-62의 ❻)
7. 두 번째 면에 생성한 Isoparametric 커브의 끝 점을 선택한다. (그림 6-62의 ❼)
8. G1 Constraint를 적용한다.
9. 대화상자에서 OK 버튼을 누른다. 그림 6-63과 같이 Studio Spline이 생성된다.

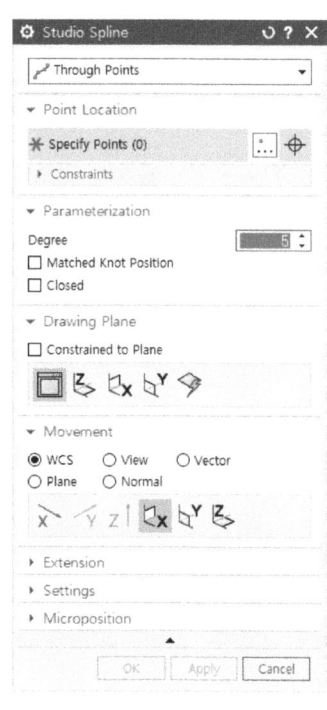 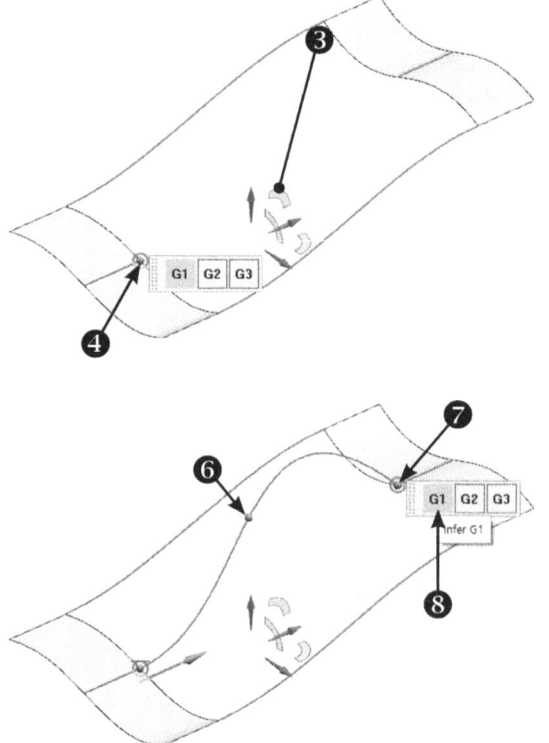

그림 6-62 Studio Spline 생성

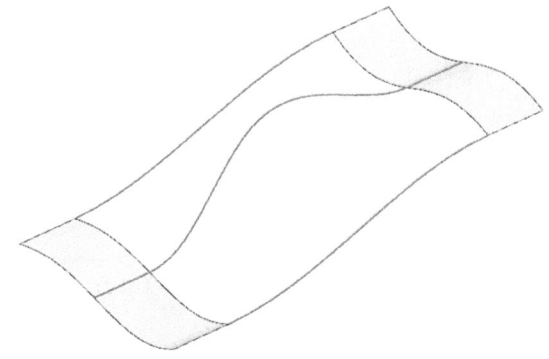

그림 6-63 생성된 커브

서피스 생성 및 Tangent 연속성 정의

1. Through Curve Mesh 기능을 이용하여 서피스를 생성하고 인접한 서피스와 G1 연속성을 부여한다.

아래의 오른쪽 그림은 Reflection Analysis 수행 결과를 보여준다.

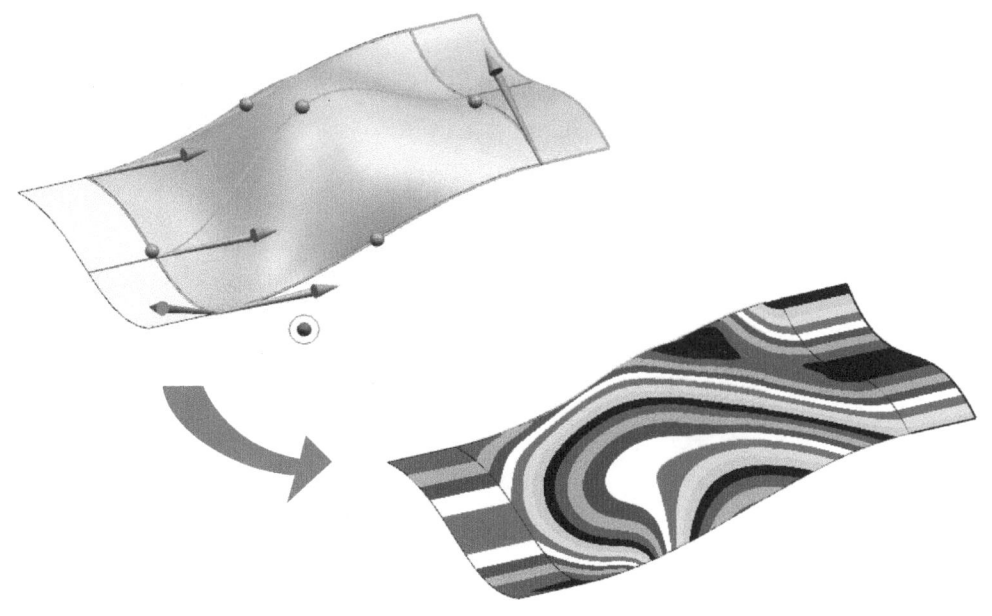

그림 6-64 서피스 생성

END of Exercise

6.5 추가 예제

다음 도면을 모델링 하시오.

주의사항

1. 파일명은 도면의 표제란을 참조하여 사용자가 임의로 정한다.

2. Modeling Preferences의 Distance Tolerance는 0.01mm여야 한다.

3. 점(Point)을 제외한 모든 커브는 Sketch로 그려야 하며, 모든 Sketch 커브는 완전구속(fully constrained) 시켜야 한다.

4. Through Curve Mesh 기능은 단 1회만 사용한다.

5. Spine을 지정하여 Grid Line의 배열을 좀 더 균일하게 만들 수 있는 경우라 판단되면 가능한 적극적으로 Spine 옵션을 적용한다.

6. 완성 모델이 Solid Body인지 혹은 Sheet Body인지는 도면의 Iso View를 보고 판단한다.

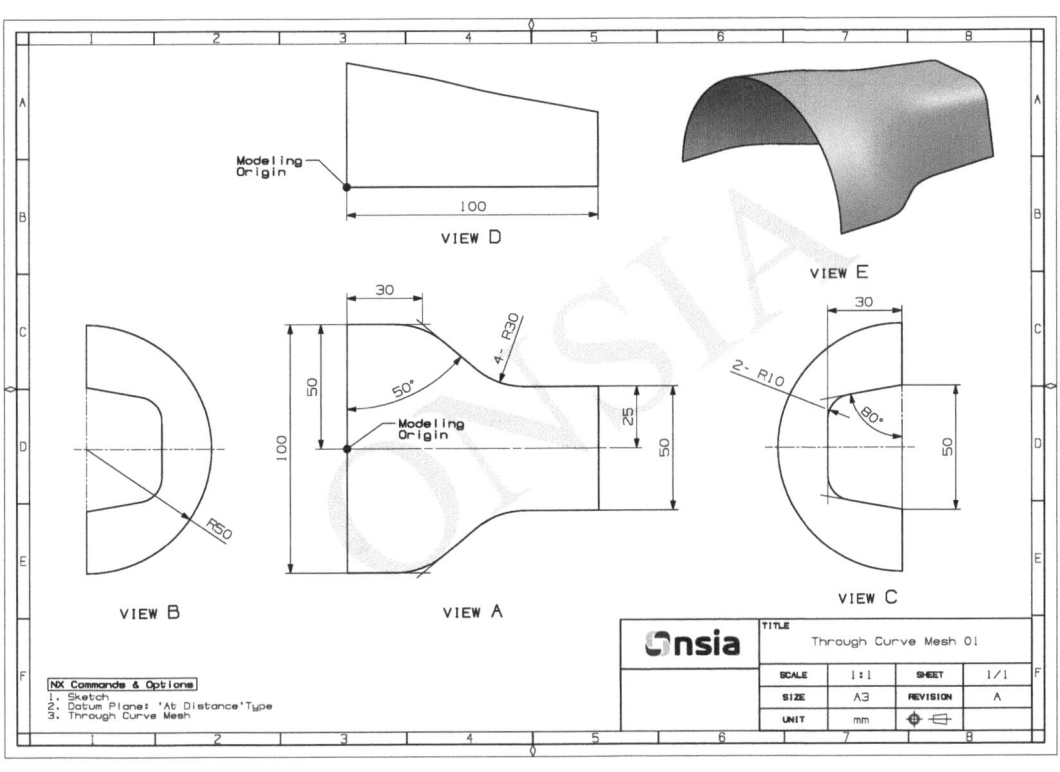

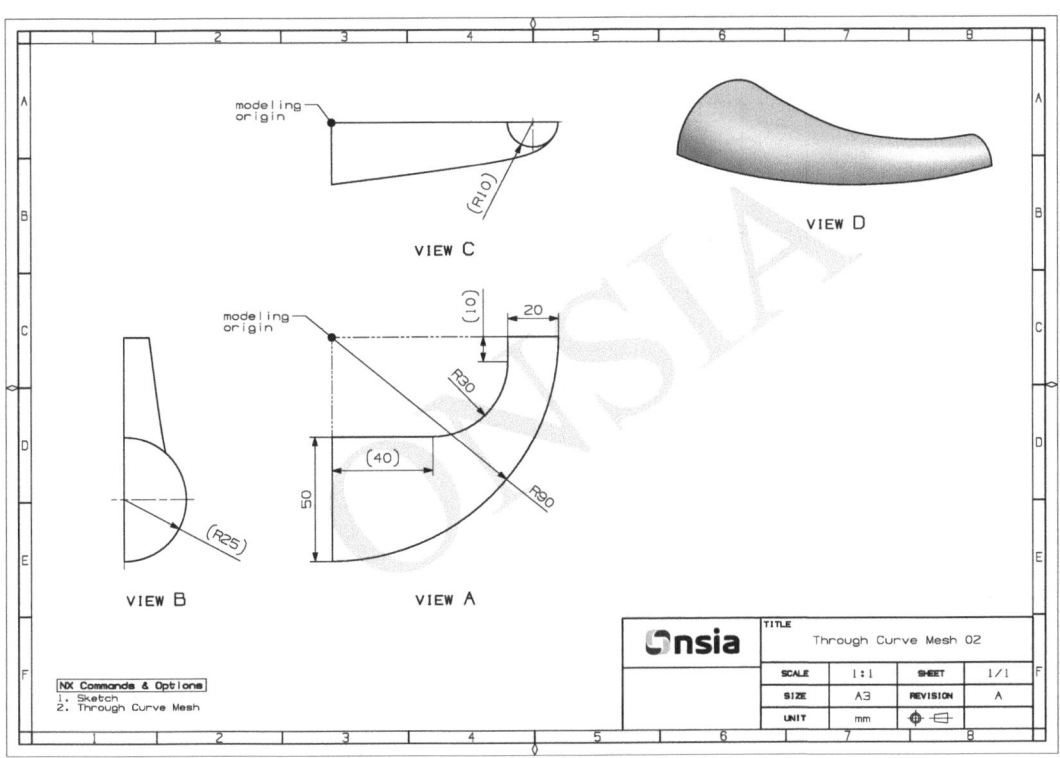

6 장: Through Curve Mesh

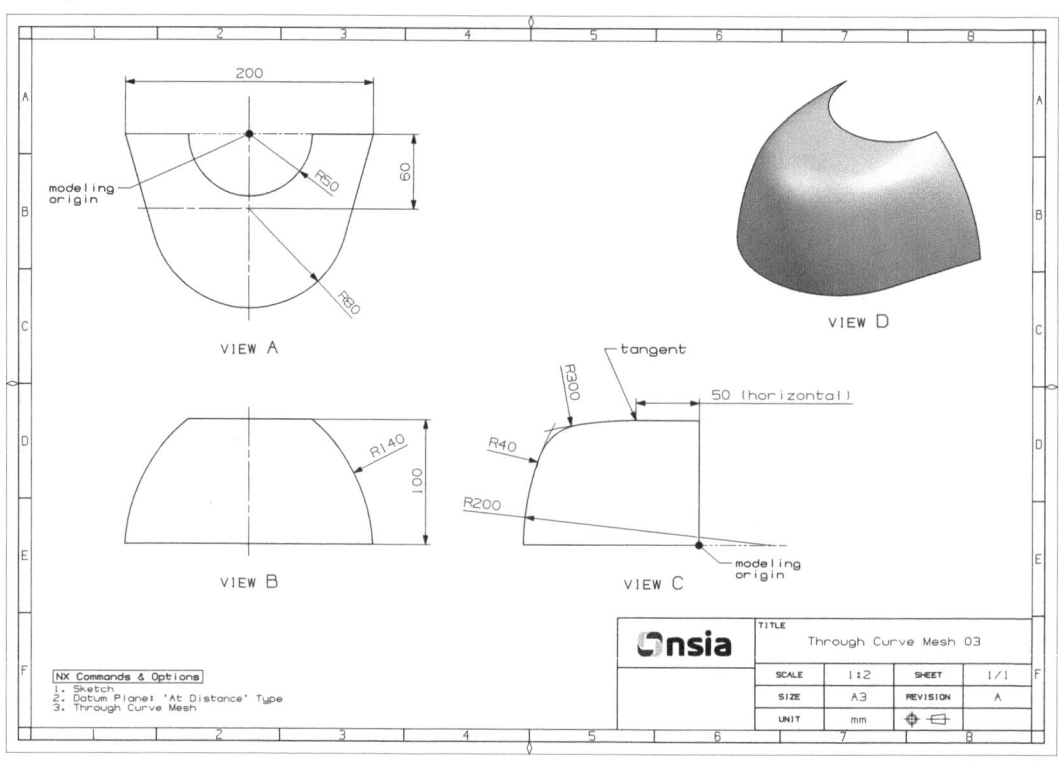

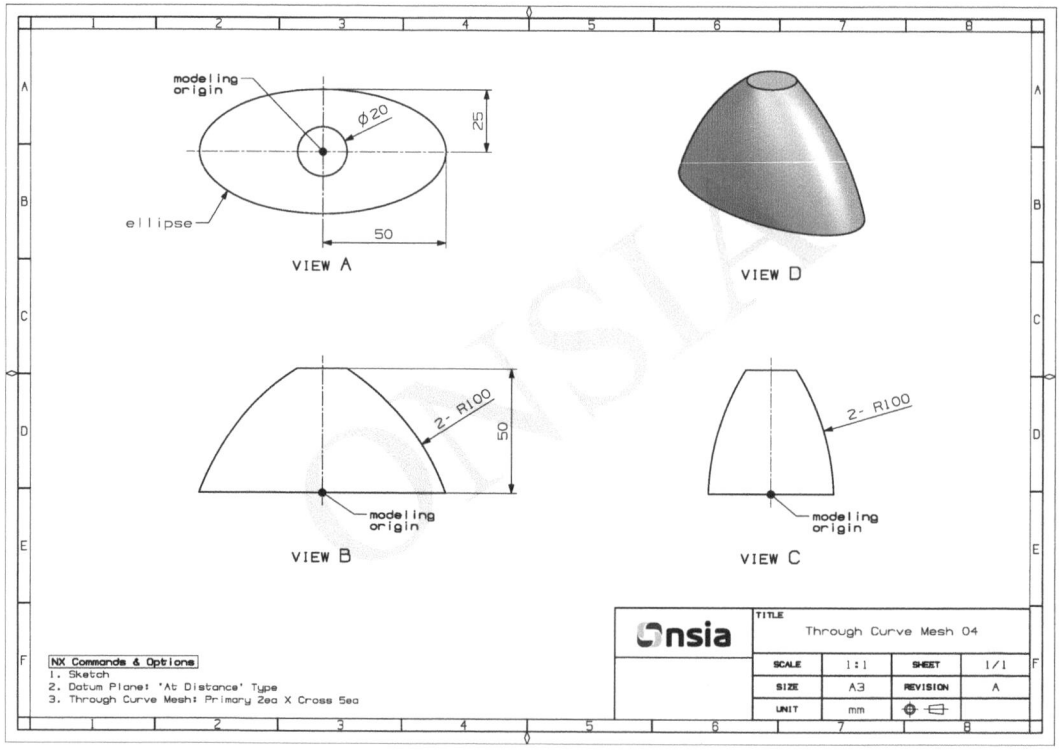

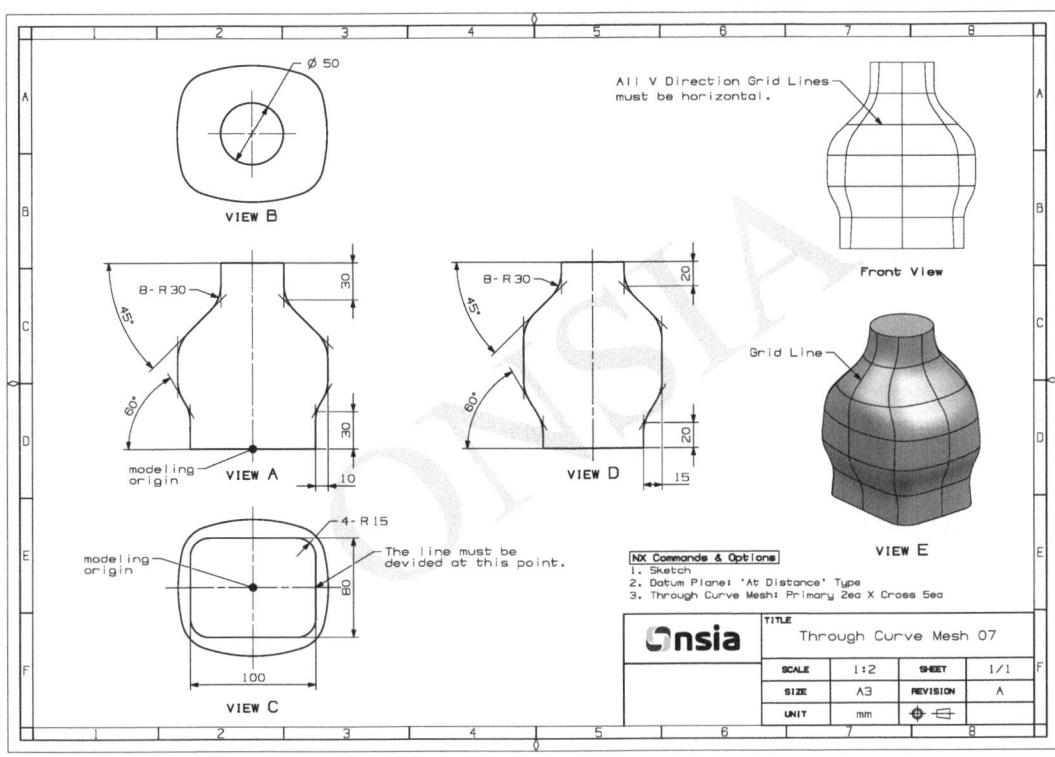

6.6 요약

1. Through Curve Mesh는 Primary Curve와 Cross Curve를 지정하여 Solid Body 혹은 Sheet Body를 생성하는 서피스 기능이다.

2. Through Curve Mesh 기능을 사용하기 위한 Primary Curve와 Cross Curve의 최소 조건은 Primary 2개와 Cross 2개이다.

3. Primary Curve와 Cross Curve 사이에 Intersection Tolerance 값을 초과하는 틈새가 있으면 Through Curve Mesh 기능으로 서피스를 만들지 못한다.

4. Through Curve Mesh 기능으로 매끄러운 면은 잘 만들지만 꺾인 모서리가 있는 면은 만들지 못한다.

5. Through Curve Mesh 기능에서 점을 사용할 경우 첫 번째와 마지막 Primary Curve에만 점을 사용할 수 있다.

6. Through Curve Mesh 기능의 Spine 옵션은 Grid Line의 배열을 제어한다.

7. Through Curve Mesh 기능의 Emphasis 옵션은 서피스가 어느 Curve를 지나게 할 것인가를 지정한다.

8. Through Curve Mesh에서 G1, G2 연속성을 적용하려면 커브도 역시 G1, G2 연속이어야 한다.

Chapter 7
Swept

■ 학습목표

- Swept 기능의 기본 사용법과 작업 과정을 이해할 수 있다.
- Section과 Guide의 수에 따른 Section Option의 변화를 이해할 수 있다.
- Spine이 곡면 생성에 미치는 영향을 이해할 수 있다.

7 장: Swept

7.1 Swept

Guide를 따라 Section을 진행시키면서 Solid Body 혹은 Sheet Body를 생성한다. 각각의 Guide를 이루는 Curve는 Tangent로 연결되어 있어야 하며 최대 세 개의 Guide를 사용할 수 있다. Section은 한 개 이상, 256개까지 사용할 수 있다.

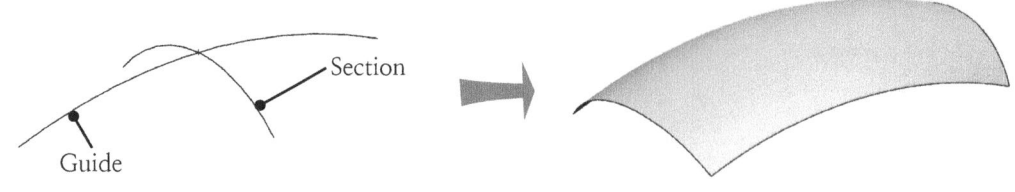

그림 7-1 Swept의 적용 예

Exercise 01   Swept 기본 사용법   *ch07_001.prt*

Swept 기능으로 서피스를 생성하기 위하여 Section과 Guide를 선택하는 방법을 실습을 통하여 알아보자.

파일 열기와 Swept 기능 실행

1. ch07_001.prt 파일을 연다.
2. Surface 탭 > Base > Swept 아이콘을 누른다.
3. 대화상자를 리셋한다.

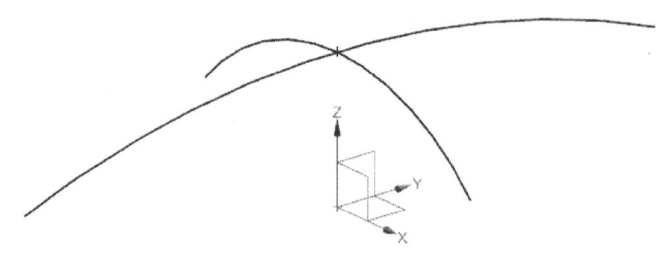

그림 7-2 실습용 파일

Section 선택

1. Section Options 옵션 그룹에서 Section Location 옵션을 확인한다. Anywhere along Guides가 선택되어 있다.
2. Section Options 옵션 그룹에서 Alignment 옵션이 나타난 것을 확인한다.
3. 대화상자의 Sections 옵션 그룹에서 List 부분을 클릭하여 펼친다.
4. Section을 선택한다.
5. MB2(마우스 가운데 버튼)를 누른다. Section 1이 정의되고 섹션 커브를 선택하라는 메시지가 다시 나타난다.

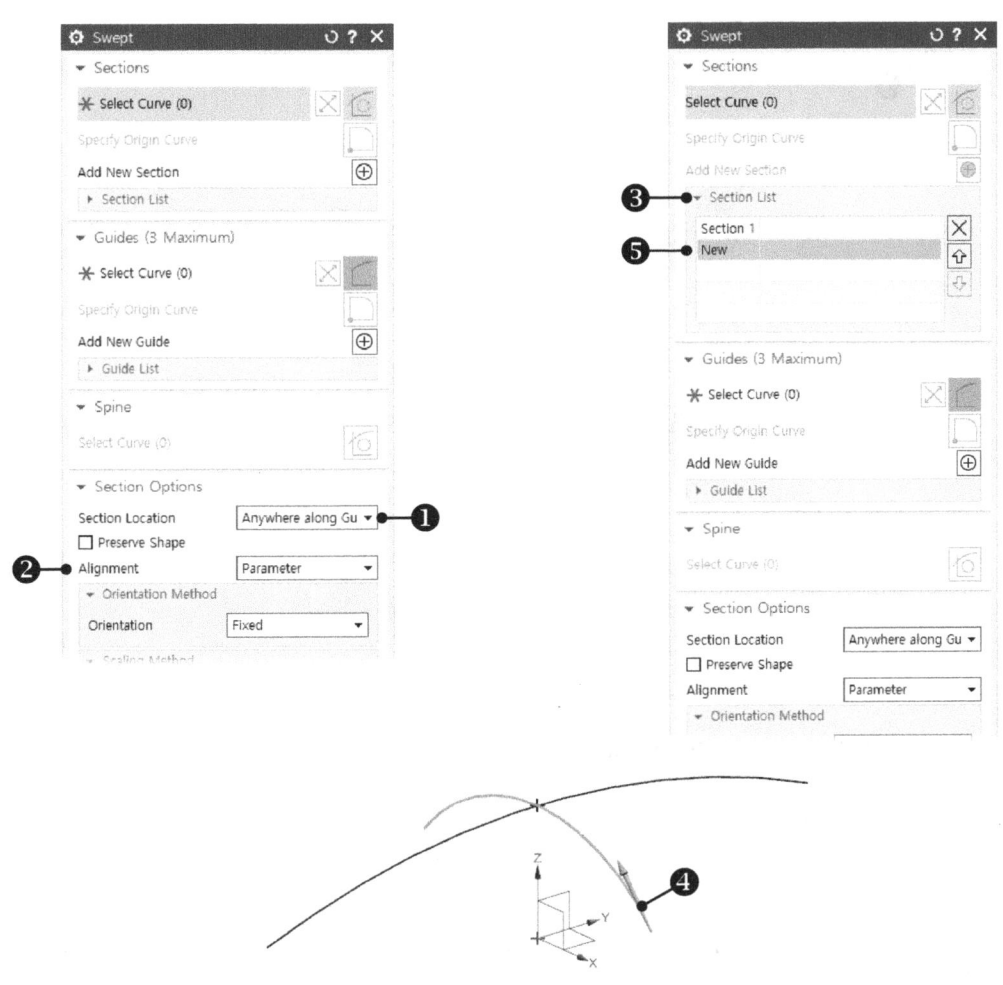

그림 7-3 Section 선택

Guide 선택

1. 추가로 선택할 Section이 없으므로 MB2(마우스 가운데 버튼)를 다시 한 번 눌러 Guides 옵션으로 진행한다.
2. Guides (3 Maximum) 옵션 영역의 List 영역을 펼친다.
3. Guide를 선택한다. 생성될 바디의 미리보기가 나타난다.
4. MB2를 누른다. 가이드 커브를 선택하라는 메시지가 다시 나타난다.
5. 추가로 선택할 가이드 커브가 없으므로 OK 버튼을 눌러 서피스를 생성한다.

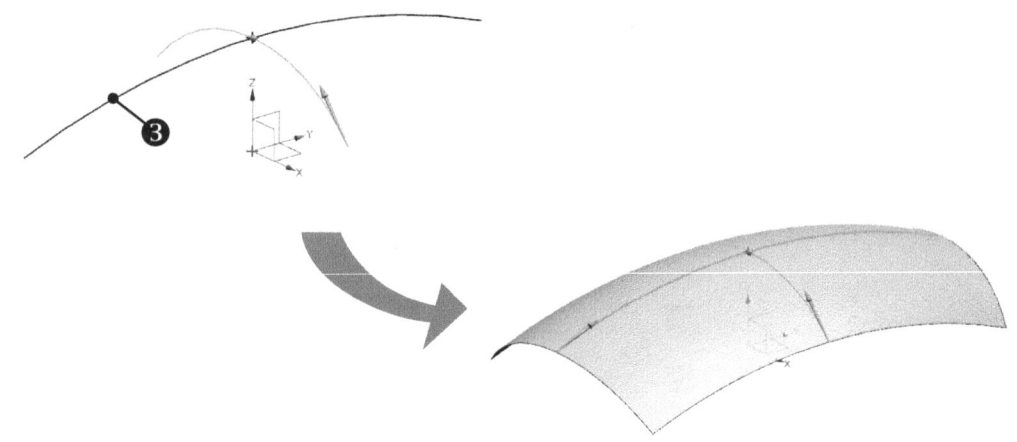

그림 7-4 Guide 선택과 미리보기

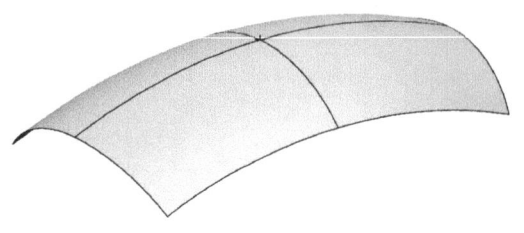

그림 7-5 생성된 Swept 서피스

END of Exercise

> **! Swept 에서의 V Direction**
>
> Swept 기능으로 생성된 서피스의 V 방향은 Section을 연결하는 방향으로 정의된다. Grid Line을 확인하는 것은 서피스 모델링에 있어 아주 좋은 습관이다.

7.2 Swept의 Section Options 이해

Swept에서는 Section Options의 영역에 있는 옵션에 대한 이해가 중요하다. Swept 대화상자를 Reset 하고 Alignment 옵션을 보면 Parameter, Arc Length, By Points 옵션이 활성화 되어 있다. Section을 하나 선택한 후 Alignment 옵션을 보면 By Points 옵션이 비활성화 되어 있다. 이로부터 Alignment 옵션은 Section의 선택과 관련이 있음을 알 수 있다.

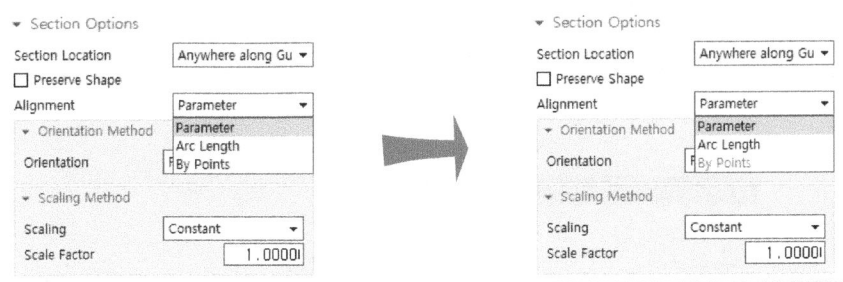

그림 7-6 Section Option

Section Options의 각 항목은 Section과 Guide의 개수에 따라 사용 가능 여부가 결정되며 각각의 서브 타입의 종류도 상황에 따라 변한다. 각 항목의 의미는 다음과 같다.

▶ Alignment: Section을 연결하는 방법을 정의한다. 즉, V 방향의 연결 방법을 정의한다. Section이 한 개일 때와 두 개 이상일 때 그 적용 가능한 종류가 결정된다.

▶ Orientation Method: Guide를 따라 Section을 진행시킬 때 위치에 따른 회전을 정의한다. Guide가 한 개일 때는 회전 방식을 지정할 수 있지만, 두 개 이상일 때는 Guide를 따라 진행해야 하기 때문에 회전 방식을 임의로 지정할 수 없다. Guide가 회전할 때만 Section도 따라서 회전된다.

▶ Scaling Method: Guide를 따라 Section을 진행시킬 때 각 위치에서의 단면의 확대 방법을 정의하는 옵션이다. Guide가 한 개나 두 개일 때는 확대 방식을 설정할 수 있지만, 세 개일 때는 가이드를 따라 진행하면서 확대 또는 축소되기 때문에 Scaling 방식을 임의로 지정할 수 없다.

각각의 옵션에 대하여 Section과 Guide의 개수 별로 예제를 통하여 알아보자.

7.2.1 Guide 1개와 Section 1개의 경우

Alignment, Orientation Method, Scaling Method를 모두 사용할 수 있다.

Section이 한 개이므로 두 개 이상의 Section을 연결하는 옵션인 By Points 옵션은 비활성화 되며, Orientation Method, Scaling Method의 모든 종류를 사용할 수 있다. Orientation Method와 Scaling Method에 대한 사항은 다음 단원에서 설명한다.

Guide가 한 개일 때는 Spine 옵션을 사용할 수 없다. 이는 Guide가 자동으로 Spine이 되기 때문이다.

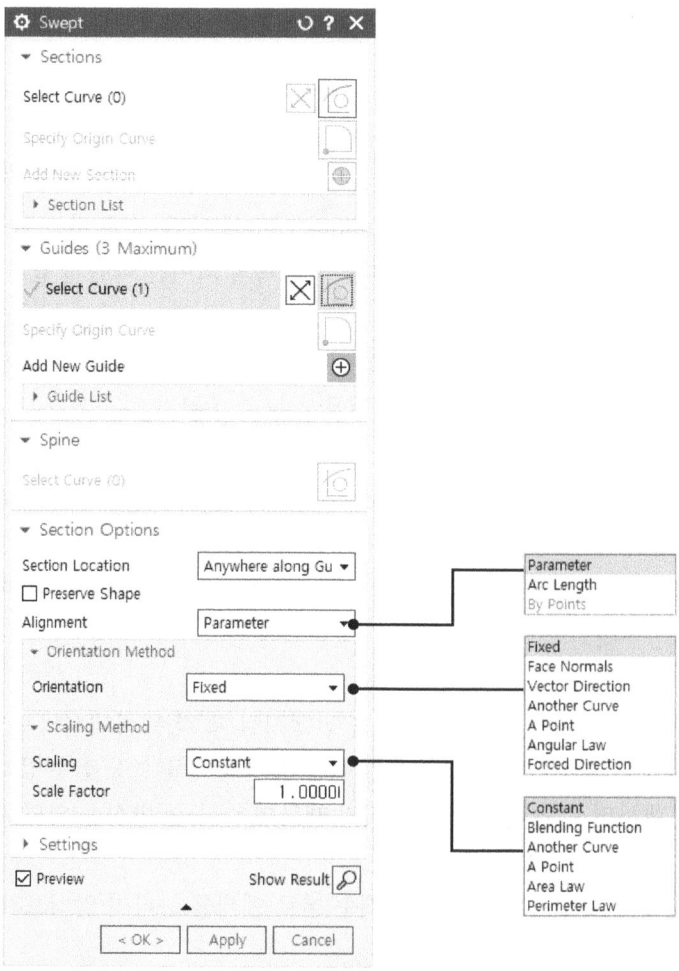

그림 7-7 1 Guide x 1 Section인 경우의 Swept 대화상자

Section Location 옵션은 Section이 한 개일 때만 나타나며 Guide의 개수와는 상관 없다. Anywhere along Guides 옵션을 이용하면 Section이 Guide 중간에 생성되어 있더라도 Guide 전체에 걸쳐 서피스를 생성한다. Ends of Guides 옵션을 이용하면 Section의 위치로부터 시작하여 Guide의 끝까지 서피스를 생성한다.

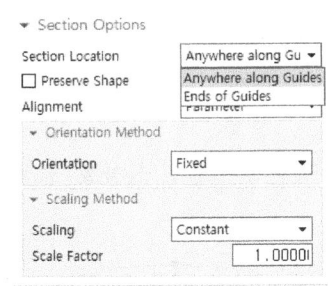

그림 7-8 Section Location 옵션

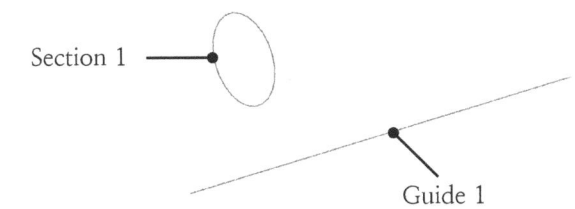

그림 7-9 1 Guide x 1 Section의 예

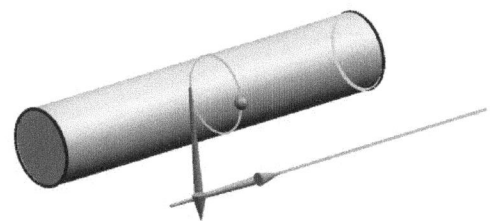

그림 7-10 Anywhere along Guides 옵션일 때의 미리보기

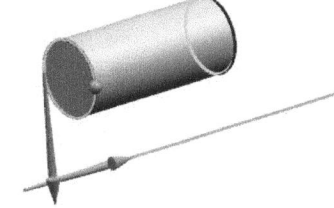

그림 7-11 Ends of Guides 옵션일 때의 미리보기

Section Location 옵션의 올바른 이용

Section Location 옵션의 초기값인 Anywhere along Guides를 변경할 일이 없도록 Section과 Guide를 그리는 것이 좋다. Section Location 옵션으로 Ends of Guides을 사용하는 경우는 결과물을 직관적으로 예상하기 어려운 경우가 있다.

7.2.2 Guide 1 개와 Section 2 개 이상인 경우

Alignment 옵션의 경우 Section의 개수가 두 개 이상이기 때문에 By Points 연결 옵션을 사용할 수 있다.

Orientation Method의 경우 Section이 한 개일 때 사용할 수 있는 Angular Law 옵션을 사용할 수 없게 된다.

Spine 옵션은 Guide가 한 개이기 때문에 여전히 사용할 수 없다.

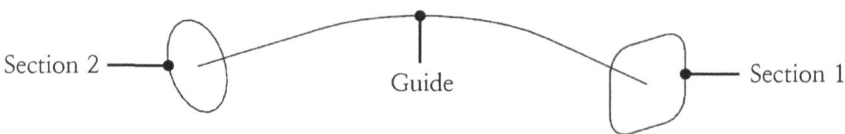

그림 7-12 1 Guide x 2 Sections의 예

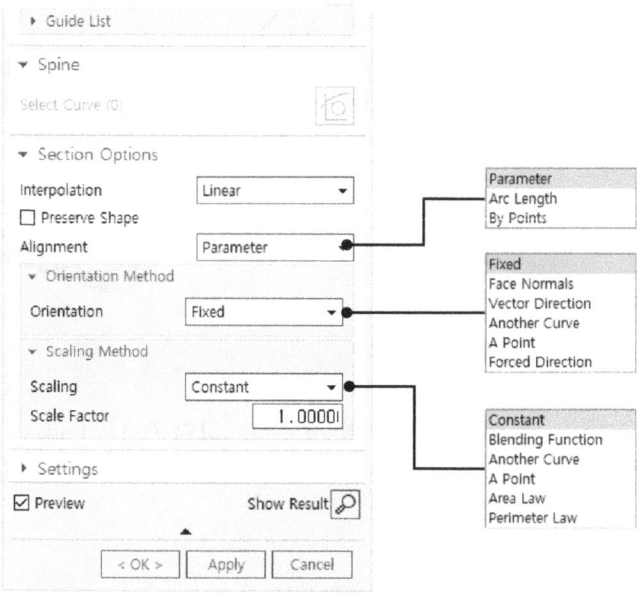

그림 7-13 1 Guide x 2 Sections인 경우의 Swept 대화상자

ch07_002_g1_s2.prt   **1 Guide x 2 Sections**   **Exercise 02**

예제 파일 ch07_002_g1_s2.prt를 이용하여 솔리드 모델을 완성하시오.

Swept 기능을 1회 사용하여 아래 그림과 같은 Solid Body를 만들어야 하고, 면은 Single Face 여야 한다. (Interpolation 옵션: Cubic)

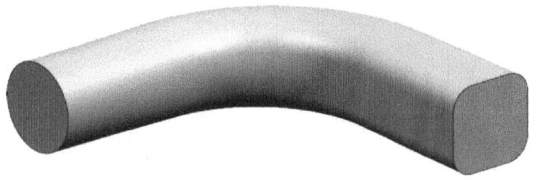

그림 7-14 완성 모델

Grid Line의 배열은 아래 그림과 같아야 한다. (곡면: U Grid = 5, V Grid = 10 / 평면: U, V Grid = 2)

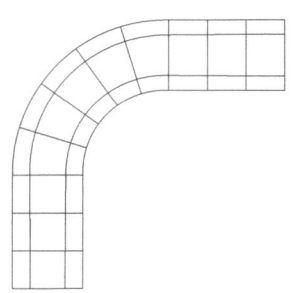 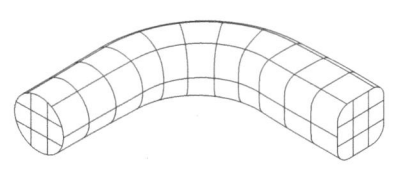

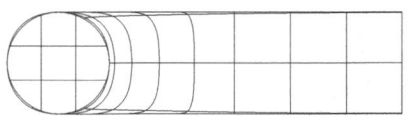 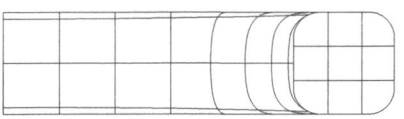

그림 7-15 완성 모델의 U, V Grid 상태

END of Exercise

Section이 한 개일 때 나타났던 Section Location 옵션은 사라지고 그 위치에 Interpolation 옵션이 나타난다. 이 옵션은 Section이 두 개 이상인 경우에 나타나며, 면이 선형(Linear)으로 연결되도록 할 지 혹은 부드럽게(Cubic)게 연결 되도록 할 지를 결정한다.

Linear 옵션을 이용할 경우 Multi Face로 형상을 만들고, Cubic 옵션으로 생성할 경우 Single Face로 형상을 만든다.

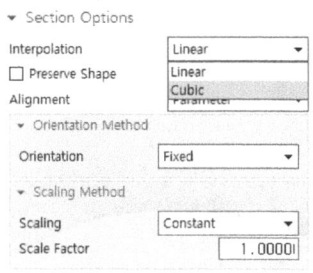

그림 7-16 Interpolation 옵션

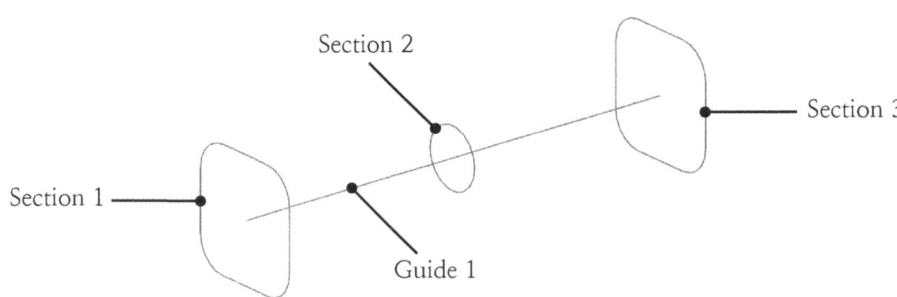

그림 7-17 1 Guide x 3 Sections의 예

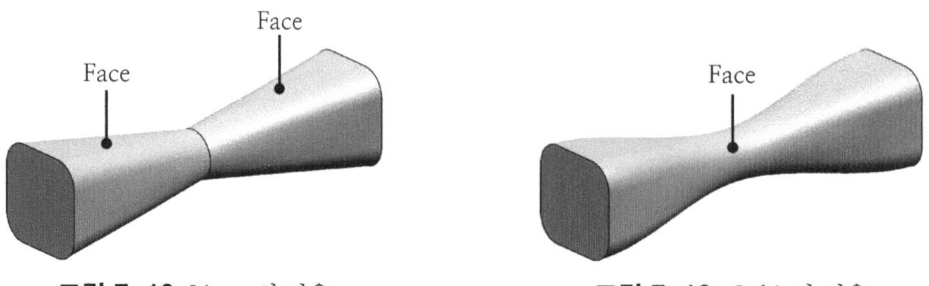

그림 7-18 Linear인 경우   **그림 7-19** Cubic인 경우

7.2.3 Guide 2 개와 Section 1 개의 경우

2 개의 Guide를 사용할 때 Section Option에서 가장 중요한 점은 Orientation Method 옵션이 사라진다는 점이다. Section 상의 특정 점 두 개가 Guide를 정확히 따라가야 하기 때문에 회전 옵션 대한 선택의 여지가 없게 된다.

Alignment 옵션의 경우 Section이 한 개인 경우와 같다.

Scaling Method의 경우 Guide가 한 개인 경우와 완전히 다른 것으로 바뀐다. 즉, Uniform, Lateral, Another Curve 옵션이 나타나는데, Lateral 옵션을 사용할 경우 Guide 사이의 거리가 늘거나 줄어들 때 다른 방향의 크기는 그대로 유지되지만, Uniform 옵션을 사용할 경우 Guide 사이의 거리가 늘거나 줄 때 Section의 다른 방향 크기도 같은 비율로 늘거나 줄어든다. Another Curve 옵션을 이용하면 다른 커브를 이용하여 Section의 Scale을 조절할 수 있다.

Guide가 두 개 이상일 때는 Spine 옵션이 활성화된다.

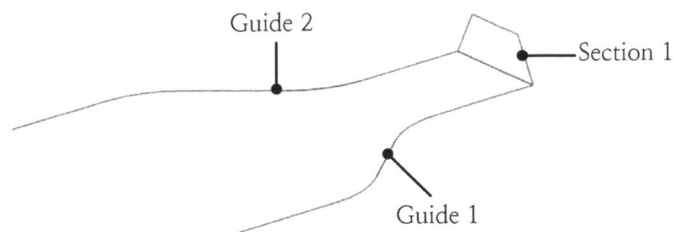

그림 7-20 2 Guides x 1 Section의 예

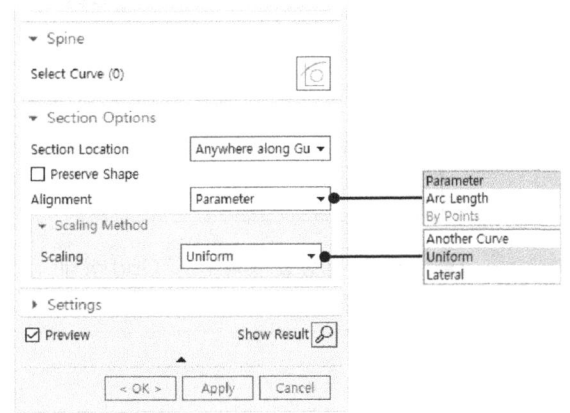

그림 7-21 2 Guides x 1 Section인 경우의 Swept 대화상자

7 장: Swept

Exercise 03 2 Guides x 1 Section

ch07_003_g2_s1.prt

예제 파일 ch07_003_g2_s1.prt를 이용하여 솔리드 모델을 완성하시오.

Swept 기능을 1회 사용하여 아래 그림과 같이 윗 면이 평면(Planar Face)인 Solid Body를 만들어야 한다.

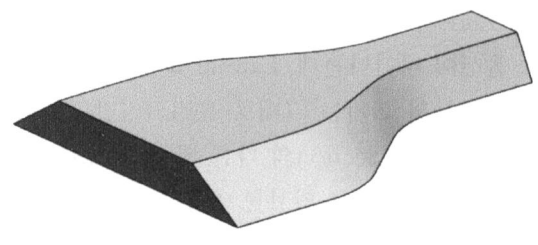

그림 7-22 완성 모델

Grid Line의 배열은 아래 그림과 같아야 한다.

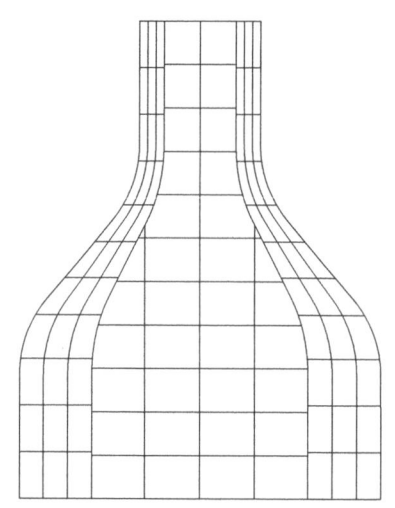

그림 7-23 완성 모델의 U, V Grid 상태

END of Exercise

7.2.4 Guide 2개와 Section 2개 이상의 경우

Section이 두 개 이상이기 때문에 Alignment 옵션에 By Point 옵션이 나타나고, Guide가 두 개 이기 때문에 Scaling Method는 앞의 경우와 같다.

Orientation Method는 사용할 수 없으며, Spine 옵션이 활성화된다.

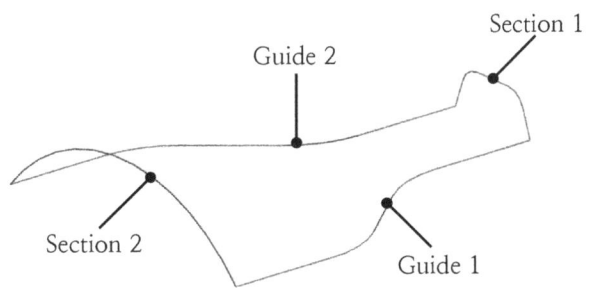

그림 7-24 2 Guides x 2 Sections의 예

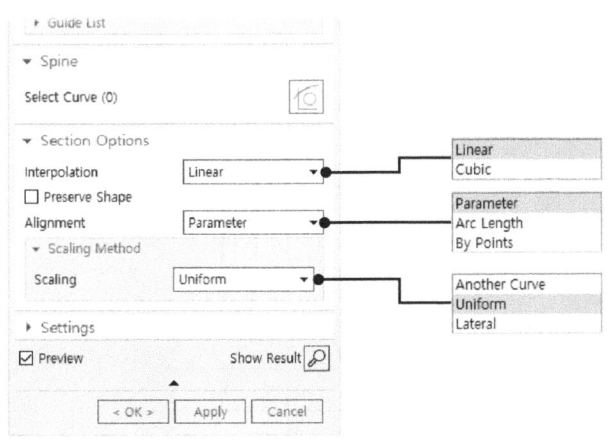

그림 7-25 Guides x 2 Sections인 경우의 Swept 대화상자

> **! U, V Grid = -1**
>
> Edit Object Display 기능으로 면의 U, V Grid 수를 설정할 때, 기존 값이 -1인 경우를 볼 수 있다. 하나의 Body(Solid 혹은 Sheet)의 면 마다 설정된 Grid Line의 수가 다른 경우이 다. 이런 경우 대화상자의 Settings 그룹의 Apply to All Faces of Selected Body 옵션을 체 크하면 모든 면에 동일한 Gird 수와 색 지정이 가능하다.

7 장: Swept

Exercise 04   2 Guides x 2 Sections   ch07_004_g2_s2.prt

예제 파일 ch07_004_g2_s2.prt를 이용하여 Swept Surface를 생성하시오.

Swept 기능을 1회 사용하여 아래 그림과 같이 Single Face의 Sheet Body를 만들어야 한다.

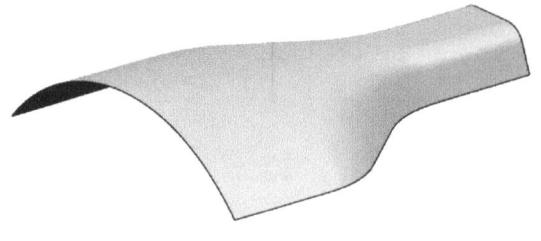

그림 7-26 완성 모델

Grid Line의 배열은 아래 그림과 같아야 한다.

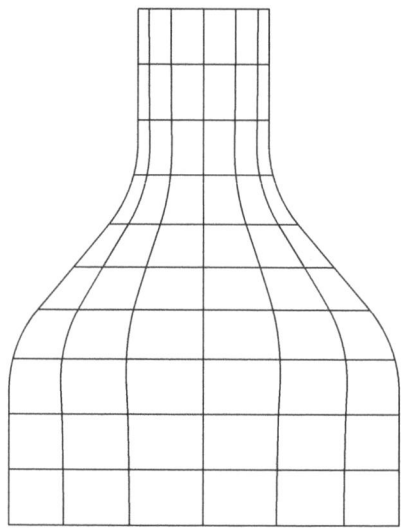

그림 7-27 완성 모델의 U, V Grid 상태

END of Exercise

7.2.5 Guide 3 개와 Section 1 개의 경우

Guide가 두 개 이상이기 때문에 Orientation 옵션을 사용할 수 없다.

또한 Guide가 세 개인 경우에는 Scaling 옵션도 사용할 수 없게 된다. Scaling 옵션은 Guide를 따라 Section을 진행할 때 단면의 면적을 결정하는데, 세 개의 Guide를 통과할 때 형성되는 삼각형의 면적에 따라 각 위치에서의 Section의 면적이 자동으로 결정된다.

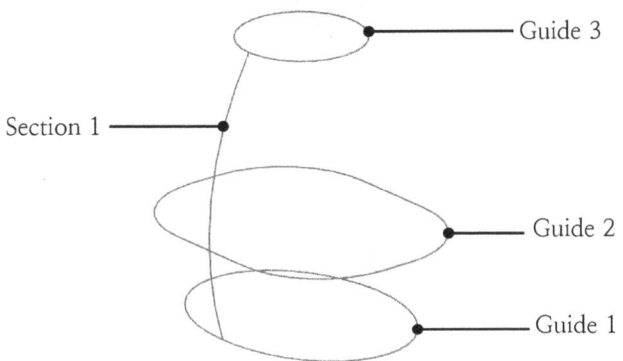

그림 7-28 3 Guides x 1 Section의 예

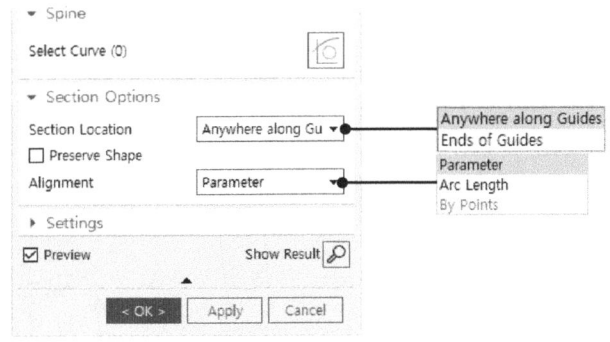

그림 7-29 3 Guides x 1 Section인 경우의 Swept 대화상자

7 장: Swept

Exercise 05   3 Guides x 1 Section   *ch07_005_g3_s1.prt*

예제 파일 ch07_005_g3_s1.prt를 이용하여 서피스 모델을 완성하시오.

Swept 기능을 1회 사용하여 아래 그림과 같이 Single Face의 Sheet Body를 만들어야 한다.

그림 7-30 완성 모델

Grid Line의 배열은 아래 그림과 같아야 한다.

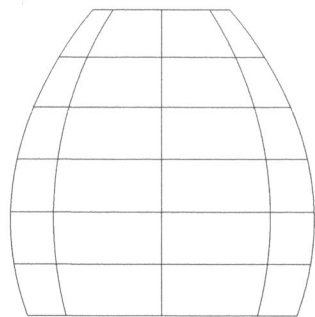 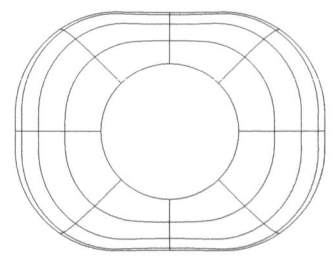

그림 7-31 완성 모델의 U, V Grid 상태 (Front & Top View)

END of Exercise

7.2.6 Guide 3개와 Section 2개 이상의 경우

Section이 두 개이기 때문에 Interpolation 옵션이 나타나고, Alignment 옵션으로 By Point를 사용할 수 있다.

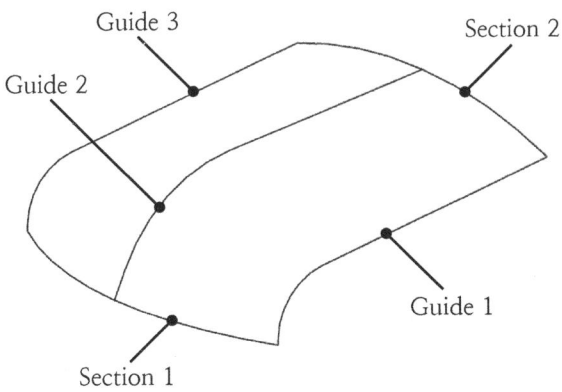

그림 7-32 3 Guides x 2 Sections의 예

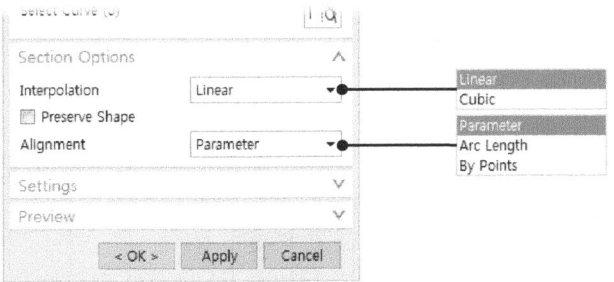

그림 7-33 3 Guides x 2 Sections인 경우의 Swept 대화상자

7 장: Swept

Exercise 06 3 Guides x 2 Sections ch07_006_g3_s2.prt

예제 파일 ch09_015_g3_s2.prt를 이용하여 서피스 모델을 완성하시오.

Swept 기능을 1회 사용하여 아래 그림과 같이 Single Face의 Sheet Body를 만들어야 한다.

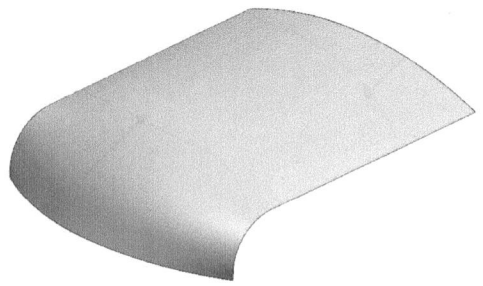

그림 7-34 완성 모델

Grid Line의 배열은 아래 그림과 같아야 한다.

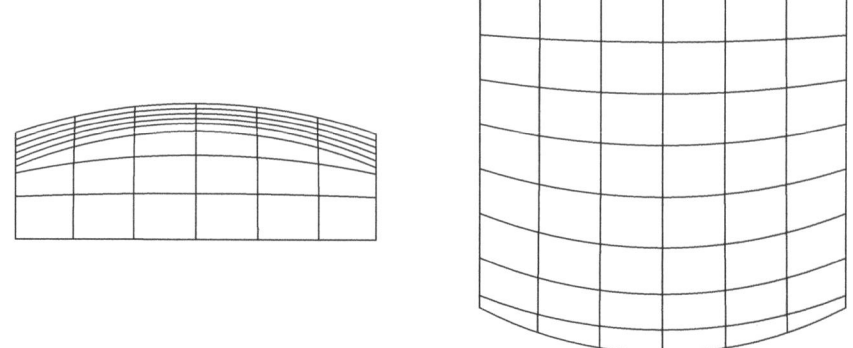

그림 7-35 완성 모델의 U, V Grid 상태 (Front & Top View)

END of Exercise

7.2.7 상황별 옵션 요약

Guide와 Section의 개수에 따른 옵션을 상황 별로 요약하면 다음 표와 같다.

G: Guide / S: Section / ↑: 이상

G x S 옵션	G1 x S1	G1 x S2↑	G2 x S1	G2 x S2↑	G3 x S1	G3 x S2↑
Spine	사용 불가		사용 가능			
Section Location	Anywhere along Guides Ends of Guides	없음	Anywhere along Guides Ends of Guides	없음	Anywhere along Guides Ends of Guides	없음
Interpolation	없음	Linear Cubic	없음	Linear Cubic	없음	Linear Cubic
Alignment	Parameter Arc Length	Parameter Arc Length By Points	Parameter Arc Length	Parameter Arc Length By Points	Parameter Arc Length	Parameter Arc Length By Points
Orientation	Fixed Face Normals Vector Direction Another Curve A Point Angular Law Forced Direction	Fixed Face Normals Vector Direction Another Curve A Point Forced Direction	없음			
Scaling	Constant Blending Function Another Curve A Point Area Law Perimeter Law		Another Curve Uniform Lateral		없음	

7.3 Orientation Method 옵션

Guide가 1개일 때만 사용할 수 있다. Section이 Guide를 따라가는 방향(Orientation)을 제어한다.

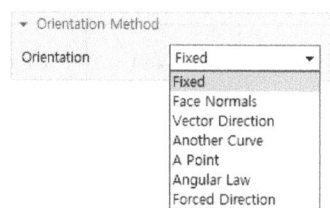

그림 7-36 Orientation Method 옵션

① Fixed
Orientation Method의 초기값이다. 가장 일반적으로 사용되며, Section의 방향이 전적으로 Guide에 의해 제어된다.

② Face Normals
추가로 면을 선택해야 하는 옵션이다. 두 번째 축이 선택한 면과 직각을 이루게 된다.

③ Vector Direction
추가로 벡터(Vector) 방향을 지정해야 하는 옵션이다. 두 번째 축이 지정한 벡터 방향과 일치된다.

> **Orientation Method를 이해하는 요령**
>
> Orientation Method 옵션들의 차이점을 텍스트로 된 설명 만으로 이해 한다는 것은 어려운 일이다. 옵션의 차이점은 동일한 모델로 비교하는 것이 가장 좋다. 다음은 Orientation Method를 이해하기 위한 몇 가지 요령이다.
>
> ▶ 1개의 Guide에 의해 첫 번째 축(First Axis)이 정의된다. Orientation Method 옵션은 두 번째 축(Second Axis)을 정의하는 옵션이다. Orientation Method 옵션에 의해 Guide를 따라 정의된 두 번째 축의 방향을 상상한다.
> ▶ Orientation Method 옵션에 따라 곡면은 Single Face 혹은 Multi Face로 생성된다. 옵션 별로 이러한 경우를 비교한다.
> ▶ Orientation Method 옵션 별로 생성된 곡면의 Grid Line을 비교한다.

④ Another Curve
추가로 다른 선 혹은 모서리를 선택해야 하는 옵션이다. 두 번째 축의 방향이 선택한 선에 의해 제어된다.

⑤ A Point
추가로 점(Point)을 선택해야 하는 옵션이다. 두 번째 축이 선택한 점을 지나간다.

⑥ Angular Law
Guide가 1개이면서 Section이 1개인 경우에만 사용할 수 있는 옵션이다. Section의 방향을 각도 법칙으로 제어한다. 법칙 유형(Law Type)을 추가로 정의해야 한다.

⑦ Forced Direction
추가로 벡터(Vector) 방향을 지정해야 하는 옵션이다. Vector Direction 옵션이 두 번째 축을 제어하는 것과 달리 Section의 평면을 지정한 벡터 방향으로 고정한다.

요약하면 다음 표와 같다.

Orientation Method	Second Axis의 방향	추가로 선택해야 하는 오브젝트
Fixed	지정할 수 없고 Guide에 따름	없음
Face Normals	선택한 면과 직교 방향	면
Vector Direction	선택한 벡터 방향	벡터
Another Curve	Guide와 선택한 선에 의해 정해짐	선
A Point	선택한 점을 향하는 방향	점
Angular Law	하위 옵션에 의해 정해짐	없음
Forced Direction	Section Plane의 방향이 선택한 벡터 방향과 나란하게 됨	벡터

7 장: Swept

Exercise 07 Orientation Method 옵션의 이해 *ch07_007.prt*

실습용으로 제공된 파일을 열어 Orientation Method 옵션을 이해하자. 각 옵션의 실습에 사용될 개체는 Layer로 정리되어 있다.

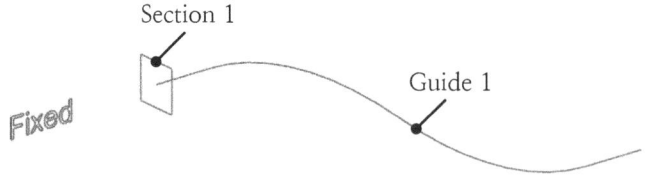

그림 7-37 실습용 파일

Fixed 옵션

1. ch07_007.prt 파일을 연다.
2. View 탭 > Layer > Layer Settings 아이콘(또는 Ctrl + L)을 누른 후 21번 레이어를 Work Layer로 설정한다. 이는 생성할 서피스가 21번 레이어에 들어가도록 하기 위한 것이다.
3. Swept 기능을 실행시킨다.
4. 대화상자를 Reset 한다.
5. Curve Rule을 적절히 이용하여 다음 그림과 같이 1 Guide x 1 Section으로 Solid Body를 생성한다.

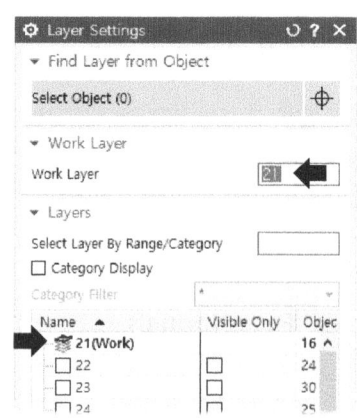

그림 7-38 21번 레이어를 Work Layer로 설정한 상태

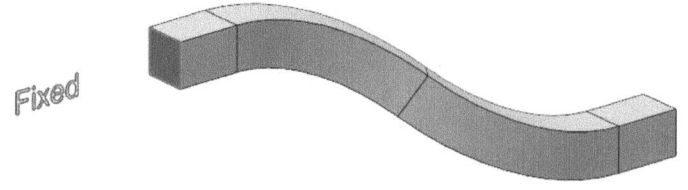

그림 7-39 Fixed 옵션으로 생성한 결과

Face Normal 옵션

1. Ctrl + L을 누른다.
2. 22번 레이어를 더블클릭하여 Work Layer로 설정한다.
3. 21번 레이어는 숨긴다.
4. Swept 아이콘을 누르고 대화상자를 Reset 한다.
5. Section 1을 선택하고 MB2(마우스 가운데 버튼)를 두 번 누른다.
6. Guide 1을 선택한다.
7. Orientation 옵션을 Face Normal로 선택한다. Select Face 옵션이 나타난다.
8. 수직의 기준이 될 서피스(4 개)를 선택한다.
9. OK 버튼을 누른다.

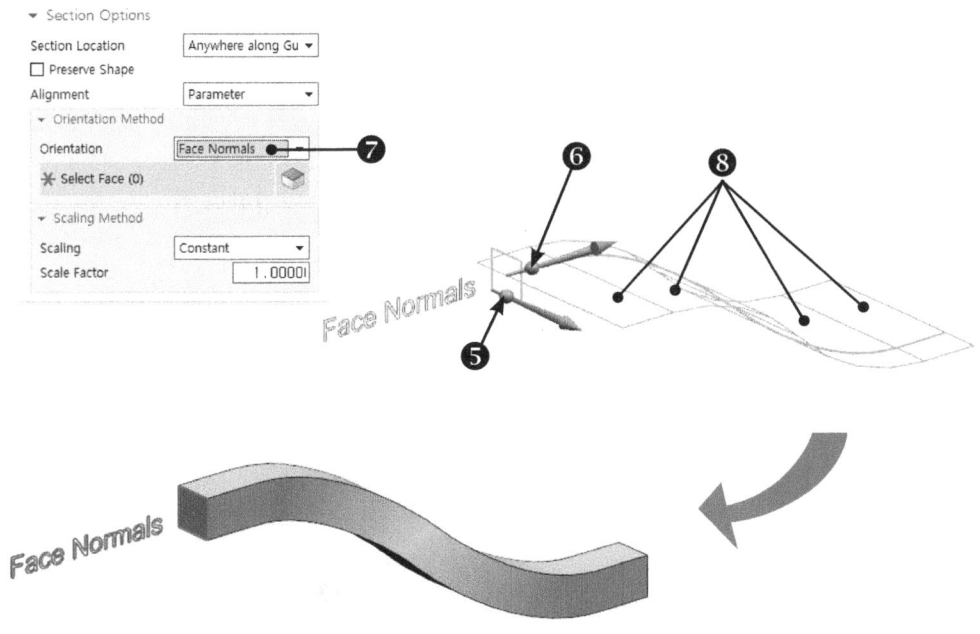

그림 7-40 Face Normal 옵션 적용

10. 아래 그림과 같이 Solid Body의 평면을 제외한 V 방향의 Grid Line을 10개 보이게 한다.

Right View를 보면 Section이 Guide를 따라 가되 선택한 면과 직교를 이루고 있는 것을 알 수 있다.

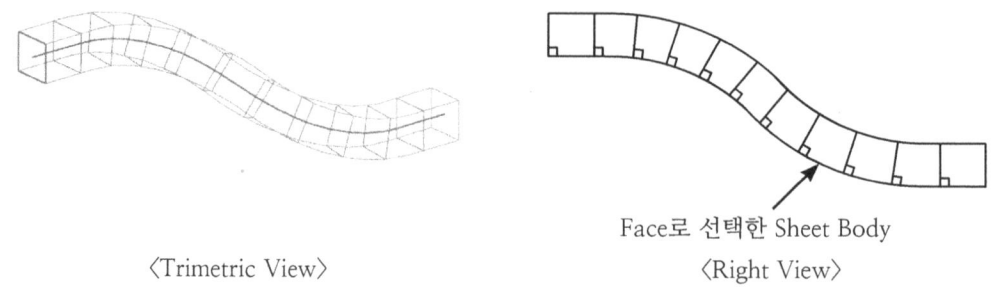

⟨Trimetric View⟩   Face로 선택한 Sheet Body
                    ⟨Right View⟩

그림 7-41 V Grid = 10인 Static Wireframe 상태

Vector Direction 옵션

1. 23번 레이어를 Work Layer로 설정하고, 22번 레이어를 숨긴다.
2. Home 키를 누르고 Rendering Style을 Shaded With Edge로 변경한다.

그림 7-42 23번 Layer의 오브젝트

3. Swept 아이콘을 누르고 대화상자를 Reset 한 후 Section과 Guide를 선택한다.
4. Orientation 옵션을 Vector Direction으로 선택한다.
5. 작업 화면에서 방향으로 설정할 벡터를 선택한다.
6. OK 버튼을 눌러 Solid Body를 생성한다.

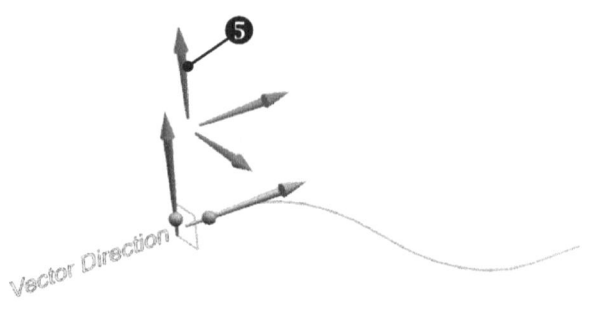

그림 7-43 Vector Direction 옵션 적용

V Grid를 표시하면 아래 그림과 같다.

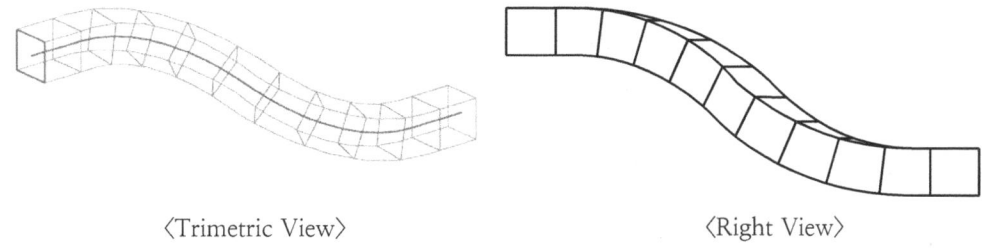

⟨Trimetric View⟩　　　　　　　　　　⟨Right View⟩

그림 7-46 V Grid를 표시한 상태

Another Curve 옵션

1. 24번 레이어를 Work Layer로 설정하고 23번 레이어를 숨긴다.
2. Swept 아이콘을 누르고 대화상자를 Reset 한 후 Section과 Guide를 선택한다.
3. Orientation 옵션을 Another Curve로 선택한다.
4. 작업 화면에서 방향의 기준이 되는 커브를 선택한다.
5. OK 버튼을 눌러 Solid Body를 생성한다.

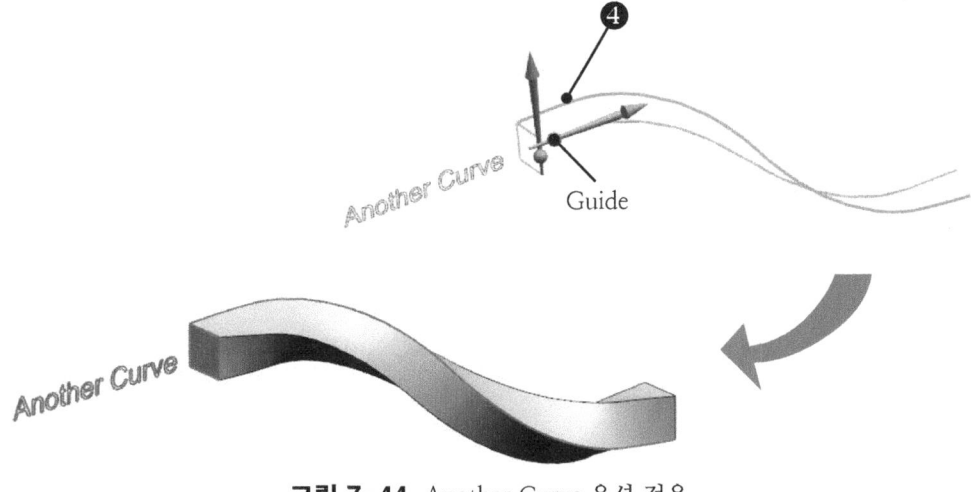

그림 7-44 Another Curve 옵션 적용

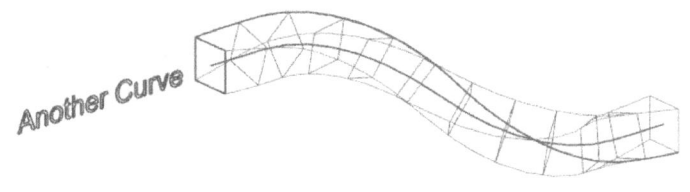

그림 7-45 V Grid를 표시한 상태

A Point 옵션

1. 25번 레이어를 Work Layer로 설정하고 24번 레이어를 숨긴다.
2. Swept 아이콘을 누르고 대화상자를 Reset 한 후 Section과 Guide를 선택한다.
3. Orientation 옵션을 A Point로 선택한다.
4. 점을 선택한다. (그림 7-47의 ❹)
5. OK 버튼을 눌러 Solid Body를 생성한다.

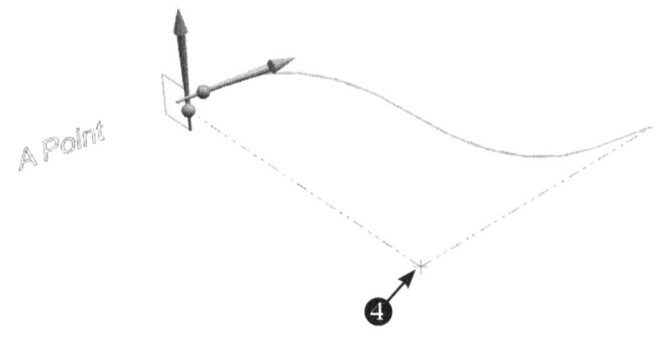

그림 7-47 A Point 옵션 적용

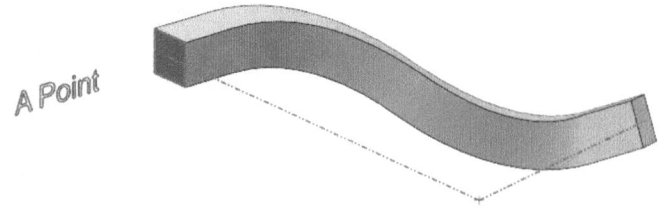

그림 7-48 A Point 옵션의 결과

V Grid를 표시하면 아래 그림과 같다.

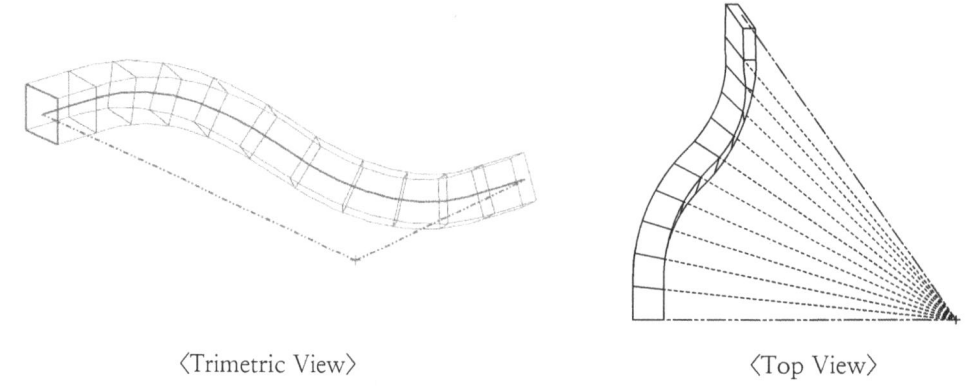

〈Trimetric View〉 　　　　　　　　〈Top View〉

그림 7-49 V Grid를 표시한 상태

Angular Law 옵션

1. 26번 레이어를 Work Layer로 설정하고 25번 레이어를 숨긴다.
2. Swept 아이콘을 누르고 대화상자를 Reset 한 후 Section과 Guide를 선택한다.
3. Orientation 옵션을 그림과 같이 설정한다.
4. OK 버튼을 눌러 Solid Body를 생성한다.

Guide의 시작 위치에서의 Section은 선택한 Section과 일치하고, Guide의 마지막 위치에서의 Section은 선택한 Section을 360° 회전시킨 것과 같다.

그림 7-50 Angular Law 옵션 적용

V Grid를 표시하면 아래 그림과 같다.

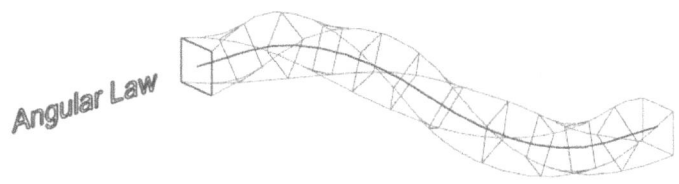

그림 7-51 V Grid를 표시한 상태

Forced Direction 옵션

1. 27번 레이어를 Work Layer로 설정하고 26번 레이어를 숨긴다.
2. Swept 아이콘을 누르고 대화상자를 Reset 한 후 Section과 Guide를 선택한다.
3. Orientation 옵션을 Forced Direction으로 선택한다.
4. 작업 화면에서 기준 방향을 선택한다.
5. OK 버튼을 눌러 Solid Body를 생성한다.

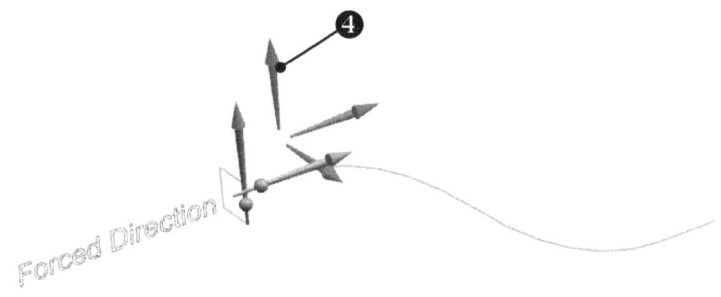

그림 7-52 Forced Direction 옵션 적용

V Grid를 표시하면 아래 그림과 같다.

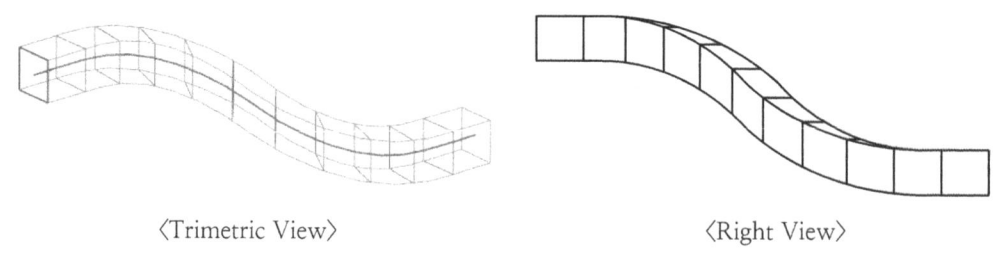

⟨Trimetric View⟩　　　　　　　⟨Right View⟩

그림 7-53 V Grid를 표시한 상태

END of Exercise

7.3.1 Orientation Method의 결과 형상 비교

앞의 Exercise에서 각 Orientation Method 옵션으로 생성한 형상을 표시하면 아래 그림과 같다.

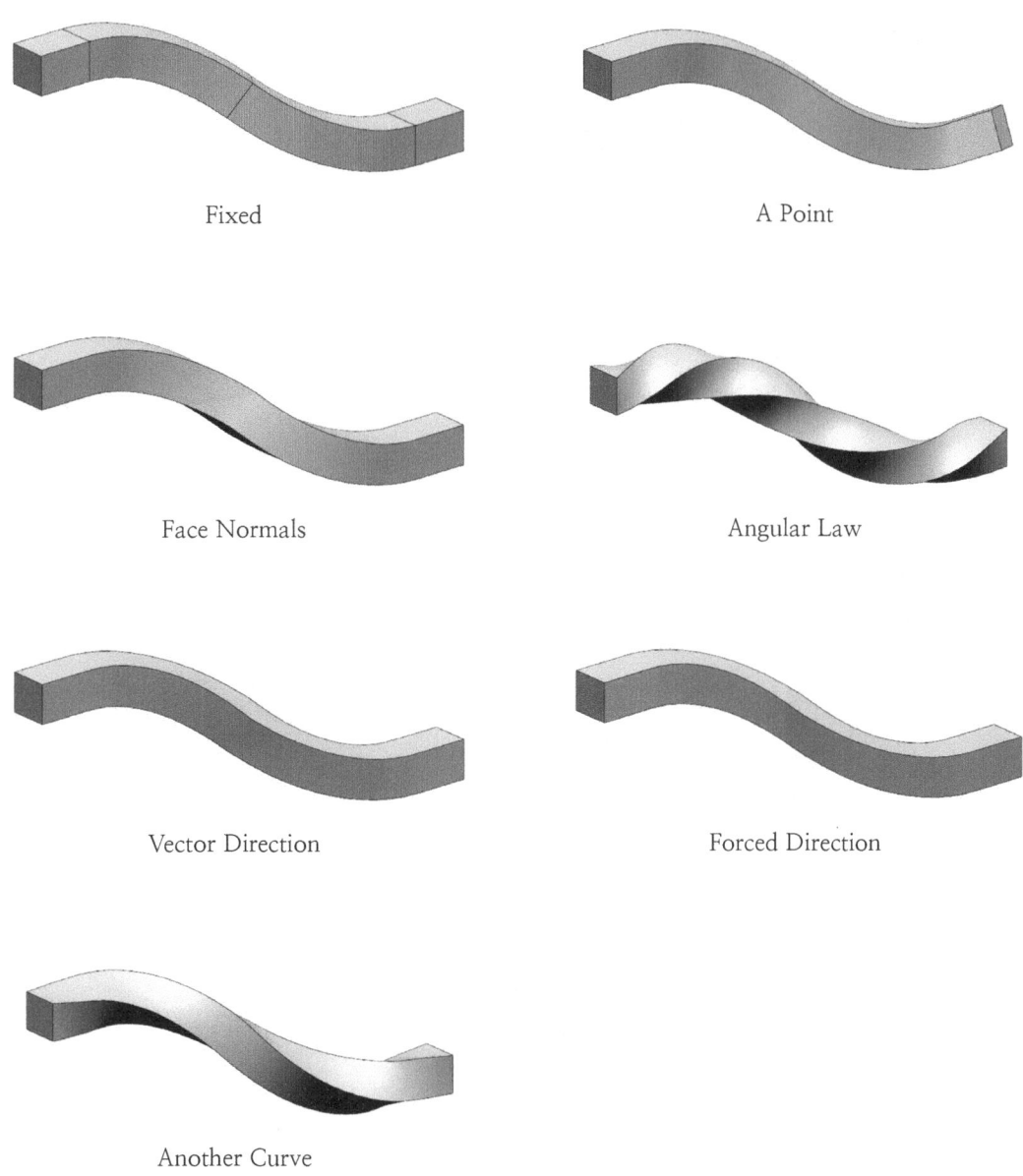

그림 7-54 Orientation Method 옵션에 따른 결과 비교

7.3.2 Orientation Method의 V Grid Line 비교

각각의 결과 모델에 대한 V Grid Line을 비교하면 다음 그림과 같다.

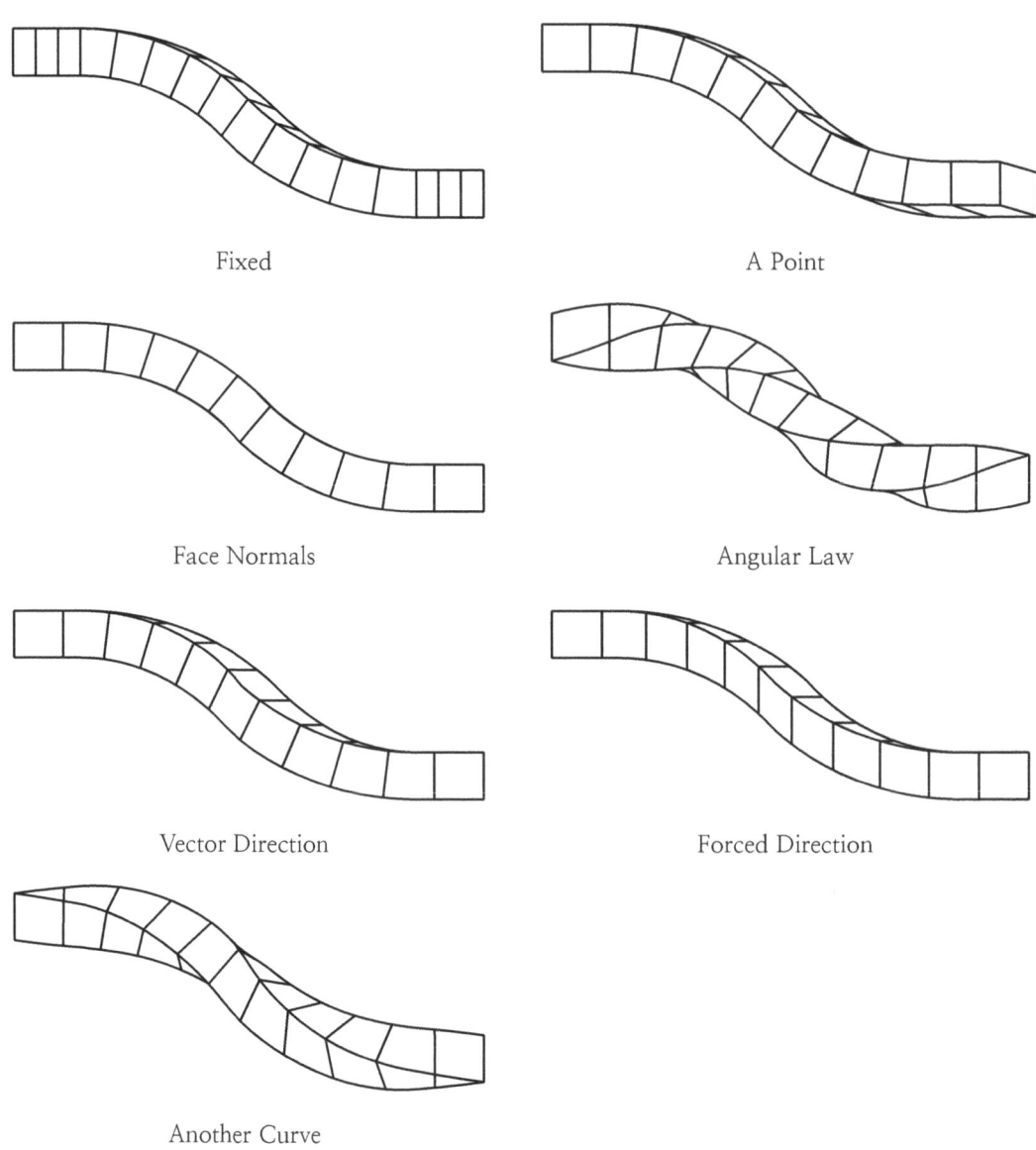

그림 7-55 Orientation Method 옵션에 따른 V Grid의 비교

7.4 Scaling Method 옵션

Guide를 따라 가는 Section의 배율(Scale)을 제어한다. Guide가 3개인 경우에는 사용할 수 없다. Guide가 한 개인 경우와 두 개인 경우의 Scaling Method 옵션은 다음 그림과 같다.

⟨1 Guide⟩   ⟨2 Guides⟩

그림 7-56 Scaling Method 옵션

각각의 옵션에 대하여 설명하자면 다음과 같다.

① Constant
단면의 배율이 Guide의 전 구간에서 일정한 형상을 만든다.

② Blending Function
단면의 배율이 Guide를 따라 가면서 선형(Linear) 혹은 3차(Cubic) 곡선의 형태로 변화하는 형상을 만든다.

③ Another Curve
단면의 배율이 Guide를 따라 가면서 선택한 커브와의 거리에 의해 변화하는 형상을 만든다.

④ A Point
단면의 배율이 Guide를 따라 가면서 선택한 점과의 거리에 의해 변화하는 형상을 만든다.

⑤ Area Law
단면의 면적을 법칙에 의해 제어하는 형상을 만든다.

⑥ Perimeter Law
단면의 외주(外周)를 법칙에 의해 제어하는 형상을 만든다.

⑦ Uniform
단면의 배율이 Guide 간의 거리에 의해 상하, 좌우로 모두 적용된다.

⑧ Lateral
단면의 배율이 Guide 간의 거리에 의해 좌우(옆 혹은 측면)으로만 적용된다.

요약하면 다음 표와 같다.

Scaling Method	Sub-function	추가로 선택해야 하는 오브젝트
Constant	Scale Factor	없음
Blending Function	Blending Function(Linear, Cubic) Start & End Factor	없음
Another Curve	없음	선
A Point	없음	점
Area Law	Law Type	없음
Perimeter Law	Law Type	없음
Uniform	없음	없음
Lateral	없음	없음

> **! 영어 뜻 이해**
>
> ▶ Perimeter
> n.(평면 도형의) 주위, 주변; 주위[주변]의 길이.
> 여기에서는 Section의 둘레 길이를 의미한다.
>
> ▶ Lateral
> a. 옆의, 측면의.
> 여기에서는 두 개의 Guide를 가로지르는 방향을 의미한다.

ch07_008.prt   **Scaling Method 옵션의 이해**   Exercise 08

실습용으로 제공된 파일을 열어 Scaling Method 옵션을 이해하자. 각 옵션의 실습에 사용될 개체는 Layer로 정리되어 있다.

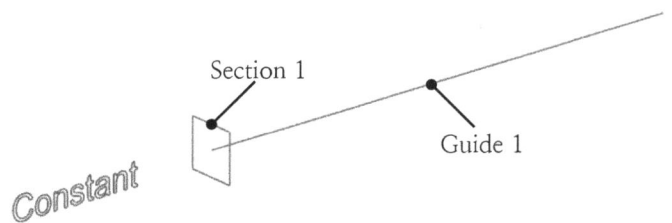

그림 7-57 실습용 파일

Constant 옵션

1. ch07_008.prt 파일을 연다.
2. View 탭의 Visibility 아이콘 그룹에서 Layer Settings 아이콘을 누른 후 21번 레이어를 Work Layer로 설정한다. 또는 Ctrl + L을 선택해도 된다. 이는 생성할 서피스가 21번 레이어에 들어가도록 하기 위한 것이다.
3. Swept 아이콘을 누르고 대화상자를 Reset 한 후 Curve Rule을 적절히 이용하여 Section과 Guide를 선택한다.
4. Scaling Method 옵션을 Constant로 선택한다.
5. Scaling Factor 입력창에 2를 입력하고 Tab 키를 누른다. 미리보기가 나타난다.
6. OK 버튼을 눌러 Solid Body를 생성한다.

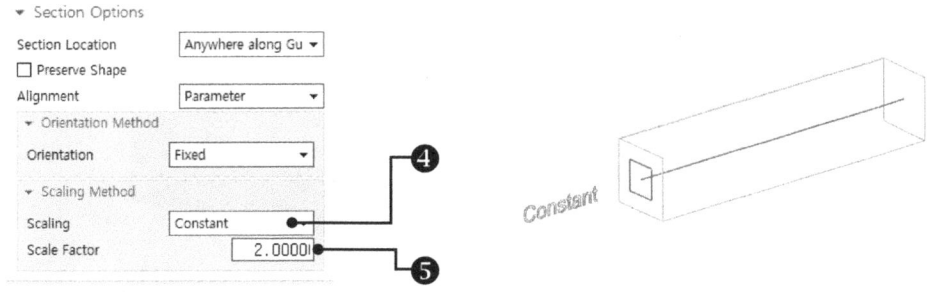

그림 7-58 Constant 옵션 적용

Blending Function 옵션

1. 22번 레이어를 Work Layer로 설정하고 21번 레이어를 숨긴다. Home 키를 눌러 화면을 맞춘다.
2. Swept 아이콘을 누르고 대화상자를 Reset 한 후 Section과 Guide를 선택한다.
3. Scaling Method옵션을 Blending Function으로 선택한다.
4. 그림 7-59와 같이 Start 값과 End 값을 입력하고 Tab 키를 누른다.
5. OK 버튼을 눌러 Solid Body를 생성한다.

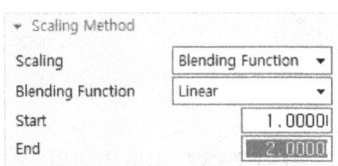

그림 7-59 Scaling Method 옵션 설정

아래 그림과 같이 단면의 배율이 Guide의 끝으로 가면서 선형적으로 2배 커지는 Solid Body가 만들어진다.

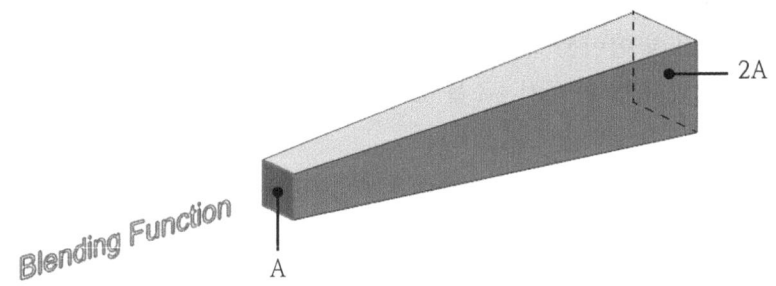

그림 7-60 Blending Function = Linear의 결과

6. 앞에서 만든 Swept 피쳐의 Blending Function을 Linear에서 Cubic으로 변경한다. 아래 그림과 같이 단면의 배율 변화가 직선이 아닌 곡선으로 이루어지는 것을 확인할 수 있다.

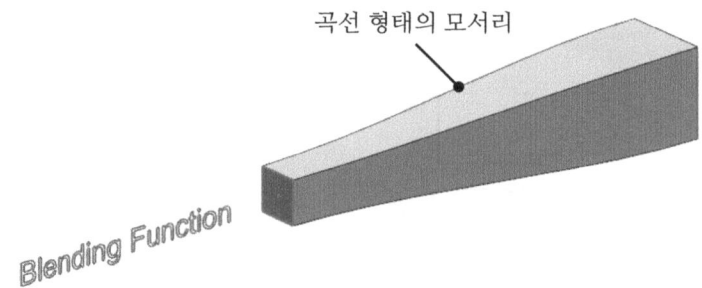

그림 7-61 Blending Function = Cubic의 결과

Another Curve 옵션

1. 23번 레이어를 Work Layer로 설정하고 22번 레이어를 숨긴다.
2. Swept 아이콘을 누르고 대화상자를 Reset 한 후 Section과 Guide를 선택한다.
3. Scaling Method 옵션을 Another Curve로 선택한다.
4. 작업 화면에서 Scaling을 결정할 커브를 선택한다.
5. OK 버튼을 눌러 Solid Body를 생성한다.

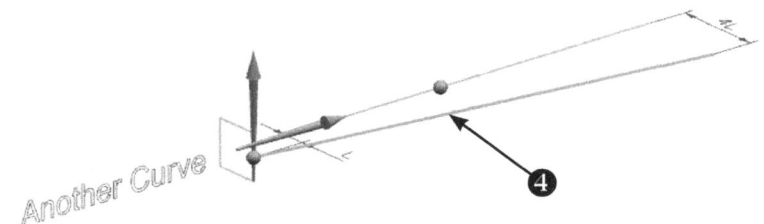

그림 7-62 Another Curve 옵션 적용

아래 그림과 같이 Scaling Curve를 따라 형상이 생성되며 단면의 면적은 그에 따라 결정된다.

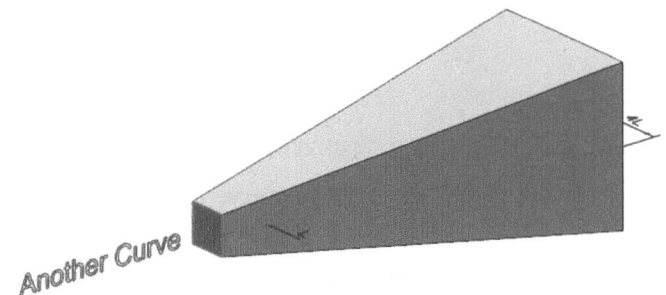

그림 7-63 Another Curve 옵션의 결과

A Point 옵션

1. 24번 레이어를 Work Layer로 설정하고 23번 레이어를 숨긴다.
2. Swept 아이콘을 누르고 대화상자를 Reset 한 후 Section과 Guide를 선택한다.
3. Scaling Method 옵션을 A Point로 선택한다.
4. 작업 화면에서 점을 선택한다.
5. OK 버튼을 눌러 Solid Body를 생성한다.

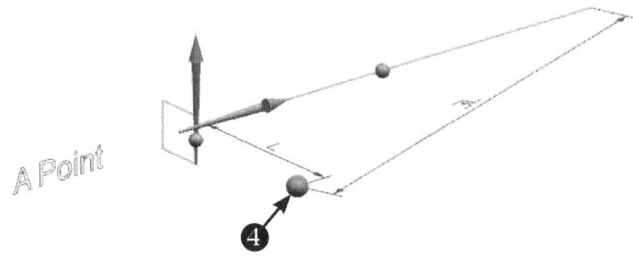

그림 7-64 Another Curve 옵션 적용

아래 그림과 같이 단면의 배율이 3배($100mm^2$ → $900mm^2$)로 커지는 Solid Body가 만들어진다. 이는 Section과 점과의 거리 배율로 면적 배율이 결정되기 때문이다.

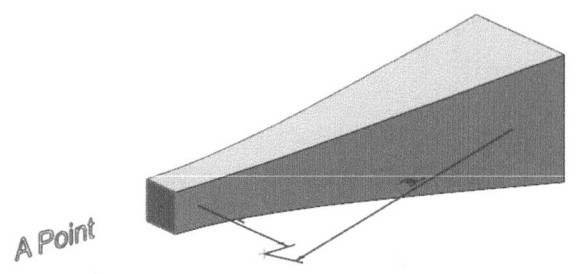

그림 7-65 A Point 옵션의 결과

Area Law 옵션

1. 25번 레이어를 Work Layer로 설정하고 24번 레이어를 숨긴다.
2. Swept 아이콘을 누르고 대화상자를 Reset 한 후, Curve Rule을 적절히 이용하여 Section과 Guide를 선택한다.
3. Scaling Method 옵션을 Area Law로 선택한다.
4. Law Type을 Cubic along Spine으로 선택한다.

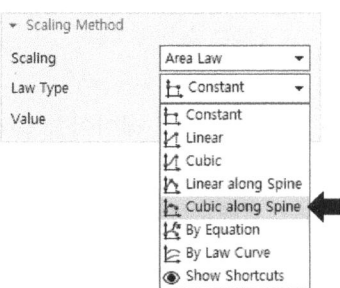

그림 7-66 'Cubic along Spine' Law Type

5. Specify New Location 옵션이 오렌지색으로 활성화 되어 있음을 확인한다. 그렇지 않다면 클릭하여 활성화 시킨다.
6. Values along Spine 영역을 클릭하여 확장시킨다.
7. Guide의 시작 점을 선택한다.
8. Point 1 입력창에 Section의 면적 값인 100을 입력한 후 키보드에서 Enter 키를 누른다.

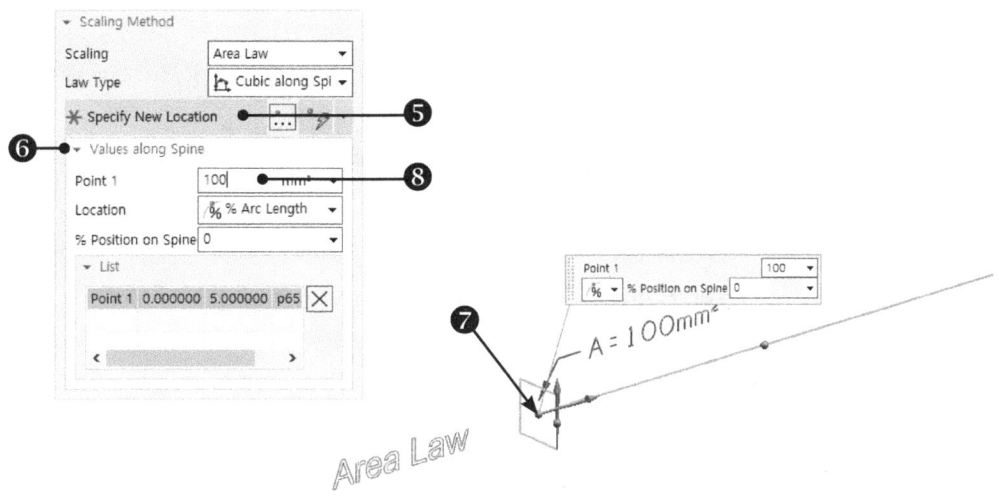

그림 7-67 Area Law 옵션 적용(시작점에서의 면적)

9. Guide의 중간 점과 끝 점을 각각 Point 2와 Point 3로 선택한 후 Point 2에서의 면적을 500 mm²로 입력하고(그림 7-68) Point 3에서의 면적을 100mm²로 입력한다.(그림 7-69)
11. OK 버튼을 누른다.

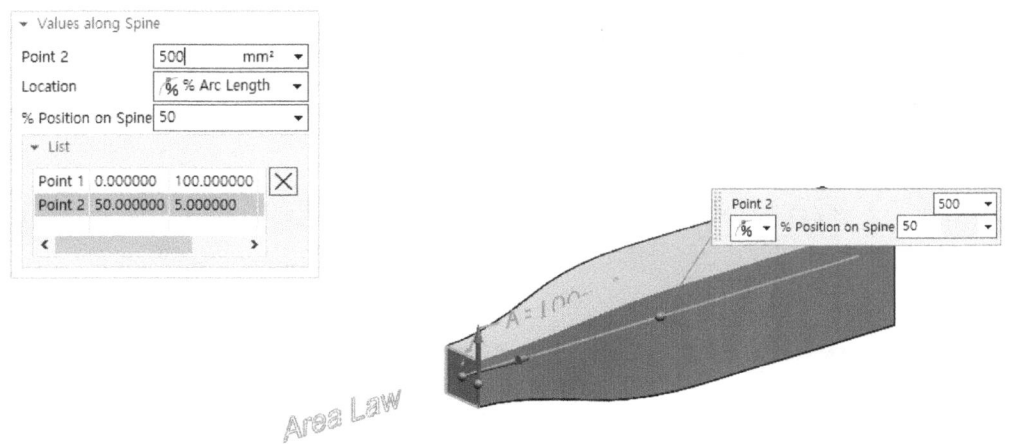

그림 7-68 Area Law 옵션 적용(중간 점에서의 면적)

Guide를 따라 단면적이 100mm² → 500mm² → 100mm²로 부드럽게(Cubic) 변하는 Solid Body가 만들어진다.

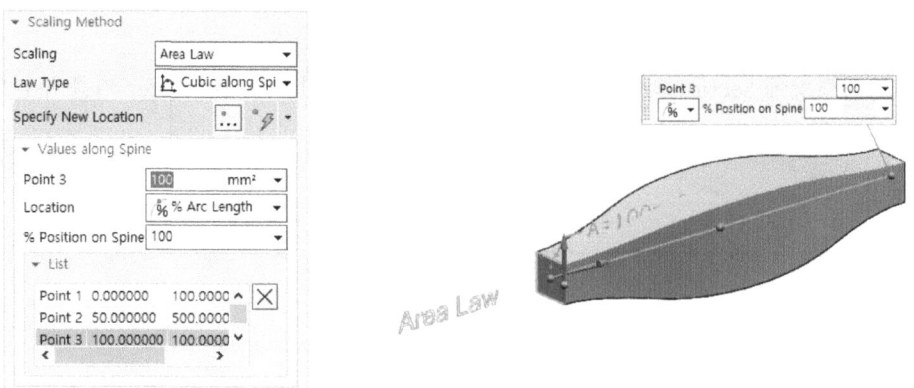

그림 7-69 Area Law 옵션 적용(끝점에서의 면적)

Perimeter Law 옵션

1. 26번 레이어를 Work Layer로 설정하고 25번 레이어를 숨긴다.
2. Swept 아이콘을 누르고 대화상자를 Reset 한 후 Section과 Guide를 선택한다.
3. Scaling Method 옵션을 Perimeter Law로 선택한다.
4. Law Type을 Linear along Spine으로 선택한다
5. Area Law 옵션을 적용한 것과 유사한 방식으로 아래 그림을 참고하여 Solid Body를 생성한다.

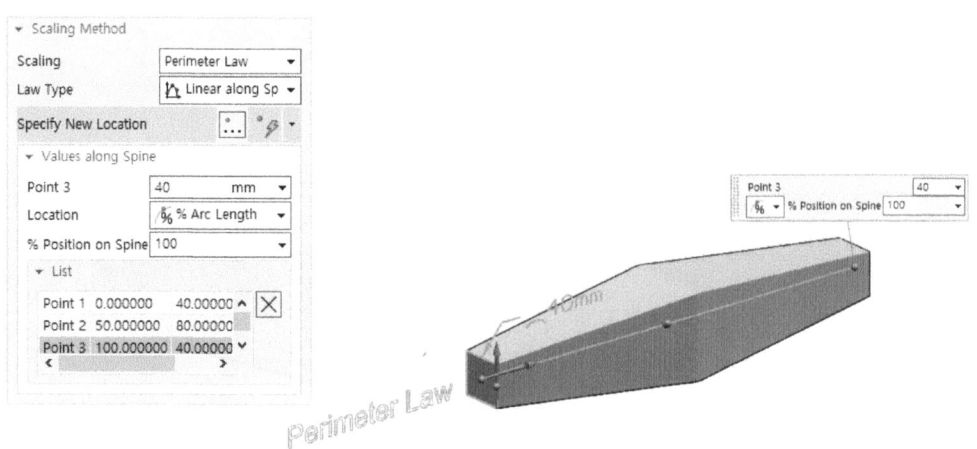

그림 7-70 Perimeter Law 옵션 적용

Uniform 옵션

이 옵션은 두 개의 Guide를 사용할 때 적용할 수 있다.

1. 27번 레이어를 Work Layer로 설정하고 26번 레이어를 숨긴다.
2. Swept 아이콘을 누르고 대화상자를 Reset 한 후 Section과 두 개의 Guide를 선택한다.
3. Scaling Method 옵션을 Uniform으로 선택한다.
4. OK 버튼을 눌러 Solid Body를 생성한다.

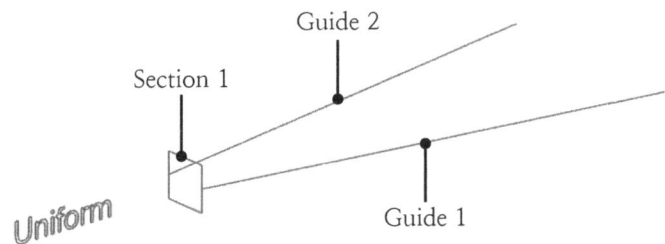

그림 7-71 27번 Layer의 오브젝트

아래 그림과 같이 Guide를 따라 가면서 단면의 배율이 사방으로 커지는 Solid Body가 만들어진다.

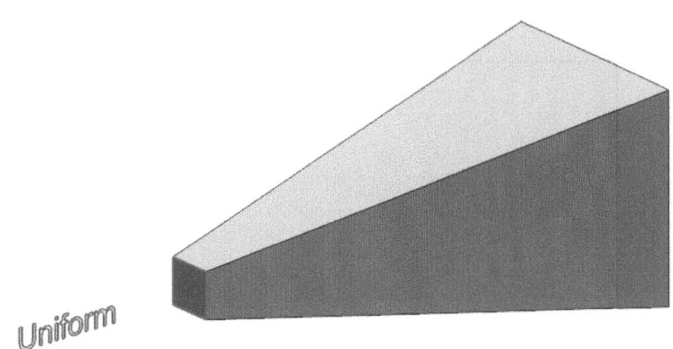

그림 7-72 Uniform 옵션의 결과

Lateral 옵션

이 옵션도 두 개의 Guide를 사용할 때 적용할 수 있다.

1. 28번 레이어를 Work Layer로 설정하고 27번 레이어를 숨긴다.
2. Swept 아이콘을 누르고 대화상자를 Reset 한 후 Section과 두 개의 Guide를 선택한다.
3. Scaling Method 옵션을 Lateral로 선택한다.
4. OK 버튼을 눌러 Solid Body를 생성한다.

아래 그림과 같이 Guide를 가로 지르는 방향으로만 단면의 배율이 변하는 Solid Body가 만들어진다.

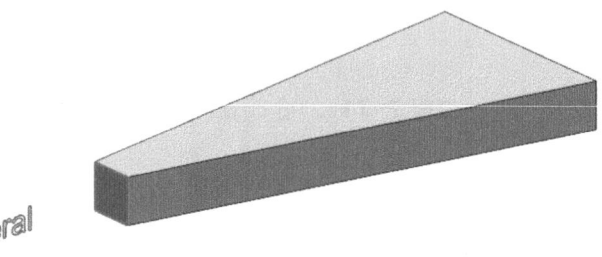

그림 7-73 Lateral 옵션의 결과

7.4.1 Scaling Method의 결과 형상 비교

앞의 Exercise에서 각 Scaling Method 옵션으로 생성한 형상을 표시하면 아래 그림과 같다.

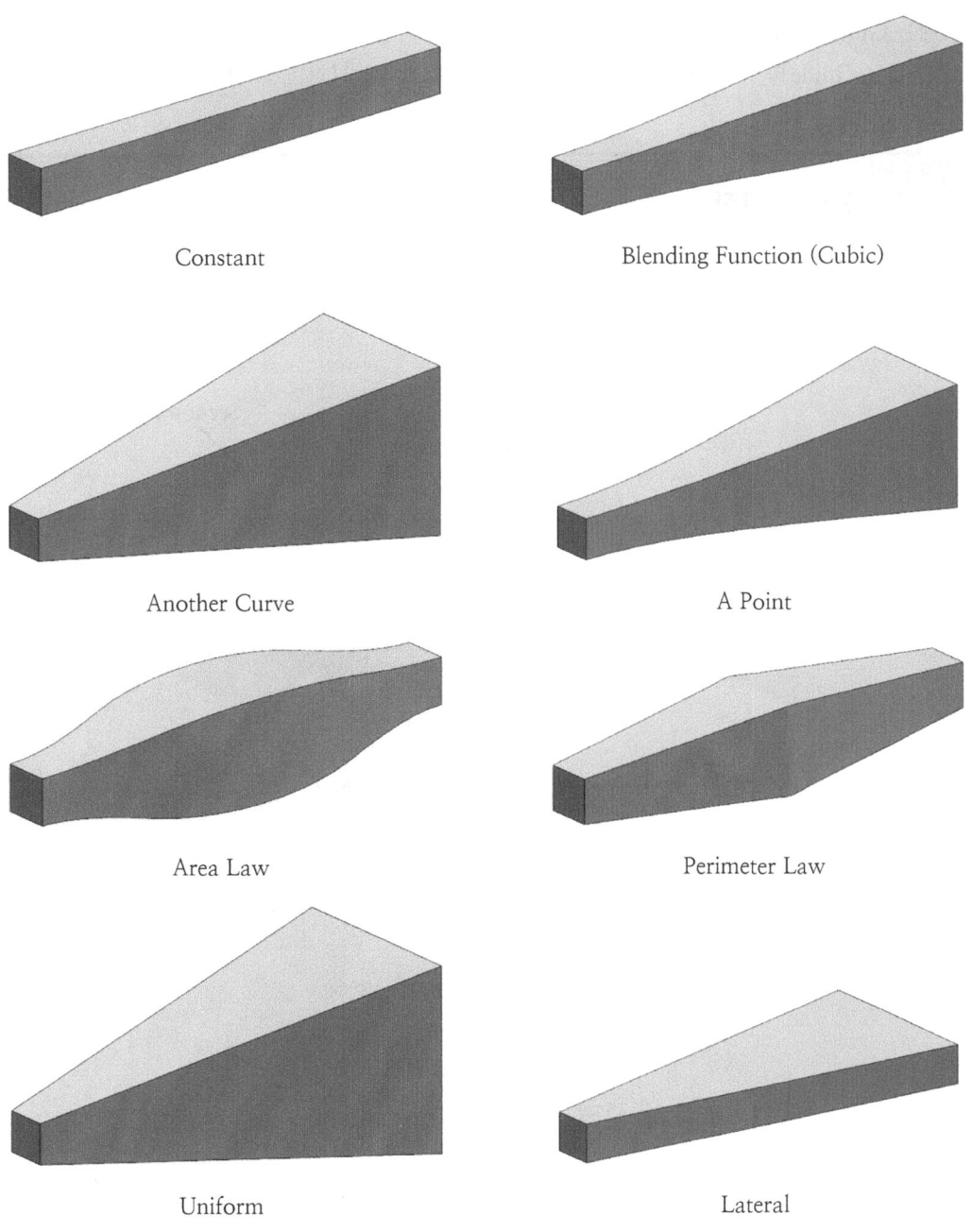

그림 7-74 Scaling Method 옵션 별 비교

7장: Swept

7.5 Spine 옵션

Section 연결 방향(V Direction)의 Grid Line 형상을 제어한다. V Grid Line의 방향은 Spine에 수직이 되도록 형성된다. Guide가 2개 또는 3개인 경우에만 사용할 수 있다. Guide가 한 개인 경우에는 Guide가 Spine으로 이용된다. Guide가 2 개 이상이지만 Spine을 별도로 지정하지 않은 경우에는 Guide를 이용하여 Spine을 자동으로 계산하여 서피스를 생성한다.

Exercise 09   Spine 지정   *ch07_009.prt*

주어진 파일을 이용하여 Spine을 지정하지 않은 경우와 Spine을 지정한 경우의 서피스를 각각의 레이어에 생성한 후 V 방향 Grid Line을 표시해 보자.

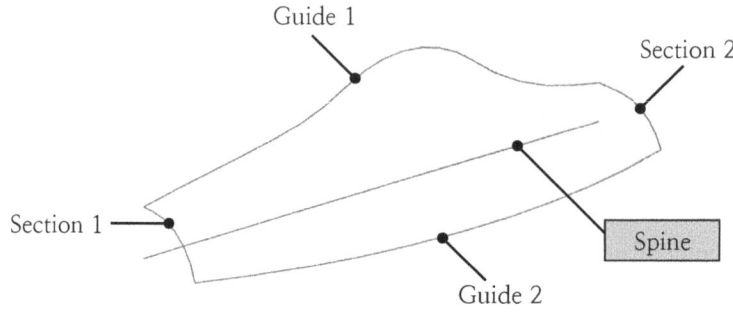

그림 7-75 실습용 파일

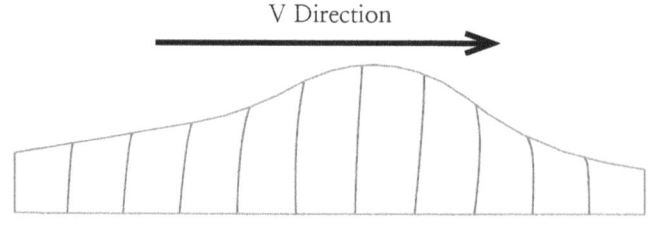

그림 7-76 Spine을 지정하지 않은 경우

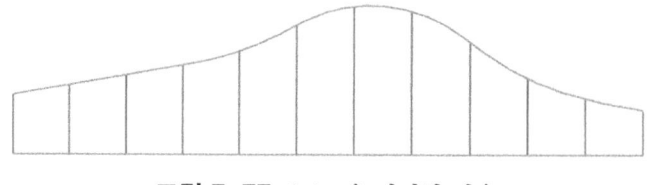

그림 7-77 Spine을 지정한 경우

END of Exercise

7.6 추가 예제

다음 도면을 모델링 하시오.

주의 사항

1. 파일명은 도면의 표제란을 참조하여 사용자가 임의로 정한다.

2. Modeling Preferences의 Distance Tolerance는 0.01mm로 한다.

3. 점(Point)을 제외한 모든 커브는 Sketch로 그려야 하며, 모든 Sketch 커브는 완전구속(fully constrained) 시켜야 한다.

4. Swept 기능은 단 1회만 사용한다.

5. Spine을 지정하여 Grid Line의 배열을 좀 더 균일하게 만들 수 있는 경우라 판단되면 가능한 적극적으로 Spine 옵션을 적용한다.

6. 완성 모델이 Solid Body인지 혹은 Sheet Body인지는 도면의 Iso View를 보고 판단한다.

7 장: Swept

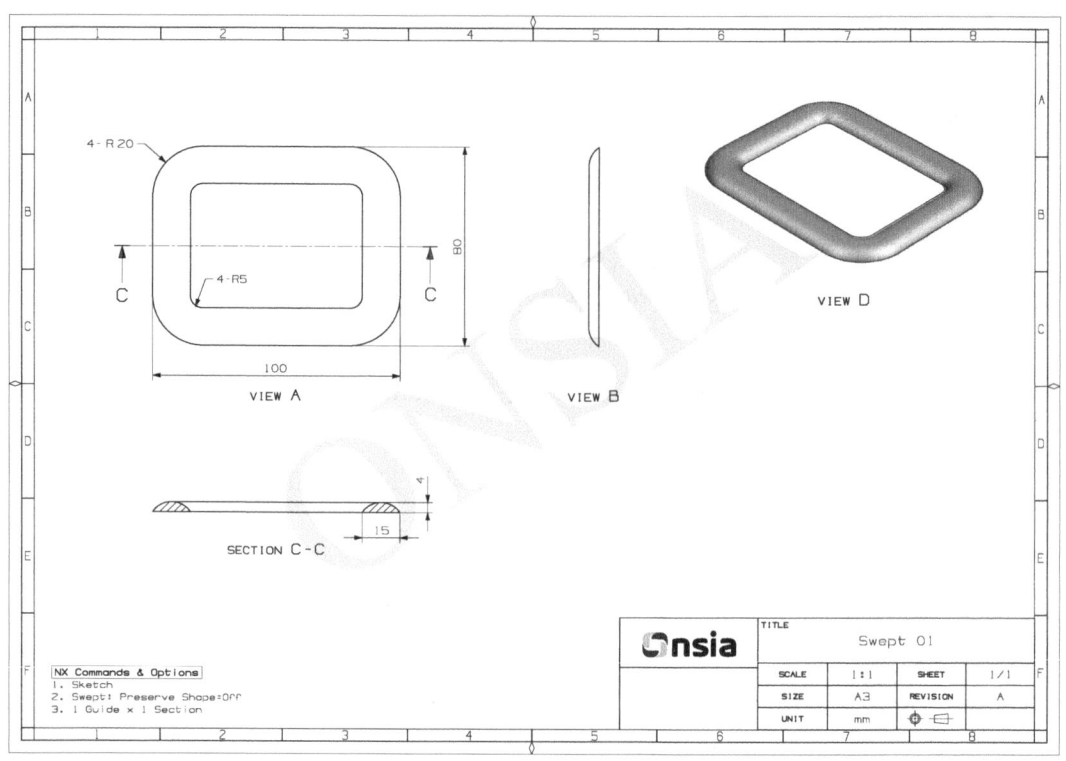

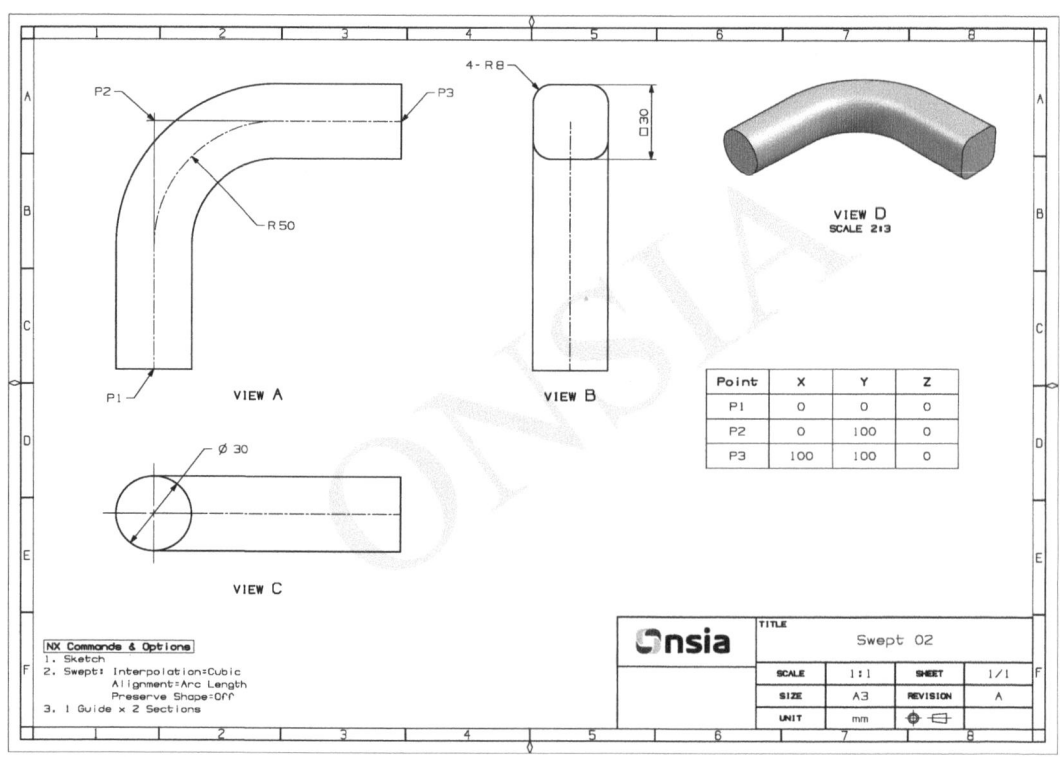

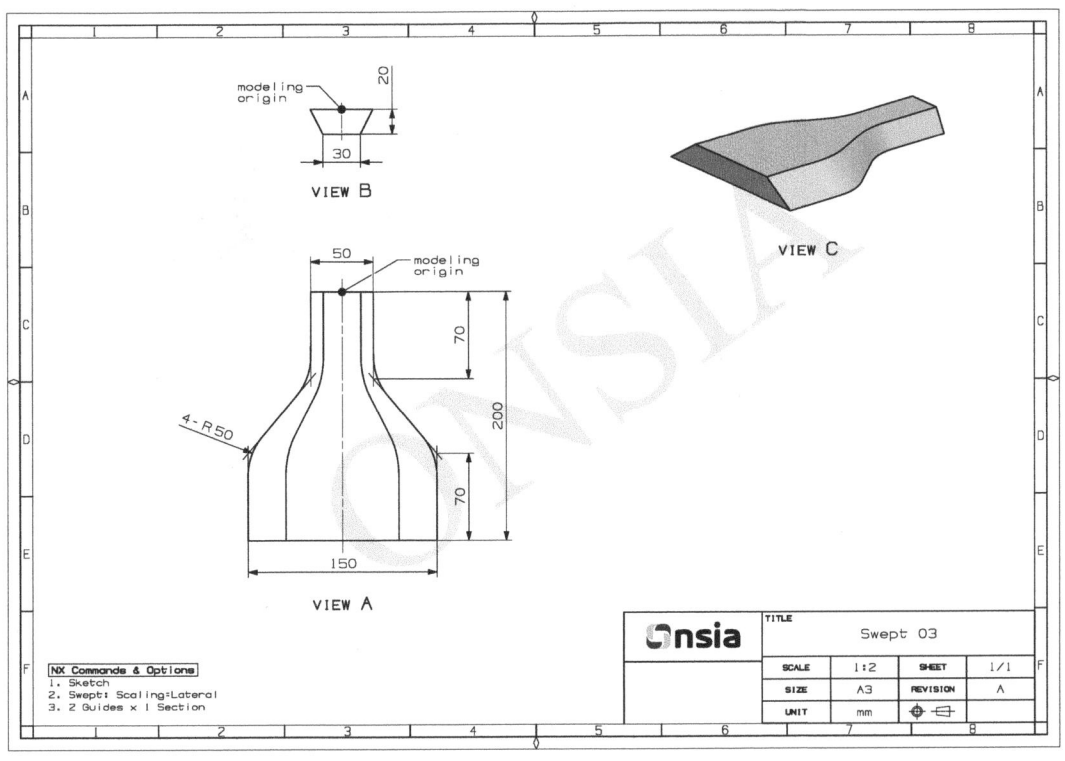

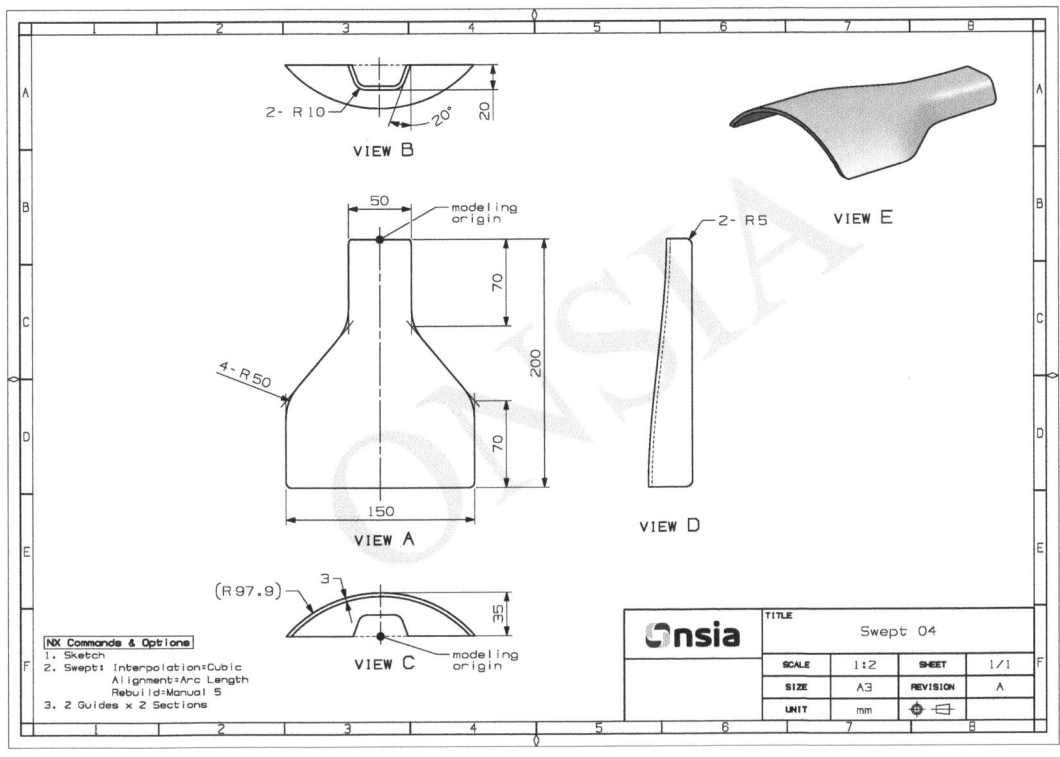

7 장: Swept

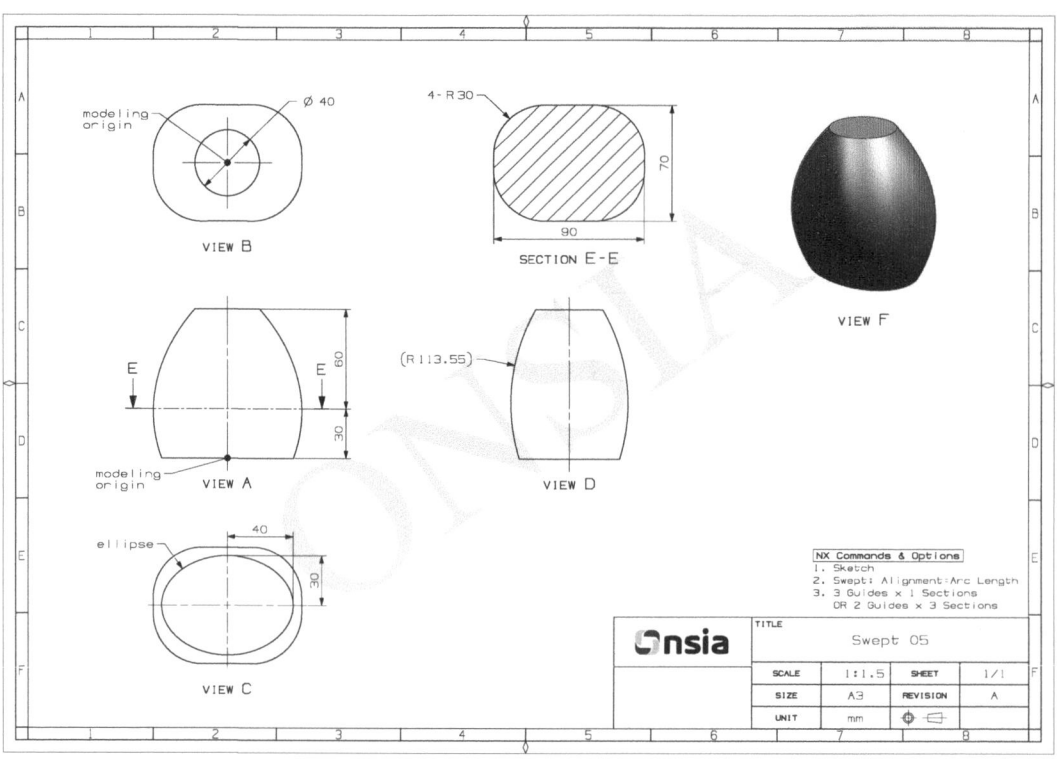

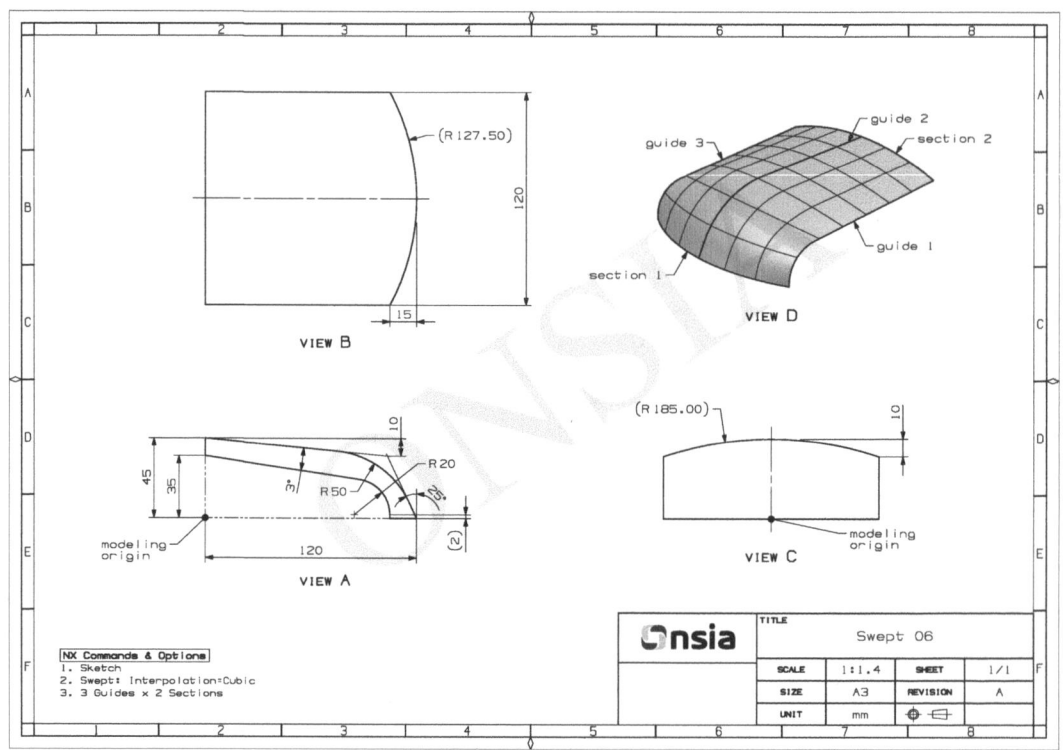

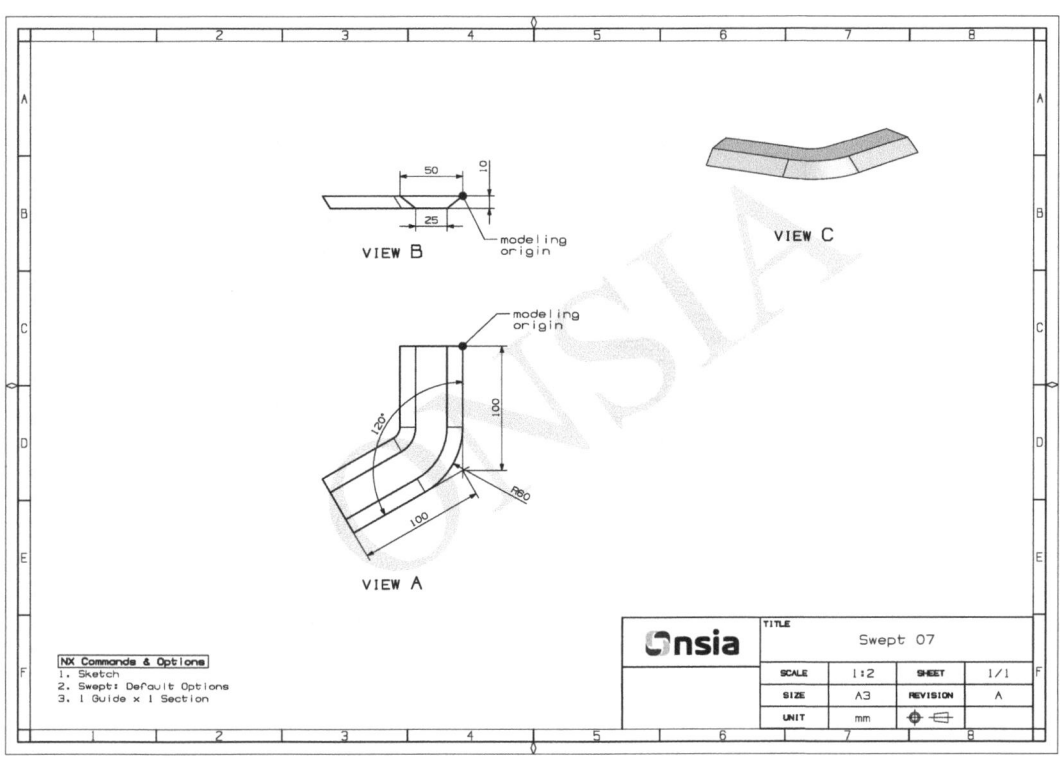

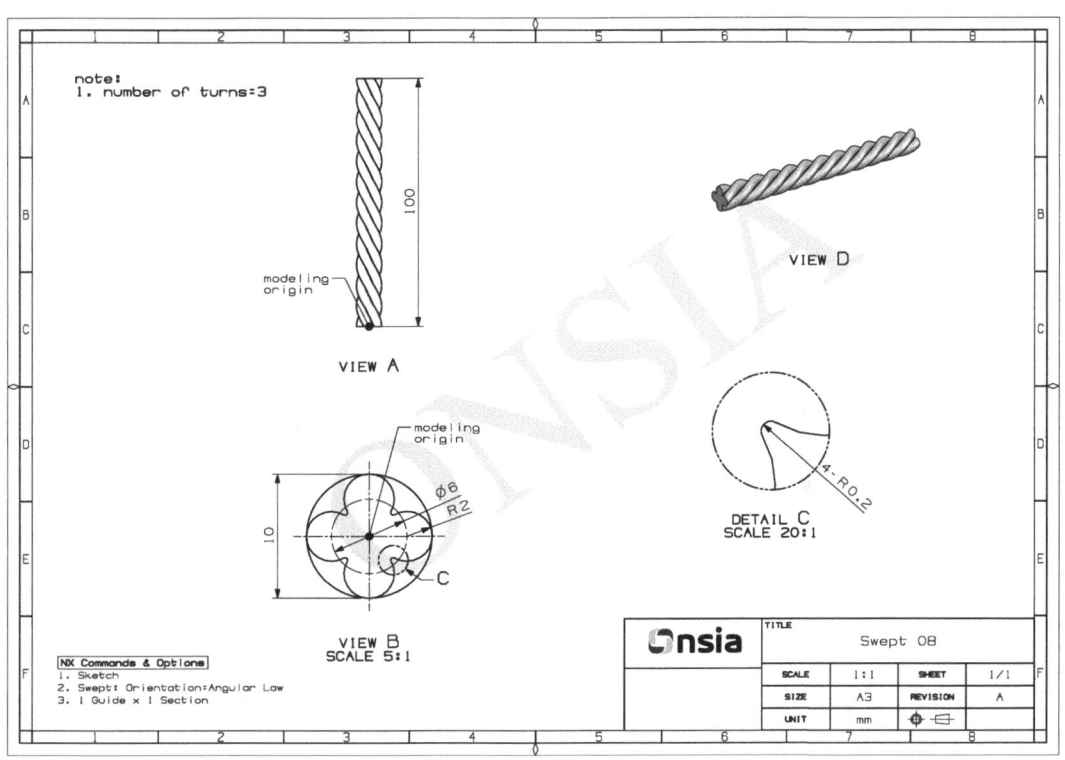

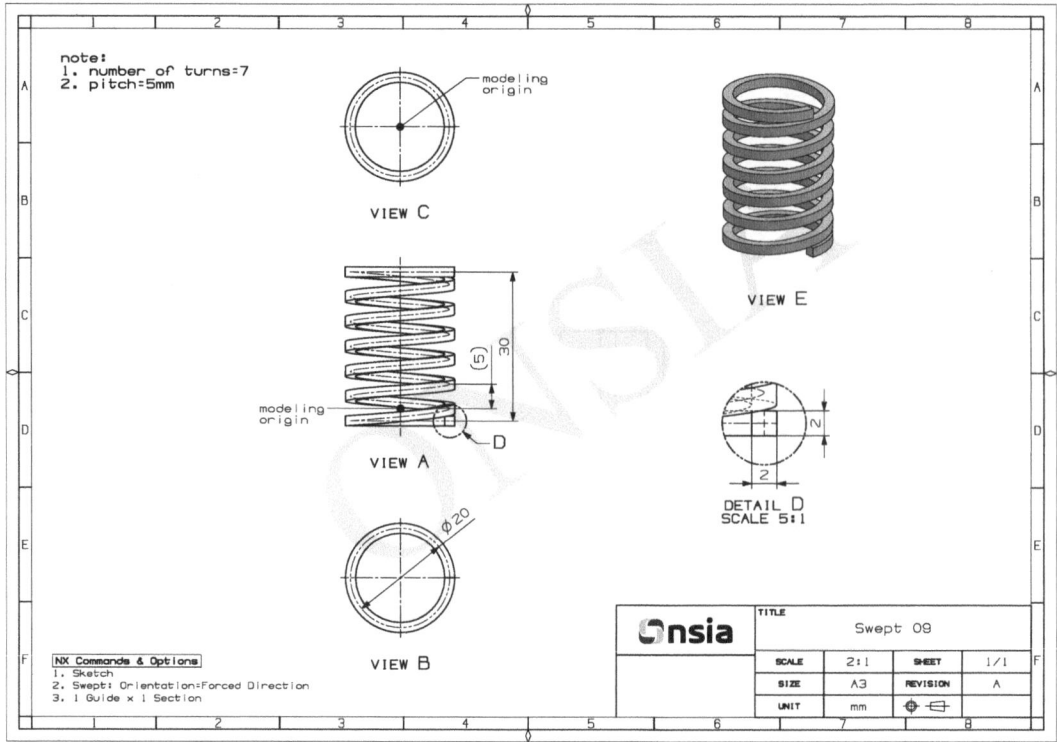

Swept 09의 Wireframe은 Sketch로는 그릴 수 없다. 아래 Wireframe을 그리는 순서 그림을 참조하여 작업한다. Wireframe을 그리는 것이 어렵기 때문에 선이 그려진 파일(swept_09_wireframe.prt)을 7장 예제 파일 폴더에 제공한다.

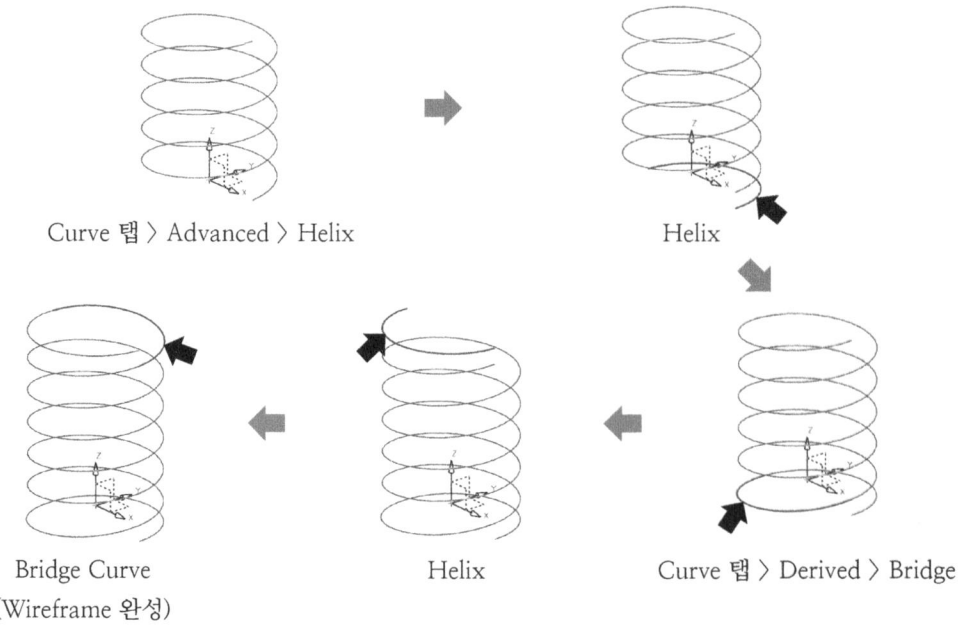

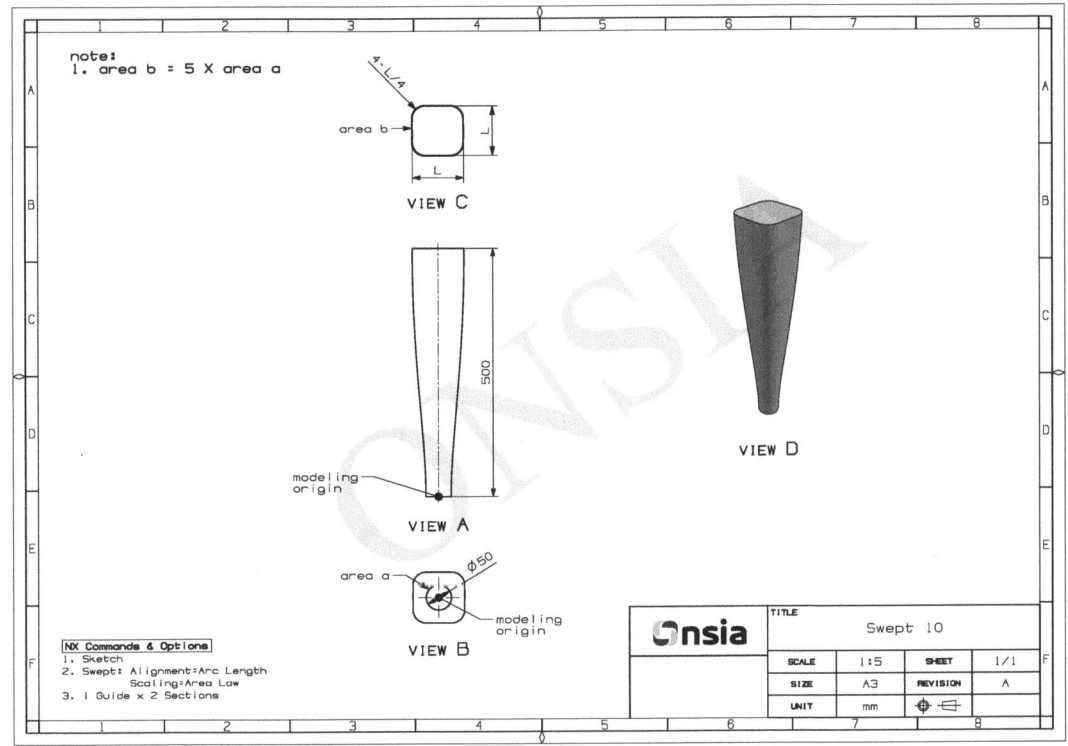

Swept 10에서 Area Law를 이용하는 방법

1. (area a)의 면적을 측정한다. 원으로 Sheet Body를 먼저 만든 후 Analysis 탭 > Measure > Measure 기능을 사용하여 측정할 수 있다. Associative 옵션을 이용한다.

2. Formula를 이용하여 시작점과 끝 점에 각각 (area a)와 (area a) * 4의 면적을 지정한다.

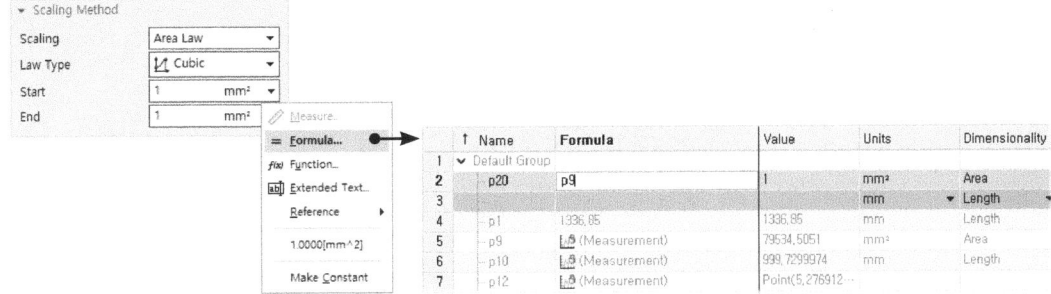

7.7 요약

1. Swept는 Guide와 Section을 지정하여 Solid Body 혹은 Sheet Body를 생성하는 서피스 기능이다.

2. Swept 기능을 사용할 때 Guide는 3개를 초과할 수 없다.

3. Swept 기능에서 사용할 수 있는 옵션은 Guide와 Section의 개수에 따라 다르다.

4. Swept 기능의 Section Location 옵션은 형상이 생성될 방향과 위치를 결정한다. Section이 1개일 때만 사용할 수 있다.

5. Swept 기능의 Interpolation 옵션은 Section을 선형(Linear)으로 연결할 지 혹은 부드럽게(Cubic)게 연결할 지를 결정하는 옵션이다. Section이 2개 이상일 때만 사용할 수 있다.

6. Swept 기능의 Orientation Method 옵션은 Section이 Guide를 따라가는 방향(Orientation)을 제어한다. Guide가 1개일 때만 사용할 수 있다.

7. Swept 기능의 Scaling Method 옵션은 Guide를 따라가는 Section의 배율(Scale)을 제어한다. Guide가 1개 혹은 2개일 때만 사용할 수 있다.

8. Swept 기능의 Spine 옵션은 Section 연결 방향(V Direction)의 Grid Line 형상을 제어하여 면의 품질을 향상 시킨다. Guide가 2개 혹은 3개일 때만 사용할 수 있다.

Chapter 8
Studio Surface

■ 학습목표

- Studio Surface 기능의 기본 사용법과 작업 과정을 이해할 수 있다.
- Studio Surface와 Through Curve Mesh 기능의 차이점을 이해할 수 있다.
- Studio Surface와 Swept 기능의 차이점을 이해할 수 있다.

8.1 Studio Surface

Through Curve Mesh 기능의 연장선 상에서 Studio Surface 기능을 이용할 수 있다. 이 기능은 Through Curves, Through Curve Mesh, Swept 기능을 사용할 수 있는 상황에서 사용할 수 있다. 적용할 수 있는 옵션은 다르다.

그림 8-1은 Surface 탭 > Base > Studio Surface 아이콘을 보여준다. 그림 8-2는 Studio Surface 대화상자를 보여준다. Through Curve Mesh 대화상자와 비슷함을 알 수 있다.

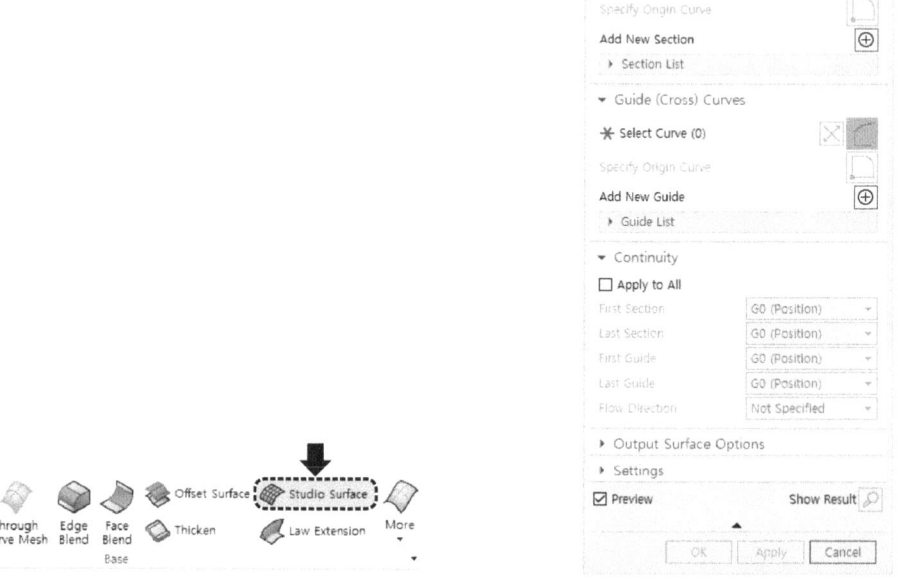

그림 8-1 Studio Surface 아이콘   그림 8-2 Studio Surface 대화상자

8.2 Through Curves의 대안으로서의 Studio Surface

Through Curve Mesh 기능을 사용할 수 있는 대부분의 상황에서 두 개 이상의 Section (Primary) Curve와 Guide (Cross) Curve를 선택하여 Studio Surface를 생성할 수 있다. 첫 번째와 마지막 섹션에 Continuity 옵션을 적용할 수 있다. 첫 번째와 마지막 섹션으로 점을 이용할 수 없다. Alignment 옵션에서 By Points를 선택하면 Normal to End Section 옵션을 이용할 수도 있다.

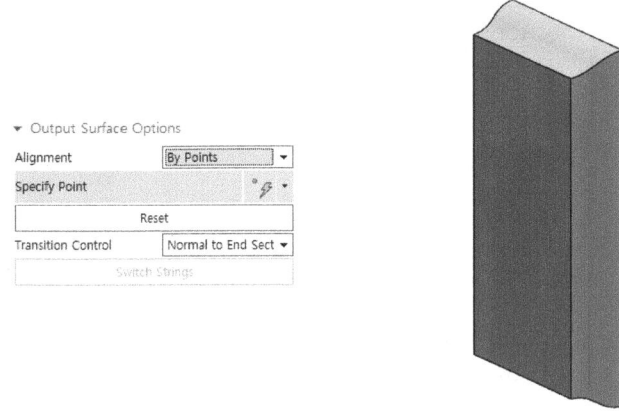

그림 8-3 Normal to End Section 옵션

---

ch08_001.prt **Continuity 옵션** **Exercise 01**

21번 레이어에 있는 서피스와 G1 연속을 적용하여 Studio Surface를 생성해 보자..

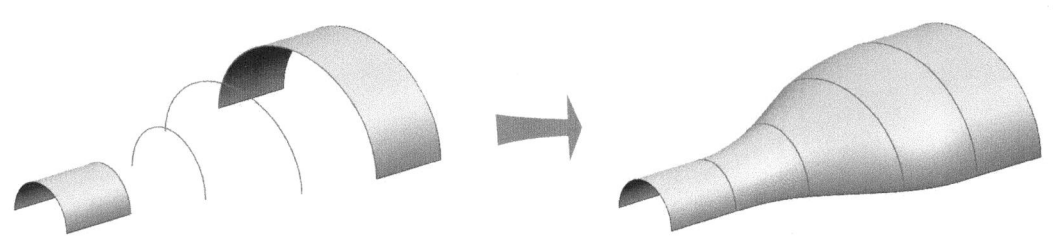

그림 8-4 Studio Surface to Create

END of Exercise

8.3 Through Curve Mesh와 Swept 기능의 대안으로서의 Studio Surface

Primary Curve와 Cross Curve를 선택하여 Studio Surface를 생성할 수 있다. 개수 제한은 없다. 아래의 표는 Guide와 Section의 개수에 따른 Swept, Through Curve Mesh, Studio Surface 기능의 사용 가능 여부에 대하여 표시한다. Studio Surface 기능은 모든 경우에서 사용 가능함을 알 수 있다.

Guides	Sections	Swept	TCM	Studio Surface
1	1 이상	o	x	o
2	1	o	x	o
	2 이상	o	o	o
3	1	o	x	o
	2 이상	o	o	o
4 이상	1	o*	x	o
	2, 3	o*	o	o
	4 이상	x	o	o

* Guide와 Section을 바꿔서 선택해야 함.

Swept 기능 대신 Studio Surface 기능을 이용할 수 있으나 Swept 기능의 Scaling Method나 Orientation Method 옵션은 적용할 수 없다.

Studio Surface 기능을 이용할 때, Section Curve는 G0여야 하고, Guide Curve는 G1이어야 한다. 따라서, 그림 8-5와 같은 커브를 이용하여 Studio Surface를 생성할 수는 없다. 첫 번째 와 마지막 섹션에 점을 이용할 수도 없다.

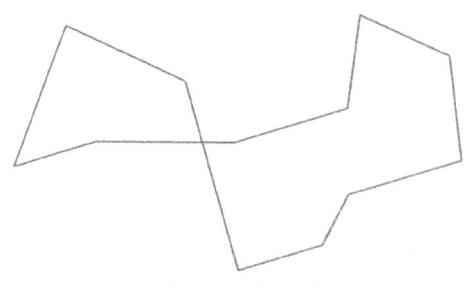

그림 8-5 각진 커브

ch08_002.prt **두 개의 Section과 1 개의 Guide** `Exercise 02`

주어진 파일을 이용하여 그림 8-6과 같은 솔리드 바디를 생성하시오. Studio Surface 기능을 이용한다.

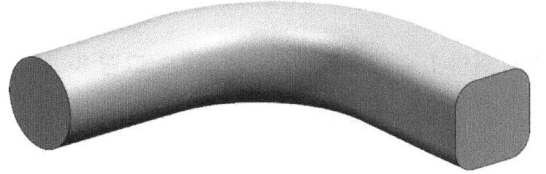

그림 8-6 완성된 모델

`END of Exercise`

---

ch08_003.prt **Emphasis** `Exercise 03`

주어진 파일을 이용하여 그림 8-9, 그림 8-10의 시트 바디를 생성하시오. Studio Surface 기능을 사용하여야 하며, Intersection Tolerance를 6 mm로 설정해야 한다.

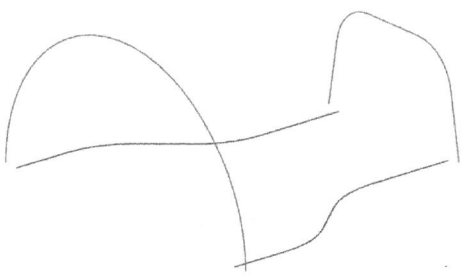

그림 8-7 주어진 파트

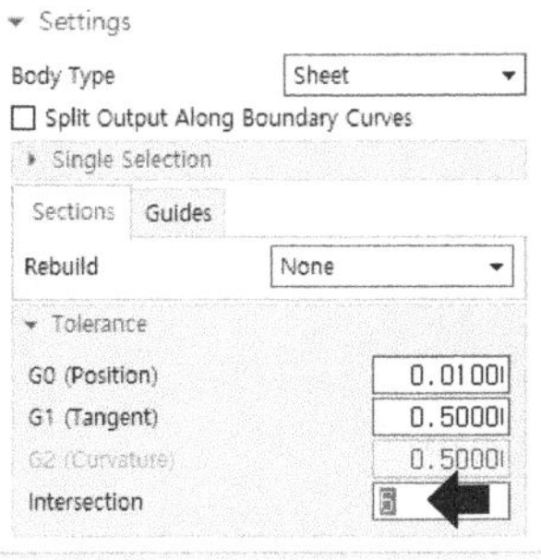

그림 8-8 Intersection Tolerance

Ch 8: Studio Surface

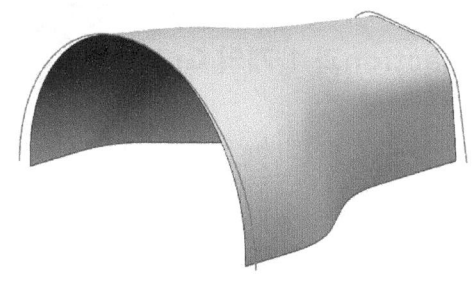
그림 8-9 시트 바디 1

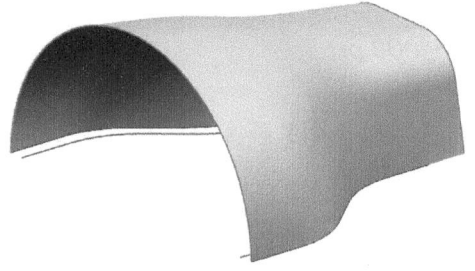
그림 8-10 시트 바디 2

END of Exercise

Exercise 04   닫힌 섹션

ch08_004.prt

주어진 파일을 이용하여 그림 8-12, 그림 8-13과 같은 솔리드 바디와 시트 바디를 생성하시오. Studio Surface 기능을 이용한다.

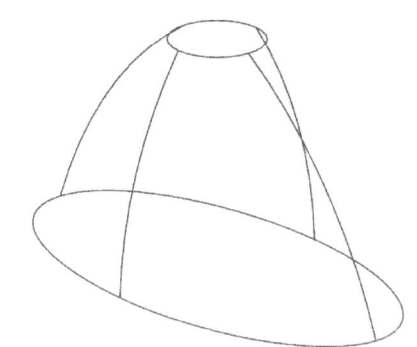
그림 8-11 주어진 파트

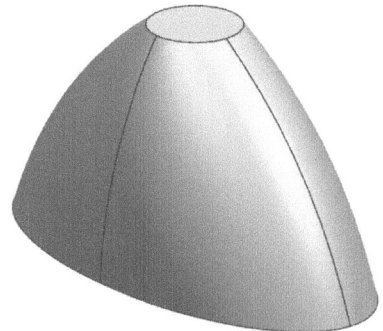
그림 8-12 솔리드 바디

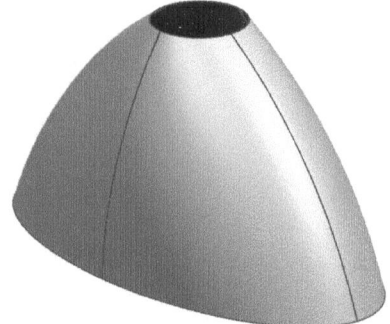
그림 8-13 시트 바디

END of Exercise

Chapter 9
Variational Sweep

■ 학습목표

- Variational Sweep의 용도를 이해할 수 있다.
- Variational Sweep 기능의 기본 사용법과 작업 과정을 이해할 수 있다.
- Vatiational Sweep의 생성 가능 여부를 확인할 수 있다.
- Create Sketch의 Plane Orientation 옵션을 이해하고 활용할 수 있다.

9장: Variational Sweep

9.1 Variational Sweep(V-Sweep)

Path를 따라 Section을 진행 시켜 Solid Body 또는 Sheet Body를 생성한다. Section은 On Path 타입으로 생성하여야 하며, Path를 이루는 커브는 Tangent며 연속이어야 한다. Section은 완전구속 되어야 하고, 주변 형상과 연관 관계를 준 경우 Sweep을 하면서 그 조건을 유지하기 위하여 Section의 형상이 자동으로 변경된다.

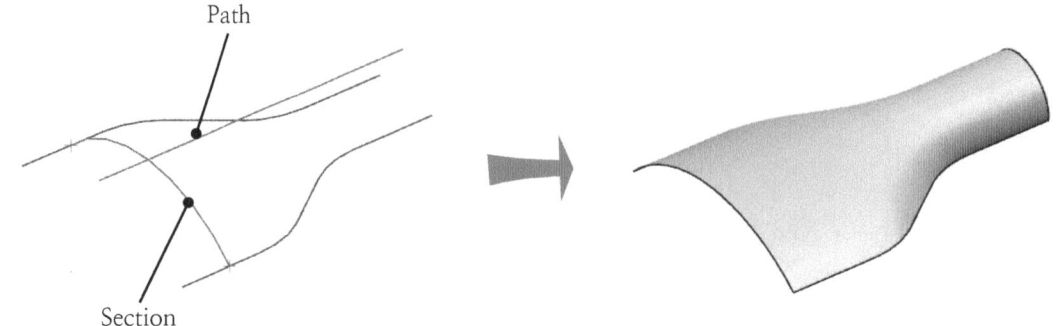

그림 9-1 Variational Sweep의 적용 예

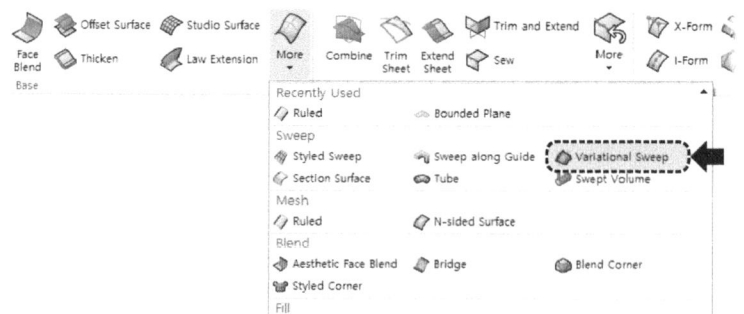

그림 9-2 Variational Sweep 아이콘

> **! Master Section**
>
> Variational Sweep을 생성할 때 선택하는 Section을 Master Section이라고 한다. 대화상자의 Secondary Section 옵션을 이용하여 Master Section으로부터 다른 Section을 추출할 수 있으며 추출된 Section의 치수를 변경할 수 있다.
>
> 목적에 맞게 Master Section을 생성하는 것이 Vatiational Sweep의 가장 중요한 부분이다.

ch09_001.prt   **Variational Sweep 기본 사용법**   Exercise 01

Variational Sweep 서피스를 생성하기 위한 스케치를 생성하고, V-Sweep 기능을 실행하여 서피스를 생성해 보자.

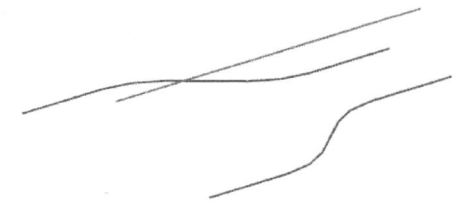

그림 9-3 실습용 파일

파일 열기 및 스케치 면 설정

1. ch09_001.prt 파일을 연다.
2. Construction 〉 Sketch 아이콘을 누른다.
3. 대화상자의 Type 옵션을 On Path로 선택한다.
4. Path를 선택한다. Path의 선택 위치에 생성될 스케치 면의 미리보기가 나타난다.
5. 스케치 좌표계를 그림과 같이 맞추고 Sketch 대화상자에서 OK 버튼을 누른다.

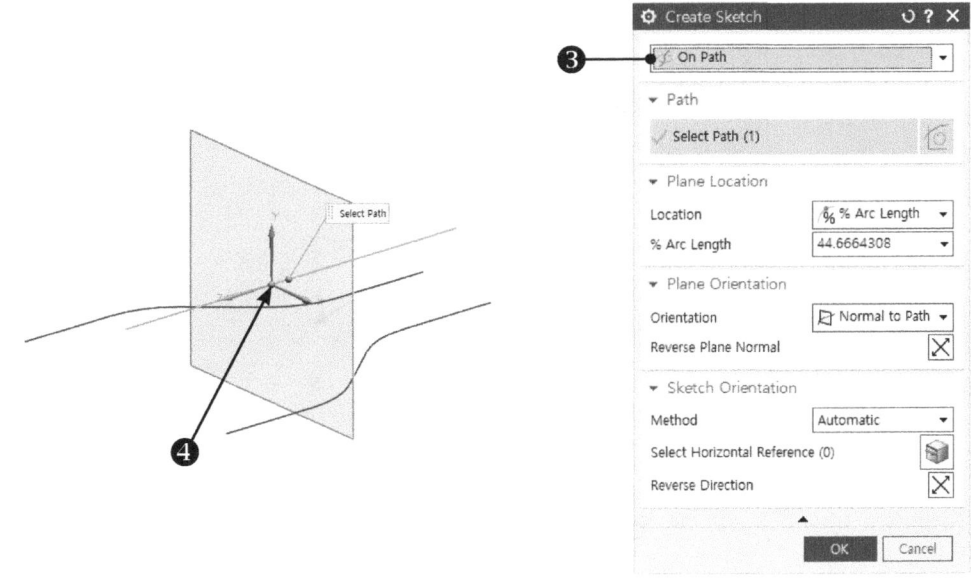

그림 9-4 스케치 면 정하기(On Path 타입)

9 장: Variational Sweep

<u>스케치 생성 1</u>

두 개의 커브와 교차점을 생성할 것이다.

1. Home 키를 눌러 Trimetric View를 표시한다.
2. Sketch 환경에서 Include > More > Intersection Point 아이콘을 선택한다. 또는 메뉴 버튼 > Insert > Curve from Curves > Intersection Point를 선택해도 된다.
3. Curve Rule을 Tangent Curves로 설정한다.
4. 커브를 선택한다. 선택한 커브와 스케치 면과의 교차점이 생성된다.

Variation Sweep은 Path를 따라 스케치 면을 Sweep 하면서 선택한 커브와의 교차점을 연속적으로 찾아낸다는 점을 기억하기 바란다. 따라서 교차점을 생성하고자 하는 커브를 모두 선택하여야 한다. Path로 선택한 커브와의 교차점은 자동으로 생성된다.

5. Intersection Point 대화상자에서 Apply 버튼을 누른다.
6. 다른 커브를 선택하여 교차점을 추가로 생성한다.
7. Intersection Point 대화상자에서 OK 버튼을 누른다.

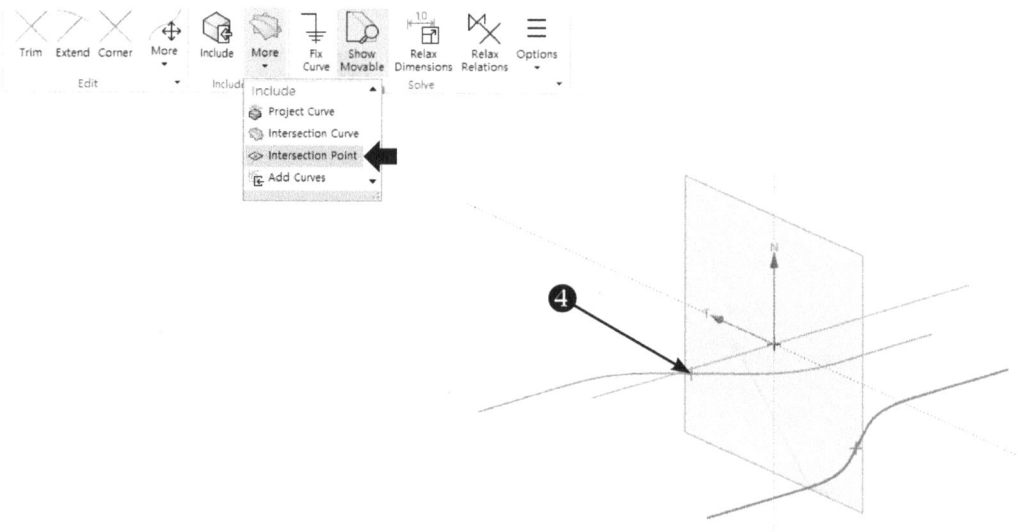

그림 9-5 교차점 생성하기

스케치 생성 2

세 개의 교차점을 지나는 호를 그릴 것이다. 스케치를 그릴 때는 다음 사항을 기억하기 바란다.

▶ 스케치는 완전 구속 되어야 한다.
▶ 다른 커브 또는 면과의 관계를 이용하여 얻어진 개체와의 구속조건은 Section을 Sweep 하면서 유지된다.

1. Curve 아이콘 그룹에서 Arc 아이콘을 누르고 Arc 옵션바에서 Arc by 3 Points 버튼을 누른다.
2. Intersection Point 1을 선택한다. 이 때 반드시 Intersection Point와의 Coincidence 구속이 생성되도록 하여야 한다. Snap Point 옵션의 Existing Point를 On으로 해 놓아야 한다.
3. Intersection Point 2를 선택한다. 역시 Coincidence 구속이 생성되도록 하여야 한다.
4. Path에 자동으로 생성된 점을 호의 세 번째 점으로 선택한다. 역시 Coincidence 구속이 생성되도록 하여야 한다.
5. 완전 구속 되었는지 여부를 확인한다.
6. Finish Sketch 버튼을 눌러 스케치를 종료한다.

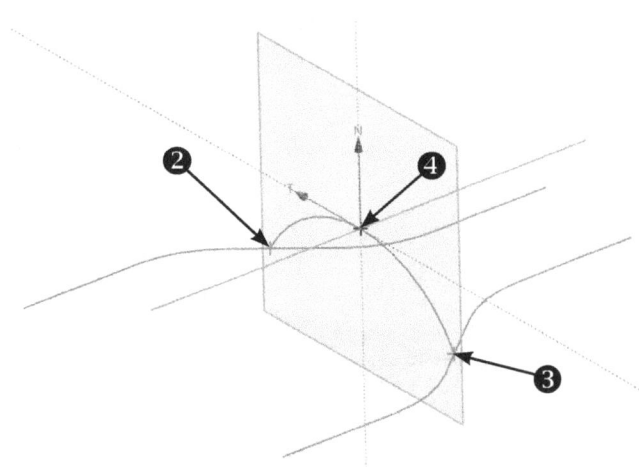

그림 9-6 Section으로 사용할 Arc 생성

9 장: Variational Sweep

Variational Sweep 서피스 생성

1. Surface 아이콘 그룹 > Base > More > Variational Sweep 아이콘을 누른다. 또는 단축키인 V 키를 누른다.
2. Master Section을 선택한다. 생성될 서피스의 미리보기가 나타난다.

Master Section을 Sweep 할 때 각 위치에서 Section 스케치의 조건이 만족되지 않는다면 서피스를 생성할 수 없으며 미리보기도 나타나지 않는다는 점을 기억하자.

3. Variational Sweep 대화상자에서 OK 버튼을 누른다.

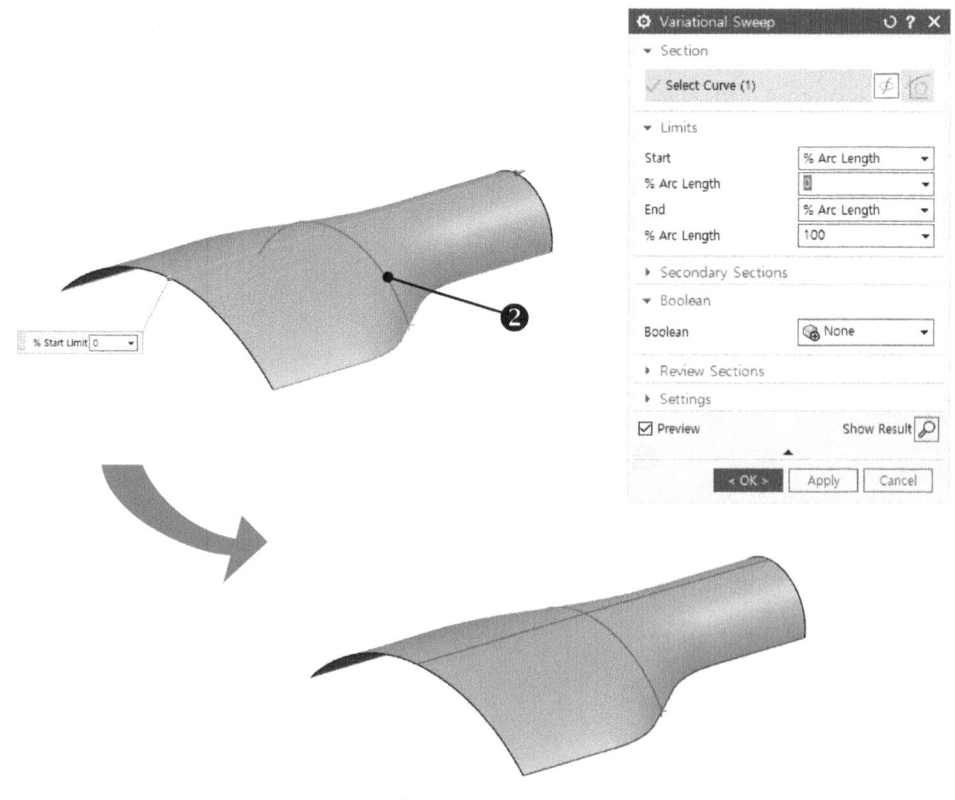

그림 9-7 V Sweep 서피스 생성

END of Exercise

9.2 인접한 서피스와의 G1 연속성

인접한 서피스의 모서리와의 교차점을 이용할 경우 서피스와 접하도록 V Sweep 서피스를 생성할 수 있다. 스케치를 생성할 때 인접 서피스와 접하는 구속조건을 생성하면 된다.

인접한 서피스의 모서리와 교차점을 생성하면 서피스에 수직인 벡터(Normal Vector)와 접하는 벡터(Tangent Vector)가 자동으로 생성되며 이를 기준으로 하여 구속조건을 생성한다.

---

ch09_002.prt **G1 연속 서피스 생성** | **Exercise 02**

인접한 서피스와 접하도록 Master Section을 생성한 후 V Sweep 기능을 이용하여 서피스를 생성해 보자.

파일 열기 및 스케치 면 설정

1. ch09_002.prt 파일을 연다.
2. Sketch 아이콘을 누른다.
3. Type을 On Path로 설정한다.
4. Path로 서피스의 모서리를 선택한다. 위치는 50%로 한다. 평면과 방향 벡터의 미리보기가 나타난다.
5. 필요하면 스케치의 Horizontal 방향과 Z 방향을 변경한다.
6. Create Sketch 대화상자에서 OK 버튼을 누른다.

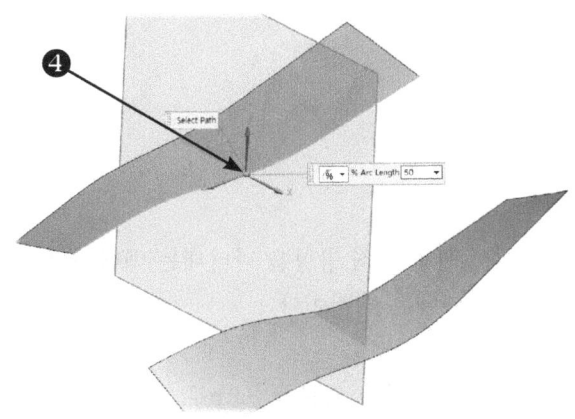

그림 9-8 스케치 면 설정

교차점 생성

1. Home 키를 눌러 Trimetric View를 표시한다.
2. Include > More > Intersection Point 아이콘을 선택한다. 또는 메뉴 버튼 > Curve from Curves > Intersection Point를 선택해도 된다.
3. Curve Rule을 Tangent Curves로 설정한다.
4. 다른 서피스의 모서리를 선택한다. 교차점이 생성되고 기준 벡터가 생성된다.

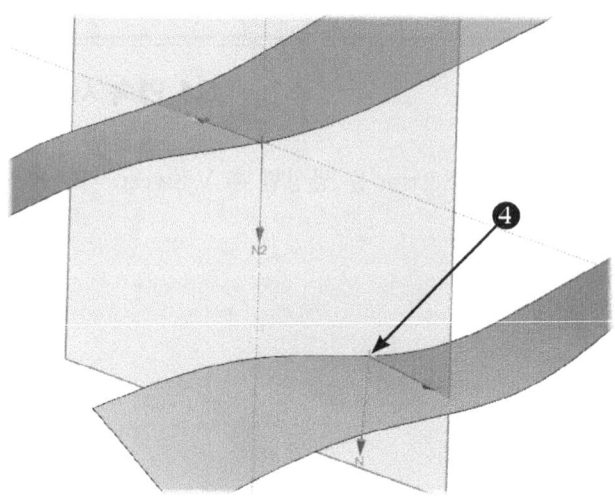

그림 9-9 교차점 생성

! 방향 기준 벡터

면을 구성하는 모서리를 Path로 선택하거나 모서리와의 교차점을 생성하면 다음의 세 가지 개체가 나타난다.

▶ 점
▶ N(Normal) 방향 벡터
▶ T(Tangent) 방향 벡터

N 방향 벡터는 점 위치에서 면과 수직 방향을 나타내는 벡터이고, T 방향 벡터는 점 위치에서 면과 접하는 방향을 나타내는 벡터이다.

한편, 커브와의 교차점을 생성하거나 커브를 Path로 사용할 때는 방향 벡터는 생성되지 않고 점만 생성된다.

스케치 커브 생성 및 완전 구속

1. 그림 9-10과 같이 Arc와 직선으로 두 점(Ⓐ와 Ⓑ)을 연결한다. Arc와 Line은 끝 점끼리 연결되어 있어야 한다.

2. 그림 9-10과 그림 9-11을 참고하여 다음과 같이 커브를 완전 구속한다.

▶ Arc의 반경은 50mm
▶ Arc와 T1 방향 벡터는 접한다.
▶ Arc와 Line은 접한다.
▶ Line의 한쪽 끝 점은 교차점 Ⓑ와 일치한다.

3. Finish Sketch 버튼을 눌러 스케치를 종료한다.

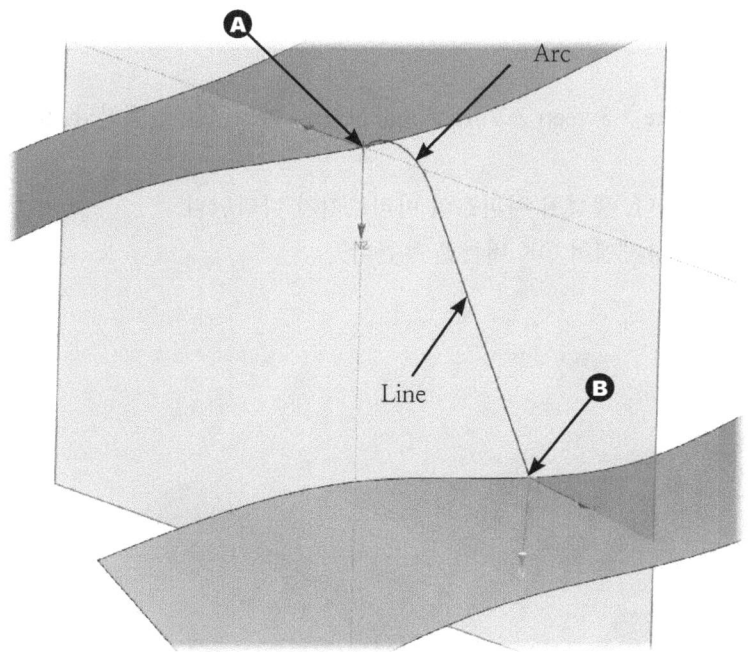

그림 9-10 커브 생성

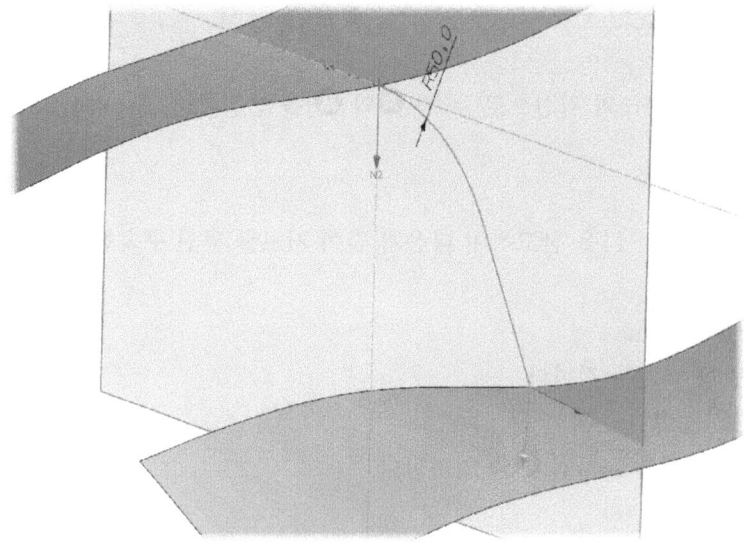

그림 9-11 완전 구속된 스케치

V Sweep 서피스 생성

1. Surface 탭 > Base > More > Sweep > Variational Sweep 아이콘을 선택한다. 또는 단축키인 V 키를 누른다.
2. Master Section을 선택한다. 생성될 서피스의 미리보기가 나타난다.
3. Variational Sweep 대화상자에서 OK 버튼을 누른다.

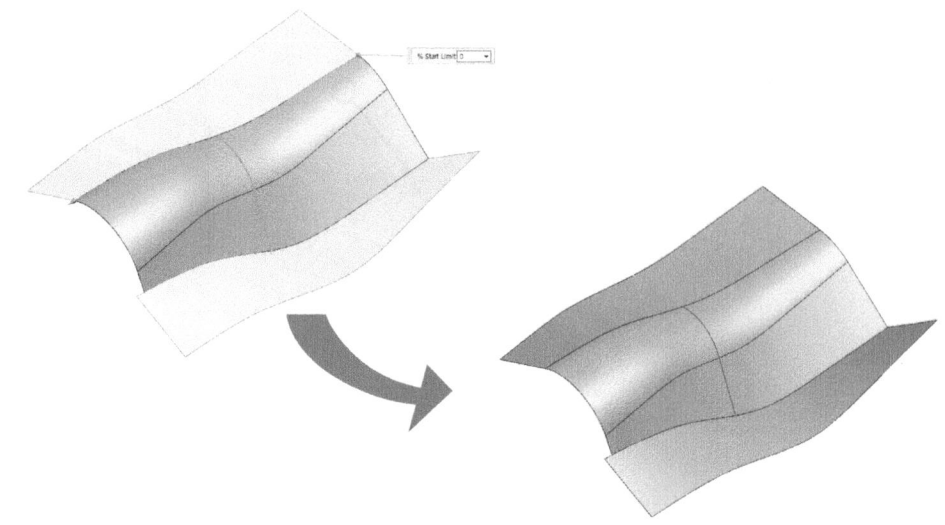

그림 9-12 V Sweep 서피스 생성

END of Exercise

9.3 V Sweep 서피스의 생성 가능 여부 확인

V Sweep 기능은 Path를 따라 Master Section을 Sweep 하여 생성한다. 그런데, Master Section은 주변 모델링 오브젝트와의 관계를 이용하여 구속조건을 준다. 따라서 Master Section의 어떤 구속조건이 Path 상의 어떤 위치에서 만족되지 않는다면 V Sweep 서피스에 문제가 생긴다.

Exercise 2에서 Master Section의 Arc 반경을 60 mm로 변경하면 그림 9-13과 같이 조건을 만족시키지 못하는 서피스가 생성된다.

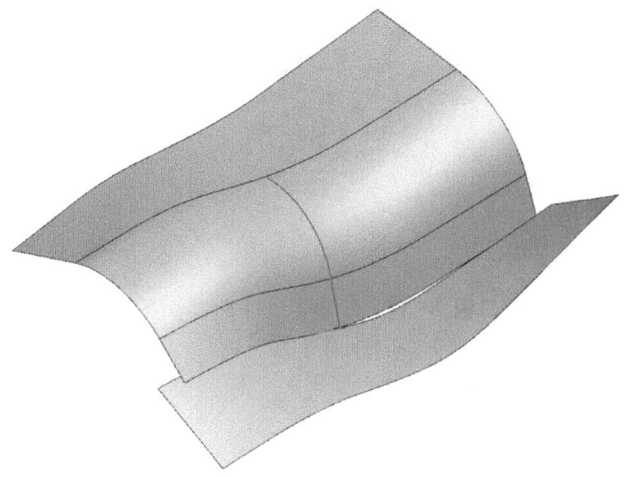

그림 9-13 조건을 만족시키지 못하는 서피스

9.4 V Sweep 옵션

9.4.1 스케치 면의 위치 변경

Path의 어느 구간에서 V-Sweep 서피스에 문제가 생겼다면 Master Section의 위치를 변경하여 문제의 원인을 구체적으로 확인할 수 있다. 다음의 절차를 따른다.

1. Master Section을 더블클릭하여 Sketch 기능을 실행시킨다.
2. Sketch 아이콘 그룹에서 Reattach를 선택한다.
3. Master Section의 위치를 드래그 하여 다른 위치로 이동시킨다. 또는 Reattach Sketch 대화상자의 Location 입력창에 값을 입력한다.
4. Reattach Sketch 대화상자에서 OK 버튼을 누른다.

그림 9-15와 같이 그 위치에서 Master Section의 조건이 만족되지 않음을 알 수 있다.

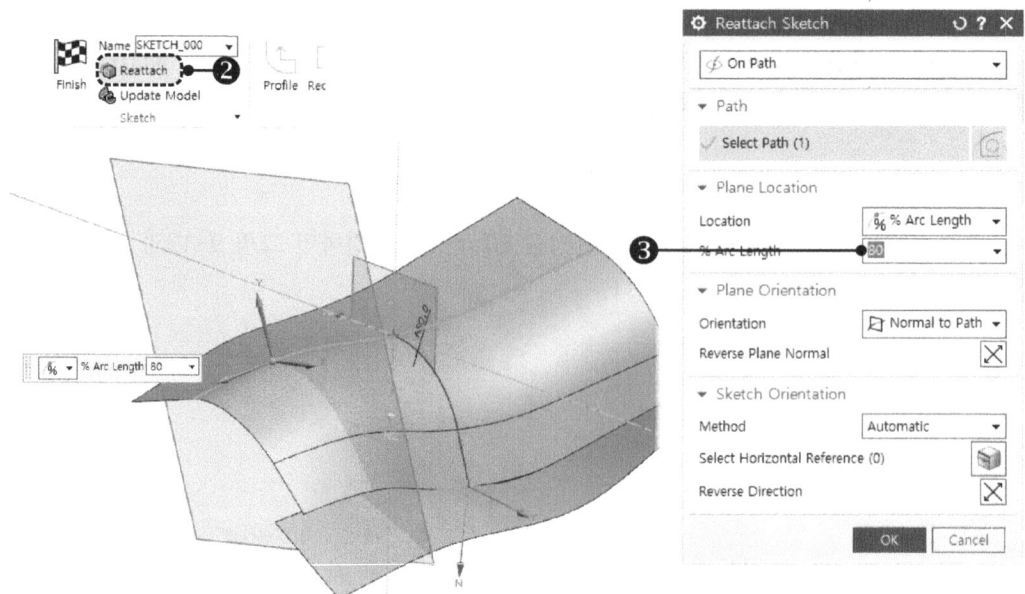

그림 9-14 스케치 면의 위치 이동

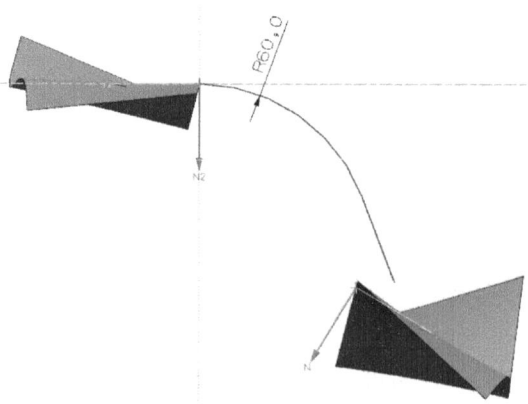

그림 9-15 조건을 만족시키지 못하는 스케치

9.4.2 Limits 설정

Variational Sweep의 Limits 옵션을 이용하여 서피스가 생성될 구간을 지정할 수 있다.

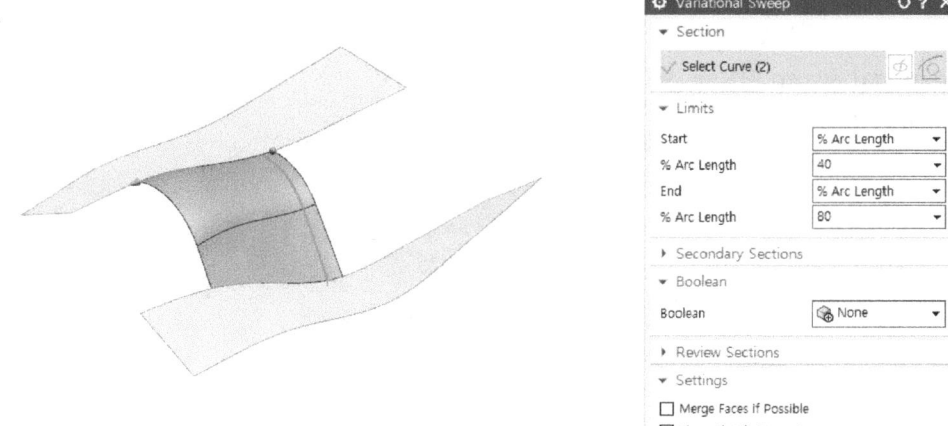

그림 9-16 Limits 설정

9.4.3 Secondary Section

경로의 특정 위치에 부차적인 섹션을 생성하여 각 위치마다 다른 치수를 설정할 수 있다.

---

ch09_003.prt　　　　　　　　　　**Secondary Section 생성**　**Exercise 03**

주어진 파일을 이용하여 V Sweep을 생성한다. Secondary Section을 설정하여 각 위치마다 호의 높이를 다르게 설정해 보자.

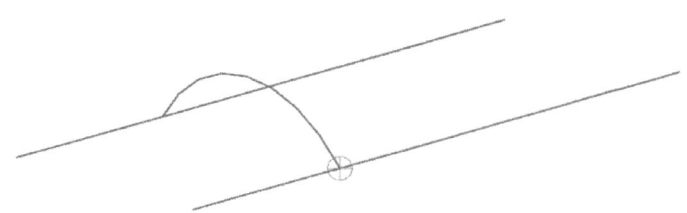

그림 9-17 실습용 파일

9 장: Variational Sweep

파일 열기 및 V Sweep 기능 실행

주어진 파일에는 V Sweep의 Section으로 사용할 스케치가 생성되어 있다.

1. ch09_003.prt 파일을 연다.
2. Variational Sweep 기능을 실행시킨다.
3. Section을 선택한다.

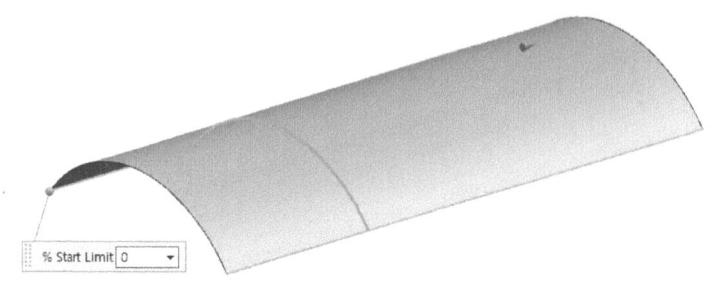

그림 9-18 V Sweep의 미리보기

Secondary Section 생성

1. Variational Sweep 대화상자에서 Secondary Sections 옵션을 클릭하여 확장시킨다.
2. List 영역을 확장시킨다.
3. Add New Set 버튼을 누른다.

Path의 시작 점과 끝 점 그리고 65%의 위치에 Section 1이라는 이름으로 총 세 개의 Section이 생성된다.

그림 9-19 옵션 선택

252

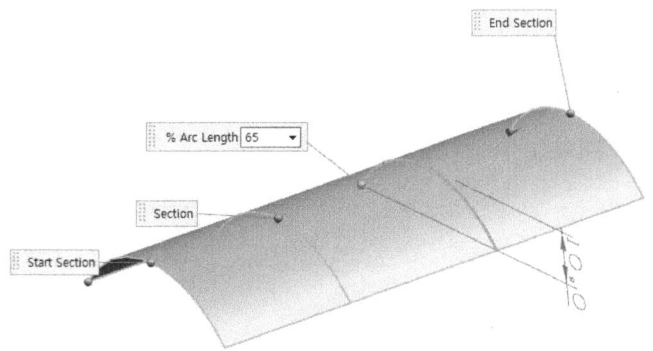

그림 9-20 생성된 Section의 미리보기

추가 Section 생성 및 치수 변경

1. Section 1이 선택되어 있음을 확인하고 % Arc Length 입력창에 50을 입력한 후 Enter 키를 누른다.
2. Add New Set 버튼을 누른다. Section 2가 생성된다.
3. Section 2의 위치를 80%로 변경한다.
4. Section 2가 선택되어 있는 상태에서 호의 높이 치수를 더블클릭한다.
5. 치수 값을 20으로 입력하고 Enter 키를 누른다.

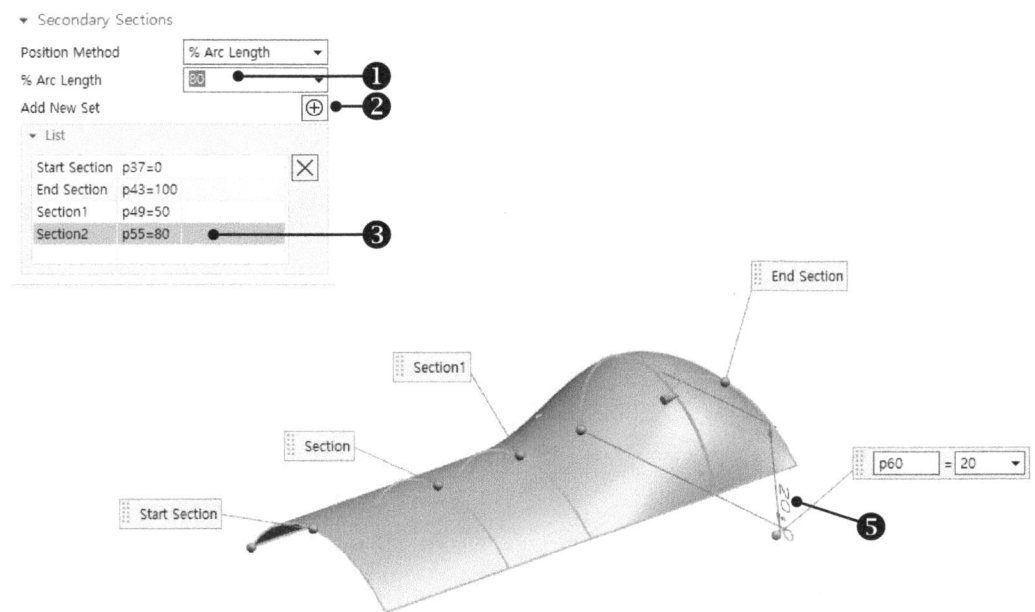

그림 9-21 치수 변경

End Section의 치수 변경

1. 같은 방법으로 End Section에 대한 높이 치수를 20으로 변경한다.
2. Variational Sweep 대화상자에서 OK 버튼을 누른다.

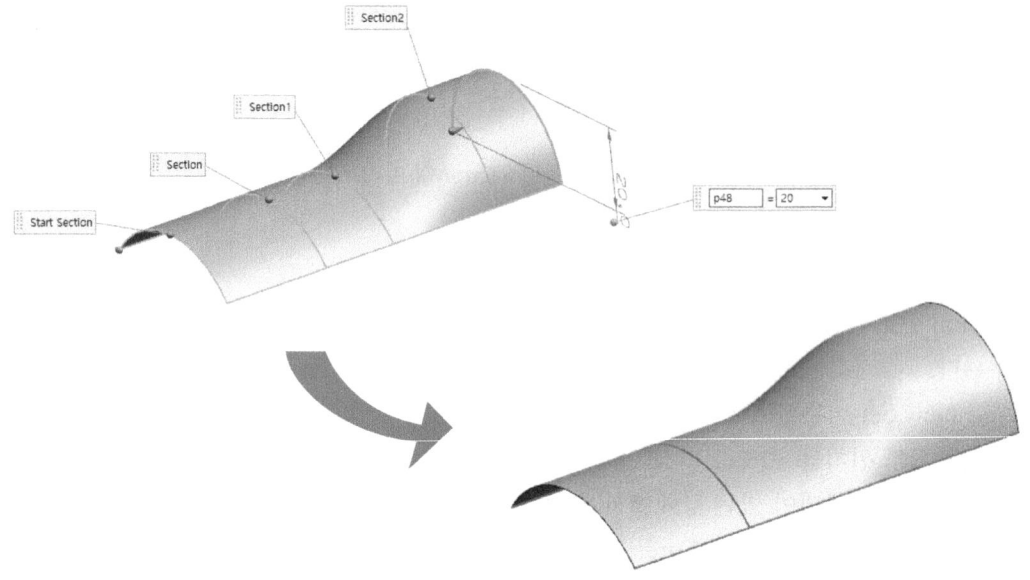

그림 9-22 V Sweep 서피스 생성

END of Exercise

9.5 Sketch 면의 Orientation 옵션

Plane Orientation 옵션을 이용하면 On Path 타입으로 스케치 면을 정의할 때 스케치 면의 방향 규칙을 설정할 수 있다. Path를 따라 스케치 면의 위치가 변경될 때 그 방향은 여기에 설정된 규칙을 따르게 되며, 이를 이용하여 V Sweep 서피스를 생성할 때도 이 규칙에 따라 방향이 설정된다.

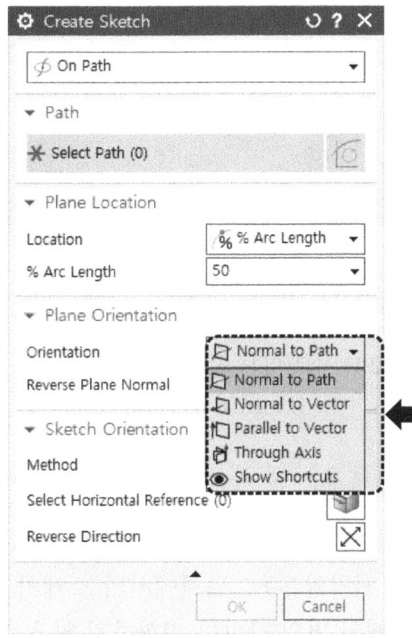

그림 9-23 Plane Orientation 옵션

9.5.1 Normal to Path

스케치 면의 위치를 변경할 때 그 방향은 항상 Path의 Tangent 방향과 수직으로 설정된다. 스케치 면의 위치에 해당되는 점을 드래그 하면 스케치 면이 이동된다. 그림 9-24는 Orientation 옵션을 Normal to Path 로 설정한 후 Path의 30% 위치와 80% 위치에서의 스케치 면의 방향을 보여준다.

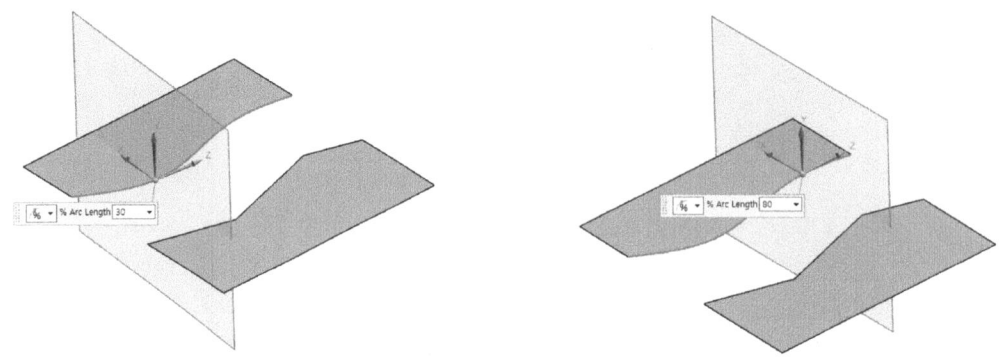

그림 9-24 서로 다른 점에서의 스케치 면의 방향
(Normal to Path)

9.5.2 Normal to Vector

스케치 면의 방향이 특정 벡터와 수직으로 설정된다. 그림 9-25는 모서리를 선택하여 Vector 방향을 설정한 후 Path의 30% 위치와 80% 위치에서의 스케치 면의 방향을 보여준다. 그림 9-24와는 달리 각 위치에서 스케치 면의 방향이 변화하지 않음을 알 수 있다. 이와 같이 Path를 따라 스케치 면의 방향이 변화하지 않아야 하는 경우에는 이 옵션을 이용하여 스케치 면을 정의하여야 한다.

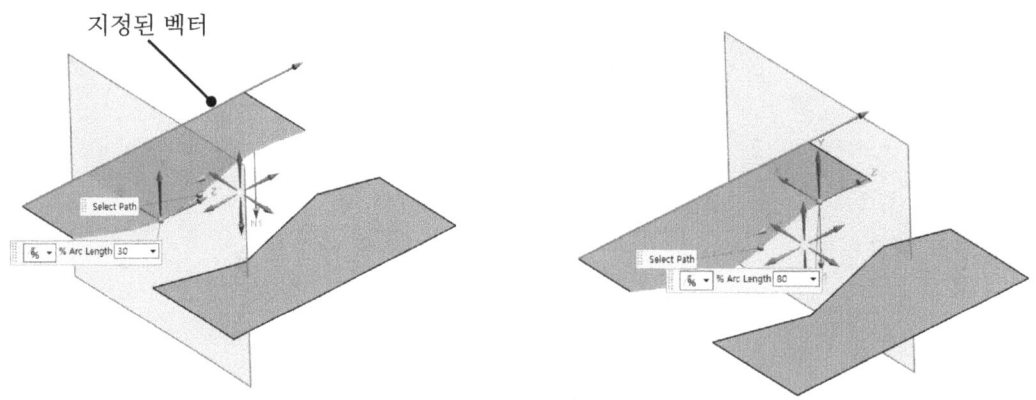

그림 9-25 서로 다른 점에서의 스케치 면의 방향
(Normal to Vector)

ch09_004.prt   스케치 면의 방향 설정(Normal to Vector)   Exercise 04

Plane Orientation 옵션에 따라 V Sweep의 서피스가 어떻게 생성되는지 비교해 보자.

파일 열기 및 스케치 면 정의(Normal to Path)

1. ch09_004.prt 파일을 연다.
2. Sketch 아이콘을 누른다.
3. Type을 On Path로 설정한다.
4. Plane Orientation을 Normal to Path로 설정한다.
5. Path의 적당한 위치를 선택한다.
6. % Arc Length 입력창에 25를 입력하고 Enter 키를 누른다. 이 위치에서 다른 쪽 모서리와 교차할 수 있어야 한다.
7. 스케치 좌표계의 X 방향과 Z 방향을 그림과 같이 맞춘다.
8. Create Sketch 대화상자에서 OK 버튼을 누른다.

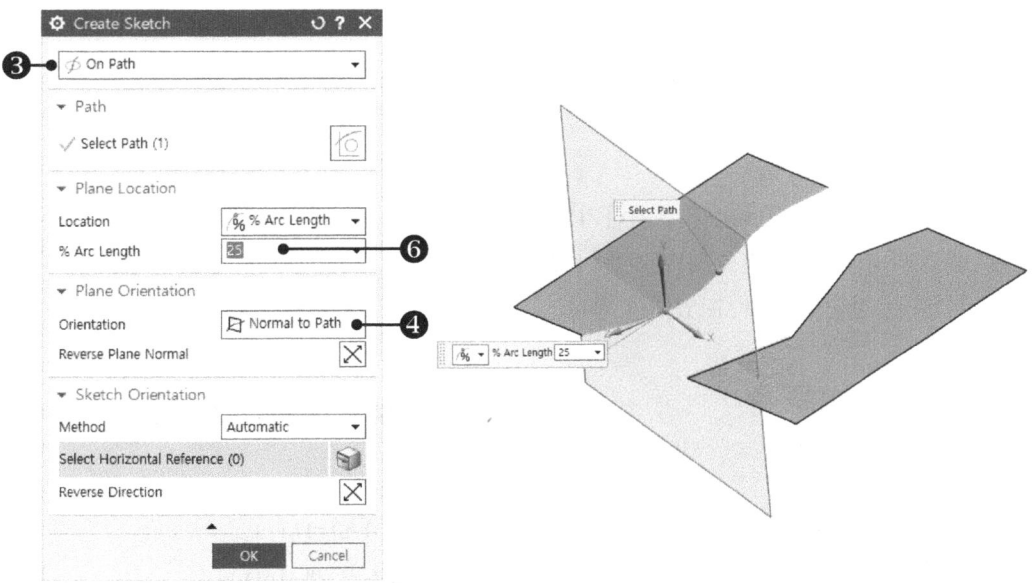

그림 9-26 스케치 면 생성

교차점 생성

1. Home 키를 눌러 Trimetric View를 표시한다.
2. Include 〉 More 〉 Intersection Point 아이콘을 선택한다. 또는 메뉴 버튼 〉 Insert 〉 Curve from Curves 〉 Intersection Point를 선택해도 된다.
3. Curve Rule을 Single Curve로 설정한다.
4. 세 개의 모서리를 모두 선택하고 OK 버튼을 누른다. 스케치 면이 Path를 따라가면서 교차점을 구해야 한다는 점을 기억하기 바란다.

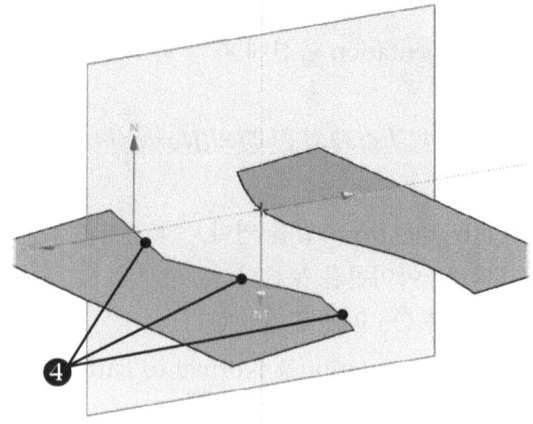

그림 9-27 교차점 생성

스케치 커브 생성 및 완전 구속

1. Path에 생성된 점과 교차점을 양 끝 점으로 하는 Arc를 생성한다.
2. T 축과의 높이를 10mm로 하여 완전 구속한다.

Sweep을 하면서 높이 10mm를 유지하기 위해 두 점 간의 거리에 따라 호의 반지름이 변화할 것이라는 점을 이해할 수 있어야 한다.

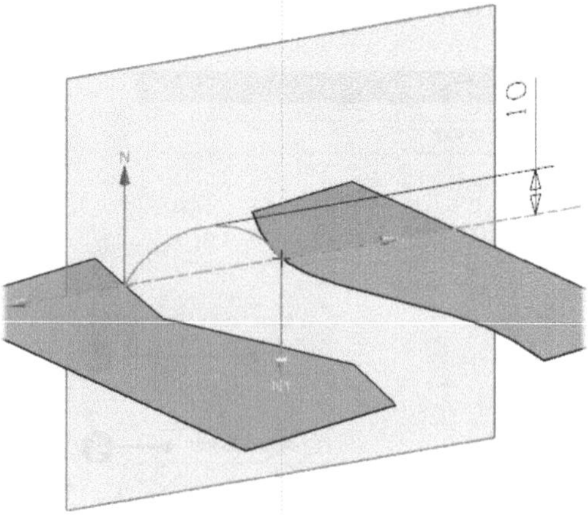

V Sweep 서피스 생성

그림 9-28 호 생성 및 완전 구속

1. Sketch를 종료한다.
2. 키보드에서 V 키를 누른다. 그림 9-29와 같이 미리보기가 나타난다.
3. Variational Sweep 대화상자에서 OK 버튼을 눌러 서피스를 생성한다.

Top 뷰를 표시하면 그림 9-29의 오른쪽 그림과 같다. Path의 시작 위치와 끝 위치에서의 서피스 모서리의 방향이 Path에 수직임을 알 수 있다.

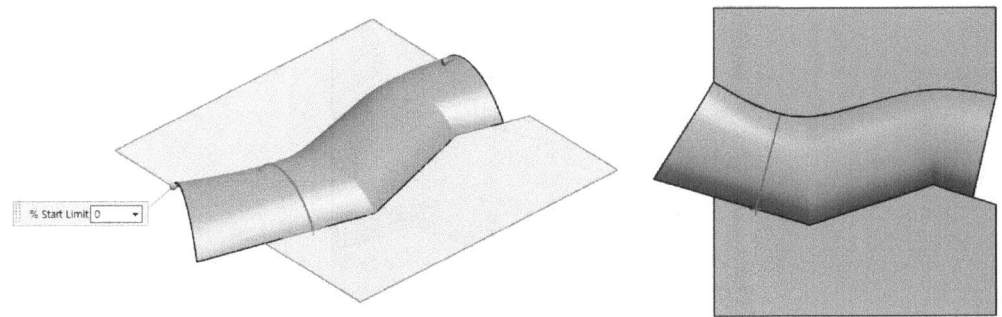

그림 9-29 V Sweep 서피스 생성

Plane Orientation 옵션 변경

1. 호를 그린 스케치에 우클릭 > Edit with Rollback을 선택한다.
2. Sketch 아이콘 그룹 > Reattach 아이콘을 클릭한다.
3. Reattach Sketch 대화상자에서 Plane Orientation 옵션을 Normal to Vector로 선택한다.
4. 수직의 기준 벡터로 모서리를 선택한다.
5. Reattach Sketch 대화상자에서 OK 버튼을 누른다.
6. Finish Sketch 버튼을 눌러 스케치를 빠져 나간다.

그림 9-31과 같이 V Sweep 서피스가 업데이트 된다.

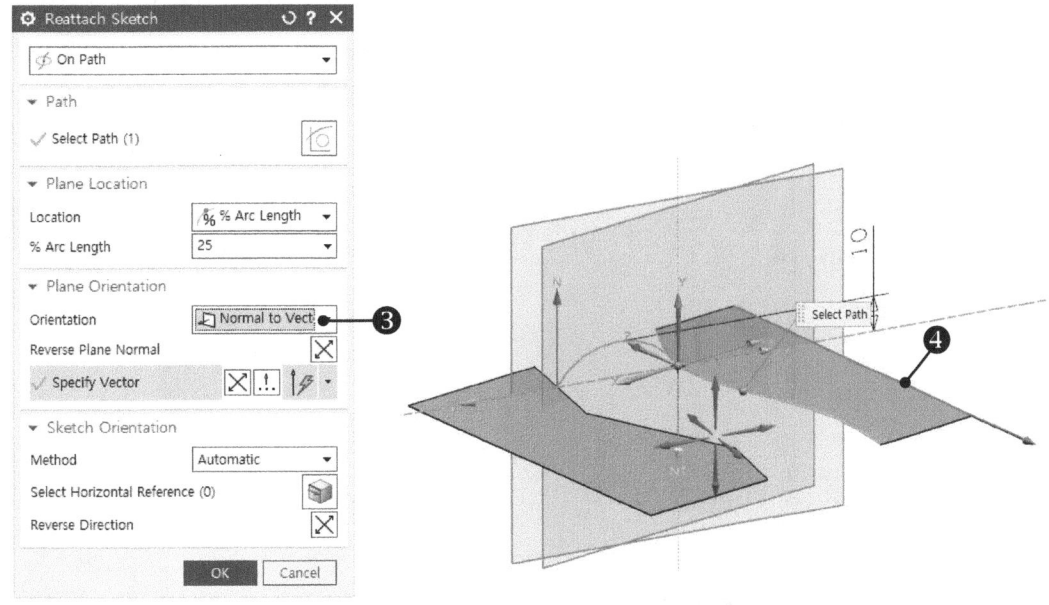

그림 9-30 Plane Orientation 옵션 변경

9장: Variational Sweep

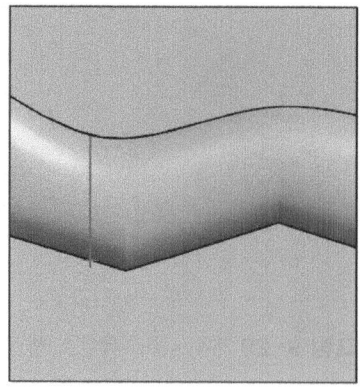

그림 9-31 Plane Orientation을 변경한 후의 V Sweep 서피스

END of Exercise

9.5.3 Parallel to Vector

스케치 면은 지정된 벡터와 평행을 유지한다.

9.5.4 Through Axis

스케치 면이 항상 지정된 축을 통과하도록 설정된다. 그림 9-32는 타원 커브를 Path로 선택한 후 Plane Orientation을 Normal to Path로 설정한 경우와 Through Axis로 선택한 경우를 비교하여 보여준다. Through Axis 옵션에서 축으로 타원의 중심에 있는 Z 축을 선택하면 스케치 면이 언제나 Z 축을 통과하게 된다.

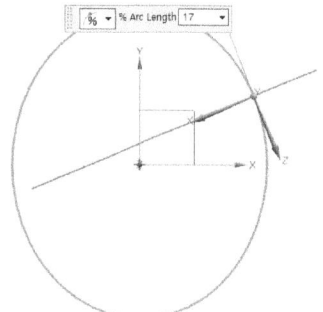 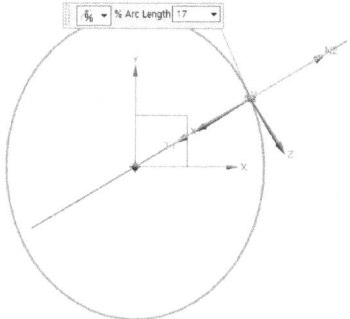

그림 9-32 Noaral to Path와 Through Axis

ch09_005.prt **스케치 면의 방향 설정(Through Axis)** Exercise 05

V Sweep 기능을 이용하여 버튼의 윗면을 모델링 해보자.

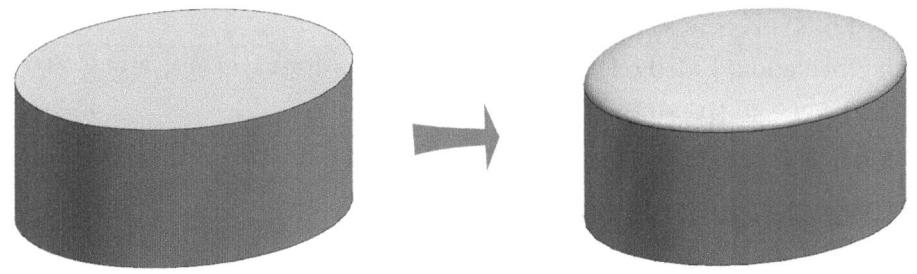

그림 9-33 버튼 윗면

파일 열기 및 버튼 윗면의 중심점 생성

V Sweep의 Section이 통과할 중심 점을 생성할 것이다.

1. ch09_005.prt 파일을 연다.
2. Curve 탭 > Base > Point를 선택한다.
3. 대화상자를 Reset 한 후 Datum 좌표계 원점에 있는 점을 선택한다.
4. 대화상자의 Offset Option을 Rectangular로 선택한다.
5. Delta Z 입력창에 30을 입력한 후 OK 버튼을 누른다. 평면에서 5mm 떨어진 위치에 Point가 생성된다.

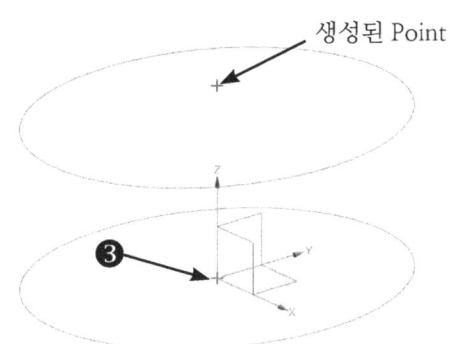
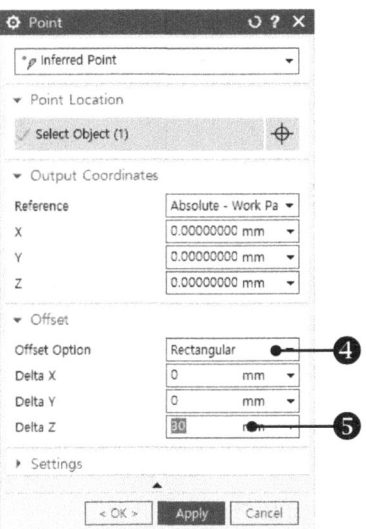

그림 9-34 Point 생성

261

스케치 면 정의

1. Sketch 아이콘을 누른다.
2. 윗면의 타원형 모서리를 선택한 후 Type을 On Path로 설정하고, Plane Orientation을 Through Axis로 설정한다.
3. 데이텀 좌표계의 Z 축을 벡터로 지정한다.
4. Sketch Orientation의 Method를 Relative to Face로 설정한다. 타원의 윗면을 선택 취소하고 측면을 기준면으로 선택된다.
5. OK 버튼을 눌러 스케치 환경으로 들어가고, Home 키를 누른다.

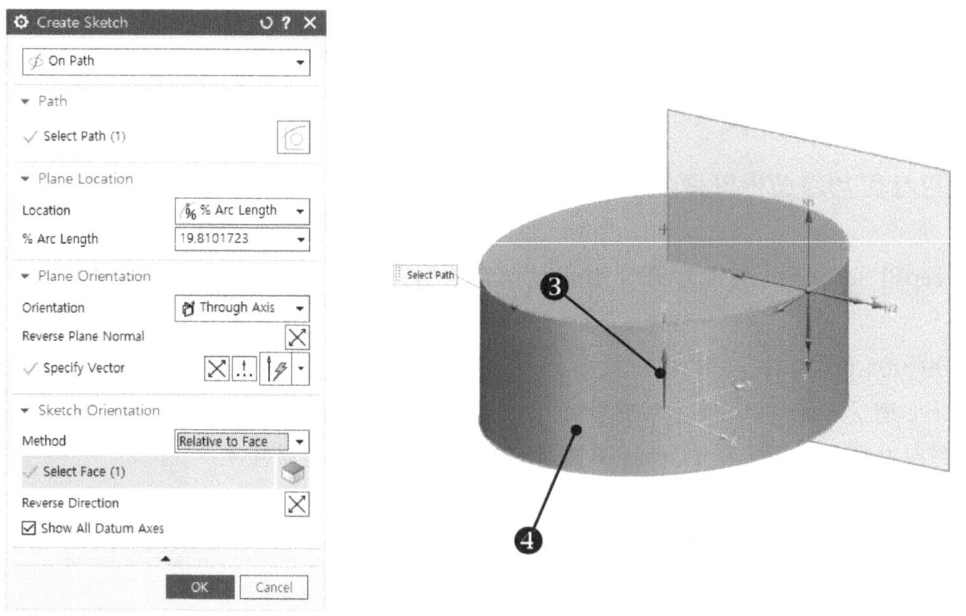

그림 9-35 스케치 면 정의

수평 기준선 생성

곡면의 중심이 수평 방향과 접하도록 구속조건을 줄 기준 선을 생성한다. 이 선은 윗면에서 5mm 떨어진 점을 통과하며 데이텀 좌표계의 x 방향과 평행하다. 생성된 직선은 그림 9-36과 같다. 완전구속을 위해 길이를 20 mm로 입력한다.

직선을 생성한 후 Reference로 지정한다. 이 직선은 V Sweep 서피스를 생성할 때 섹션으로 사용하지는 않을 것이다.

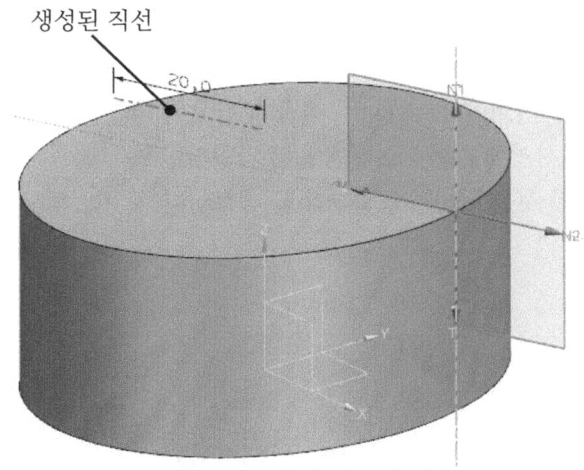

그림 9-36 수평 기준선 생성

Conic Curve 생성

윗면을 생성할 스케치를 Conic Curve를 이용하여 생성할 것이다.

1. Curve 아이콘 그룹 > More > Conic을 선택한다.
2. Start, End 및 Control Point를 순차적으로 선택한다. Start와 End Point는 각 위치에 있는 점과 일치하도록 해야 한다. Rho 값은 0.5로 한다.
3. OK 버튼을 누른다.

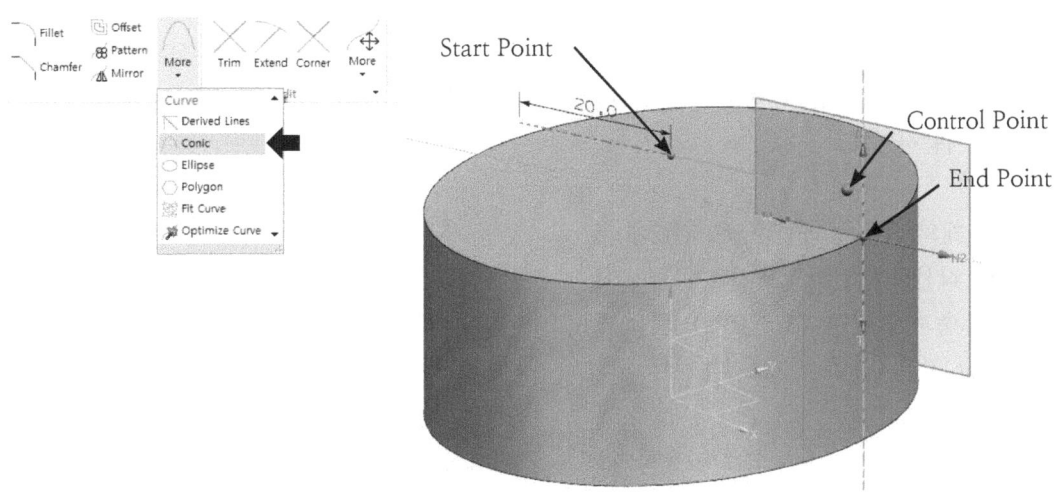

그림 9-37 Conic 커브 생성

Conic 커브의 구속

1. **Ⓐ** 직선과 Conic 커브 사이에 Tangent 구속을 추가한다.
2. T2 축과 Conic 커브 사이에 Tangent 구속을 추가한다.
3. 스케치가 완전구속 된 것을 확인하고 Sketch를 종료한다.

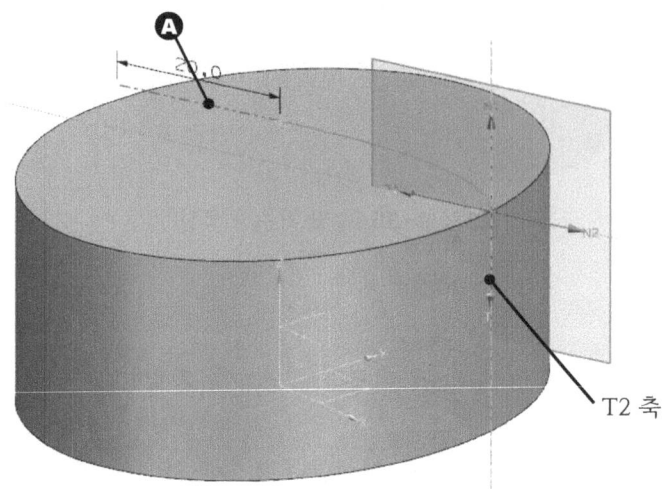

그림 9-38 Conic Curve의 완전 구속

> ### ❗ Conic Curve의 완전 구속
>
> Conic Curve로 생성한 곡면은 Arc로 생성한 곡면보다 더 미려하다고 인식된다. Conic Curve를 완전 구속하려면 5개의 조건이 필요하다. 그림 9-38의 스케치에서는 다음의 조건을 이용하였다.
>
> 1. 두 개의 점을 통과한다. (조건 2개)
> 2. Ⓐ 직선과 접한다. (조건 1개)
> 3. T2 축과 접한다. (조건 1개)
> 4. Rho 값은 0.5이다. (조건 1개)
>
> Conic Curve를 Section으로 이용하여 서피스를 생성할 수 있는 기능이 Secton Surface 기능이다. 본 교재에서는 다루지 않는다.

V Sweep 서피스 생성

1. V 키를 누른다.
2. 스케치를 Section으로 선택한다.

서피스를 생성하는 데 시간이 오래 걸린다는 점을 기억하기 바란다.

만약 서피스 생성에 오류가 발생하면 스케치 면을 정의하는 부분을 다시 점검하길 바란다. 폐곡선을 Path로 사용할 때는 Master Section의 Horizontal 방향이 Path의 위치마다 바뀔 수 있기 때문에 그렇게 되지 않도록 설정해야 한다.

3. Variational Sweep 대화상자에서 Boolean 옵션을 Unite로 선택한다. 생성될 서피스의 바닥면이 평면이고 Path가 폐곡선이기 때문에 Solid Body가 생성되며, 따라서 Boolean 옵션을 적용할 수 있다.
4. 대화상자에서 OK 버튼을 누른다.

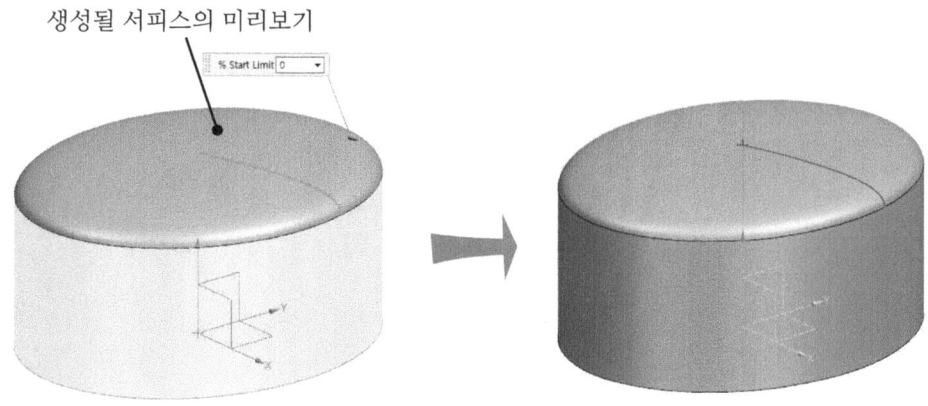

그림 9-39 V Sweep 서피스 생성

END of Exercise

9.6 요약

1. Variational Sweep은 Path를 따라 Section을 Sweep 시켜 서피스를 생성하는 기능이다.

2. Variational Sweep에 사용할 Section은 On Path 타입으로 생성하여야 한다.

3. Variational Sweep의 Section은 Path의 위치에 따라 변화할 수 있다.

4. Variational Sweep의 Path는 Tangent이며 연속이어야 한다.

5. Variational Sweep에 사용할 스케치 구속조건은 Path의 모든 위치에서 만족되어야 한다. 그렇지 않을 경우 원하는 서피스를 생성할 수 없다.

6. Path를 따라 스케치 면을 진행시킬 때 서피스의 생성 방향이 역전될 경우 서피스를 생성할 수 없다.

7. On Path 타입으로 스케치 면을 정의할 때 Plane Orientation을 설정할 수 있으며, 이 기준에 따라 V Sweep의 Section을 Sweep 한다.

8. Section을 추가하여 위치마다 다른 치수를 설정할 수 있다.

Chapter 10
Curve 기능

■ 학습목표

주요 Curve 기능의 기본 사용법과 작업 과정을 이해할 수 있다.

- Helix
- Text
- Offset Curve
- Project Curve
- Mirror Curve
- Intersection Curve
- Composite Curve
- Bridge Curve
- Combined Projection

10.1 Curve 기능

커브 기능 Curve 탭에 분류되어 있다. Construction 아이콘 그룹은 Home 탭, Curve 탭, Surface 탭에서 모두 표시된다. Curve 탭에는 Base 아이콘 그룹과 Advanced, Derived, Edit 아이콘 그룹이 있으며, More 버튼을 누르면 더 많은 Curve 기능을 사용할 수 있다. 본 교재에서는 주요 기능에 대하여 살펴본다.

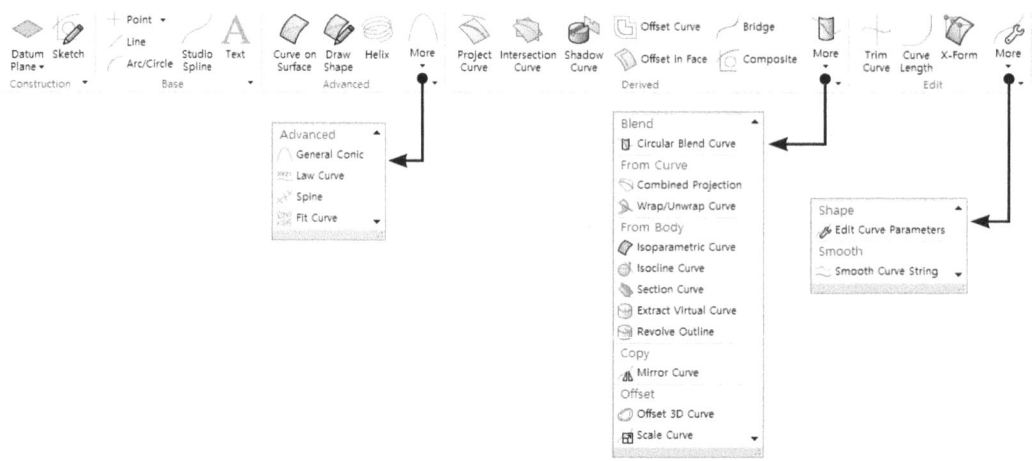

그림 10-1 Curve 탭의 아이콘

커브와 관련된 기능은 세 가지로 분류되는데 다음과 같은 생성 방법에 따른 분류이다.

▶ Base, Advanced: 모델의 점을 이용하거나 모델 없이 임의의 커브를 생성한다.
▶ Derived: 모델의 모서리, 다른 커브, 면, 바디 등을 이용하여 새로운 커브를 생성한다.
▶ Edit: 이미 생성한 커브를 수정한다.

10.2 Helix

나선형 커브를 생성한다.

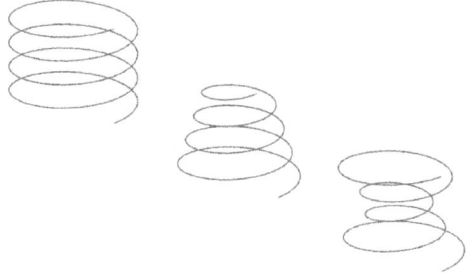

 **그림 10-2** Helix 기능으로 만든 나선 예 (Trimetric View)

 그림 10-3 Helix 기능으로 만든 나선 예 (Front View)

실습용 파일 없음

Helix 생성 | **Exercise 01**

Helix 커브를 생성해보자.

새 파일 생성 및 Helix 기능 실행

1. Model 템플릿으로 새 파일을 만든다.
2. Curve 탭 > Base 아이콘 그룹에서 Helix 아이콘을 클릭한다.
3. Helix 대화상자에 그림과 같이 입력한다.

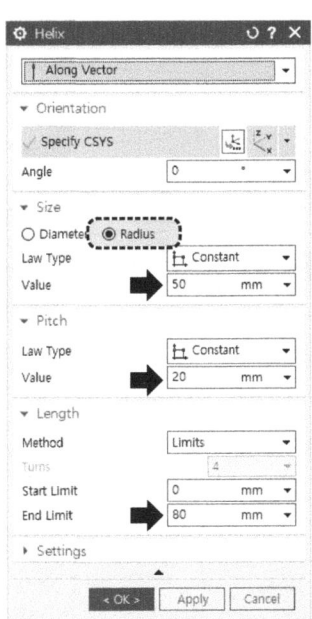

그림 10-4 대화상자의 입력 값

4. 대화상자에서 OK 버튼을 누르면 다음 그림과 같이 반지름이 50 mm, 높이가 80 mm(4 x 20 mm)인 4바퀴 감긴 나선이 만들어진다. Part Navigator의 Model History에서는 Helix라는 이름의 피쳐를 확인할 수 있다.

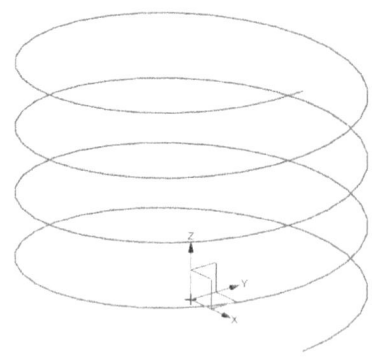

그림 10-5 R=50 mm, H=80 mm의 4 바퀴 감긴 나선

다음과 같은 나선형 커브를 추가로 생성해 보자. Size 옵션에서 Radius를 선택한 후 Law Type을 지정하여 반지름이 변화하도록 한다. Helix의 축 방향으로 WCS의 ZC 방향을 사용하며 WCS의 핸들을 이용하여 방향을 정의할 수 있다.

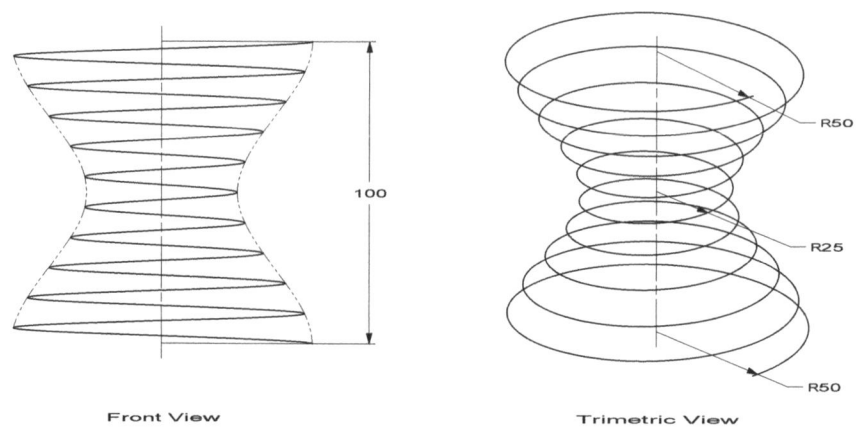

그림 10-6 추가 예제

Hint

① Curve 아이콘 그룹 〉 Line 기능을 사용하여, 아래 그림과 같이 길이 100 mm의 직선을 그린다.
② Helix 대화상자에서 Size 옵션은 Radius를 선택한다.
③ Law Type은 Cubic along Spine을 선택한다.

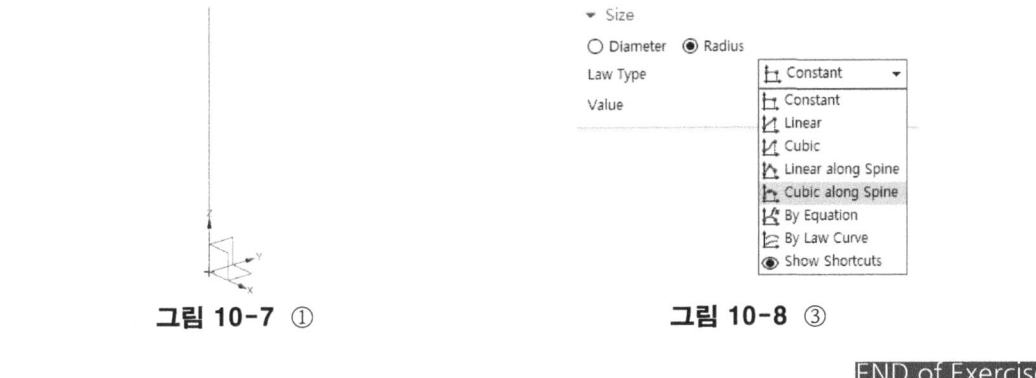

그림 10-7 ① 그림 10-8 ③

END of Exercise

10.3 Text

트루 타입(True Type) 글꼴을 이용하여 글자를 만든다.

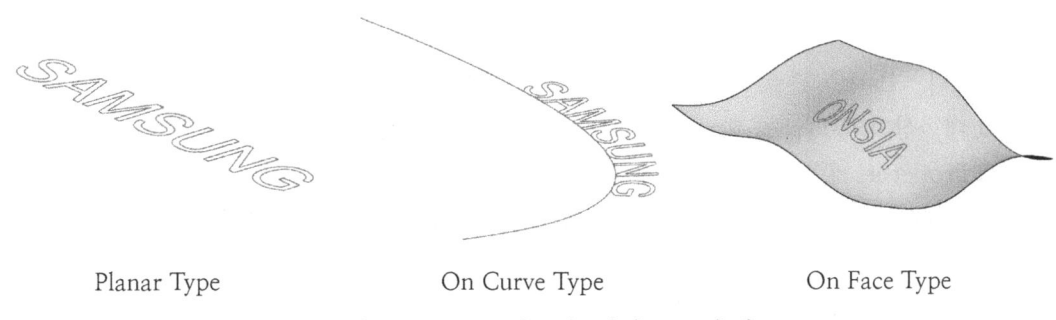

Planar Type   On Curve Type   On Face Type

그림 10-9 Text 기능의 3가지 Type의 예

10 장: Curve 기능

Exercise 02　Text 생성

ch10_002.prt

종합 모델링에서 필요한 글자를 Text 기능으로 만드는 방법을 살펴보자. 아래 그림은 383 쪽의 "Case Upper 3" 도면의 'View A' 이다.

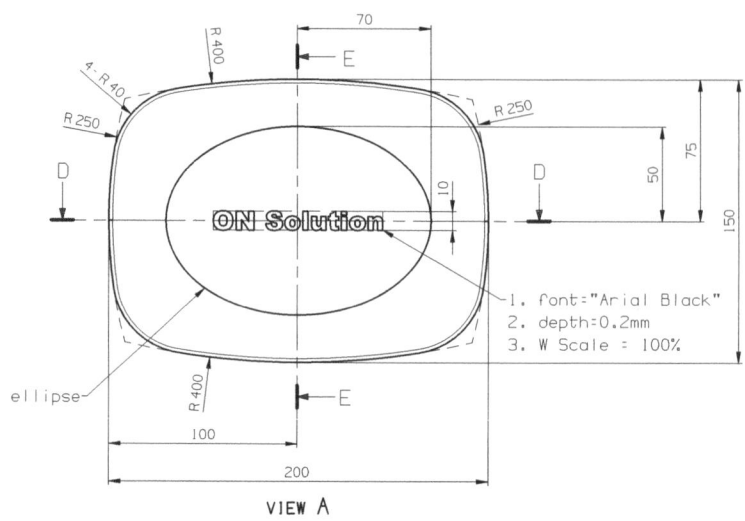

그림 10-10 'case upper 3' 도면의 VIEW A

파일 열기 및 Text 기능 실행

1. ch10_002.prt 파일을 연다.
2. Rendering Style을 Static Wireframe으로 변경하고, Orient View를 Top View로 변경한다.
3. Menu 버튼 > View > Operation > Regenerate Work를 선택하여 실루엣 선을 업데이트 한다.
4. Curve 탭 > Base > Text 아이콘을 누르고 대화상자를 Reset 한다.
5. Text 대화상자의 Type을 Planar로 선택한다.
6. Text Properties의 텍스트 입력창에 ON Solution이라고 입력한다.
7. Snap Point를 이용하지 말고 작업창(Graphics Window)의 아무 곳이나 선택한다. 그림 10-11과 같이 'AaBbYyZz'로 보이던 글자가 'ON Solution'이라는 글자로 바뀌어 나타난다. 생성되는 평면은 WCS의 XY 평면이다.

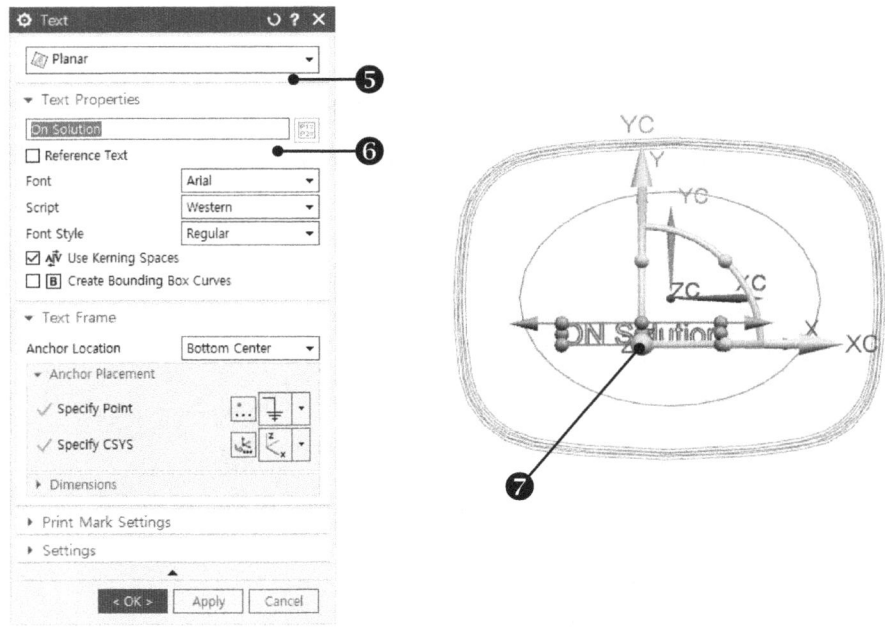

그림 10-11 Text 입력 및 위치 지정

글자의 글꼴과 크기 등을 설정하자. 대화상자의 Properties 설정을 다음 그림과 같이 설정한다.

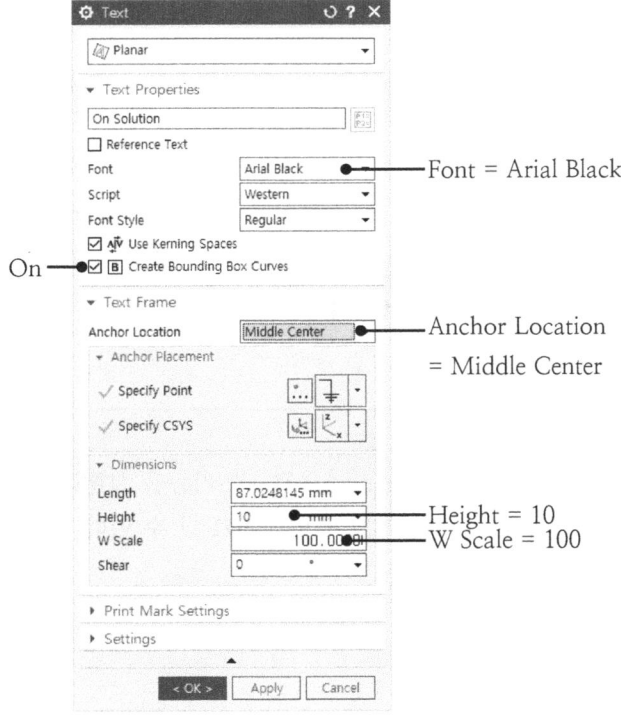

그림 10-12 Text 대화상자의 옵션 설정

위치 조정

1. 그림과 같이 텍스트의 기준점(Anchor Point)를 클릭한다.
2. 텍스트 입력창에 X, Y 좌표값을 각각 0, 0 으로 입력한 후 Enter 키를 누른다. 텍스트의 기준점의 좌표값이 (0, 0, 0)으로 변경된다.

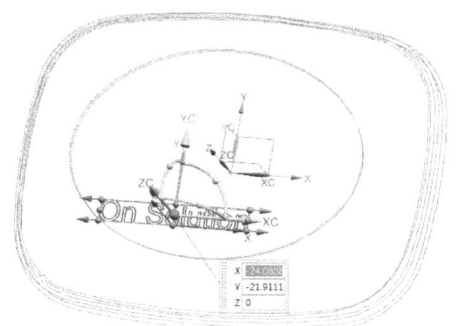 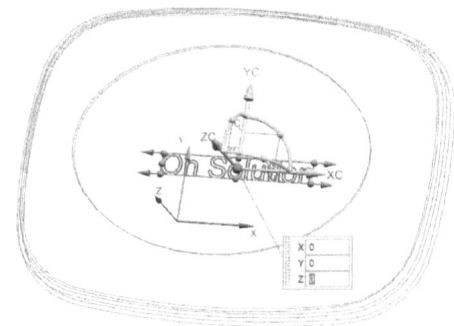

그림 10-13 Anchor 위치 변경

3. 앞에서 Anchor의 위치는 X, Y 만을 조정한 셈이다. Z 방향의 위치를 조정하자. Orient View를 Front View로 변경한다. 아래 그림과 같이 글자는 바닥에 있음을 알 수 있다.

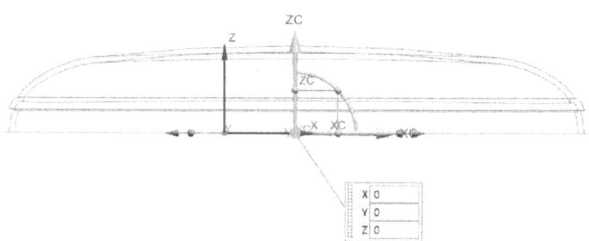

그림 10-14 Front View

> ### Regenerate Work (View)
>
> Menu 버튼 > View > Operation > Regenerate Work 기능을 실행하면 Static Wireframe 상태를 다시 연산하여 실루엣 선을 뷰에 맞게 업데이트 할 수 있다.
>
>
>
> **그림 10-15** Regenerate Work 적용 전과 후

4. 작업창에서 ZC Axis 핸들(Handle)을 드래그하여 글자가 Solid Body 보다 충분히 위쪽에 위치하도록 한다. 또는 Z 방향 화살표를 클릭하여 Distance 입력창에 48을 입력한다.

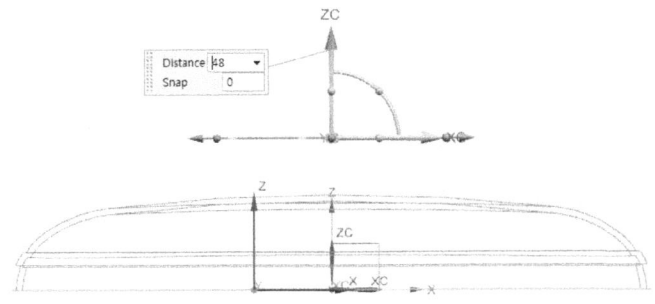

그림 10-16 Anchor 위치가 (0,0,48)인 상태

5. Text 대화상자에서 OK 버튼을 누른다.
6. Orient View를 Trimetric으로 변경하고, Rendering Style을 Shaded with Edges로 변경한다. 아래 그림과 같이 글자가 Solid Body 위에 충분한 거리를 두고 만들어진 것을 확인할 수 있다.

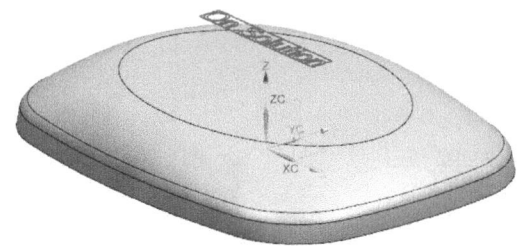

그림 10-17 완성된 Text

END of Exercise

> **Bounding Box Curve**
>
> 텍스트를 사각형으로 둘러 싸는 사각형을 Bounding Box Curve라고 한다. 텍스트를 돌출시켜 솔리드 바디를 생성한 후 추가 모델링을 할 때 사용한다.
>
>
>
> **그림 10-18** Bounding Box Curve

10.4 Offset Curve

Curve 탭 > Derived > Offset Curve 아이콘을 이용하여 선택한 선의 모든 점에서 특정 방향으로 지정된 거리만큼 이동된 오프셋 커브를 만든다. 네 가지의 Offset 타입이 있다.

10.4.1 Distance

Curve가 정의되어 있는 평면상에서 커브의 모든 점을 커브에 수직 방향으로 오프셋하여 새로운 커브를 생성한다.

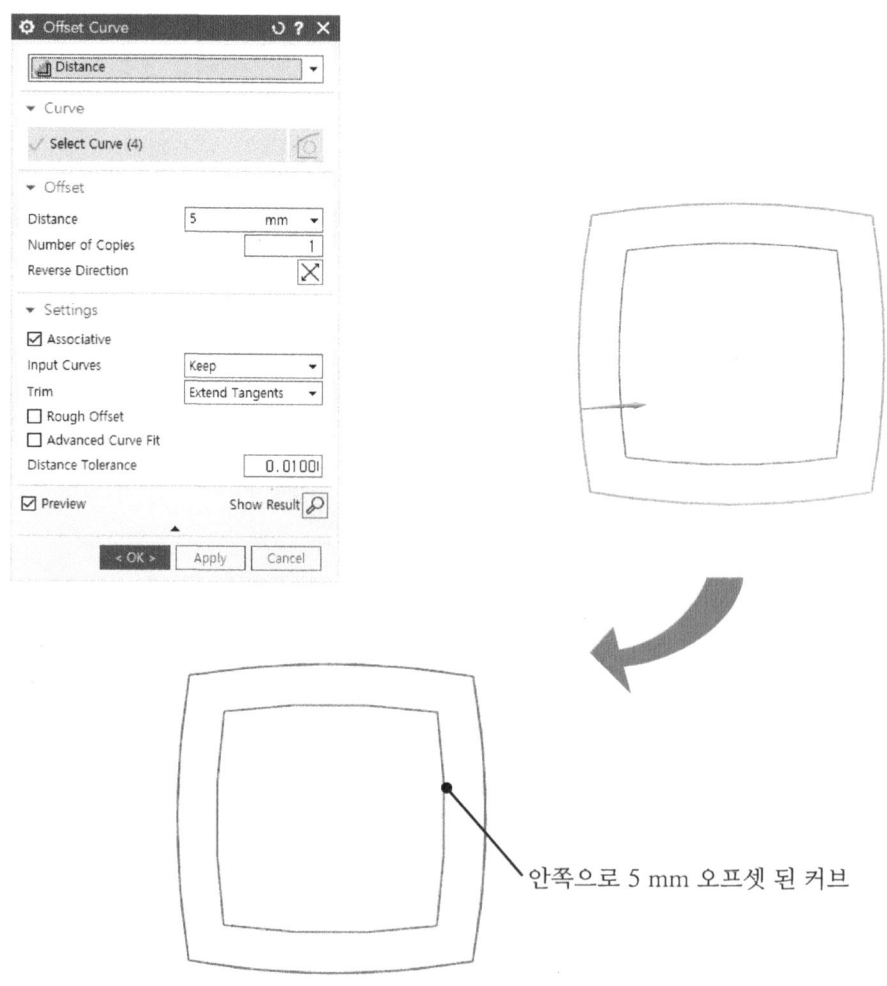

그림 10-19 Offset Curve (Distance 타입)

10.4.2 Draft

원래 커브가 있던 평면을 지정된 높이(Height)로 오프셋 된 평면에 새로운 커브를 생성한다. 오프셋 하여 새로 생성될 커브는 Angle 값에 따라 원래 커브의 크기보다 일정 비율로 커지거나 작아지게 생성할 수 있다.

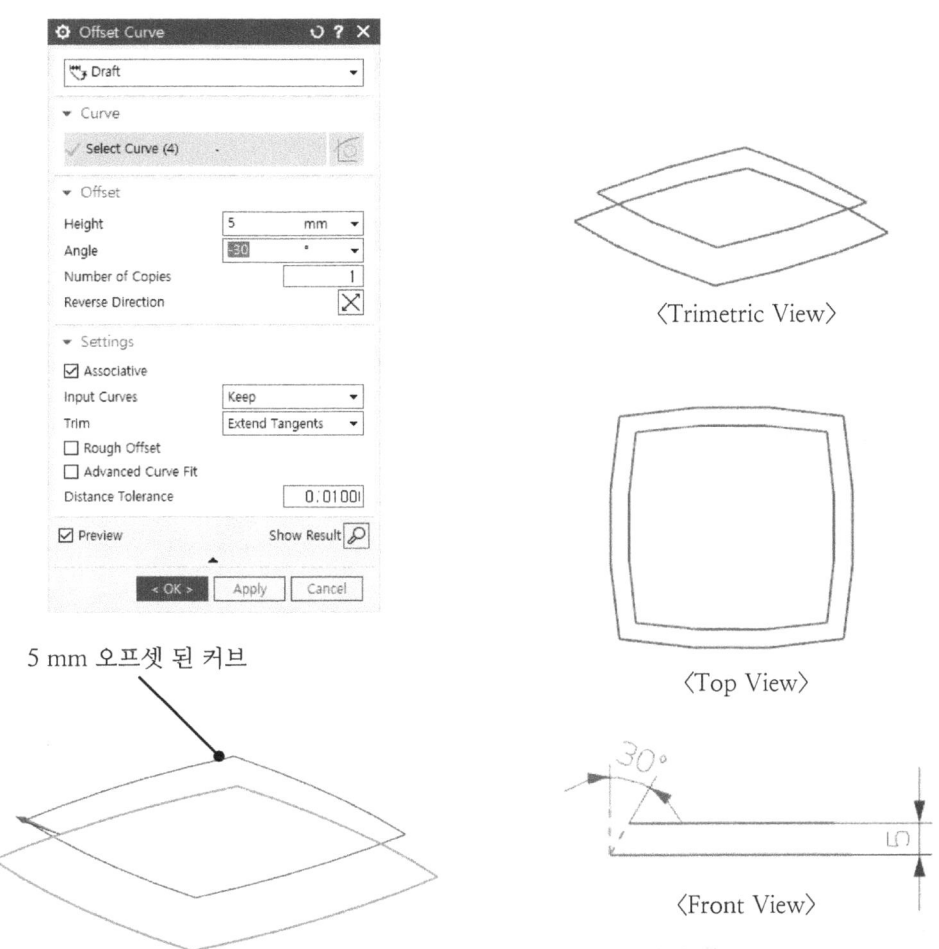

그림 10-20 Offset Curve (Draft 타입)

10.4.3 Law Control

Law를 이용하여 오프셋 값을 정의한다.

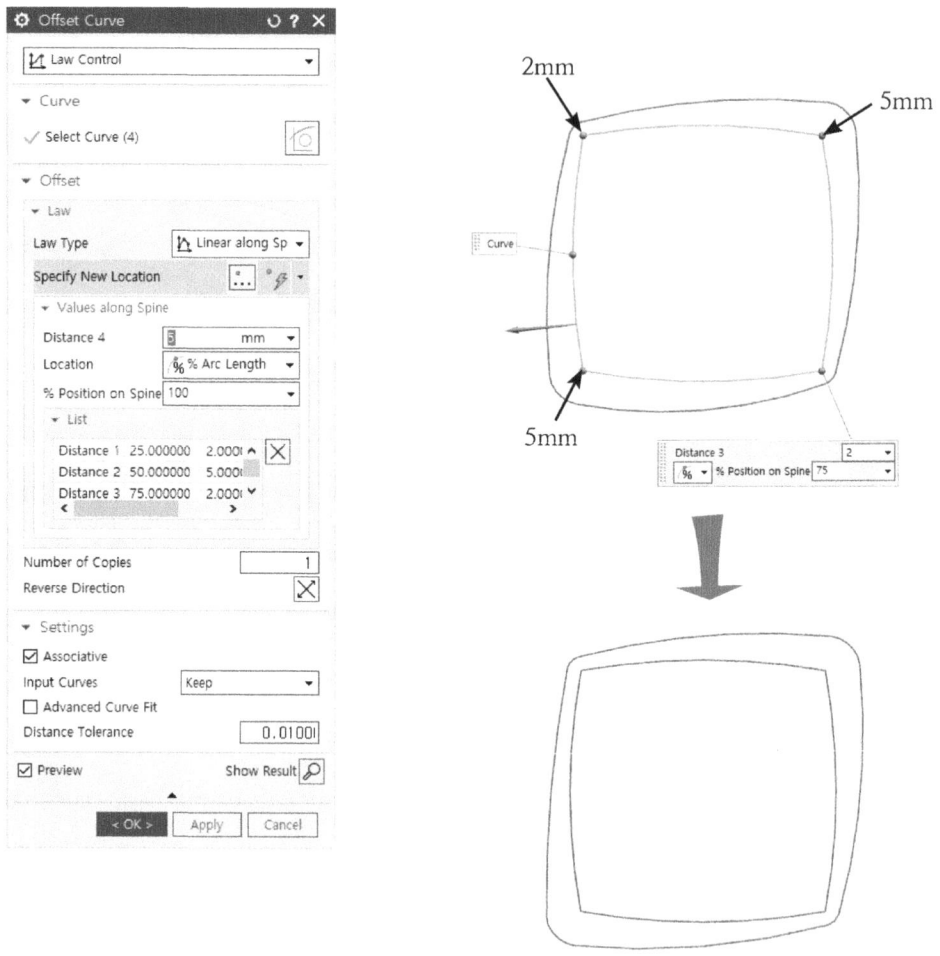

그림 10-21 Offset Curve (Law Control 타입)

10.4.4 3D Axial

평면상에서 또는 평면을 벗어나는 방향으로 오프셋 커브를 생성할 수 있다. 오프셋 거리와 방향을 지정한다. 결과로 생성되는 Offset 커브는 항상 Spline으로 생성된다.

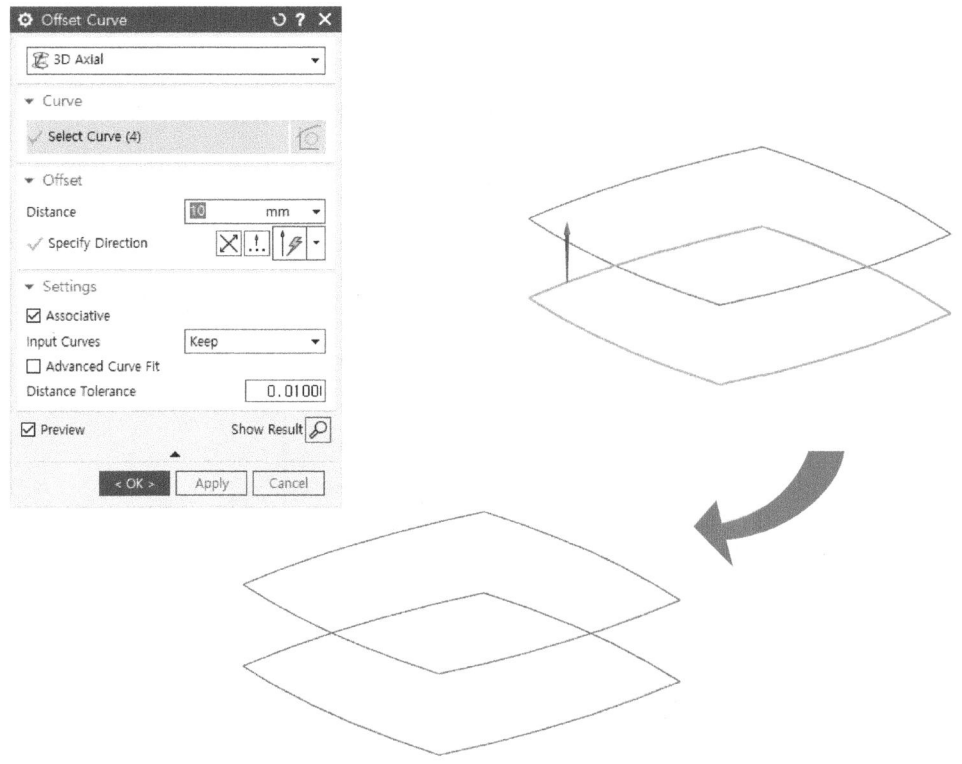

그림 10-22 Offset Curve (3D Axial 타입)

> **!** *Associative 옵션*
>
> 대부분의 Curve 기능은 아래 그림과 같이 대화상자의 Settings 그룹에 Associative 옵션을 제공한다. 이 옵션이 체크되어 있으면 결과물은 피쳐로 생성되고, 체크 되어 있지 않다면 피쳐로 생성되지 않는다.
>
>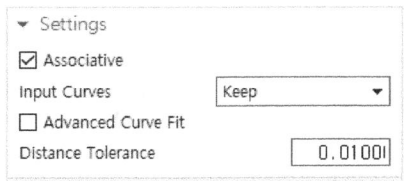
>
> **그림 10-23** Associative 옵션
>
> 현업에서는 이 옵션을 끄고 커브를 생성하는 것이 설계 업무에 더 효율적인 경우도 있다. 그러나, 이 옵션을 끈 결과물은 원본과의 연관성이 없는 커브로 생성되어 수정이 어렵다.

10.5 Project Curve

선, 모서리, 점을 면(Face) 혹은 Datum Plane에 투영하여 선을 생성한다.
▶ 아이콘: Curve 탭 > Derived > Project Curve

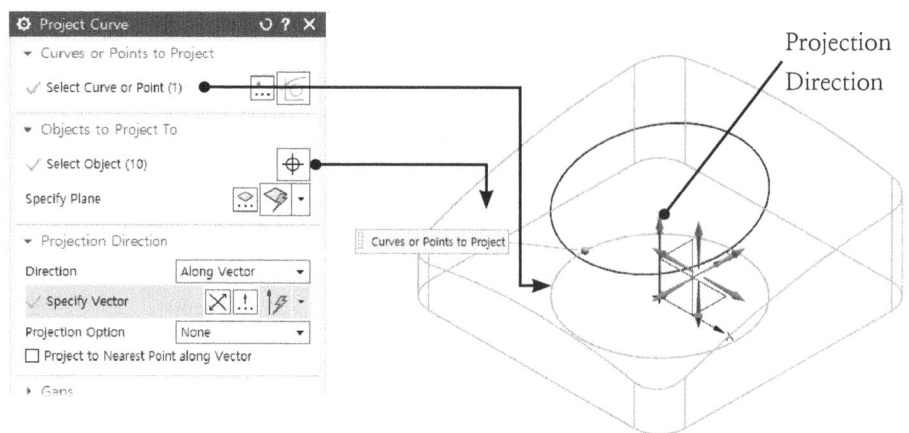

그림 10-24 Project Curve의 적용 예

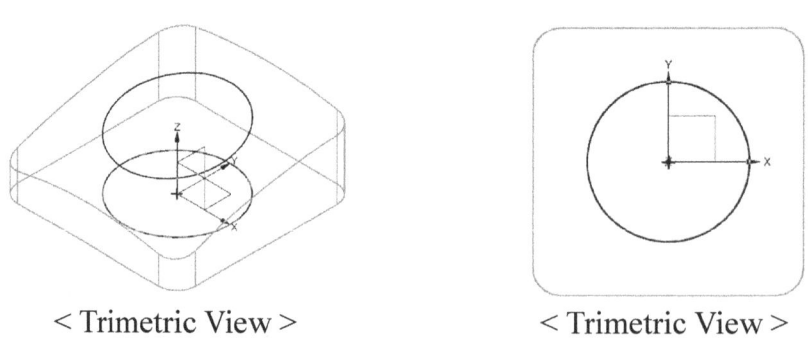

< Trimetric View >　　　　< Trimetric View >

그림 10-25 Project하여 생성된 선

> ⚠ ***Along Face Normal 옵션***
>
> 아래 그림은 Along Face Normal 옵션으로 볼록한 면, 평평한 면, 오목한 면에 투영한 결과를 보여준다.

10.6 Mirror Curve

Datum Plane 혹은 평면을 기준으로 선을 대칭 복사 한다.
▶ 아이콘: Curve 탭 > Derived > More > Copy > Mirror Curve

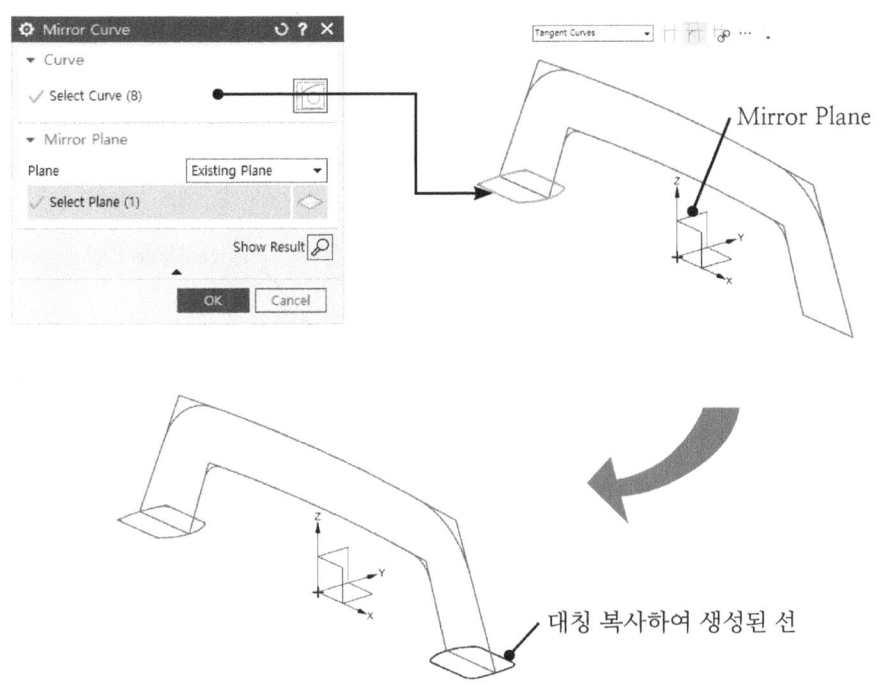

그림 10-26 Mirror Curve의 적용 예

10.7 Intersection Curve

선택한 두 세트(Set)의 오브젝트 간의 교차 선을 생성한다.
▶ 아이콘: Curve 탭 > Derived > Intersection Curve

그림 10-27 Intersection Curve의 적용 예

Exercise 03 Intersection Curve

ch10_003.prt

주어진 파일을 열어 Intersection Curve 기능의 필요성을 이해하고, 커브를 생성해 보자.

파일 열기 및 Edge Blend 생성

1. ch10_003.prt 파일을 열고 Rendering Style을 Shaded with Edges로 변경한다.
2. 모서리에 반경 10 mm의 Edge Blend를 생성한다.

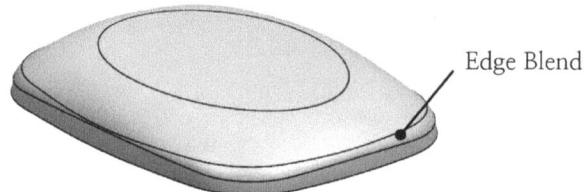

그림 10-28 R=10mm의 Edge Blend를 적용한 결과

그림에서 알 수 있듯이 필렛 모서리의 모양이 균일하지 않다. Rendering Style을 Shaded로 변경하면 다음 그림과 같다.

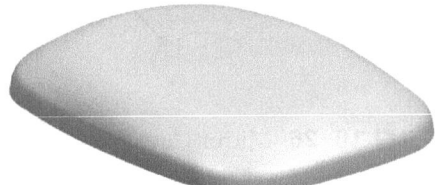

그림 10-29 Rendering Style = Shaded인 상태

필렛 면에 큰 문제가 없는 것을 알 수 있다. 하지만 필렛의 모서리가 그림 10-28과 같이 나타나는 것이 마음에 들지 않아, 필렛 형상을 Face Blend 기능을 이용하여 직접 생성하기로 결정하였다. Face Blend 기능을 사용하려면 Contact Curve가 필요하다. Contact Curve를 Intersection 기능을 사용하여 만들자.

Face Blend 기능은 Chapter 11에서 배울 것이다.

데이텀 평면 생성

아래 그림과 같이 Datum Plane 기능을 사용하여, Datum CSYS의 XC-YC 평면에서 ZC 방향으로 각각 8 mm, 12 mm 떨어진 Datum Plane을 2개 만든다.

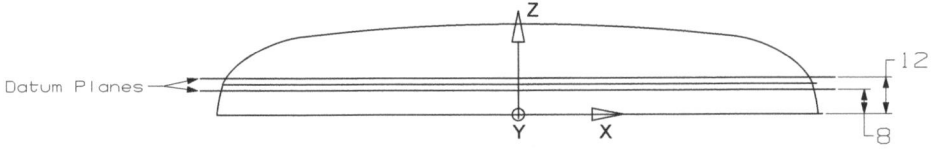

그림 10-30 Front View

그 결과는 그림 10-31과 같다. Datum Plane의 크기가 형상의 크기에 비해 작거나 크면 Resize 한다.

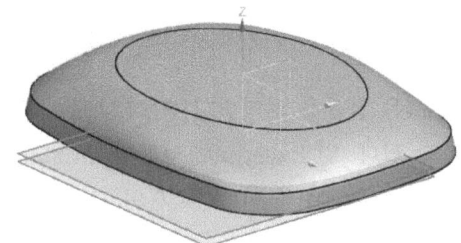

그림 10-31 Rendering Style = Shaded with Edges

Intersection Curve 기능 실행

1. Curve 탭 > Derived > Intersection Curve 아이콘을 누르고, 대화상자를 Reset 한다.
2. Set 1으로 12 mm 위치에 생성한 Datum Plane을 선택한다.
3. MB2 (마우스 가운데 버튼)를 누른다.
4. Set 2로 형상에서 교차 시킬 면을 선택한다. Single Face 룰을 이용한다. 생성될 커브의 미리보기가 나타난다.
5. 대화상자에서 OK 버튼을 누른다.

 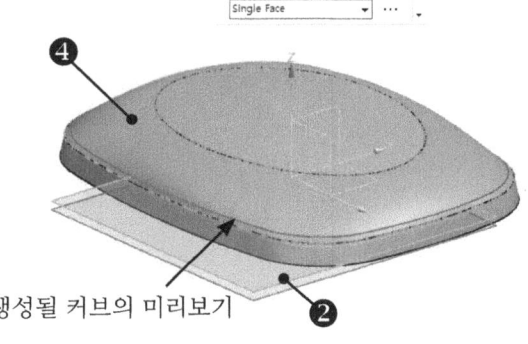

그림 10-32 교차 커브 생성

10 장: Curve 기능

6. 같은 방법으로 8mm 위치에 생성한 Datum Plane과 측면 사이에 교차 커브를 생성한다.

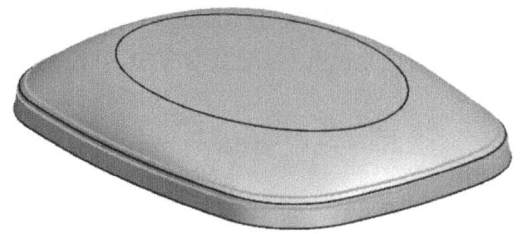

그림 10-33 교차하여 생성된 커브

END of Exercise

> **! Set 이란?**
>
> Set은 집합을 의미한다. 따라서 Set 1과 Set 2에 여러 개의 면 또는 Datum Plane을 선택할 수 있다. 위 Exercise에서 Datum Plane 두 개를 Set 1으로 선택하고, 윗면과 측면을 Set 2로 선택하여 한 번에 두 개의 교차 커브를 생성할 수도 있다.

10.8 Offset in Face

Face 상에 있는 커브를 Face 상에서 Offset 하여 새로운 커브를 생성한다.
▶ 아이콘: Curve 탭 > Derived > Offset in Face

Exercise 04 **Offset in Face** *ch10_004.prt*

제시된 절차에 따라 Intersection Curve와 Offset in Face 커브를 생성해 보자.

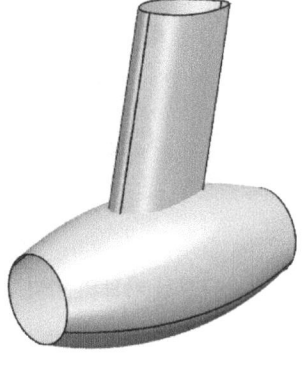

그림 10-34 실습용 파일

Step 1

Intersection Curve를 생성한다.

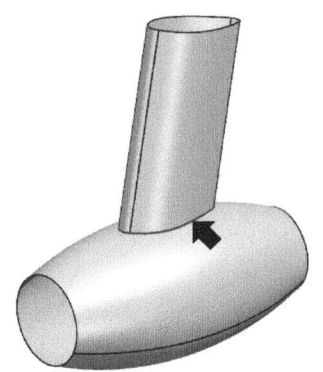

그림 10-35 Intersection Curve

Step 2

Offset in Curve 기능을 이용하여 면을 따라 Offset 한 커브를 생성한다.

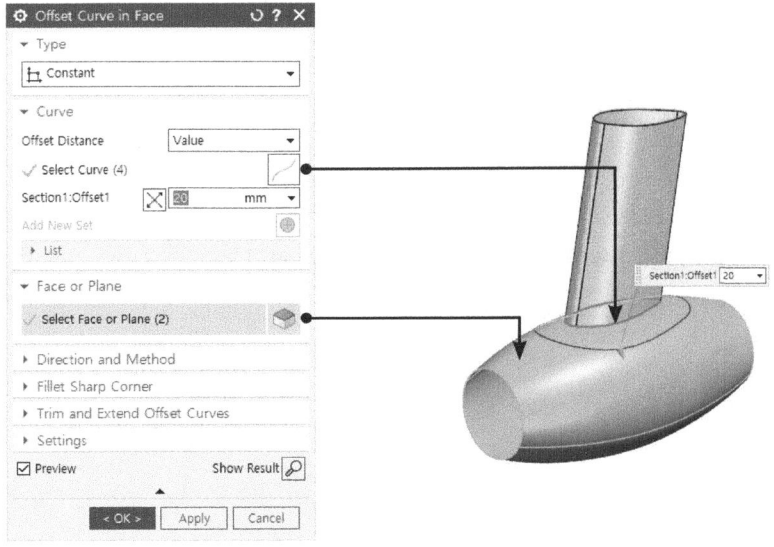

그림 10-36 Offset Curve

10.10 Isoparametric Curve

Face의 U, V 파라미터 값이 일정한 선을 추출한다.
▶ 아이콘: Curve 탭 〉Derived 〉 More 〉 From Body 〉 Isoparametric Curve

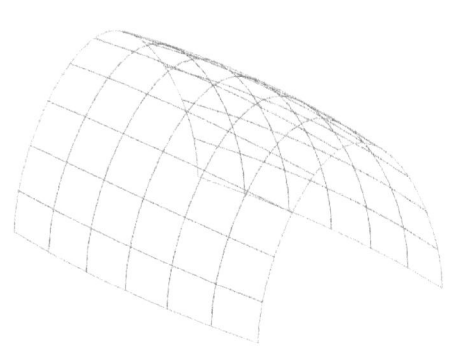

그림 10-37 U, V Grid Line

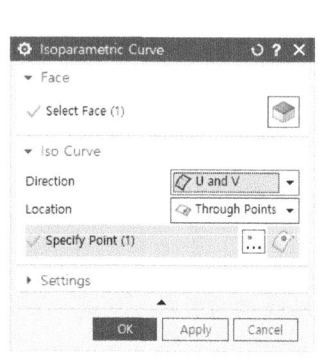

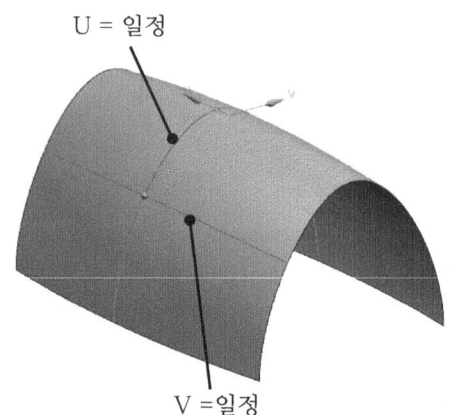

그림 10-38 Isoparametric Curve

10.9 Composite Curve

커브 또는 모서리를 별도의 커브로 추출한다. 복잡한 스케치를 그린 후 서피스 생성에 필요한 커브만을 각각의 커브로 뽑아 사용할 때 유용하게 사용할 수 있다.
▶ 아이콘: Curve 탭 〉 Derived 〉 Composite

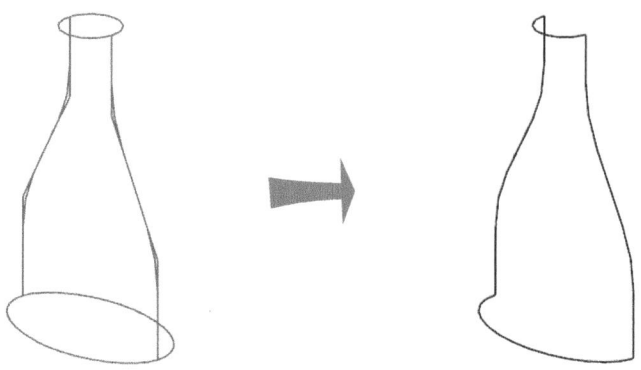

그림 10-39 Composite Curve의 적용 예

ch10_005.prt **Composite Curve** Exercise 05

커브를 추출할 필요성을 이해하고, Composite Curve 기능을 이용하여 서피스 생성에 필요한 일부 커브를 생성해 보자.

주어진 파일의 Wireframe을 Primary 2 개와 Cross 3 개를 이용하여 Through Curve Mesh 기능으로 만든 형상은 다음 그림과 같다.

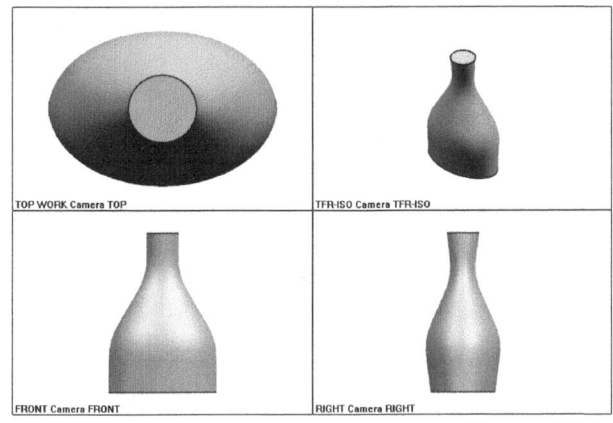

그림 10-40 한 번의 Through Curve Mesh 기능으로 생성한 형상

이 형상은 371 쪽의 "Bottle 1" 형상과 비교했을 때 차이가 크다. 절반씩 만드는 방법을 시도해 볼 수 있다. 현재 상태에서도 작업은 가능하겠지만 편의를 위해 스케치 커브에서 필요한 선만을 추출하자.

Composite Curve 기능 실행

1. Curve 탭 > Derived > Composite 아이콘을 누른다.
2. 대화상자를 Reset 한다.
3. Composite Curve 기능으로 커브를 추출한다는 것은 동일한 위치에 하나의 커브가 더 만들어져 기존 것과 중첩됨을 의미한다. 기존 커브와 추출된 커브를 별도 Layer로 관리하는 것이 바람직하다. Work Layer를 41번으로 변경한다. (힌트: View 탭 > Layer > Work Layer 입력창)
4. Curve Rule을 Tangent Curves로 변경하고, Follow Fillet 옵션을 활성화 시킨다. (그림 10-41 참고)

5. 스케치 커브의 가리키는 곳을 클릭하여 선택한다. 미리보기가 나타난다.
6. Apply 버튼을 누른다. Part Navigator에 Composite Curve 피처가 생긴 것을 확인한다.
7. 연속하여 다른 쪽의 스케치 커브를 선택한다.
8. Apply 버튼을 눌러 Composite Curve를 생성한다.

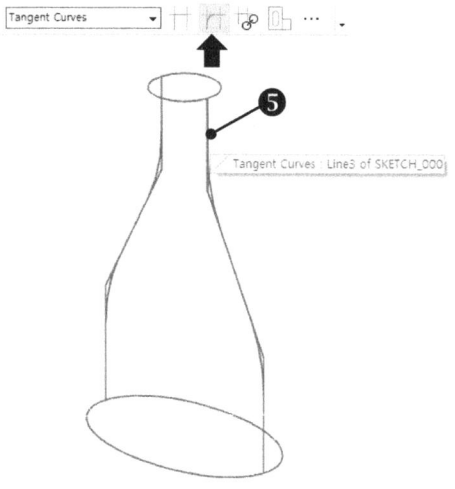

그림 10-41 추출할 커브 선택

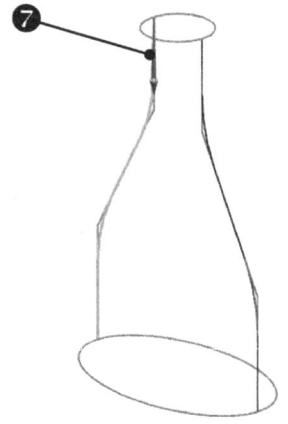

그림 10-42 다른 쪽 커브 생성

원호와 타원에서 반 쪽 추출

1. Selection Scene Bar에서 Stop At Intersection 옵션을 선택한다.
2. 원 호를 선택하여 반 쪽을 추출한다.
3. 타원을 선택하여 반 쪽을 추출한다.

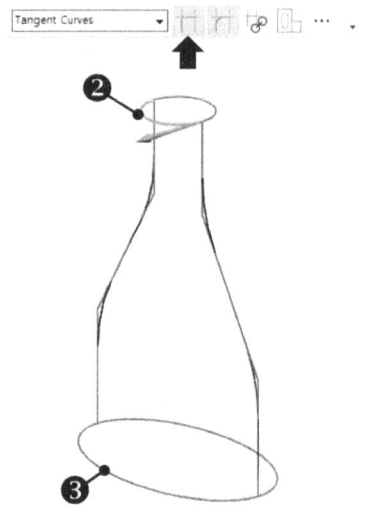

그림 10-43 원호와 타원의 반 쪽 추출

4. 21번 레이어를 Invisible 상태로 변경한다. 아래 그림과 같이 추출된 커브만을 작업창에서 확인할 수 있다.

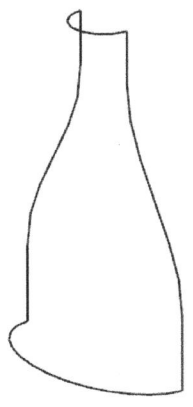

그림 10-44 추출된 커브

<u>END of Exercise</u>

10.11 Bridge 커브

커브 또는 모서리를 부드럽게 연결하는 새로운 커브를 생성한다. 이 기능은 Through Curve Mesh 기능을 이용하여 서피스를 연결할 때 유용하게 사용된다.

▶ 아이콘: Curve 탭 > Derived > Bridge

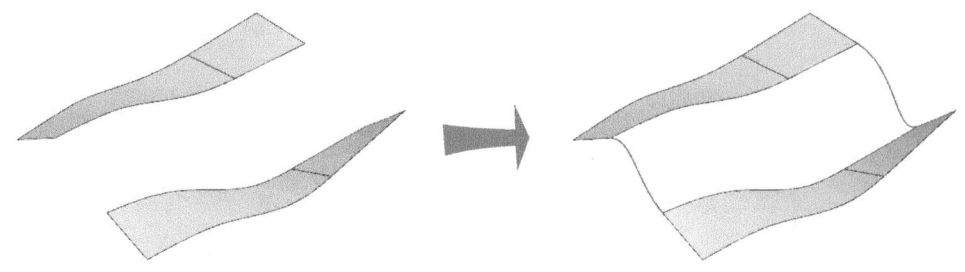

그림 10-45 Bridge 커브

Exercise 06 Bridge 커브

ch10_006.prt

Bridge 기능을 이용하여 모서리를 부드럽게 연결하는 커브를 생성한 후 Through Curve Mesh 기능을 이용하여 서피스를 연결해 보자.

파일 열기 및 Bridge Curve 기능 실행

1. ch09_007.prt 파일을 연다.
2. Curve 탭 > Derived > Bridge 아이콘을 누른다.
3. 대화상자를 Reset 한다.
4. 모서리의 한 쪽 끝을 선택하고 MB2(마우스 가운데 버튼)를 누른다.
5. 다른 모서리의 한 쪽 끝을 선택한다.

각 모서리의 끝 점을 부드럽게(Tangent) 연결하는 커브의 미리보기가 나타난다.

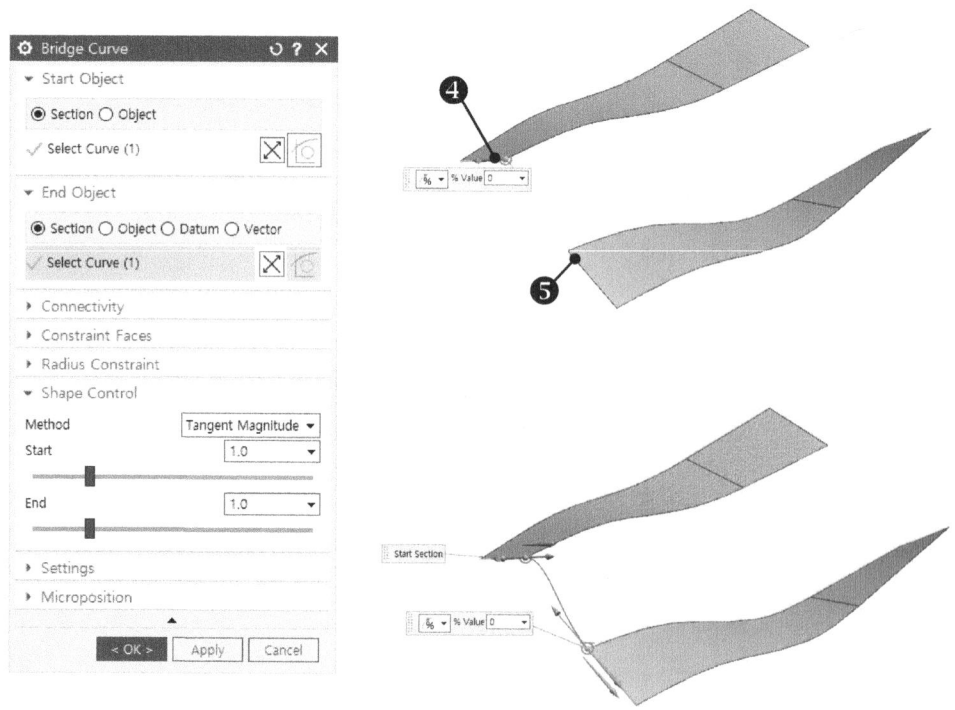

그림 10-46 연결 커브 생성 1

6. Apply 버튼을 누른다.
7. 반대쪽의 두 모서리도 비슷한 방법으로 연결한다.

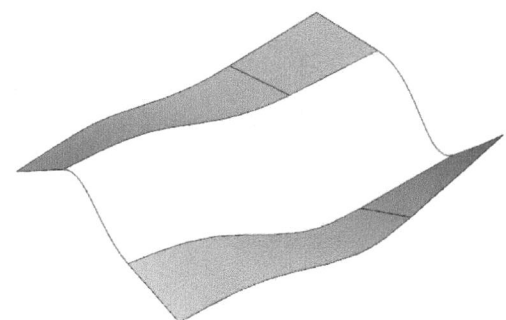

그림 10-47 연결 커브 생성 2

Through Curve Mesh 서피스 생성

1. Surface 탭 > Base > Through Curve Mesh 아이콘을 누르고 대화상자를 Reset 한다.
2. Primary 1, Primary 2, Cross 1, Cross 2 커브를 선택한다. 그림 10-48은 Preview 옵션을 해제한 상태이다.

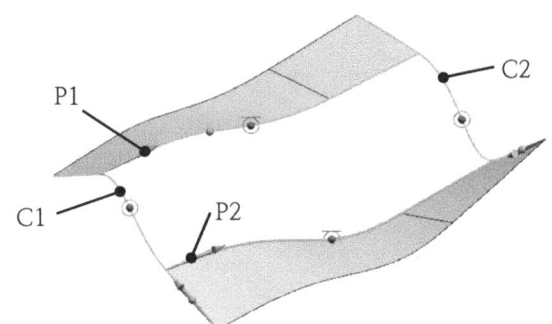

그림 10-48 Through Curve Mesh 생성을 위한 커브 선택

3. First Primary와 Last Primary의 Continuity 옵션을 G1으로 설정한다.
4. 각각의 커브에 대한 Constraint Face를 선택한다.
5. OK 버튼을 눌러 그림 10-49와 같이 서피스를 생성한다.

10 장: Curve 기능

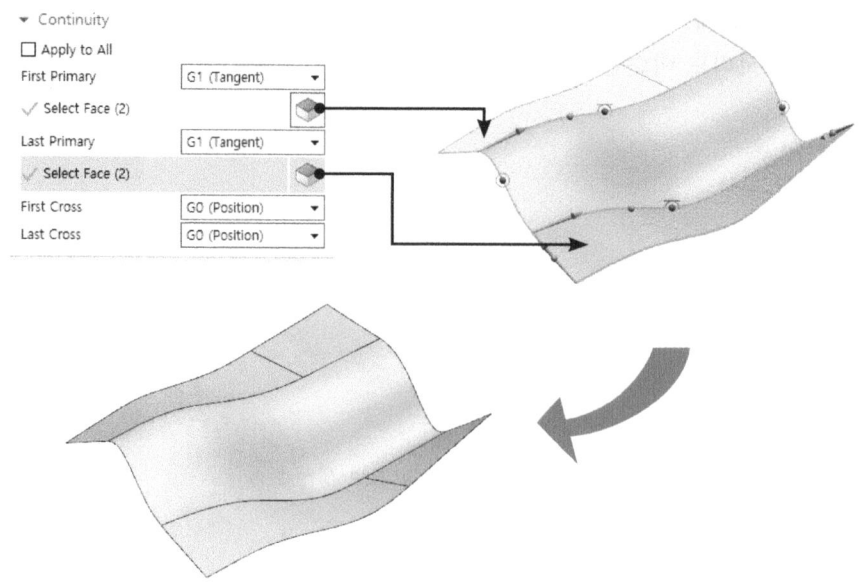

그림 10-49 생성된 서피스

END of Exercise

10.12 Combined Projection

두 개의 커브를 지정된 방향으로 돌출시켰을 때 만나는 곳에 새로운 커브를 생성한다.
▶ 아이콘: Curve 탭〉 Derived 〉 More 〉 From Curve 〉 Combined Projection

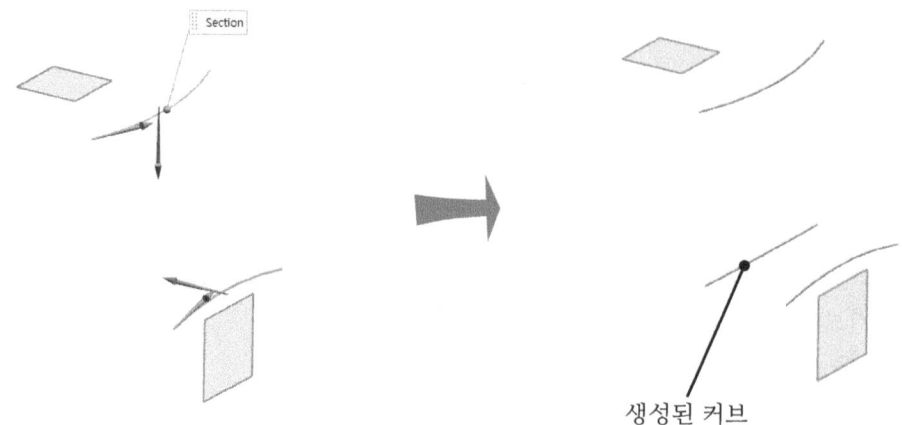

그림 10-50 Combined Projection의 적용 예

ch10_007.prt   **Combined Projection**   **Exercise 07**

실습을 통하여 Combined Projection 기능을 학습해 보자.

Top View의 커브와 Front View의 커브를 모두 만족하는 새로운 커브를 생성하고자 한다.

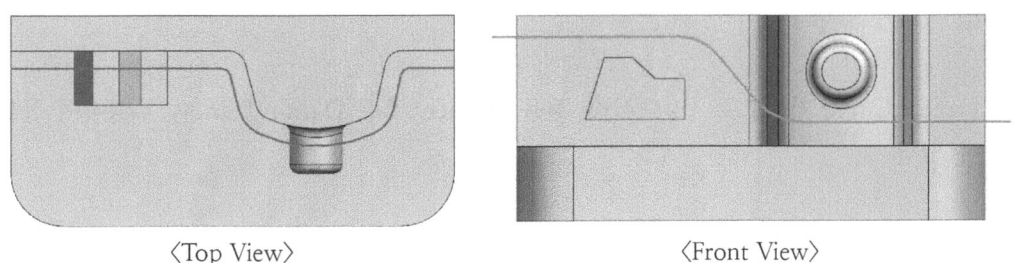

⟨Top View⟩   ⟨Front View⟩

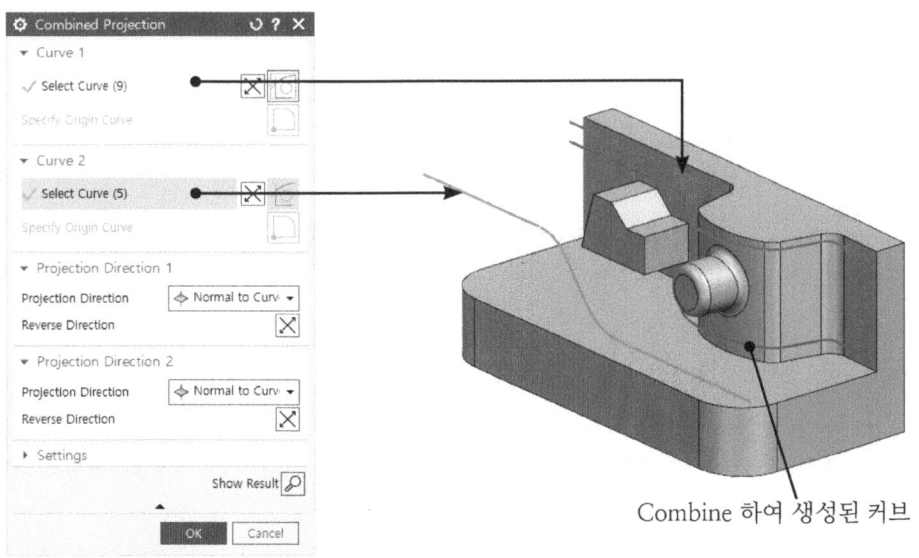

그림 10-51 Combined Projection

END of Exercise

10.13 요약

1. Helix 기능으로 나선형 커브를 만들 수 있다.

2. Text 기능을 이용하면 트루 타입(True Type) 글꼴의 글자를 만들 수 있다.

3. Offset Curve 기능으로 선택한 선의 모든 점에서 법선(Normal) 방향으로 연산된 오프셋 커브를 만들 수 있다.

4. Project Curve 기능으로 선, 모서리, 점을 면(Face) 혹은 Datum Plane에 투영하여 선을 만들 수 있다.

5. Mirror Curve 기능으로 Datum Plane 혹은 평면을 기준으로 선을 대칭 복사할 수 있다.

6. Intersection Curve 기능으로 선택한 두 세트(Set)의 오브젝트 간의 교차 선을 만들 수 있다.

7. Offset in Face 기능으로 Face 상에 있는 모서리나 커브를 Face를 따라 Offset하여 새로운 커브를 생성할 수 있다.

8. Isoparametric Curve 기능으로 Face 상에 U, V 방향으로 일정한 파라미터를 갖는 위치에 커브를 생성할 수 있다.

9. Composite Curve 기능으로 커브 혹은 모서리를 커브로 추출할 수 있다.

10. Bridge 기능으로 두 개의 커브 또는 모서리를 부드럽게 연결하는 커브를 생성할 수 있다.

11. Combined Projection 기능으로 두 방향으로 Project 한 커브가 교차하는 새로운 커브를 생성할 수 있다.

Chapter 11
추가 모델링 기능

■ 학습목표

다음 기능의 기본 사용법과 작업 과정을 이해할 수 있다.

- Trim and Extend (Make Corner Type)
- Pattern Face (Circular Pattern Type)
- Law Extension (Vector Type)
- Face Blend
- Extend Sheet
- Emboss
- Trim Sheet
- Tube
- Offset Surface
- Extract Geometry

11장: 추가 모델링 기능

11.1 추가 모델링 기능

이 장에서는 Chapter 12의 종합 모델링을 수행하는 데 필요한 다음의 주요 기능에 대하여 설명한다. 각 기능의 위치는 괄호 안에 표시하였다.

① Trim and Extend (Surface 탭 > Combine)
② Pattern Face (Home 탭 > Base > More > Copy)
③ Law Extension (Surface 탭 > Base)
④ Face Blend (Surface 탭 > Base)
⑤ Extend Sheet (Surface 탭 > Combine)
⑥ Emboss (Home 탭 > Base > More > Detail Feature)
⑦ Trim Sheet (Surface 탭 > Combine)
⑧ Tube (Surface 탭 > Base > More > Sweep)
⑨ Offset Surface (Surface 탭 > Base)
⑩ Extract Geometry (Home 탭 > Base > More > Copy)

그림 11-1은 Surface 탭에 있는 아이콘을 보여준다.

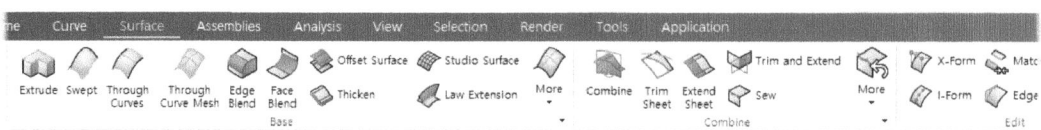

그림 11-1 Surface 탭

11.2 Trim and Extend (Make Corner Type)

Trim and Extend 기능의 Make Corner 타입을 이용하면 Sheet Body를 연장하거나 잘라 내면서 모서리를 붙일 수 있다. Sew 기능이 동시에 수행되어 각각의 Sheet Body는 하나의 Sheet Body로 된다.

그림 11-2 Trim and Extend(Make Corner 타입)의 적용 예

---

ch11_001.prt **Trim and Extend**　**Exercise 01**

Trim and Extend의 Make Corner 타입으로 Sheet Body의 남는 부분을 잘라낸 후 Solid Body로 만드는 과정을 알아보자.

파일 열기

1. ch11_001.prt 파일을 연다.

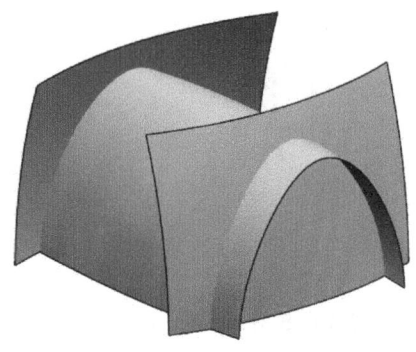

그림 11-3 실습용 파일

Trim and Extend 기능 실행

1. Surface 탭 > Combine > Trim and Extend를 선택한다.
2. 대화상자의 Trim and Extend Type 옵션에서 Make Corner를 선택한다.
3. Target Face를 선택한다(그림 11-4의 ❸).
4. MB2 (마우스 가운데 버튼)를 누른다.
5. Tool Face를 선택한다 (그림 11-4의 ❺).

미리보기에 나타난 화살표는 서피스를 잘라 버리고 남길 방향을 의미한다.

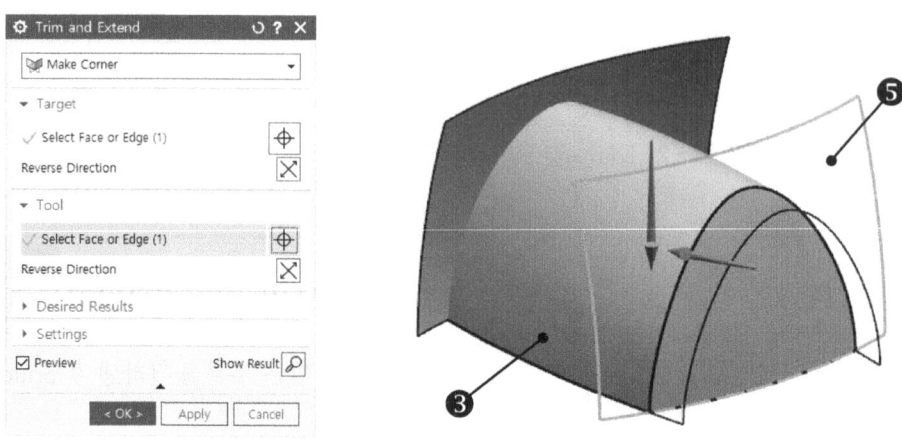

그림 11-4 Trim and Extend 기능 실행

6. 대화상자에서 Apply 버튼을 누른다.
7. 같은 방법으로 다른 쪽의 서피스도 Trim and Extend 하여 아래와 같은 결과를 얻는다.

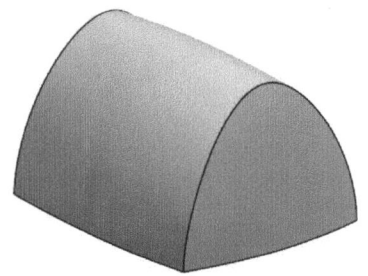

그림 11-5 Trim and Extend의 결과 모델

바닥면 생성

Bounded Plane 기능을 이용하여 바닥 면을 생성한 후 Sew 기능을 이용하여 Solid Body로 만들 것이다.

1. Surface 탭 > Base > More > Fill > Bounded Plane을 선택한다.
2. 바닥면의 모서리를 모두 선택한 후 OK 버튼을 누른다.

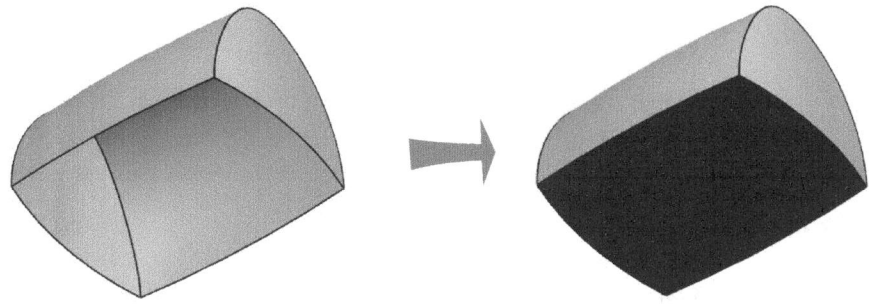

그림 11-6 바닥면 생성

3. Surface 탭 > Combine > Sew를 선택한다.
4. Target과 Tool을 선택하여 아래와 같이 Solid Body로 만든다.

아래 그림은 단면을 표시하기 위하여 일부를 잘라낸 것이다.

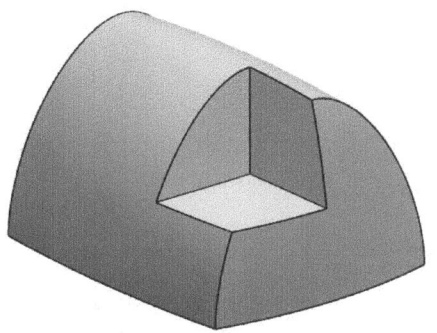

그림 11-7 Solid Body 생성

END of Exercise

11.3 Pattern Face

Face를 선택하여 사각형 배열, 원형 배열 또는 대칭 복사할 수 있다.

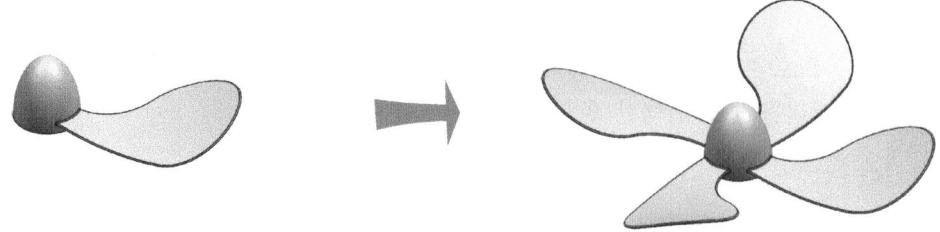

그림 11-8 Pattern Face(Circular Pattern 타입)의 적용 예

Exercise 02   Pattern Face   *ch11_002.prt*

Pattern Face 기능을 이용하여 Face의 원형 배열을 생성해 보자.

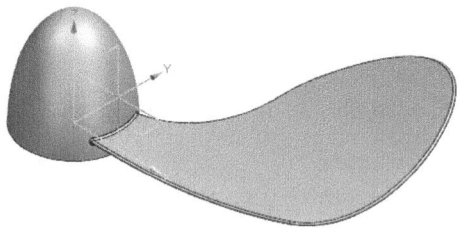

그림 11-9 실습용 파일

Pattern Face 기능 실행

1. Home 탭 〉 Base 〉 More 〉 Copy 〉 Pattern Face를 선택한다. 또는 Menu 버튼 〉 Insert 〉 Associative Copy 〉 Pattern Face를 선택한다.

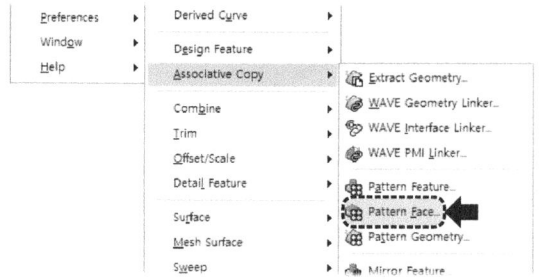

그림 11-10 Pattern Face 아이콘

2. Pattern Face 대화상자를 Reset 한 후 Layout 드롭다운 목록에서 Circular를 선택한다.
3. Face 선택 단계에서 Face Rule을 Region Faces로 선택한다. Status Line에는 Seed Face를 선택하라는 메시지가 나타난다.
4. 패턴을 생성할 Face들 중 대표적인 것을 하나 선택한다 (그림 11-4의 ❹). Status Line에는 Boundary Face를 선택하라는 메시지가 나타난다.
5. Boyndary Face를 선택한다 (그림 11-4의 ❺). Boundary Face는 Pattern을 생성할 Face와 나머지 Face를 분리한다.
6. MB2(마우스 가운데 버튼)를 누른다. Boundary Face를 경계로 하여 Seed Face 쪽의 Face가 모두 선택된다.

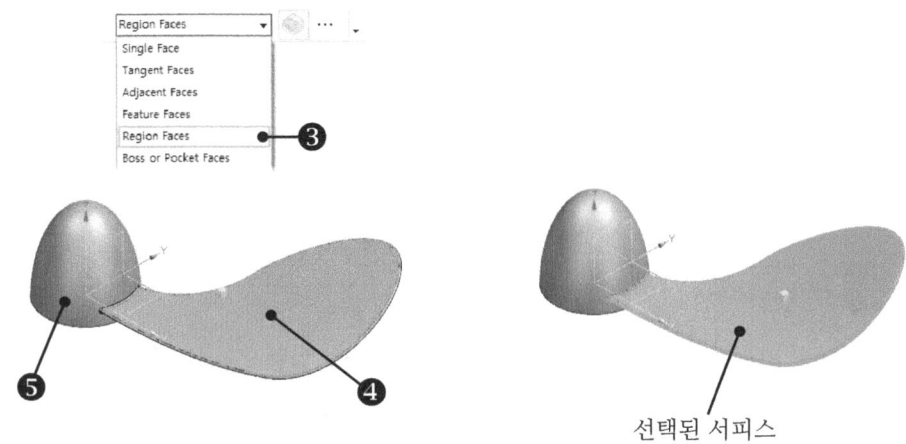

그림 11-11 Face 선택(Region Faces 룰 이용)

7. MB2를 눌러 다음 단계로 진행한다. 다음 단계는 회전 축을 지정하는 단계이다.
8. Axis를 선택한다 (그림 11-12의 ❽). Alerts 메시지가 나타난다. 생성되는 Pattern Member가 원본 Face에 영향을 주기 때문에 발생하는 경고 메시지다.

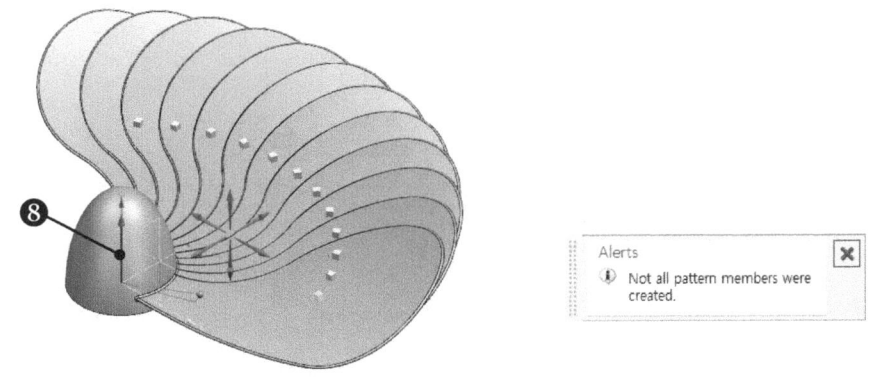

그림 11-12 Alerts 메시지

9. Angular Direction 옵션을 그림 11-13과 같이 입력한 후 Enter 키를 누른다. 미리보기가 나타난다.

10. 대화상자에서 OK 버튼을 눌러 패턴을 생성한다.

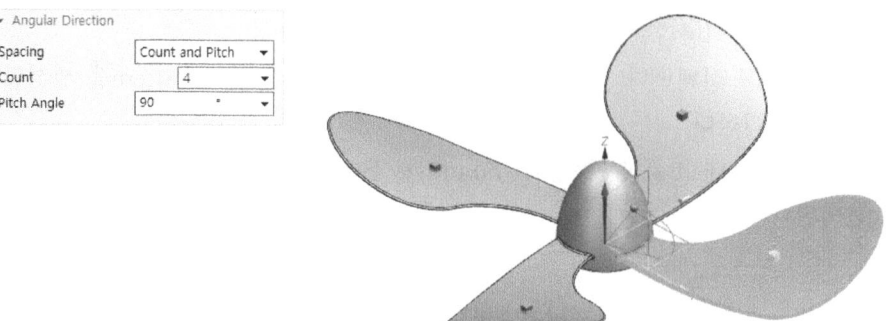

그림 11-13 패턴 생성

END of Exercise

> **Synchronous Modeling**
>
> Pattern Face 기능은 Synchronous Modeling 기능의 일종으로서 형상을 이용하여 패턴을 생성한다. 즉, 다른 3차원 CAD 프로그램에서 생성한 형상을 NX로 불러온 다음 Boundary로 분할될 수 있는 Face에 대하여 적용할 수 있다. 아래 그림은 Home 탭 > Synchronous Modeling 아이콘 그룹에 있는 Pattern Face 아이콘이다.
>
>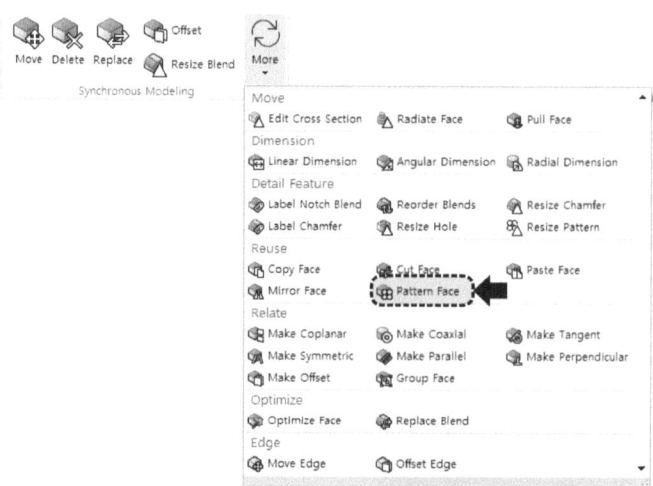
>
> 그림 11-14 Synchronous Modeling 아이콘 그룹

11.4 Law Extension

Law(법칙)에 의하여 제어되는 서피스를 생성하거나 연장할 수 있다.

그림 11-15 Law Extension(Vector Type)의 적용 예

---

ch11_003.prt **Law Extension** **Exercise 03**

Law Extension 기능을 이용하여 Sheet Body를 생성하는 방법을 살펴보자.

Law Extension 기능 실행 및 Curve 선택

1. Surface 탭 〉 Base 〉 Law Extension을 선택한다.
2. 대화상자를 Reset 하고, Type을 Vector로 선택한다. Curve 옵션의 Select Curve 버튼이 활성화 된 것을 확인한다.
3. Curve Rule을 Tangent Curves로 선택한다.
4. 커브를 선택한다.

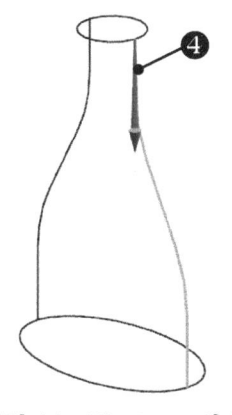

그림 11-16 Curve 선택

Reference Vector 선택 및 Law 설정

1. MB2 (마우스 가운데 버튼)를 클릭하여 Vector 선택 단계로 진행한다.
2. Vector를 선택한다 (그림 11-17의 ❷). 생성될 서피스의 미리보기가 나타난다. 기본 설정에 대한 미리보기다.
3. Length Law와 Angle Law를 설정한 후 Enter 키를 누른다. 미리보기에 결과가 반영된다.

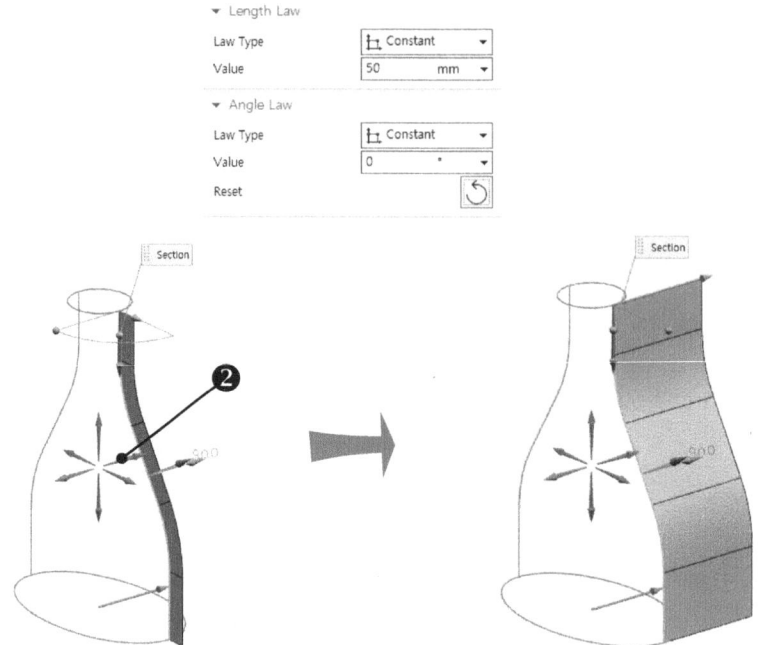

그림 11-17 생성될 서피스의 미리보기

서피스 생성

대화상자에서 OK 버튼을 눌러 서피스를 생성한다.

END of Exercise

11.5 Face Blend

두 개의 Face가 만나는 곳에 Blend를 생성한다. Sheet Body를 이용하여 Face Blend를 생성할 경우 Sew 기능이 자동으로 실행되어 결과물은 하나의 Sheet Body로 된다.

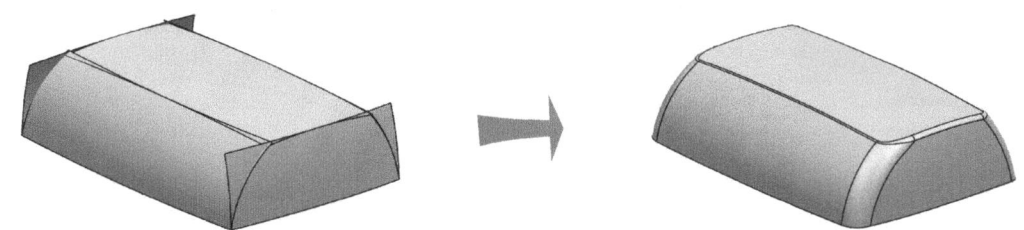

그림 11-18 Face Blend의 적용 예

---

ch11_004.prt   **Face Blend**   **Exercise 04**

Face Blend 기능을 이용하여 필렛 서피스를 생성해 보자.

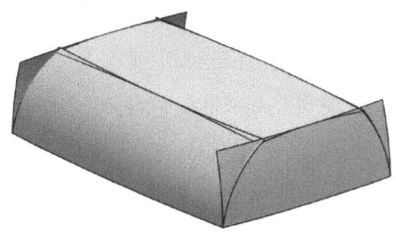

그림 11-19 실습용 파일

Face Blend 기능 실행 및 Face Chain 선택

1. Surface 탭 〉 Base 〉 Face Blend를 선택한다.
2. 대화상자를 Reset 한다. Type이 Two Face로 설정된다.
3. Face 1 을 선택한다 (그림 11-20의 ❸).
4. MB2 (마우스 가운데 버튼)를 누른다.
5. Face 2를 선택한다 (그림 11-20의 ❺). 화살표 방향이 모두 형상의 안쪽을 향하도록 해야 한다.

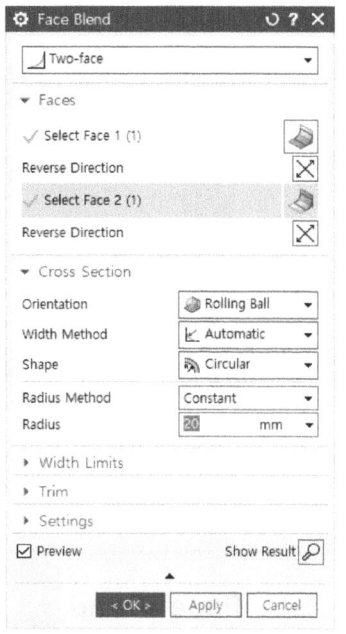
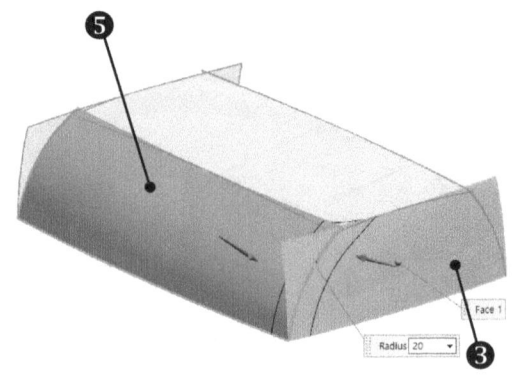

그림 11-20 Face 선택

화살표의 의미

노란색의 화살표는 필렛 면(Blended Face)의 중심을 의미한다. 아래 그림과 같이 화살표 (⬅)가 필렛 면의 중심을 향하도록 해야 한다.

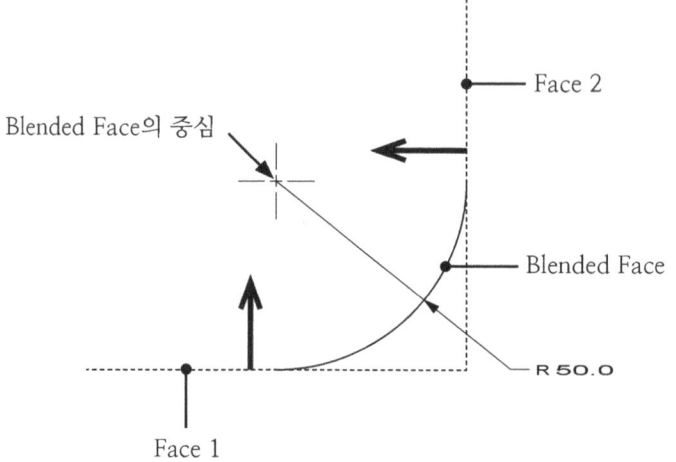

그림 11-21 Blended Face의 중심을 향하고 있는 화살표

Cross Section 옵션 설정

1. Cross Section 옵션을 그림 11-20과 같이 설정한다.
2. Radius를 20으로 입력한 후 Enter 키를 누른다. 미리보기를 확인한다.
3. 대화상자에서 Apply 버튼을 누른다. 그림 11-22와 같이 Face Blend가 생성된다.

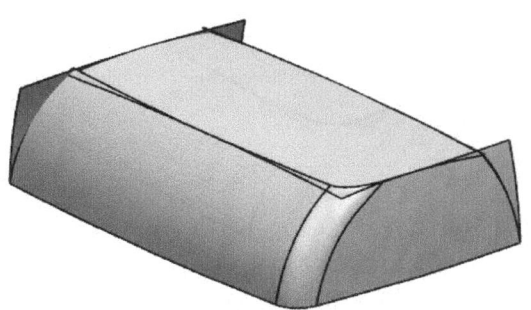

그림 11-22 첫번째 Face Blend 생성

> **Face Blend 기능은 Trim과 Sew 기능을 동시에 수행한다.**
>
> Face Blend의 대화상자의 Trim 옵션 그룹을 확인해 보면 Face 1, Face 2, Blended Face는 절단이 된 후 하나의 Sheet Body로 붙여지도록 설정되어 있다.
>
>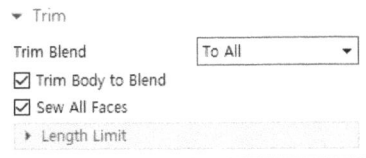
>
> **그림 11-23** Face Blend의 Trim and Sew Options 그룹

두 번째 Face Blend 생성

동일한 방법으로 아래 그림과 같이 R20의 필렛을 생성한다.

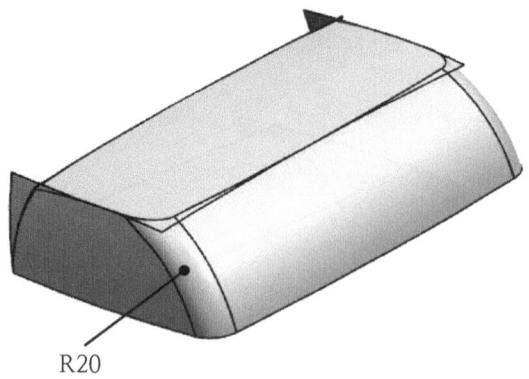

그림 11-24 두 번째 Face Blend 생성

세 번째와 네 번째 Face Blend 생성

동일한 방법으로 아래 그림과 같이 R10의 필렛 2 개를 한 번에 생성한다.

세 번째와 네 번째 Face Blend는 한꺼번에 생성된다. 즉, Face Chain 1과 Face Chain 2 사이에 두 개의 필렛이 생성된다. 한 번의 기능 실행으로 두 개 이상의 결과가 나타나기 때문에 Alert 메시지를 보여준다. OK나 Apply 버튼을 눌러 두 개 모두 생성할 수 있다.

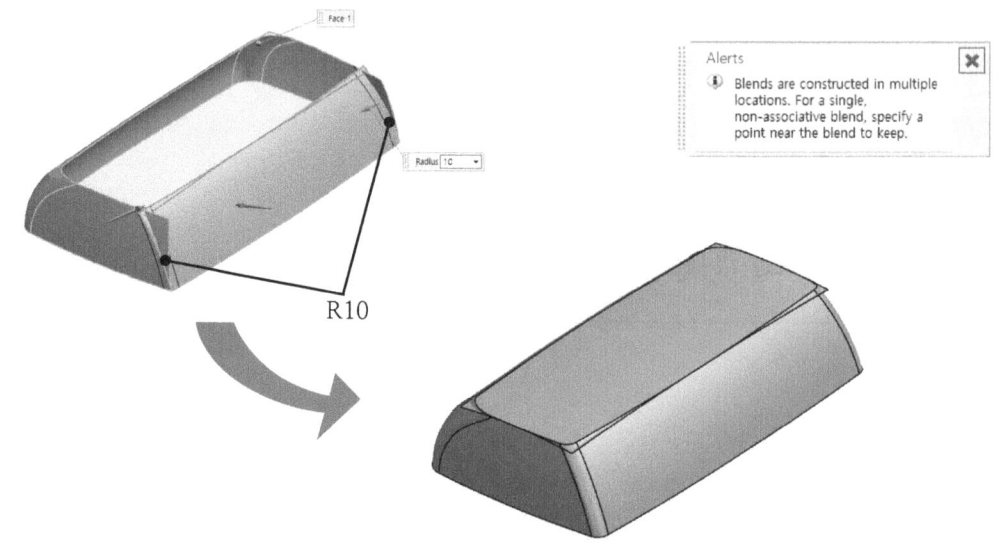

그림 11-25 세 번째와 네 번째 Face Blend 생성

다섯 번째 Face Blend 생성

동일한 방법으로 윗면과 측면 사이에 R5의 필렛을 생성한 후 대화상자에서 OK 버튼을 누른다.

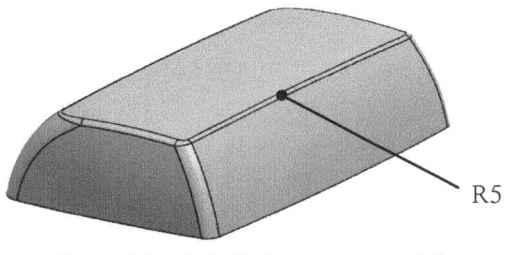

그림 11-26 다섯 번째 Face Blend 생성

END of Exercise

11.5.1 Section Orientation - Rolling Ball

Face Blend 기능은 필렛 서피스를 정의하는 두 가지 타입을 제공한다.

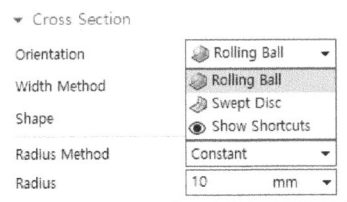

그림 11-27 Section Orientation 옵션

이 중 Rolling Ball 타입은 Edge Blend와 결과가 동일하다. 아래 왼쪽 그림은 Face Blend로 만든 필렛이고, 오른쪽 그림은 Edge Blend로 만든 필렛이다.

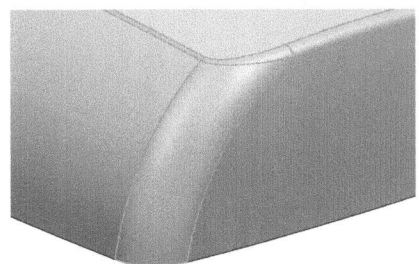 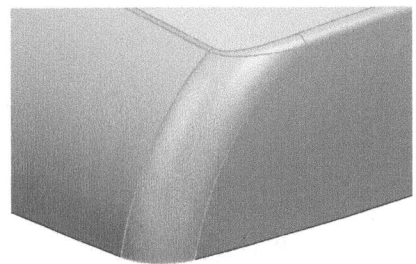

그림 11-28 Face Blend로 만든 필렛   **그림 11-29** Edge Blend로 만든 필렛

11.5.2 Section Orientation - Swept Section

Face Blend의 Swept Section 타입은 필렛 면의 단면 방향을 제어할 수 있다. Swept Section은 Spine Curve를 반드시 지정해야 한다.

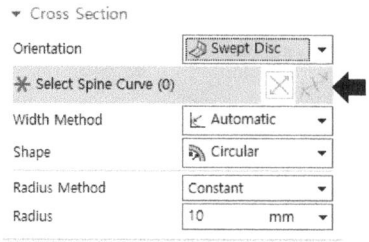

그림 11-30 Select Spine Curve 버튼

그림 11-31dms 예제 파일 ch11_004.prt를 Face Blend의 Swept Section 타입으로 만든 필렛 면이다. Rolling Ball 타입보다 좋은 면이 생성됨을 알 수 있다.

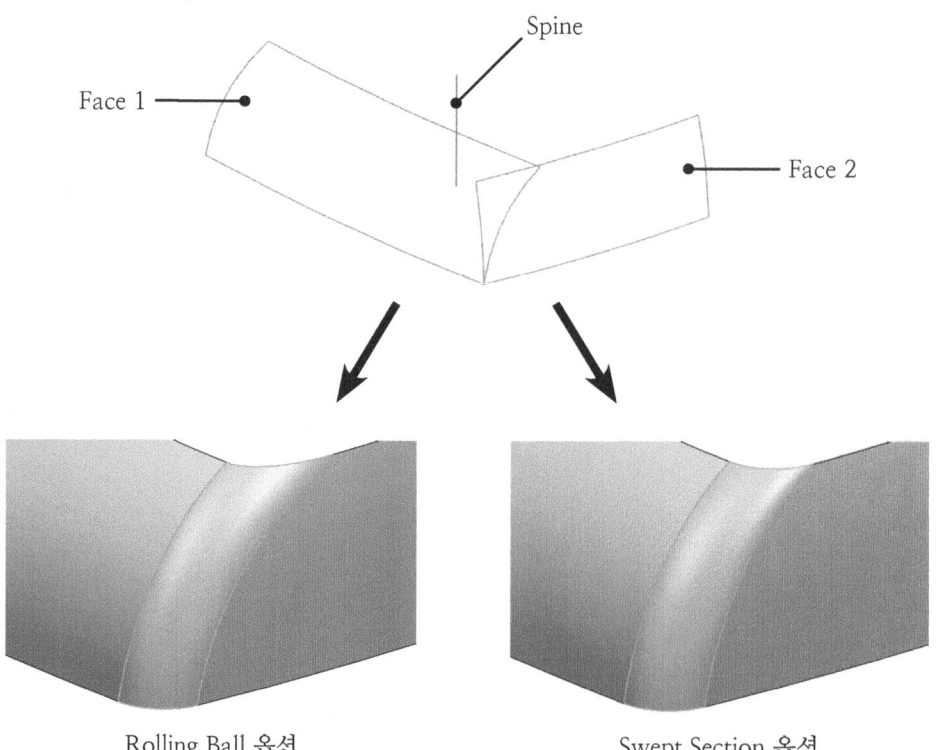

그림 11-31 Face Blend의 Section Orientation 옵션 비교

> **!** **_Solid Body에도 적용할 수 있음_**
>
> Face Blend는 면을 선택하여 필렛을 만드는 기능이기 때문에 Sheet Body가 아닌 Solid Body에도 사용할 수 있다.
>
>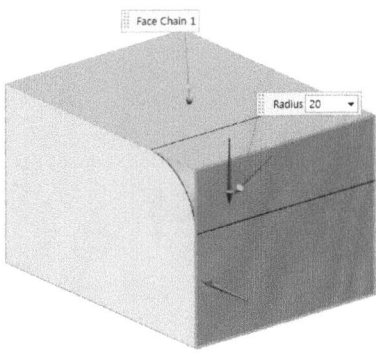
>
> **그림 11-32** Face Blend로 Solid Body에 필렛을 생성하는 과정

11.5.3 Width Method 옵션

Cross Section 옵션 영역에서 세 가지 타입의 Width Method 옵션을 제공한다. 이 옵션은 두 개의 Face Set 사이에 생성될 새로운 Face의 모서리 생성 방법을 규제함으로써 Blend 서피스의 폭을 정의한다.

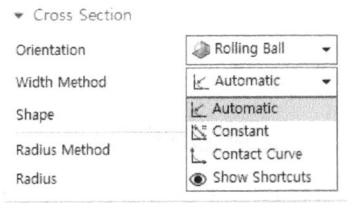

그림 11-33 Width Method 옵션

Automatic

Shape 옵션에 따라 자연스럽게 변화하는 모서리가 생성된다. 면 사이의 각도에 따라 블렌드 면의 폭이 변화한다.

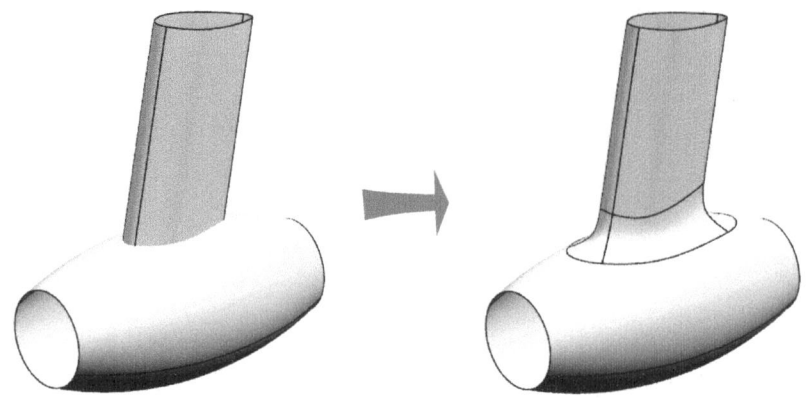

그림 11-34 Naturally Varying 옵션을 적용한 예

Constant

Shape 옵션과 Blend Width 옵션이 나타나며 Blend Width가 일정한 Face Blend를 생성한다. 면 사이의 각도가 변할 때 블렌드 폭을 일정하게 유지하기 위해 블렌드의 곡률이 변화한다.

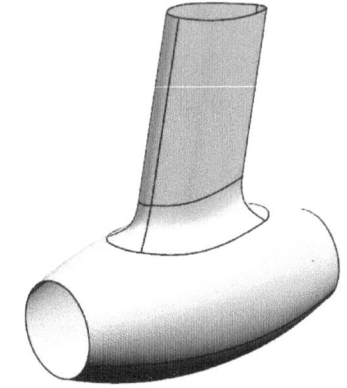

그림 11-35 Forced Constant 옵션을 적용한 예

Contact Curve

두 개의 Face Set 상에 정의된 커브와 일치하도록 Blend Face Edge를 생성할 수 있다. Shape 옵션으로 Tangent Asymmetric과 Curvature Asymmetric을 이용할 수 있다.

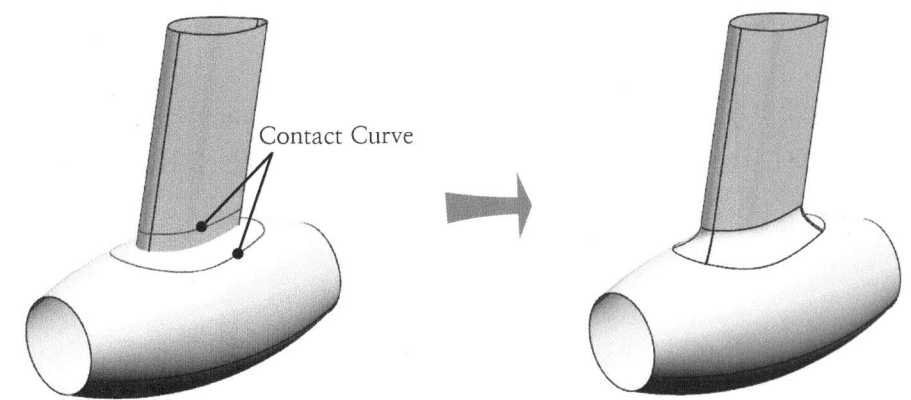

그림 11-36 Two Contact Curves 옵션을 적용한 예

11.5.4 Shape 옵션

Cross Section 옵션 영역에 있는 Shape 옵션을 이용하여 두 개의 Face Set 사이에 생성될 새로운 Face의 곡면 형상을 규제한다.

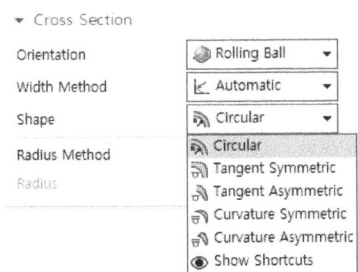

그림 11-37 Shape 옵션

Circular

경계모서리에서의 연속성은 G1이며 생성되는 Face의 단면이 원형이어서 반지름이 정의된다. 반지름의 크기는 일정하거나 변화하도록 정의할 수 있으며, 경계모서리 중 하나에 접하는 조건을 부여할 수 있다.

그림 11-38 Shape 옵션 (Circular)

Tangent Symmetric

경계모서리에서의 연속성은 G1이며 생성되는 Face의 단면이 Conic이어서 단면에서의 위치마다 곡률이 다르다. Tangent Symmetric 옵션의 경우 곡률의 변화는 중심을 기준으로 대칭이다. Conic 단면을 정의하는 방법으로 세 가지 옵션을 제공한다.

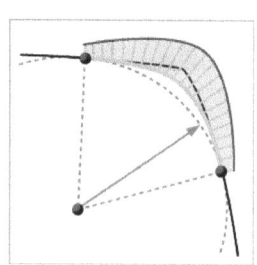 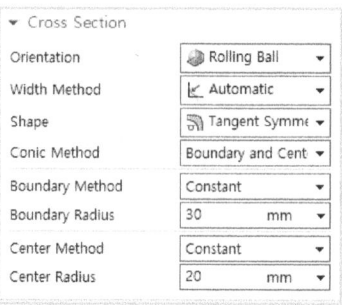

그림 11-39 Shape 옵션 (Tangent Symmetric)

Tangent Asymmetric

경계모서리에서의 연속성은 G1이며 생성되는 Face의 곡률의 변화는 중심을 기준으로 비대칭이다. 비대칭 형상은 Offset 옵션으로 정의한다. Conic 단면을 정의하는 Rho Method로 세 가지 옵션을 제공한다.

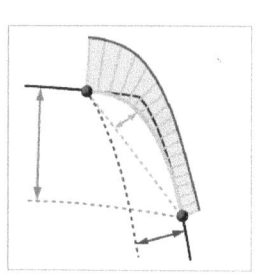 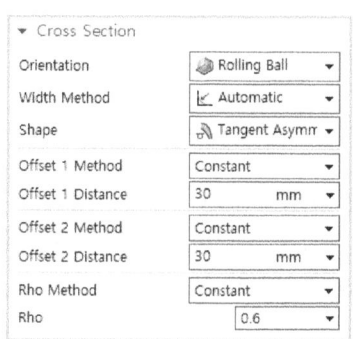

그림 11-40 Shape 옵션 (Tangent Asymmetric)

Curvature Symmetric

경계모서리에서의 연속성은 G2이며 단면에서의 위치마다 곡률이 다르다. 곡률 변화는 중심을 기준으로하여 대칭이다. Boundary Radius와 Depth를 이용하여 곡면의 형상을 정의한다.

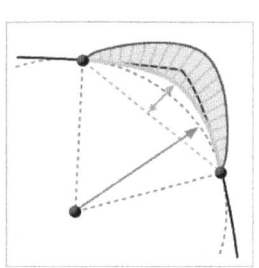 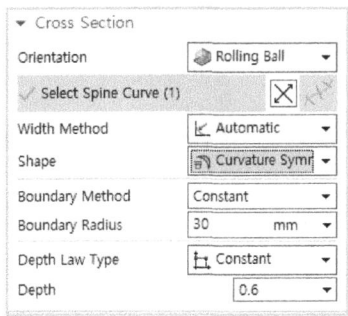

그림 11-41 Shape 옵션 (Curvature Symmetric)

Curvature Asymmetric

경계모서리에서의 연속성은 G2이며 곡률의 변화는 중심을 기준으로 비대칭이다. 비대칭 형상은 Offset 옵션으로 정의한다. Depth와 Shape Skew 값을 이용하여 곡면의 형상을 정의한다.

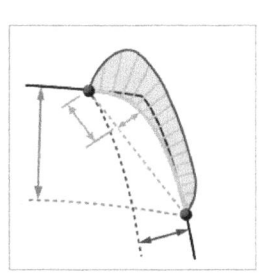 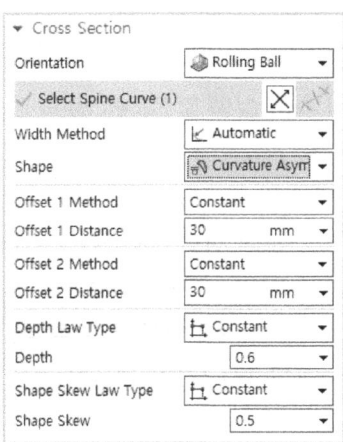

그림 11-42 Shape 옵션 (Curvature Asymmetric)

Exercise 05 Contact Curve

ch11_005.prt

주어진 파일을 이용하여 Face Blend를 생성해 보자. Face 상에 미리 만들어 놓은 선이 Blend 서피스의 모서리가 되도록 하여야 한다.

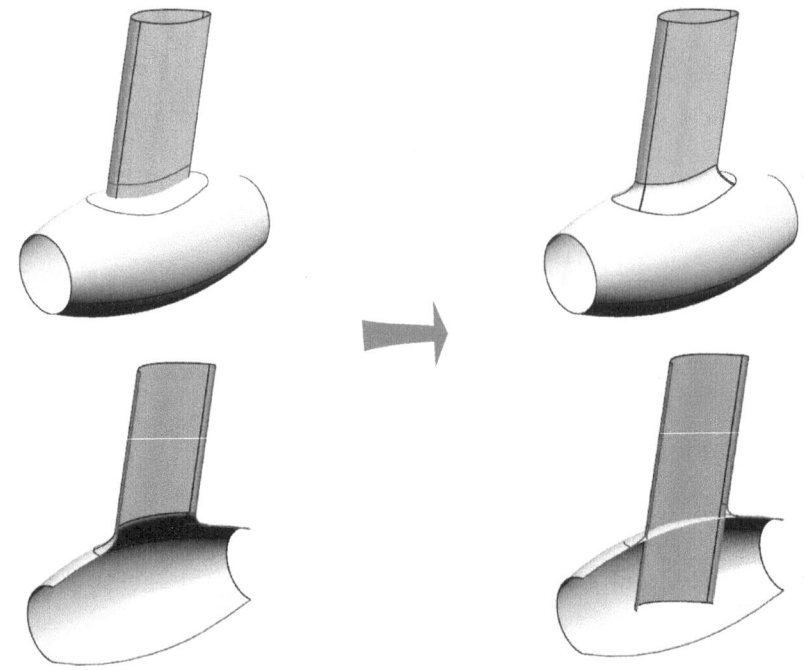

그림 11-43 실습용 파일

Face Blend 기능 실행 및 Face Chain 선택

1. Surface 탭 > Base > Face Blend를 선택한다.
2. 대화상자를 Reset 한다. Type이 Two-Face로 설정된다.
3. Face 1을 선택한다 (그림 11-44 참고).
4. MB2 (마우스 가운데 버튼)를 누른다.
5. Face 2를 선택한다 (그림 11-44 참고). 화살표 방향이 모두 형상의 바깥쪽을 향하도록 해야 한다.

Contact Curve 선택 및 서피스 생성

1. Orientation은 Rolling Ball로 하고 Width Method 드롭다운 목록에서 Contact Curve를 선택한다.

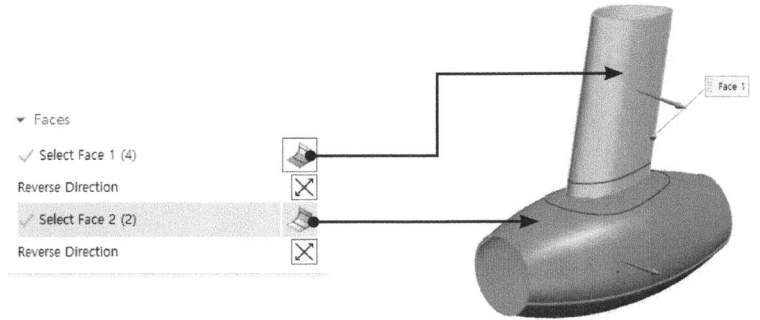

그림 11-44 Face 선택

2. Shape 옵션이 Tangent Asymmetric임을 확인한다. 그렇지 않다면 변경한다.
3. Select Contact Curve 1 옵션이 하이라이트 되어 있음을 확인한 후 Face 1으로 선택한 면 위에 있는 커브를 선택한다 (그림 11-45 참고).
4. MB2를 누른다.
5. Select Contact Curve 2 옵션이 하이라이트 되어 있음을 확인한 후 Face 2로 선택한 면 위에 있는 커브를 선택한다 (그림 11-45 참고).
6. Rho 입력창에 0.5를 입력한 후 Enter 키를 누른다.
7. 생성될 서피스의 미리보기를 확인한 후 대화상자에서 OK 버튼을 누른다.

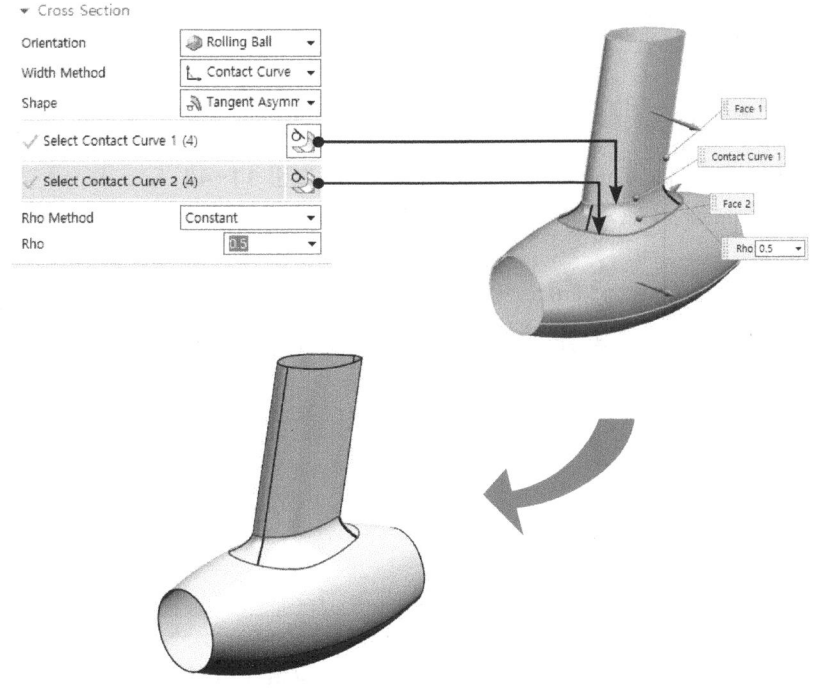

그림 11-45 Contact Curve 선택

END of Exercise

Exercise 06　Contact Curve　　　　　　　　　　ch11_006.prt

주어진 파일을 이용하여 Face Blend를 생성해 보자. Face 상에 미리 만들어 놓은 선이 Blend 서피스의 모서리가 되도록 하여야 한다.

그림 11-46　실습용 파일

END of Exercise

! *Edge Blend 적용 결과와 비교*

다음 그림은 Edge Blend 기능을 적용한 필렛 결과이다.

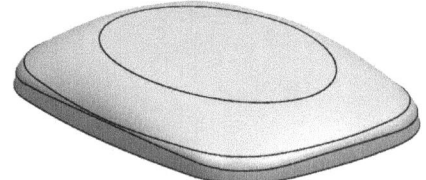
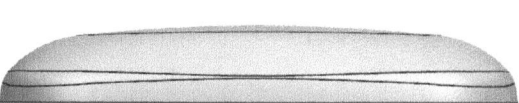

그림 11-47　Edge Blend 결과　　　　　그림 11-48　Edge Blend 결과
　　　　(Trimetric View)　　　　　　　　　　　(Front View)

다음의 Face Blend와 비교하면 미적인 부분에서 비교가 되지 않음을 알 수 있다. 이와 같이 필렛을 원하는 모양으로 만들 수 있는 기능이 Face Blend 기능의 Contact Curve 옵션이다.

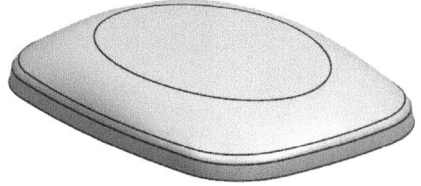
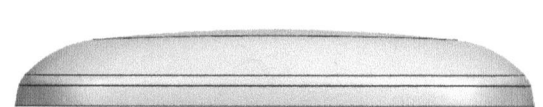

그림 11-49　Face Blend 결과　　　　　그림 11-50　Face Blend 결과
　　　　(Trimetric View)　　　　　　　　　　　(Front View)

11.6 Extend Sheet

시트 바디를 일정 거리만큼 연장하거나 줄일 수 있다.

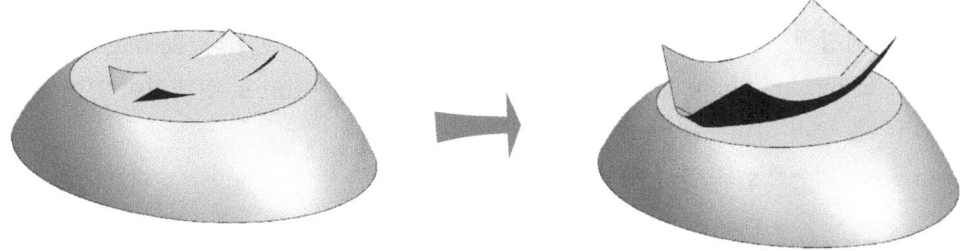

그림 11-51 Extend Sheet의 적용 예

---

ch11_007.prt **Extend Sheet** | **Exercise 07**

Extend Sheet 기능을 이용하여 시트바디의 모서리를 연장한 후 모델링을 완성해 보자.

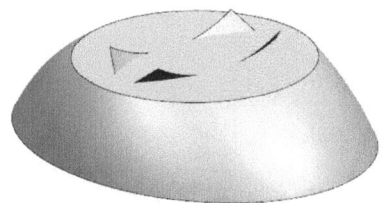

그림 11-52 실습용 파일

모델 확인 및 Extend Sheet 기능 실행

주어진 파일의 시트바디를 이용하여 솔리드 바디를 자르려고 하면(Trim Body) 시트바디가 작기 때문에 다음과 같은 오류가 발생한다. 따라서, 시트바디를 연장하여야 한다.

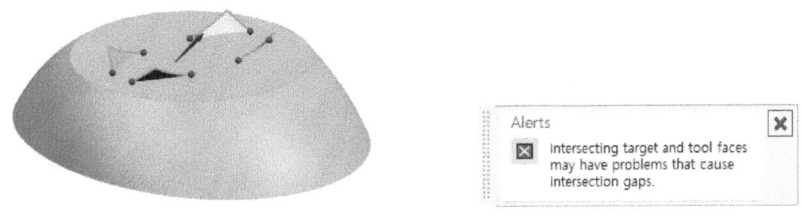

그림 11-53 Trim Body 기능의 오류 메시지

1. Surface 탭 > Combine > Extend Sheet 아이콘을 클릭한다.
2. 대화상자를 Reset 한다.
3. Curve Rule을 Sheet Edges로 선택한다.
4. Sheet Body를 선택한다. 바디 둘레의 전체 모서리가 선택됨을 알 수 있다.
5. Offset 입력창에 5를 입력하고 Enter 키를 눌러 미리보기를 확인한다. Settings 옵션을 펼치고 Surface Extension Shape 옵션을 확인한다. Natural Curvature로 선택되어 있어야 한다.
6. OK 버튼을 눌러 서피스를 생성한다.
7. Trim Body 기능으로 모델을 완성한다.

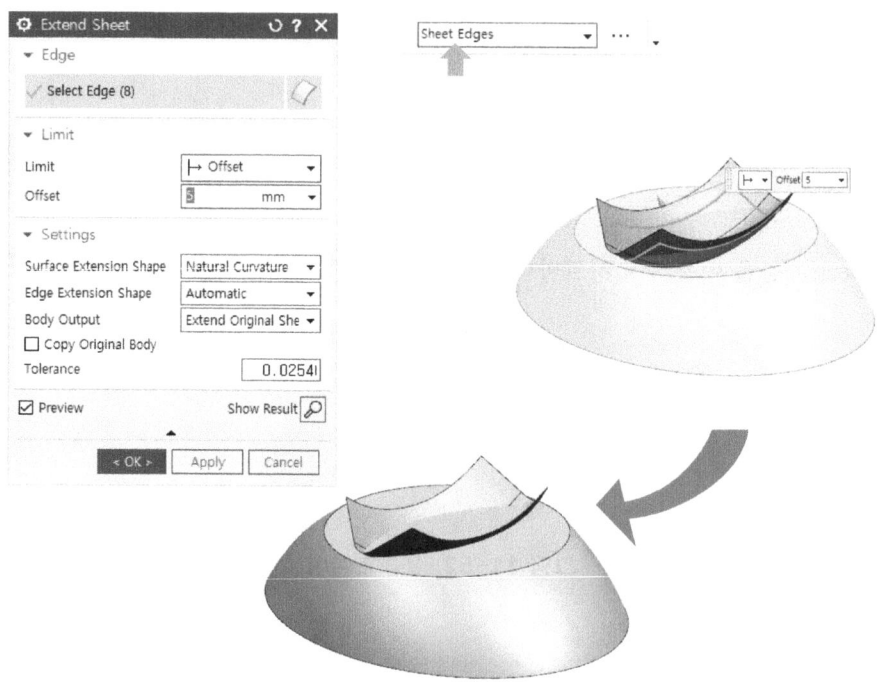

그림 11-54 Extend Sheet 기능 실행

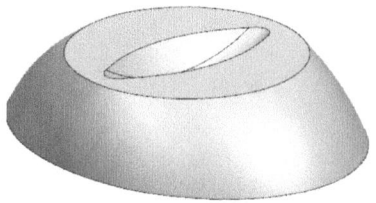

그림 11-55 Trim Body 기능 실행

END of Exercise

11.7 Emboss

Emboss 기능을 이용하면 양각 또는 음각 형상을 쉽게 생성할 수 있다.

그림 11-56 Emboss의 적용 예

---

ch11_008.prt   **Emboss** Exercise 08

Emboss 기능을 이용하여 기존 서피스에서 일정 높이만큼 균일하게 튀어 나온 형상을 만들어 보자.

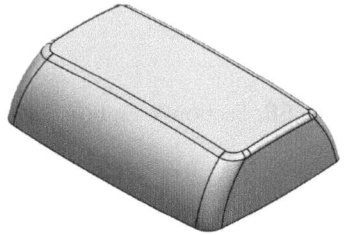

그림 11-57 실습용 파일

Emboss 기능 실행

1. Home 탭 〉 Base 〉 More 〉 Detail Feature 〉 Emboss를 선택한다.
2. 대화상자를 Reset 한다.
3. Rendering Style을 Static Wireframe으로 설정한다.

321

Section과 Face to Emboss 선택

1. Section으로 네 개의 커브를 선택한다.
2. MB2를 누른다.
3. Face Rule을 Single Face로 선택한다.
4. Face to Emboss로 윗 면을 선택한다. 현재 상태로는 Emboss를 생성할 수 없기 때문에 Alerts 메시지가 나타난다.
5. Alerts 메시지 창을 닫는다.

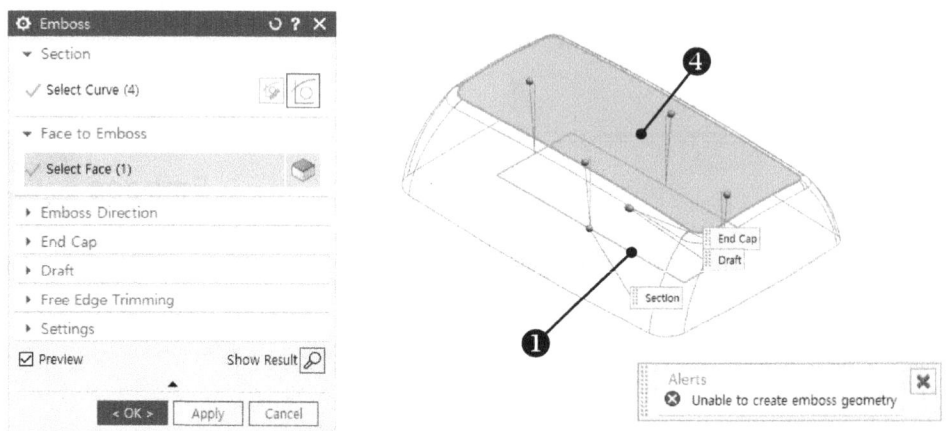

그림 11-58 Section과 Emboss Face 선택

End Cap 옵션 설정

End Cap 옵션과 Draft 옵션을 설정한 후 OK 버튼을 눌러 그림과 같이 Emboss 형상을 생성한다.

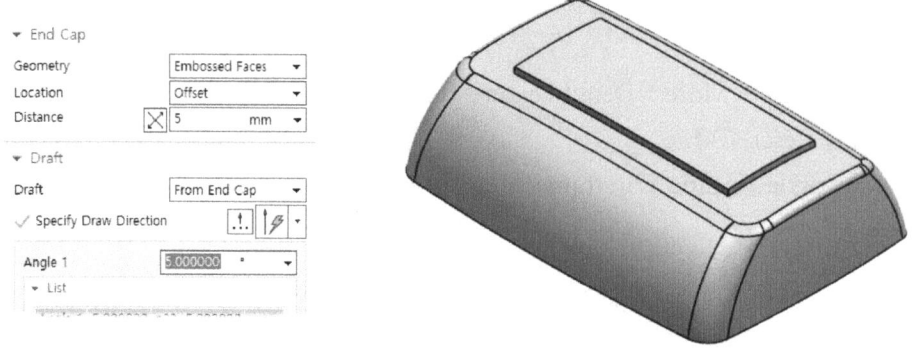

그림 11-59 Emboss 형상 생성

END of Exercise

11.8 Trim Sheet

Boundary 오브젝트(선, 면, 데이텀 평면)를 이용하여 Sheet Body를 잘라낸다. Project 기능을 동시에 수행할 수 있기 때문에 잘라낼 Sheet Body에서 떨어져 있는 Boundary 오브젝트를 사용할 수 있다. 이 경우 9장의 Project 기능에서 설명한 바에 따라 Projection Direction 옵션을 정확히 지정하여야 한다.

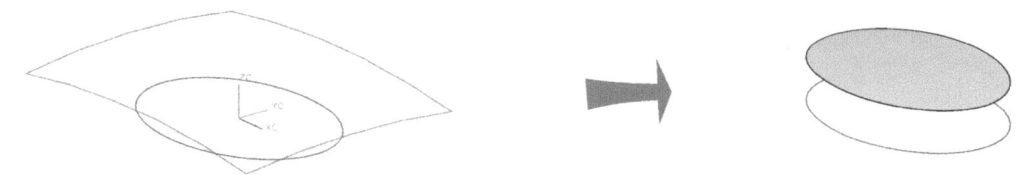

그림 11-60 Trim Sheet의 적용 예

---

ch11_009.prt

Trim Sheet   Exercise 09

Trim Sheet 기능을 이용하여 Sheet Body를 커브로 잘라내는 방법을 살펴보자.

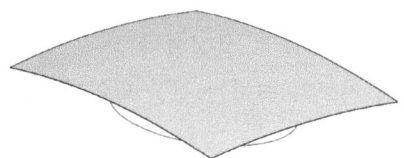

그림 11-61 실습용 파일

Trimm Sheet 기능 실행 및 대상 선택

1. Surface 탭 > Combine > Trim Sheet를 선택한다.
2. 대화상자를 Reset 한다.
3. Target으로 그림 11-62에서 지시한 부분을 선택한다. (Sheet Body의 가운데 부분)
4. MB2를 누른다.
5. Boundary Object를 선택한다 (그림 11-62의 ❺).

11 장: 추가 모델링 기능

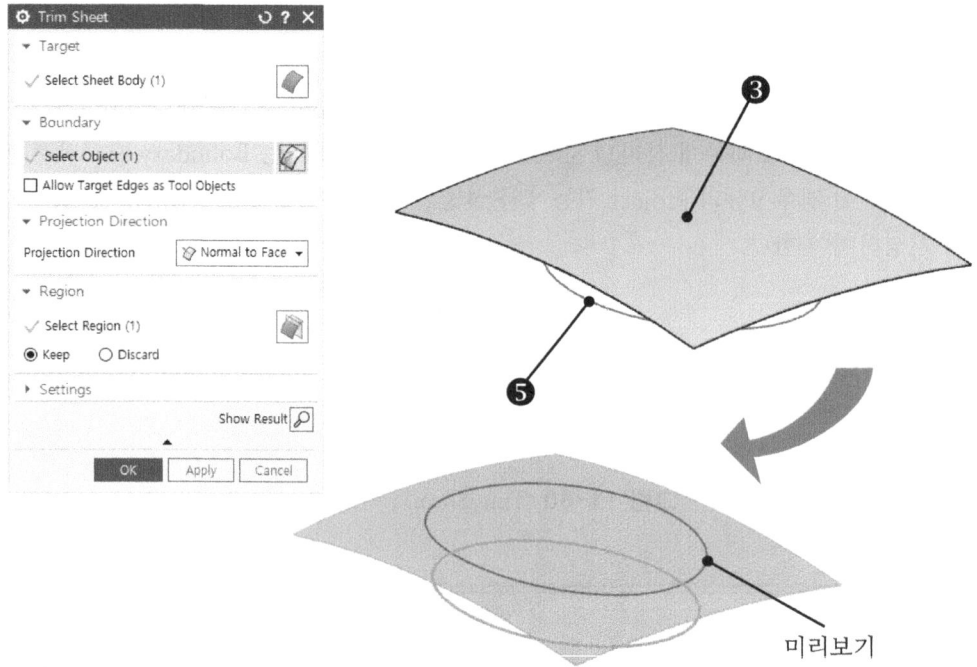

그림 11-62 Target과 Boundary 선택

Projection Direction 설정

1. Projection Direction을 Along Vector로 설정한다.
2. Z axis를 선택한다. 미리보기 커브가 변하는 것을 확인한다.
3. Region 옵션을 Keep으로 설정한다.
4. OK 버튼을 누른다.

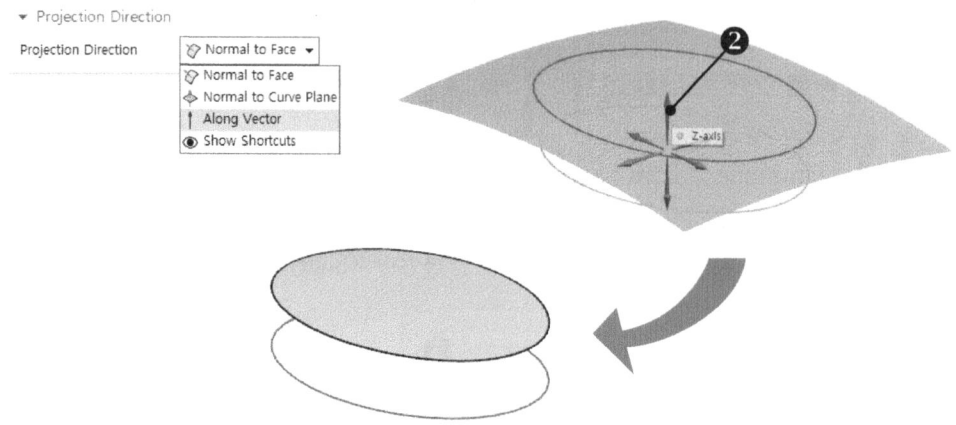

그림 11-63 Projection Direction 설정

END of Exercise

11.9 Tube

원형 단면의 파이프 형상을 생성한다. 단면에 대한 커브를 따로 그리지 않는다.

그림 11-64 Tube의 적용 예

---

ch11_010.prt **Tube Exercise 10**

Tube 기능으로 Solid Body를 생성한 다음 Subtract 기능을 이용하여 홈을 파는 과정을 실습을 통하여 알아보자.(아이콘: Surface 탭 〉 Base 〉 More 〉 Sweep 〉 Tube)

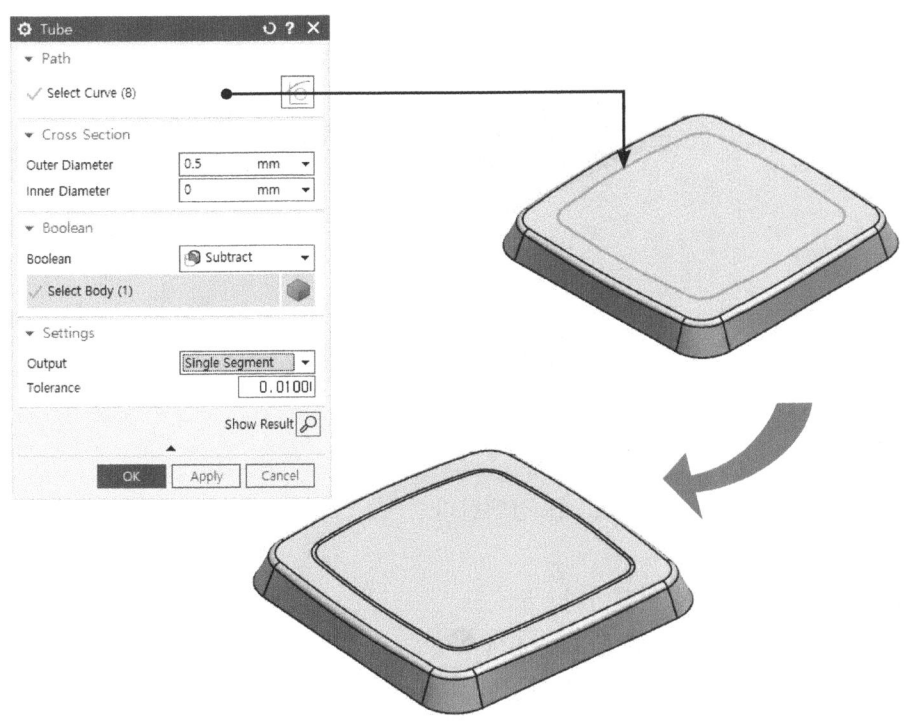

그림 11-65 Tube 기능 실행

END of Exercise

11장: 추가 모델링 기능

11.10 Offset Surface

Solid Body 또는 Sheet Body의 Face를 오프셋 하여 새로운 Sheet Body를 생성한다.

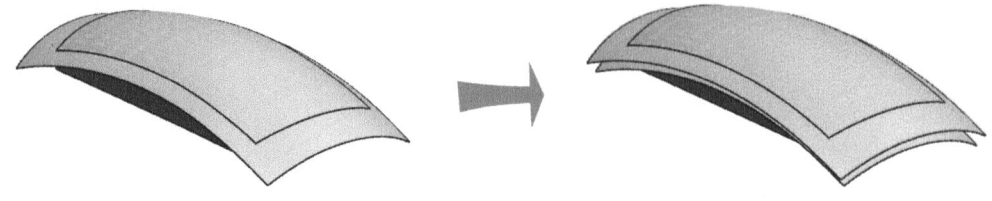

그림 11-66 Offst Surface의 적용 예

Exercise 11 · Offset Surface · *ch11_011.prt*

Offset Surface 기능을 이용한 모델링 예를 실습을 통하여 알아 보자.

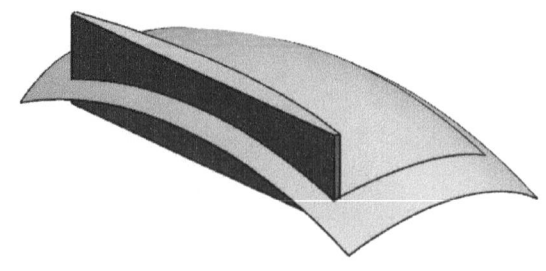

그림 11-67 실습용 파일

Offset Surface 생성

1. Surface 탭 〉 Base 〉 Offset Surface를 선택한다.
2. 대화상자를 Reset 한다.
3. Offset 1 입력창에 5mm를 입력한다.
4. 오프셋 할 Face를 선택한다 (그림 11-68의 ❹).
5. 미리보기 화면에서 생성될 서피스를 확인한 후 OK 버튼을 누른다.

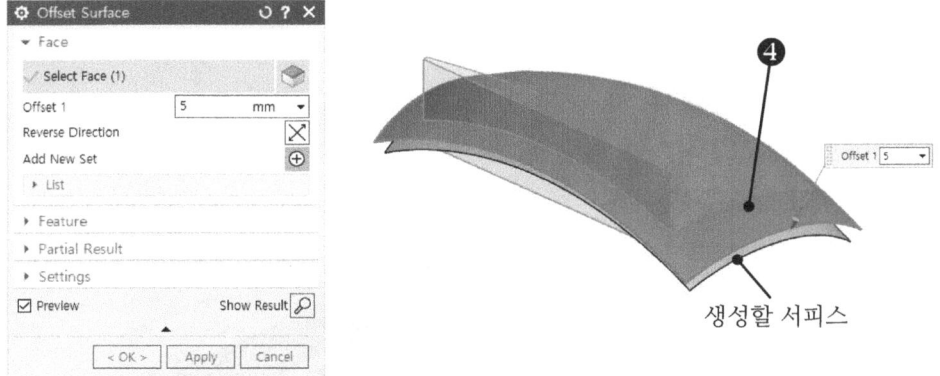

그림 11-68 Offset Surface 생성

불필요한 바디 숨기기

1. Solid Body 1과 Sheet Body 1을 숨긴다.

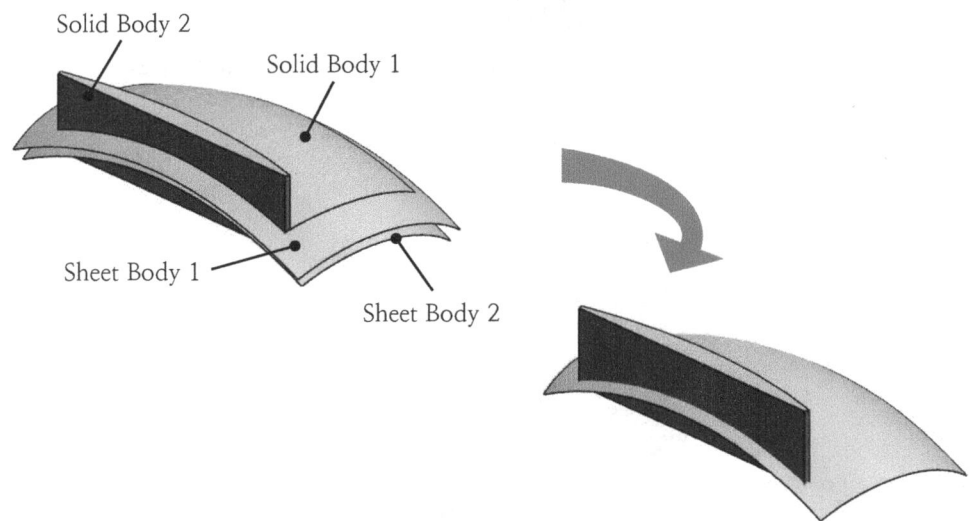

그림 11-69 불필요한 바디 숨기기

Solid Body 2 자르기

1. Trim Body 기능을 이용하여 Sheet Body 2로 Solid Body 2를 자른다.
2. Sheet Body 2를 숨긴다.

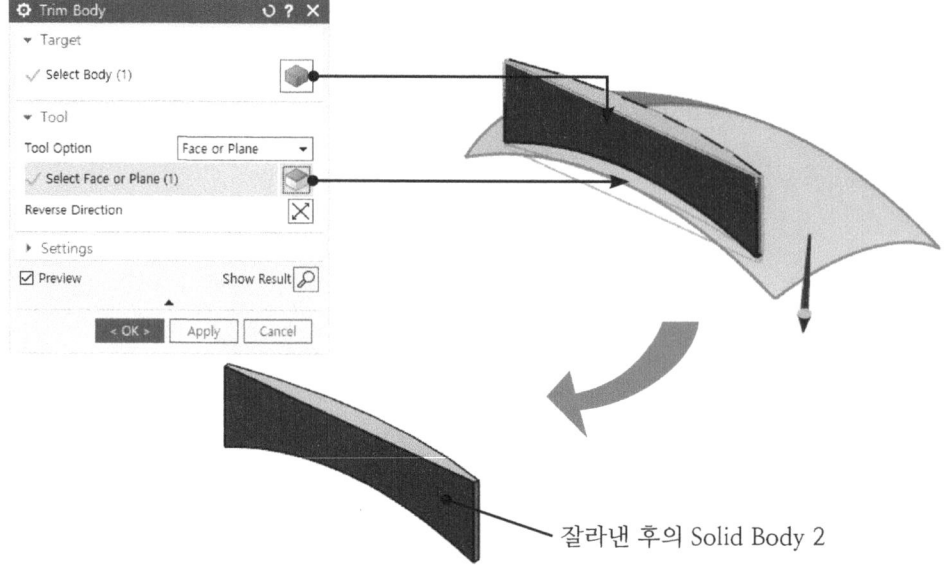

그림 11-70 Solid Body 2 잘라내기

Boolean Operation

Solid Body 2로 Solid Body 1을 Subtract 한다.

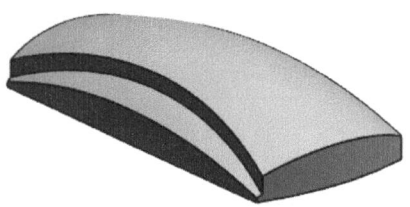

그림 11-71 Boolean Operation

11.11 Extract Geometry

Curve, Point, Datum, Face, Body를 새로운 피쳐로 뽑아낸다. Face나 Sheet Body를 뽑아낼 경우 Sheet Body가 생성되고, Solid Body를 뽑아낼 경우 Solid Body가 생성된다.

아래의 적용 예는 솔리드 바디를 뽑아낸 것이다. 같은 위치에 생성되기 때문에 투명도를 달리하여 표시하였다. 원본 Solid Body는 투명도 50%로 표시하였으며, 뽑아낸 Solid Body는 투명도 없이 표시하였다.

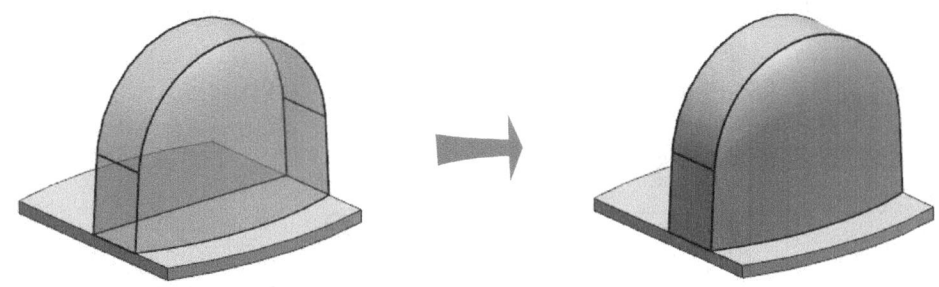

그림 11-72 Extract Geometry의 적용 예

---

ch11_012.prt | **Extract Geometry** | **Exercise 12**

Extract Geometry 기능을 이용한 모델링 예를 실습을 통하여 알아보자. 실습용으로 주어진 모델은 두 개의 솔리드 바디로 이루어져 있다. Solid Body 2를 Extract 한 다음 모델링을 진행할 것이다.

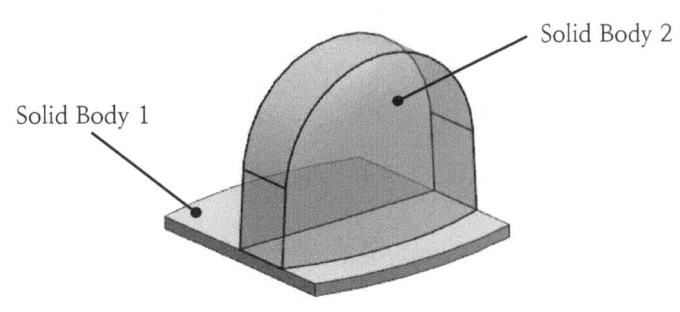

그림 11-73 실습용 파일

Extract Geometry 기능 실행

1. Part Navigator에서 Extrude (13)에 MB3 (마우스 오른쪽 버튼)를 누른 다음 Make Current Feature를 선택한다.
2. Home 탭 > Base > More > Copy > Extract Geometry를 선택한다.
3. 대화상자를 Reset 하고, Type으로 Body를 선택한다.
4. Extract 할 바디를 선택한다. (그림 11-74의 Solid Body 2)
5. Settings 옵션을 펼친 후 Fix at Current Timestamp 옵션을 체크한다.
6. Extract Geometry 대화상자에서 OK 버튼을 누른다.
7. Part Navigator의 빈 곳에 MB3를 누른 다음 Make Last Feature Current를 선택한다.

같은 위치에 새로운 Solid Body가 생성된다. 이를 Solid Body 3라고 하자.

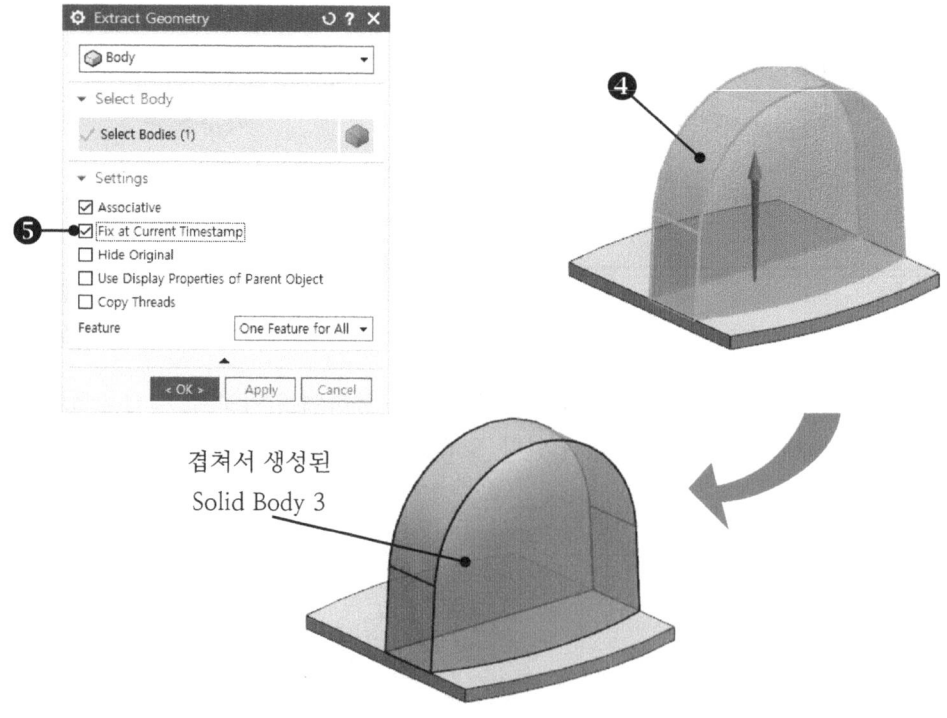

그림 11-74 Solid Body 뽑아내기

> **Fix at Current Timestamp 옵션**
>
> 이 옵션을 체크할 경우 Extract 후에 원본 바디의 형상이 변경되어도 Extract 된 바디의 형상에는 변함이 없다.

레이어 이동

Solid Body 2를 Layer 2에 할당하고, Solid Body 3를 Layer 3에 할당할 것이다.

1. View 탭 > Move to Layer를 선택한다. Class Selection 대화상자가 나타난다.
2. Part Navigator에서 Solid Body 2에 해당되는 바디를 선택한다. Extrude(11)이 이에 해당된다.
3. Class Selection 대화상자에서 OK 버튼을 누른다. Layer Move 대화상자가 나타난다.
4. Destination Layer or Category 입력창에 2를 입력하고 Apply 버튼을 누른다.
5. Layer Move 대화상자에서 Select New Objects 버튼을 누른다.
6. Part Navigator에서 Extracted Body 피쳐를 선택한다.
7. Class Selection 대화상자에서 OK 버튼을 누른다. Layer Move 대화상자가 나타난다.
8. 3번 레이어에 할당한 후 Layer Move 대화상자에서 OK 버튼을 누른다.

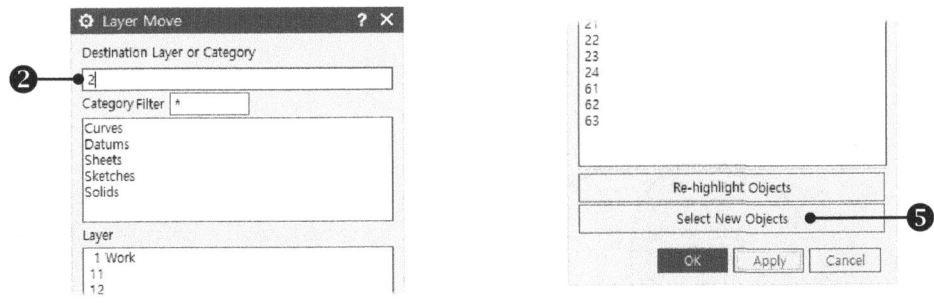

그림 11-75 Layer Move

Solid Body 3를 Sheet Body로 잘라냄

Solid Body 3를 주어진 Sheet Body로 잘라낸 후 결과물을 이용하여 Solid Body 2를 Subtract 할 것이다.

1. Layer 3을 Work Layer로 설정한다.
2. Layer 2(Solid Body 2)와 Layer 1(Solid Body 1)을 숨긴다.
3. Layer 12를 나타나게 한다.

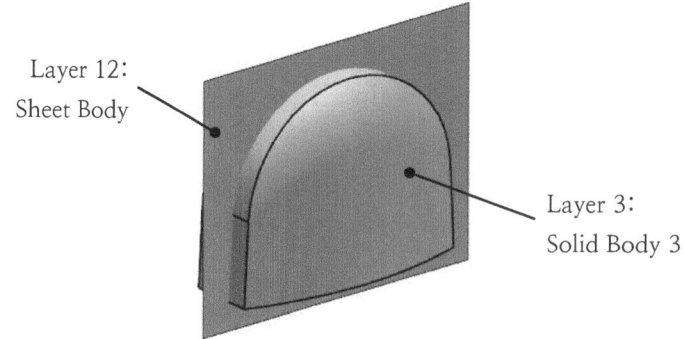

그림 11-76 Solid Body와 Sheet Body

4. Home 탭 > Base > Trim Body 아이콘을 누른다.
5. Target(Solid Body 3: Extracted Body)을 선택한다.
6. MB2를 누른다.
7. Tool(Layer 12: Sheet Body)을 선택한다.
8. 미리보기를 확인한 후 OK 버튼을 누른다.
9. Layer 12를 숨긴다.

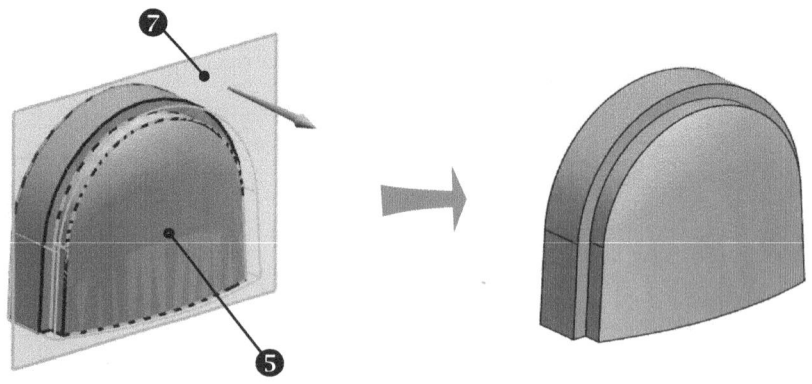

그림 11-77 Solid Body 3 잘라내기

Boolean Operation 1

Solid Body 3로 Solid Body 2를 Subtract 할 것이다.

1. Layer 1을 Work Layer로 한다.
2. Layer 2를 나타나게 한다.
3. Home 탭 > Base > Subtract 아이콘을 누른다.

4. Target(Solid Body 2: Extrude (11))을 선택한다.
5. Tool(Solid Body 3: Extracted Body)을 선택한다.
6. Subtract 대화상자에서 OK 버튼을 누른다.

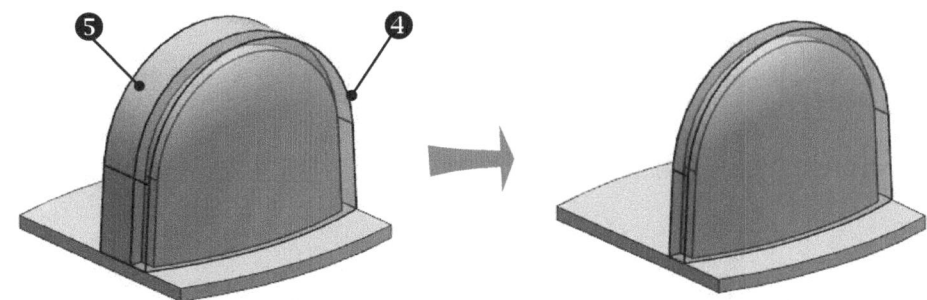

그림 11-78 Boolean Operation 1

Boolean Operation 2

Boolean Operation 1의 결과를 Solid Body 1에 Unite 할 것이다.

1. Home 탭 〉 Base 〉 Unite 아이콘을 누른다.
2. Target을 선택한다.
3. Tool을 선택한다.
4. Unite 대화상자에서 OK 버튼을 누른다.
5. Edit Work Section 기능을 이용하여 단면을 표시한다.

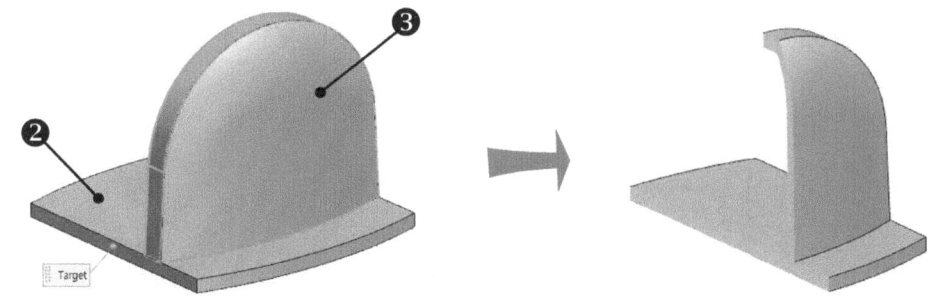

그림 11-79 최종 결과

11.12 요약

1. Trim and Extend 기능의 Make Corner Type을 이용하여 서로 다른 Sheet Body를 각지게 만들 수 있다.

2. Pattern Face 기능을 이용하여 면(들)을 직각, 원형, 대칭 방식으로 배열할 수 있다.

3. Law Extension 기능을 이용하여 Law(법칙)에 의해 제어되도록 면을 연장 또는 생성할 수 있다.

4. Face Blend 기능을 이용하여 두 개의 면 사이에 필렛 면을 만들 수 있다.

5. Extend Sheet 기능을 이용하여 시트바디의 모서리를 연장하거나 줄일 수 있다.

6. Emboss 기능을 이용하여 양각 또는 음각 형상을 만들 수 있다.

7. Trim Sheet 기능을 이용하여 Sheet Body를 Boundary 오브젝트(선, 면, 데이텀 평면)로 자를 수 있다.

8. Tube 기능을 이용하여 원형 단면의 파이프를 만들 수 있다.

9. Offset Surface 기능을 이용하여 Sheet Body를 생성한 후 모델링을 진행할 수 있다.

10. Extract Geometry 기능을 이용하여 Solid Body 또는 Sheet Body를 생성한 후 모델링을 진행할 수 있다.

Chapter 12
종합 모델링

■ 학습목표

이 장을 마친 후, 다음을 수행할 수 있다.

- 지금까지의 학습 내용을 응용하여 모델링을 수행할 수 있다.

12 장: 종합 모델링

종합 모델링

지금까지 학습한 내용을 응용하여, 주어진 도면을 모델링 하시오.

1. 최종 결과는 Solid Body여야 한다.

2. 종합 모델링 도면에는 연습문제 도면과 달리 모델링의 기준점(modeling origin)을 표시하지 않고 있다. 모델링을 시작하기 전에 기준점과 방향을 먼저 결정한다.

3. 도면에 명백하기 누락되었다고 판단되는 치수는 임의로 정한다. 누락된 또는 잘못된 치수는 홈페이지를 통하여 피드백을 해주시면 감사하겠다.

4. 각 도면의 다음 페이지에는 모델링 과정의 단계별 이미지를 제공한다. 모델링에는 정답이 있을 수 없으므로 독자 여러분 스스로의 창의성을 최대한 발휘하여 모델링 한다. 한 도면에 대해 스스로 만족할 수준까지 다양한 방법으로 여러 번 모델링 하기를 권장한다.

5. 모델링 과정의 힌트는 가급적 참고만 하자.

6. 모델링 과정의 힌트의 첫 번째 단계는 모두 Sketch를 보여준다. 이는 Sketch를 먼저 모두 그려 놓고 모델링을 한다는 의미가 아니라는 것을 숙지하자. 각각의 스케치는 필요에 따라 적절한 시점에서 생성하는 것이다.

7. 서피스 모델링의 핵심은 최대한 매끄러운 곡면을 만드는 것이다. 서피스의 품질은 서피스를 생성한 직후 점검한다.

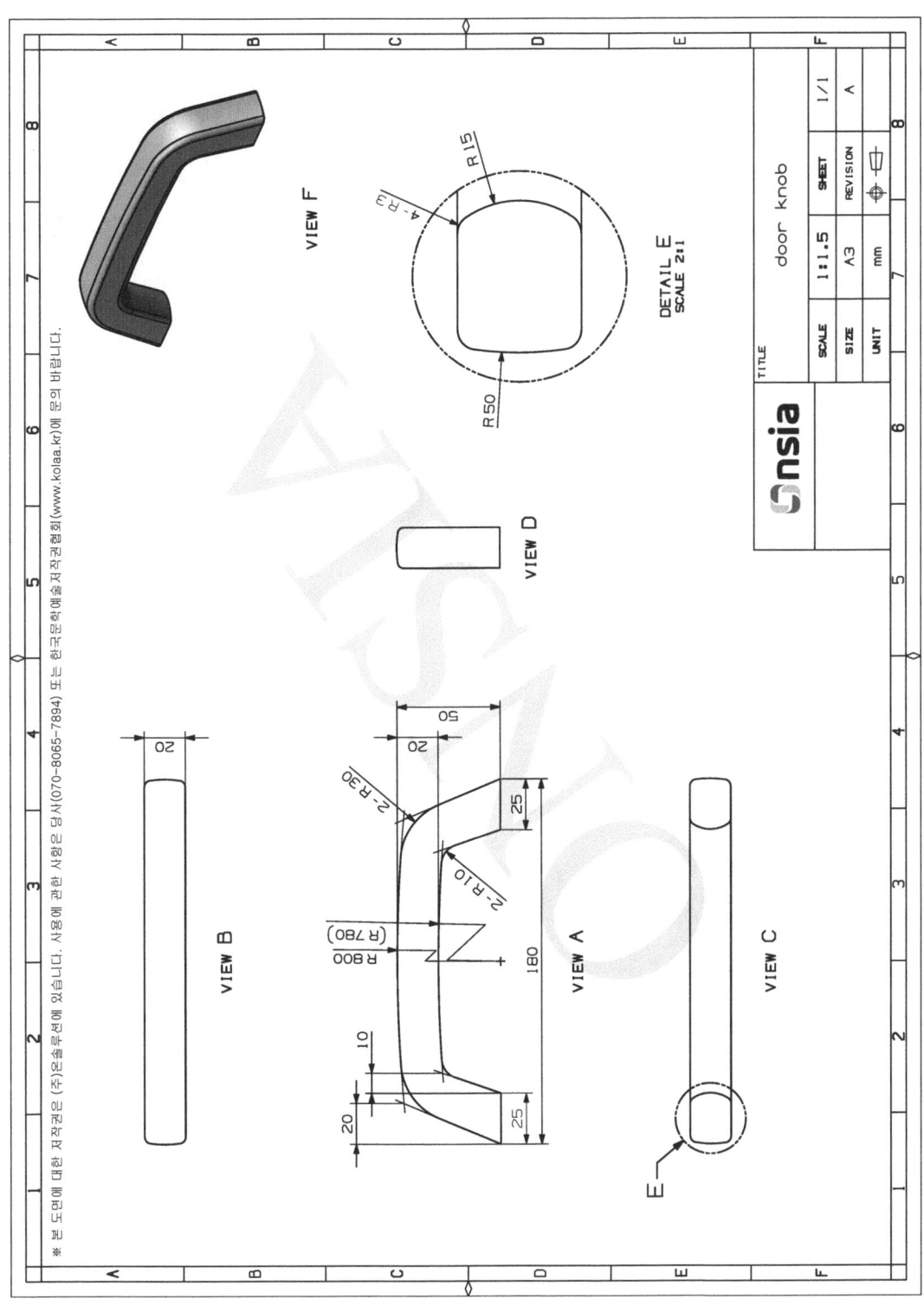

12 장: 종합 모델링

모델링 과정

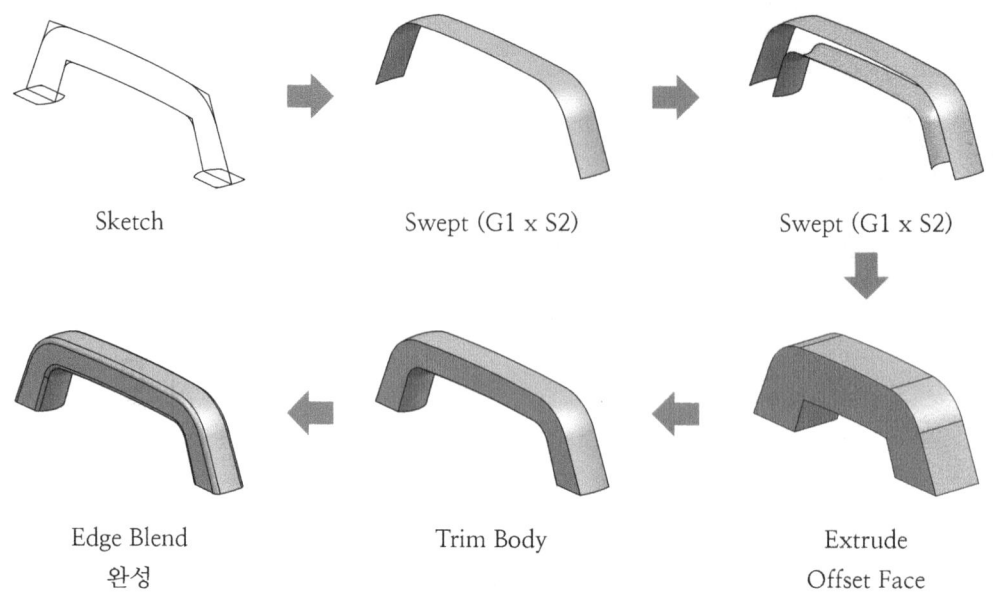

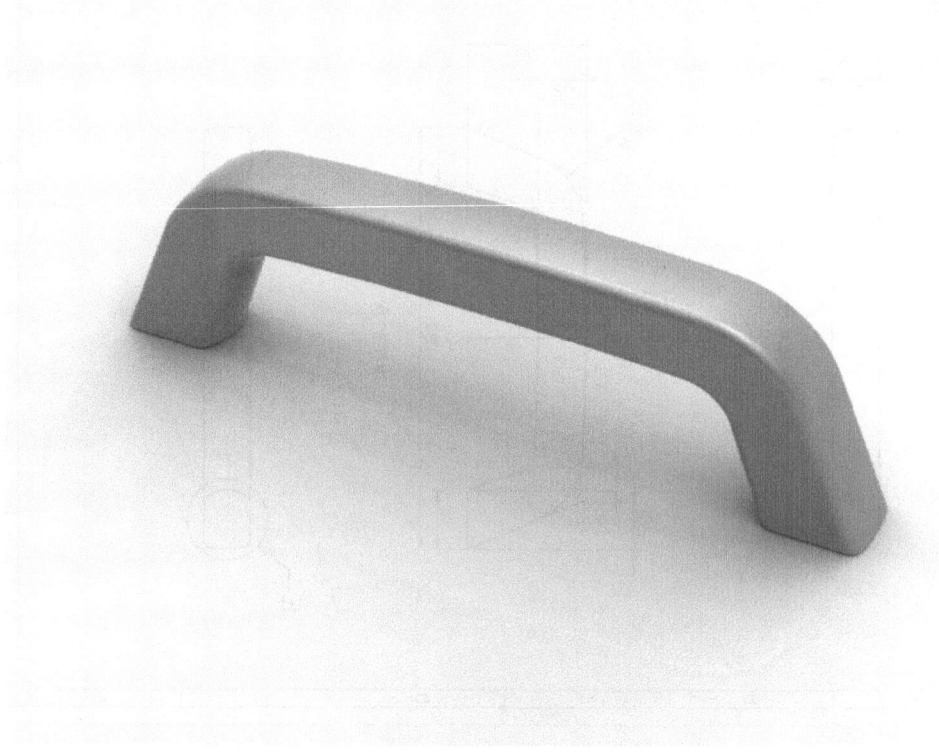

'door knob'의 완성 모델

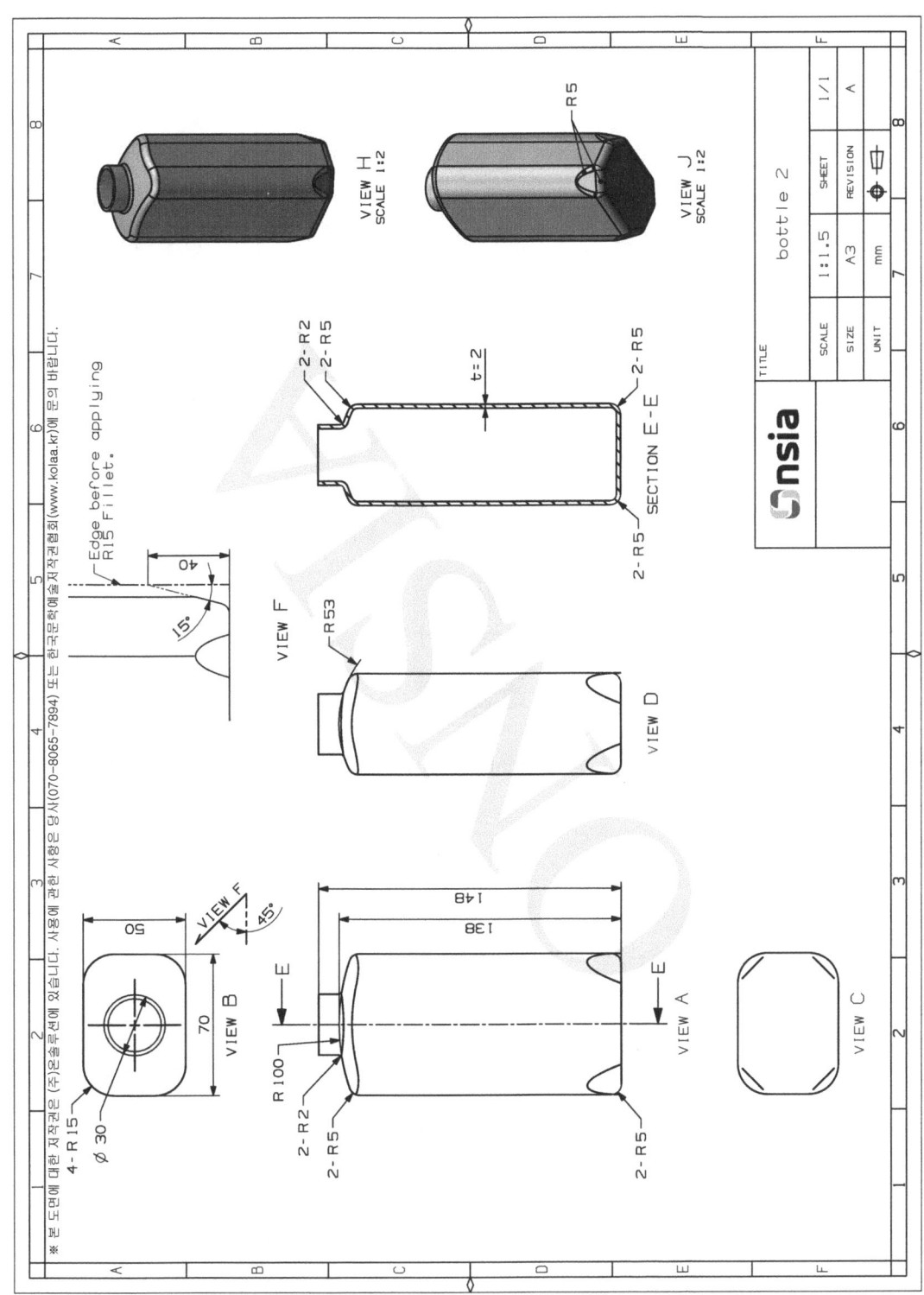

12 장: 종합 모델링

모델링 과정

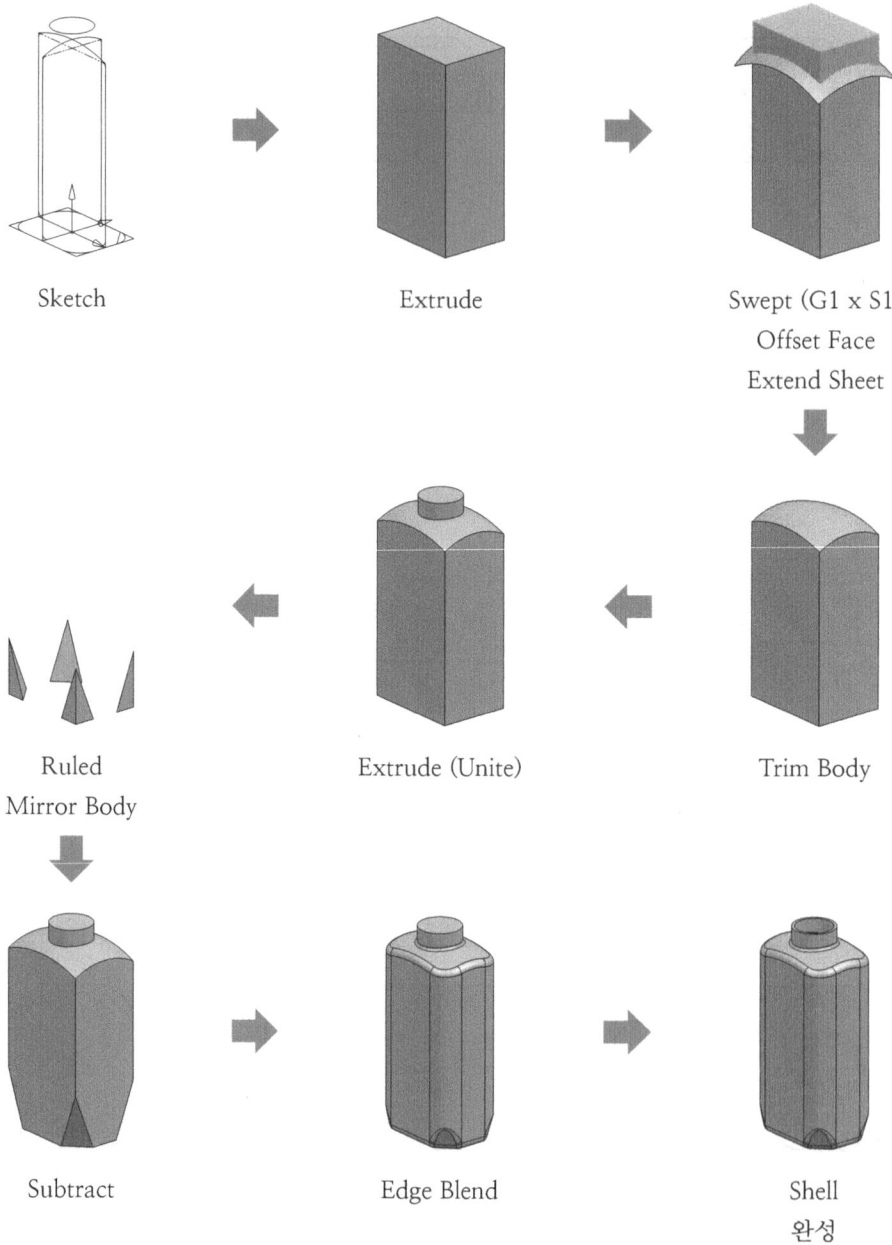

'bottle 2'의 완성 모델

12 장: 종합 모델링

(빈 페이지)

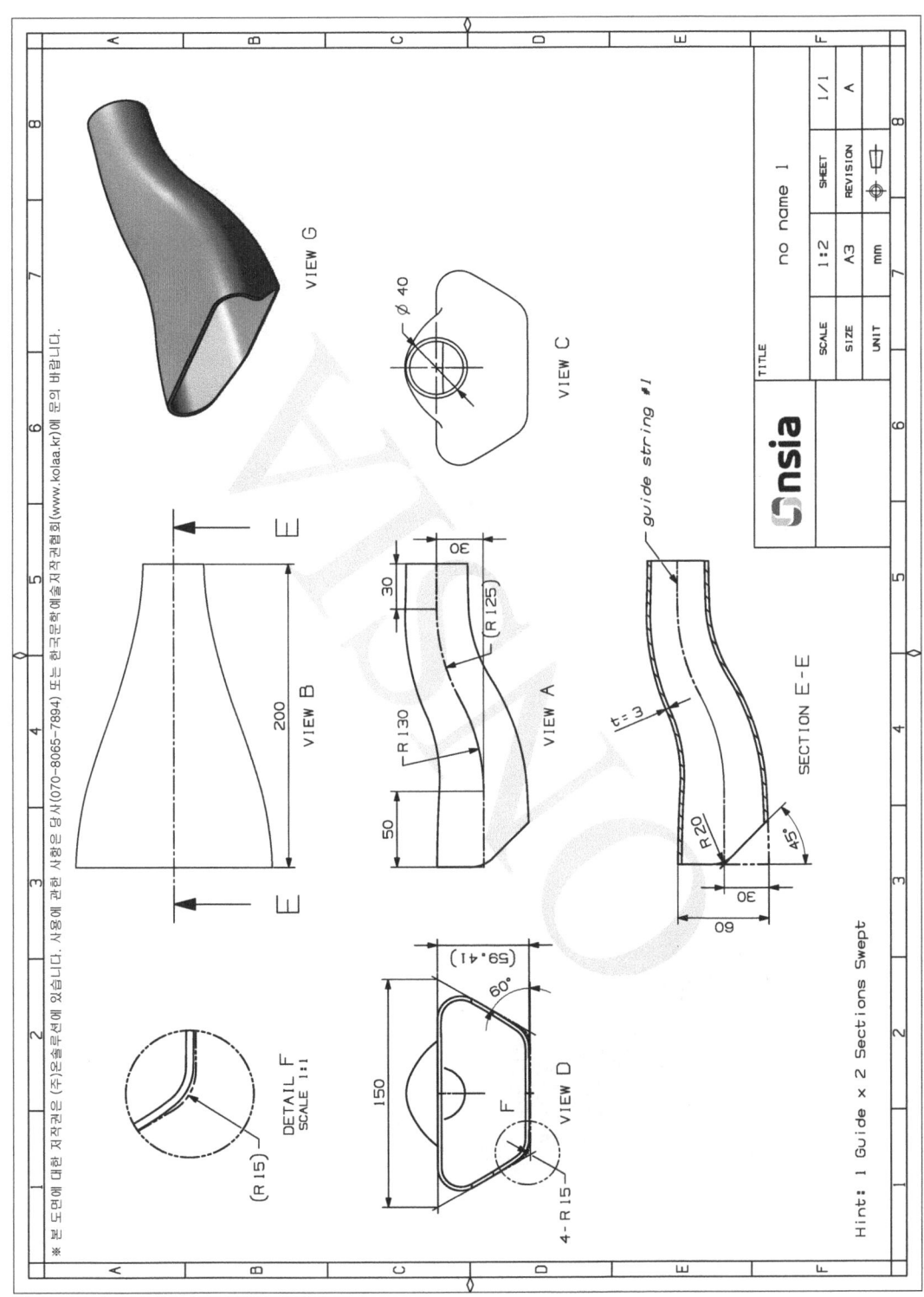

12 장: 종합 모델링

모델링 과정

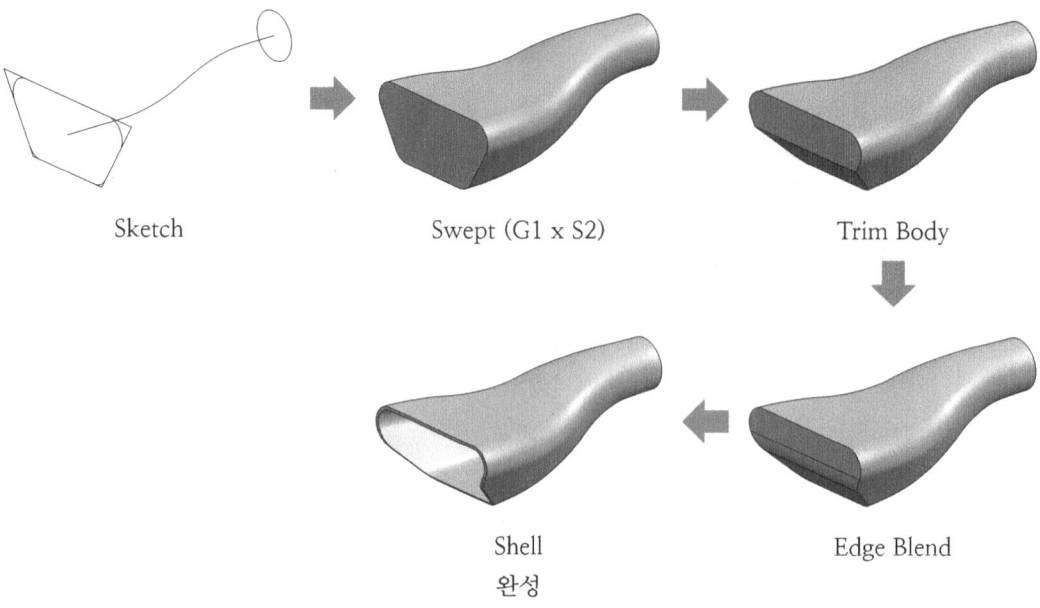

'no name 1'의 완성 모델

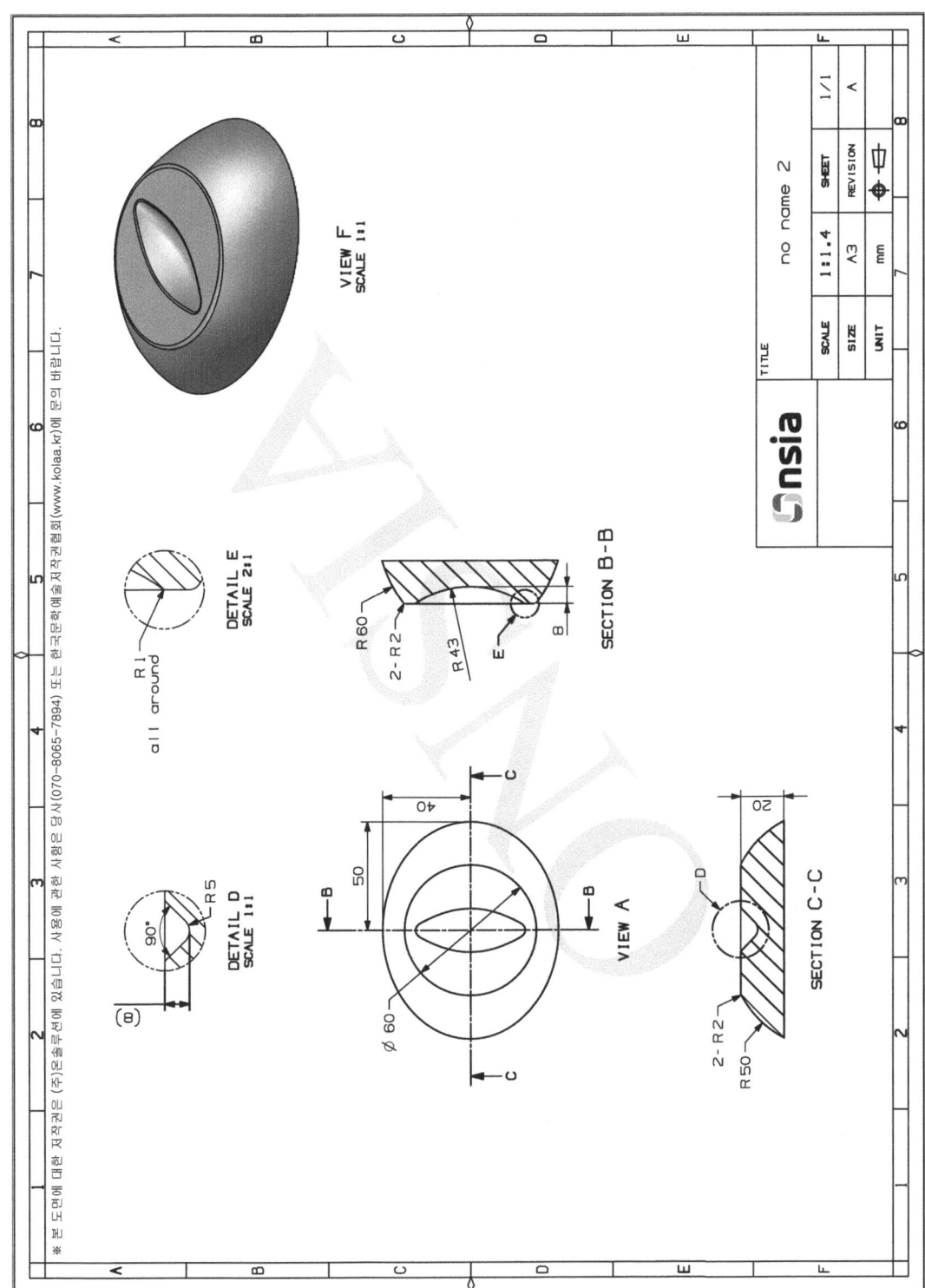

모델링 과정

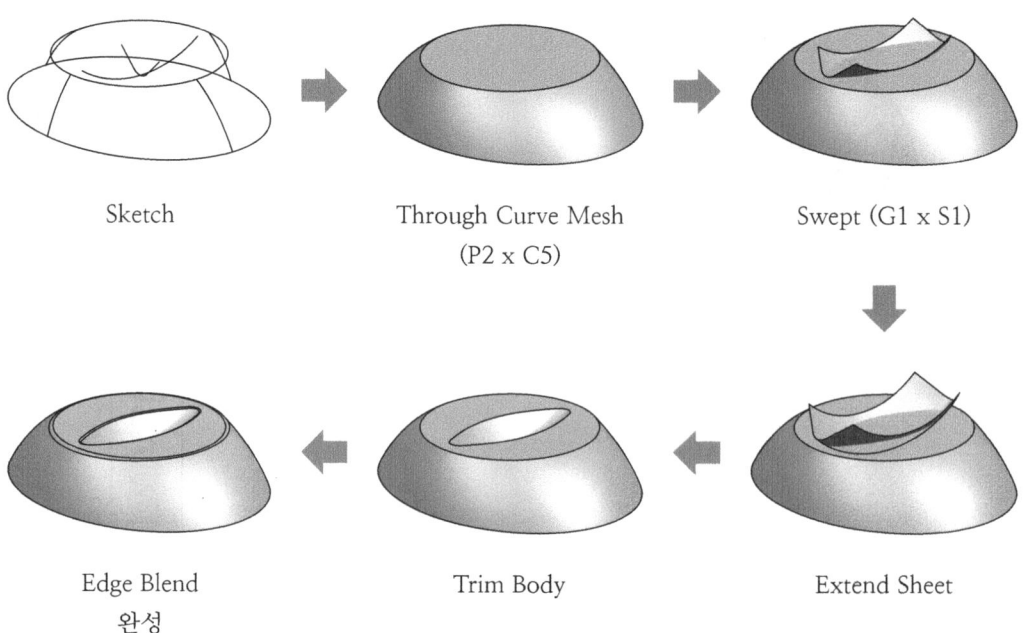

Sketch → Through Curve Mesh (P2 x C5) → Swept (G1 x S1) → Extend Sheet → Trim Body → Edge Blend 완성

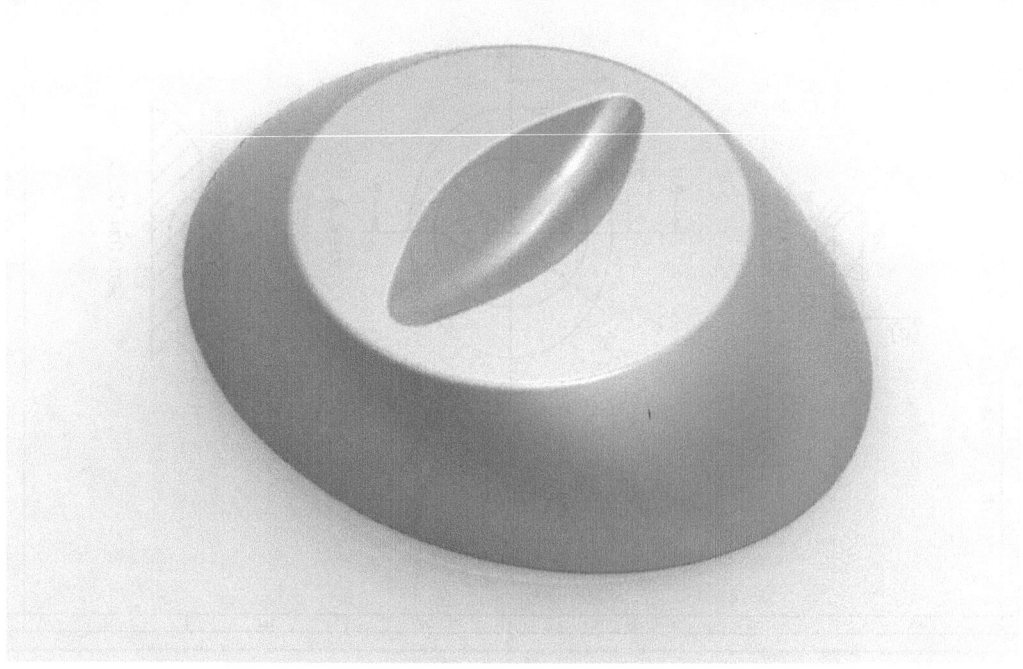

'no name 2'의 완성 모델

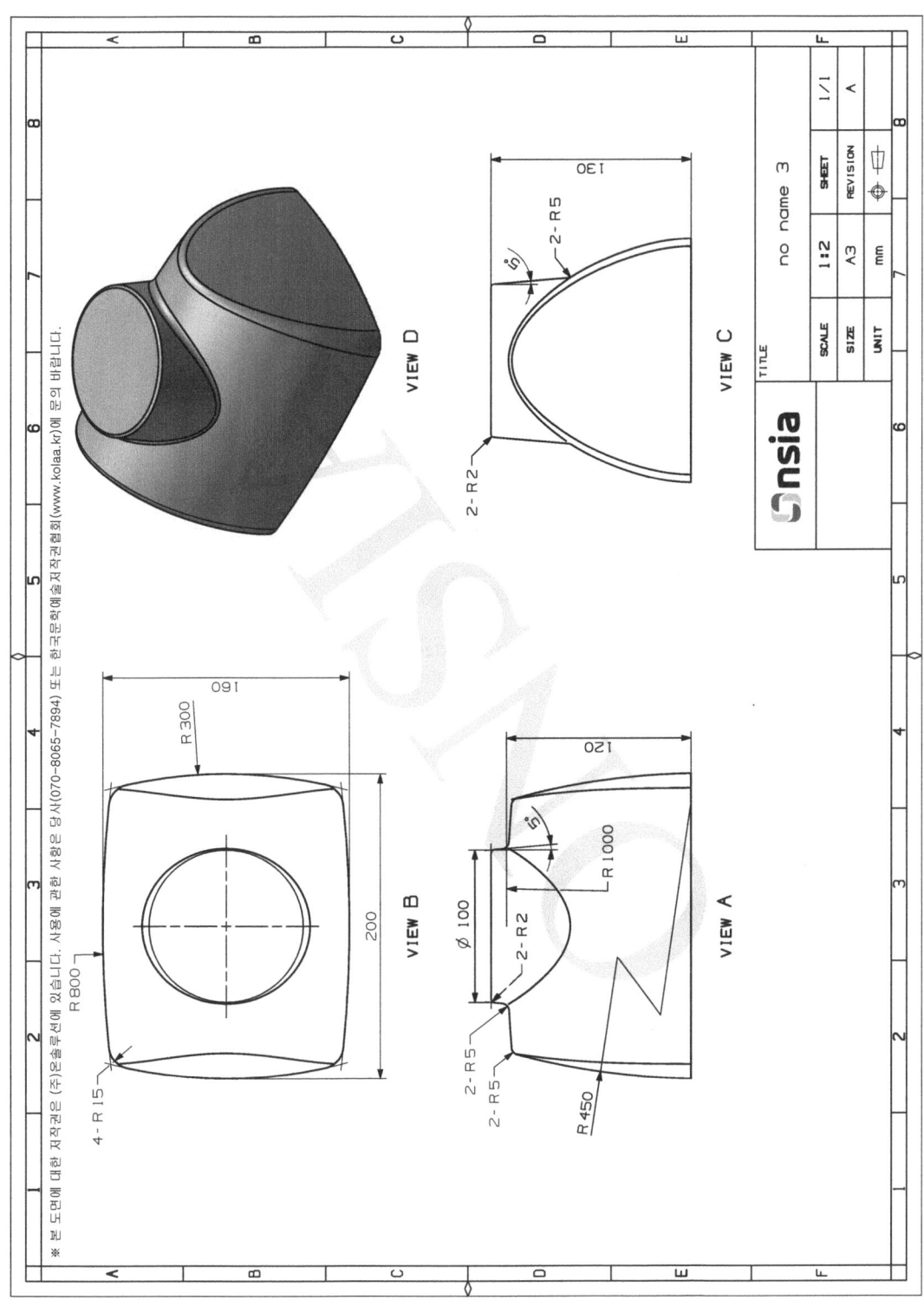

12 장: 종합 모델링

모델링 과정

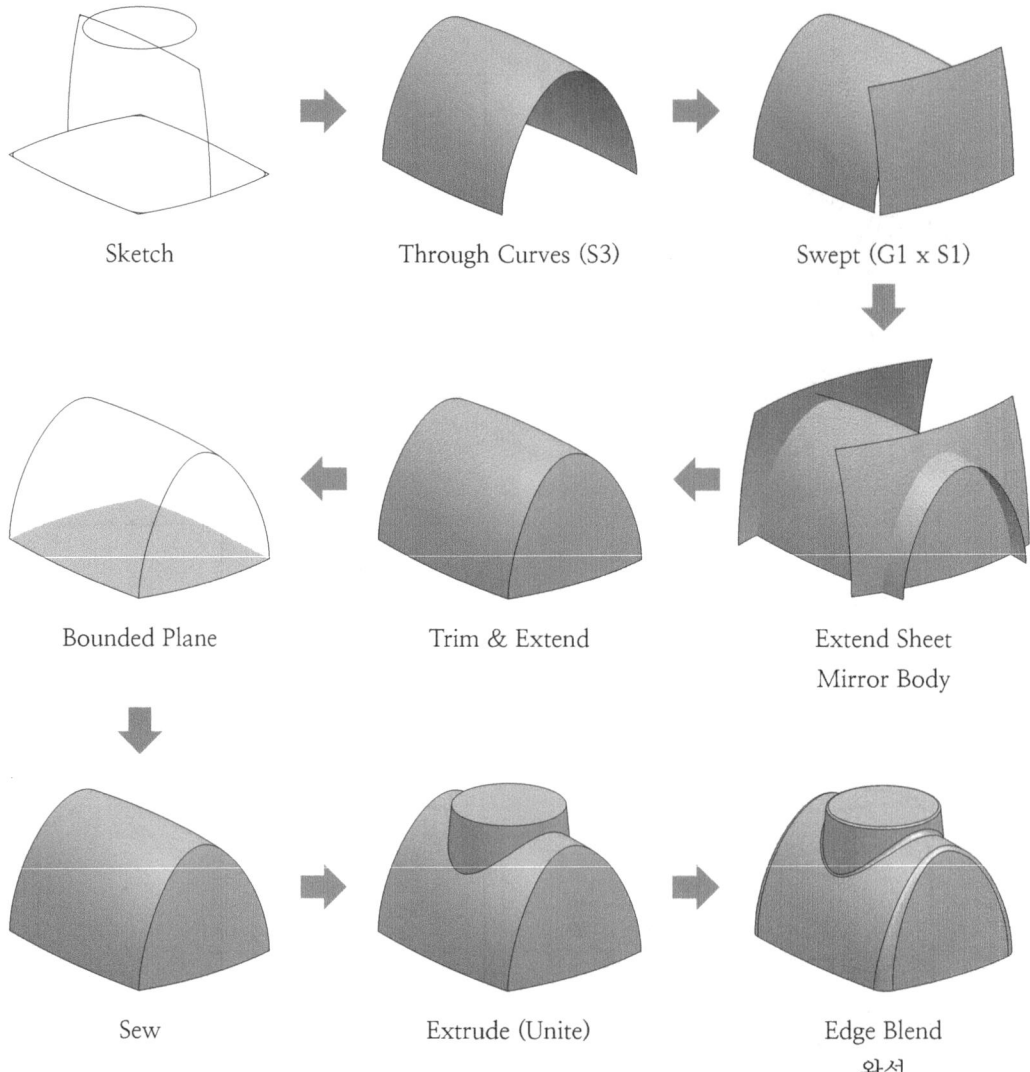

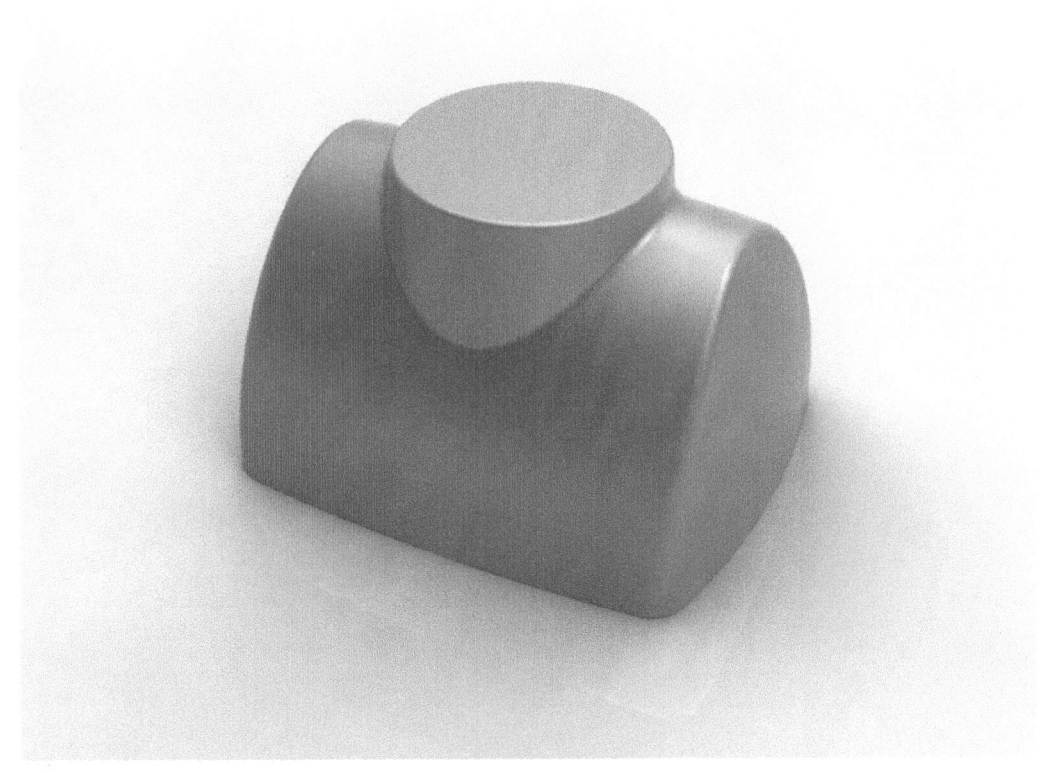

'no name 3'의 완성 모델

12 장: 종합 모델링

(빈 페이지)

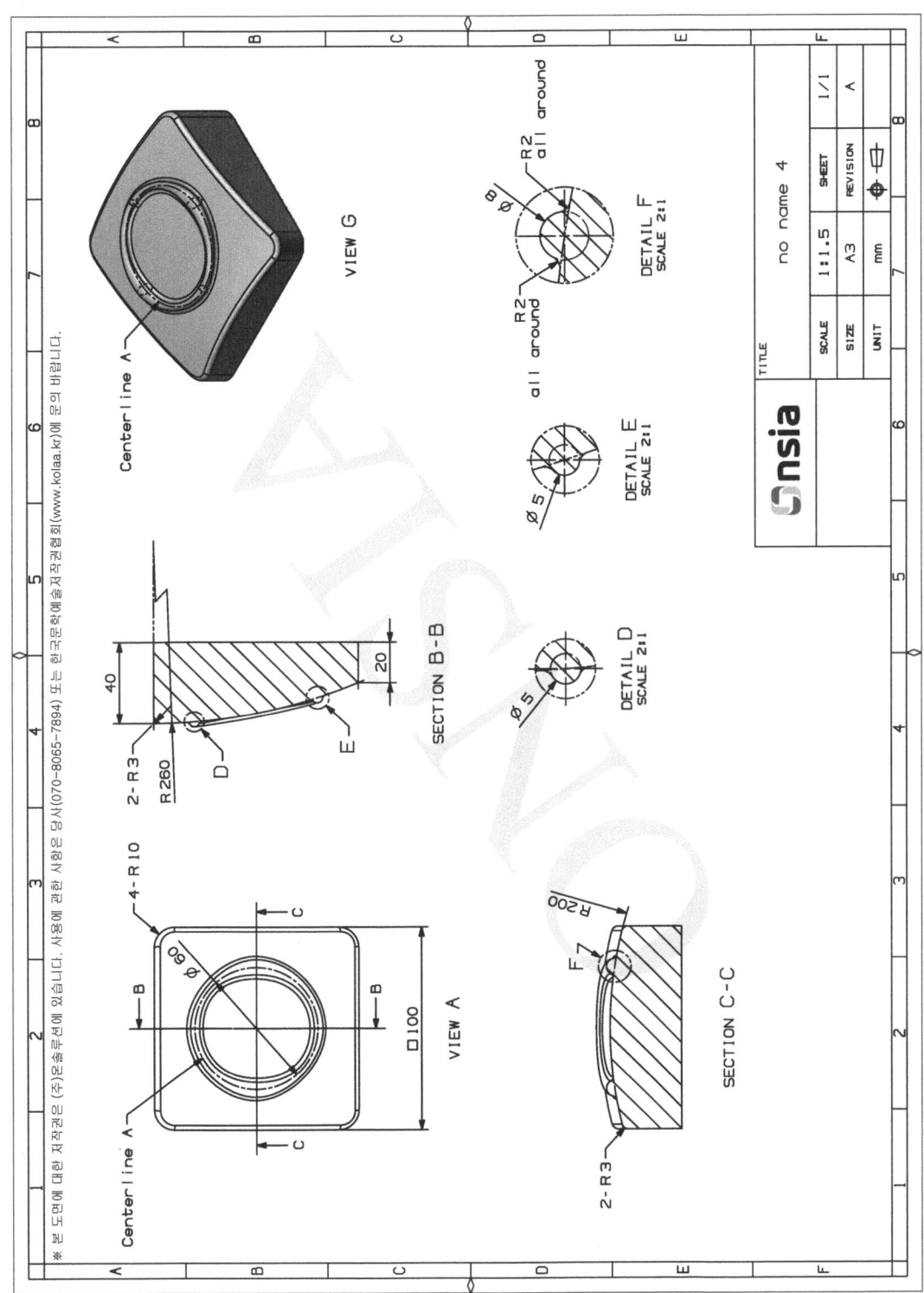

모델링 과정

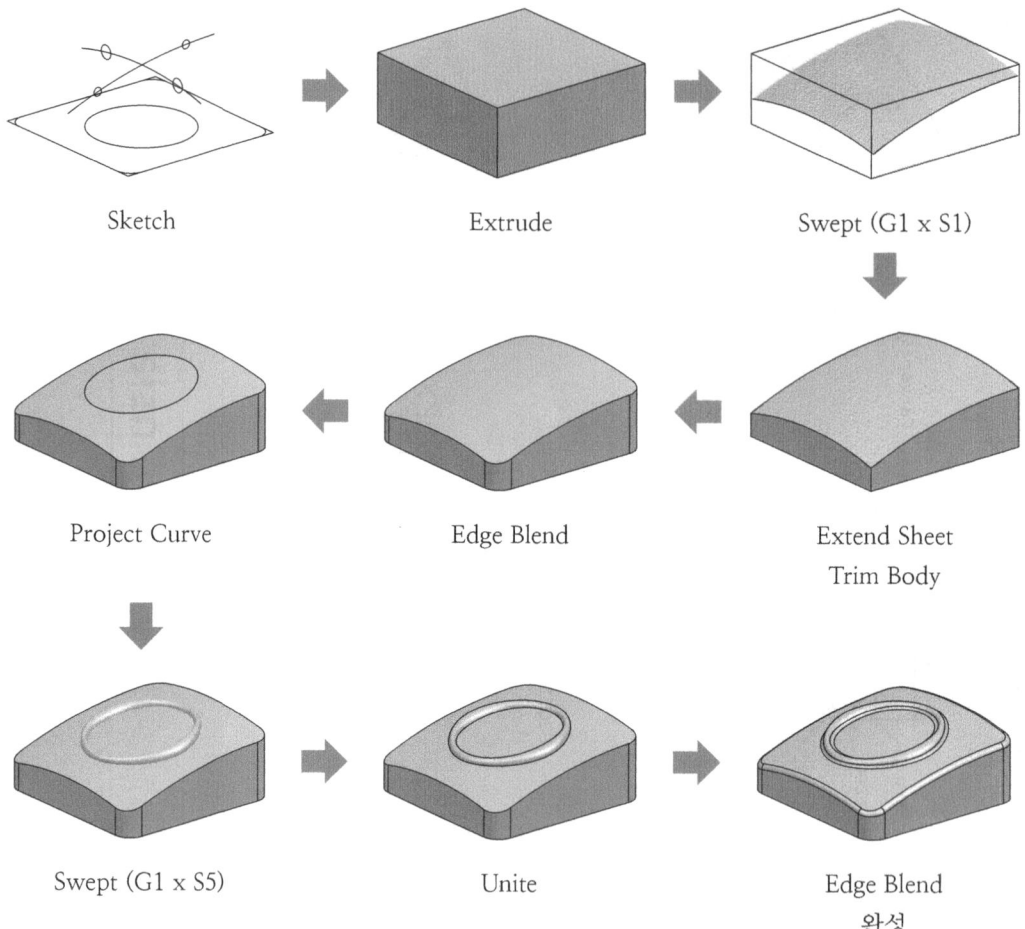

'no name 4'의 완성 모델

12 장: 종합 모델링

(빈 페이지)

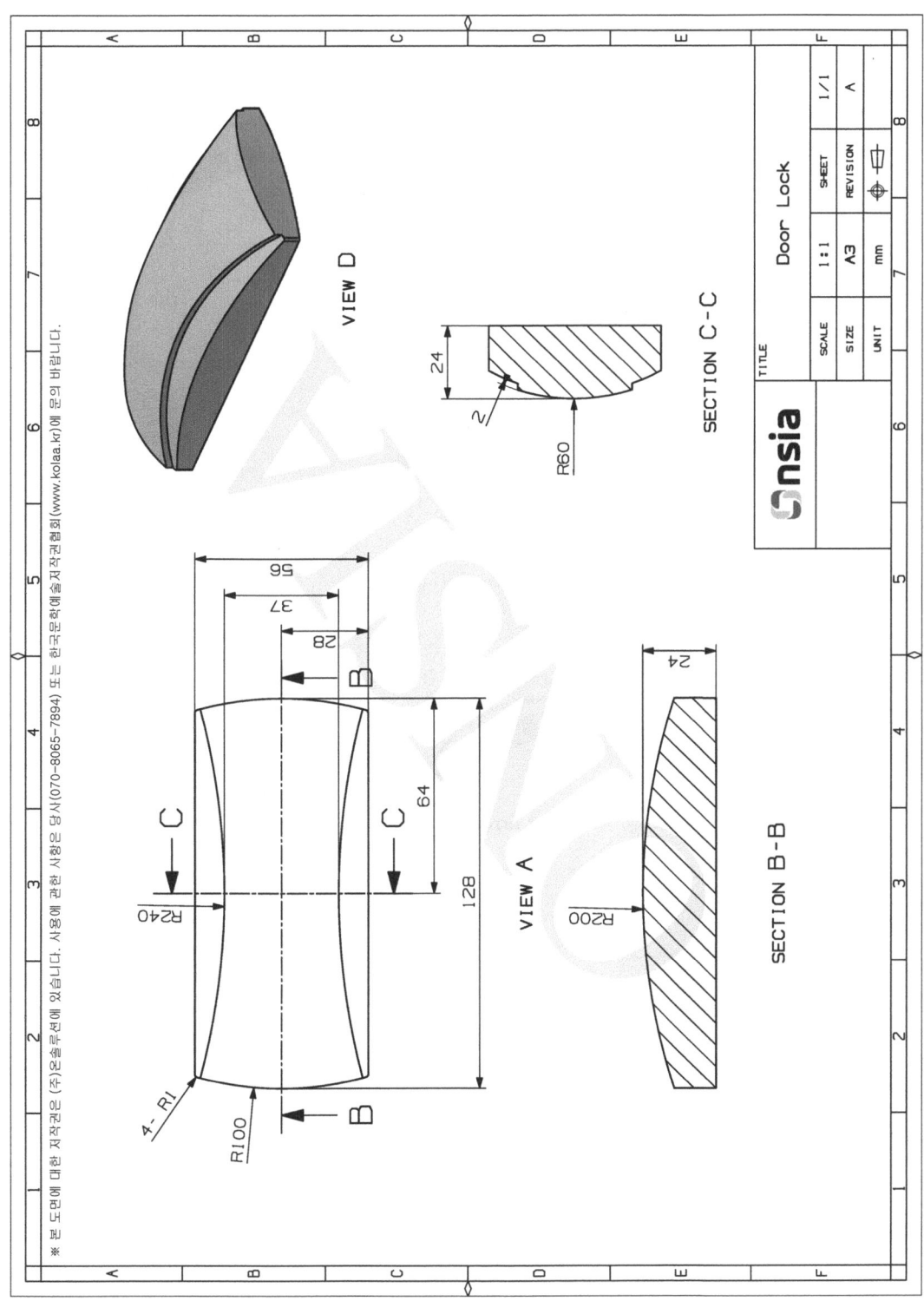

12 장: 종합 모델링

모델링 과정

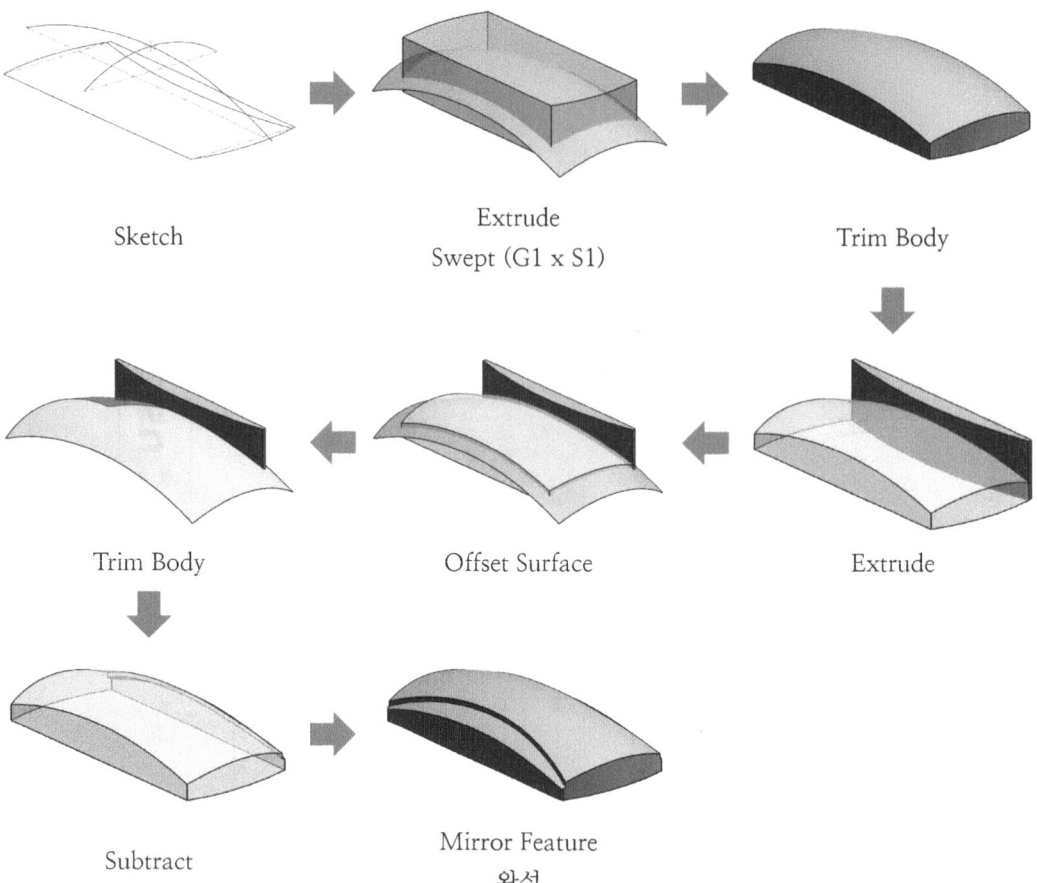

Door Lock의 완성 모델

12 장: 종합 모델링

(빈 페이지)

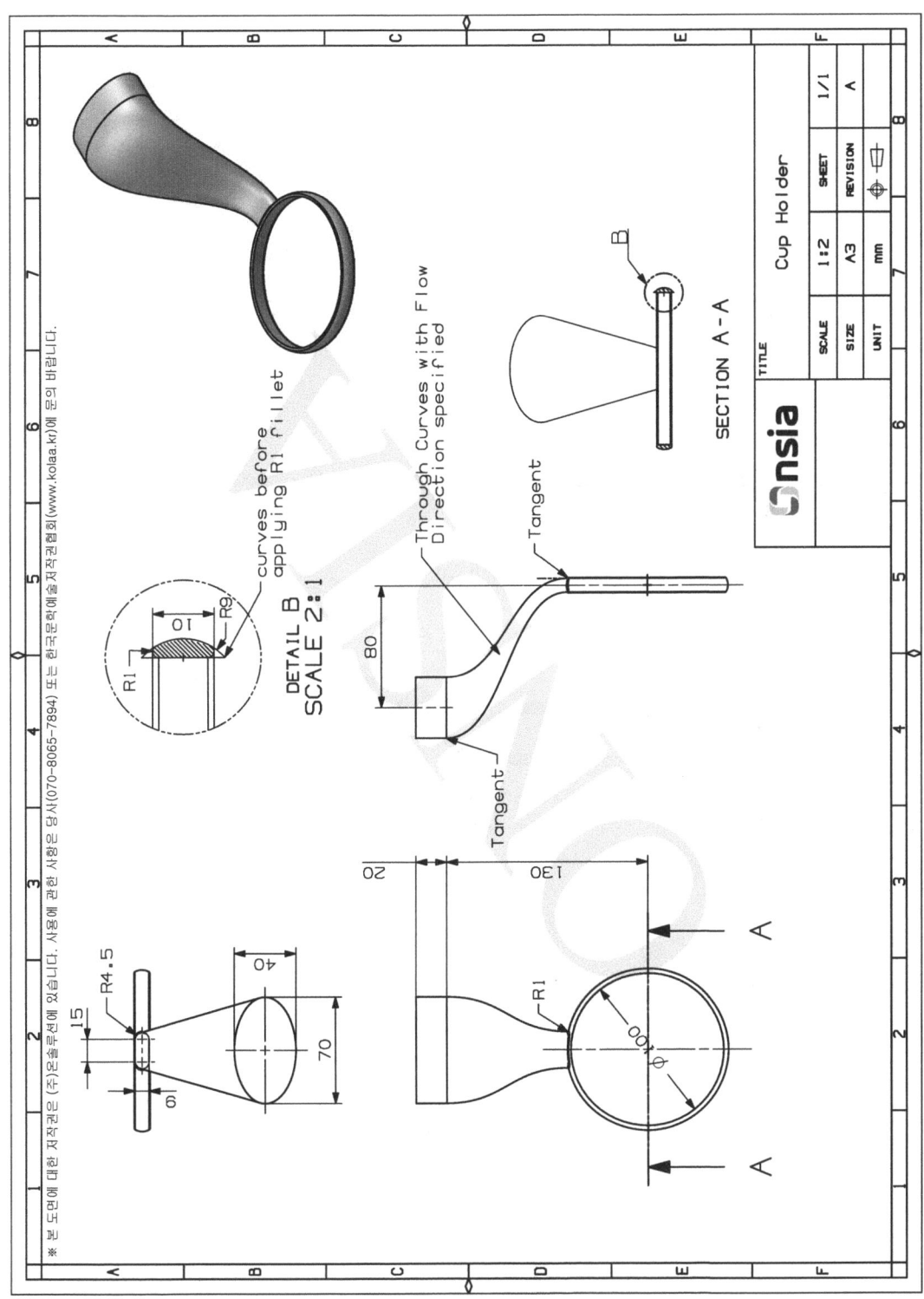

12 장: 종합 모델링

모델링 과정

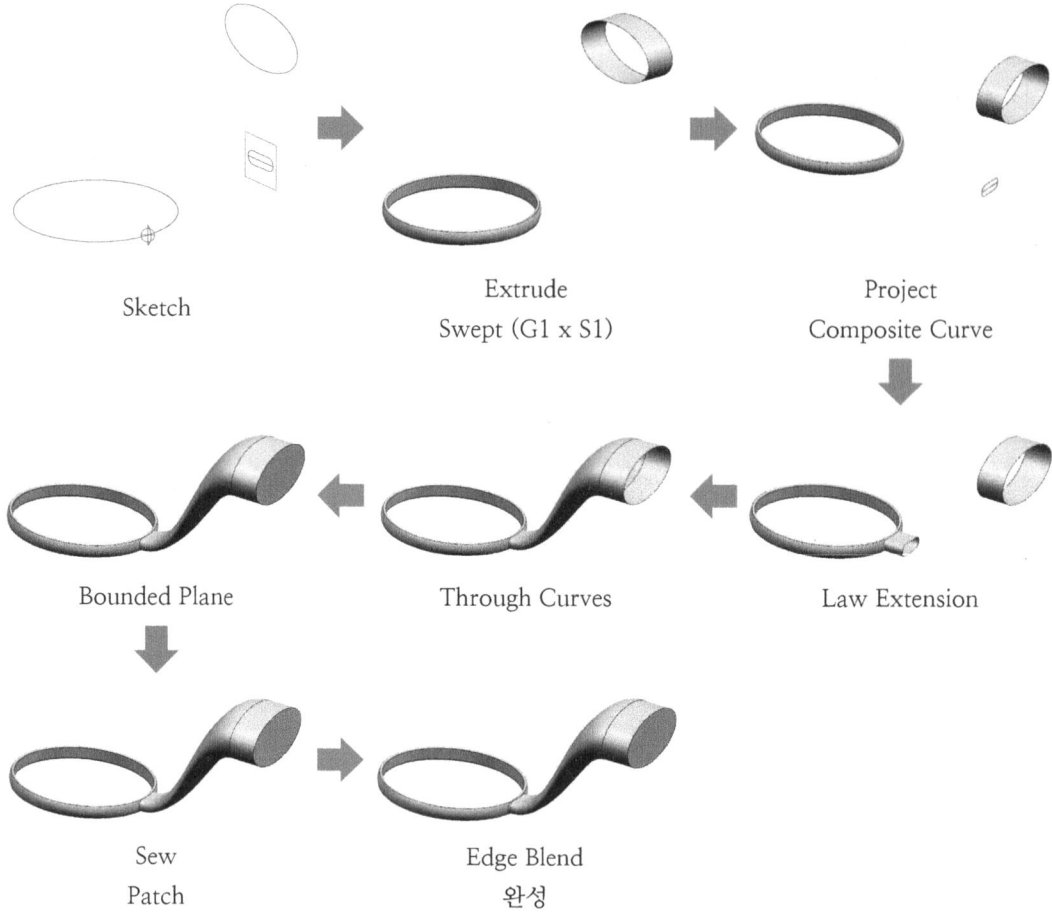

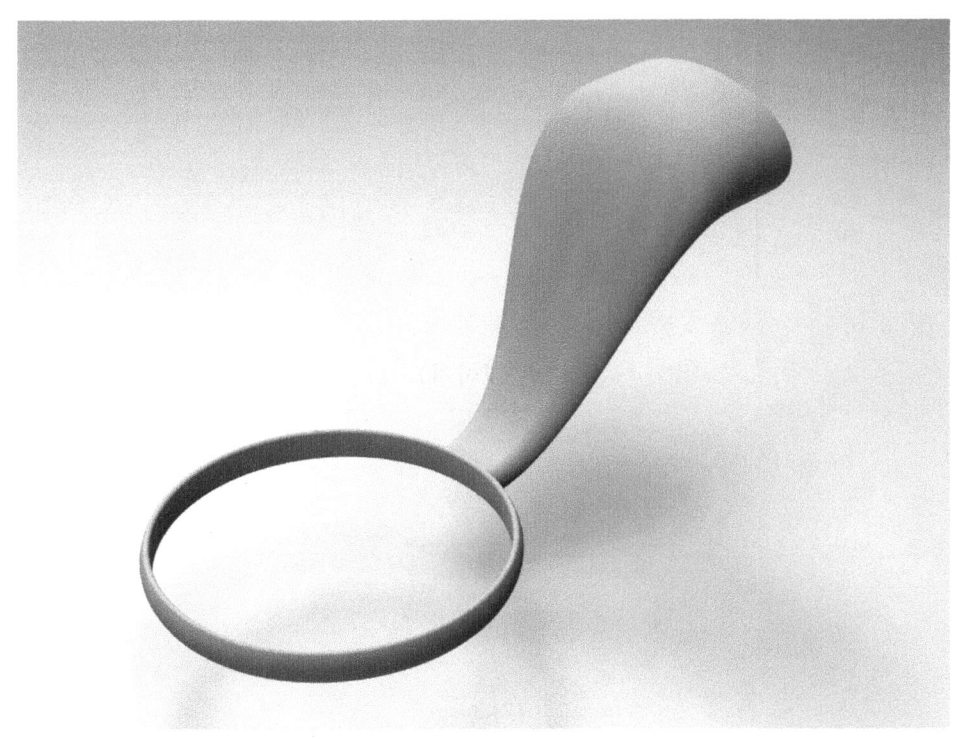

Cup Holder의 완성 모델

12 장: 종합 모델링

(빈 페이지)

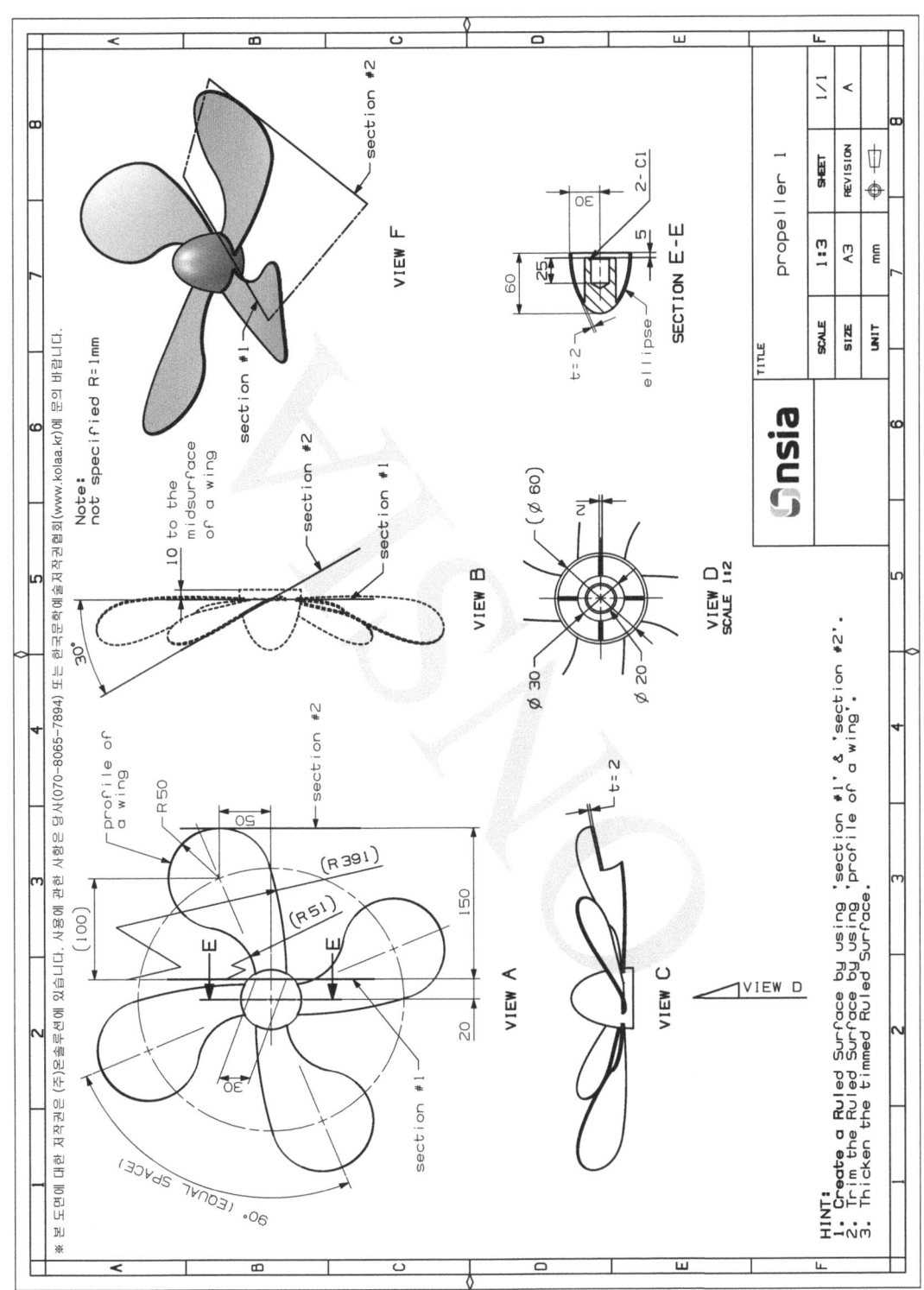

12장: 종합 모델링

모델링 과정

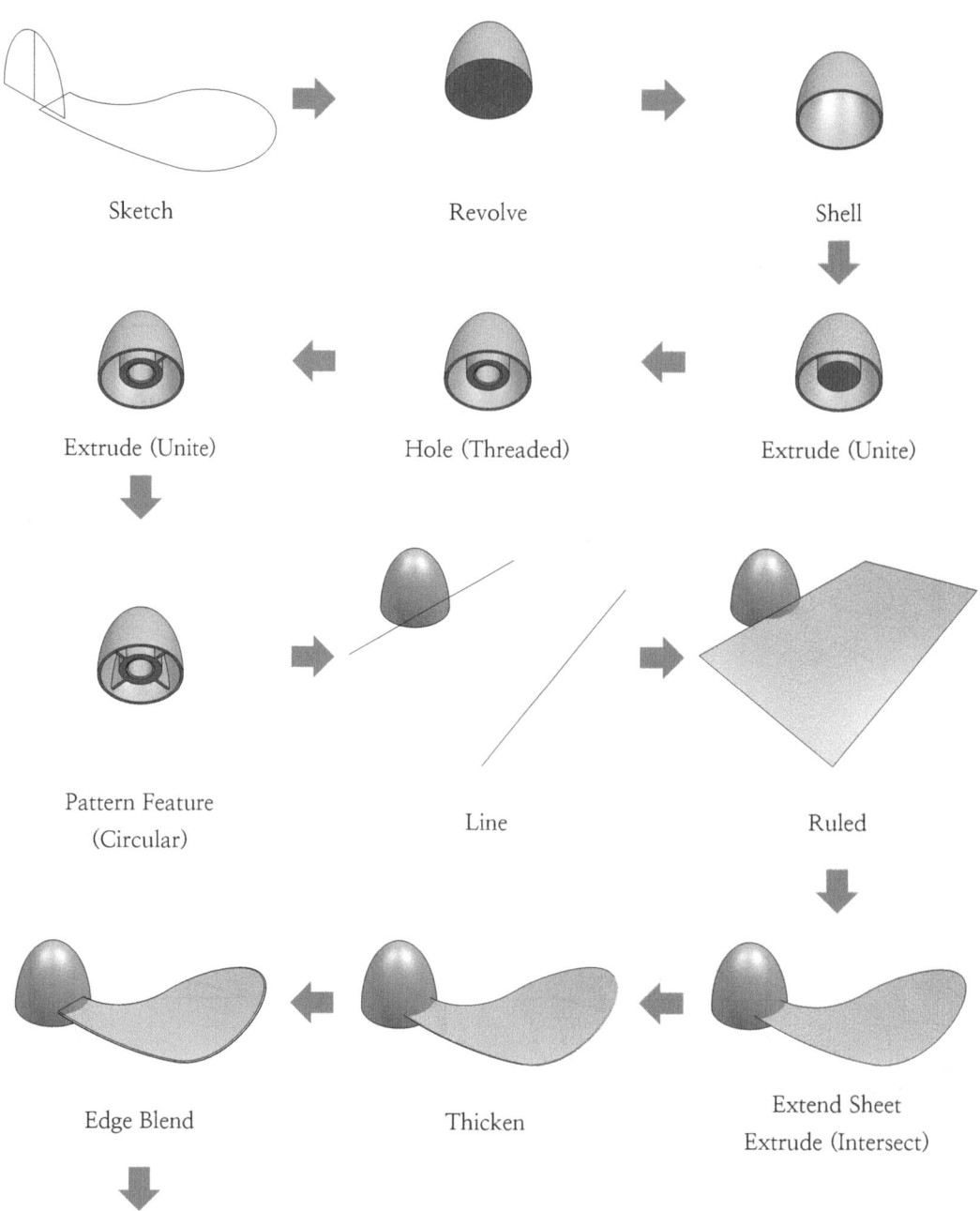

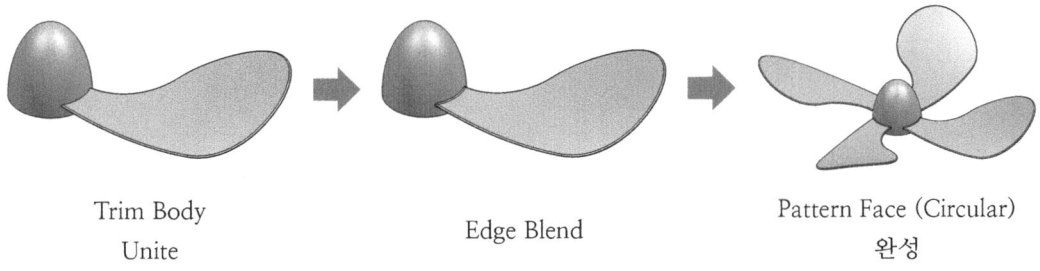

Trim Body
Unite

Edge Blend

Pattern Face (Circular)
완성

'propeller 1'의 완성 모델

12 장: 종합 모델링

(빈 페이지)

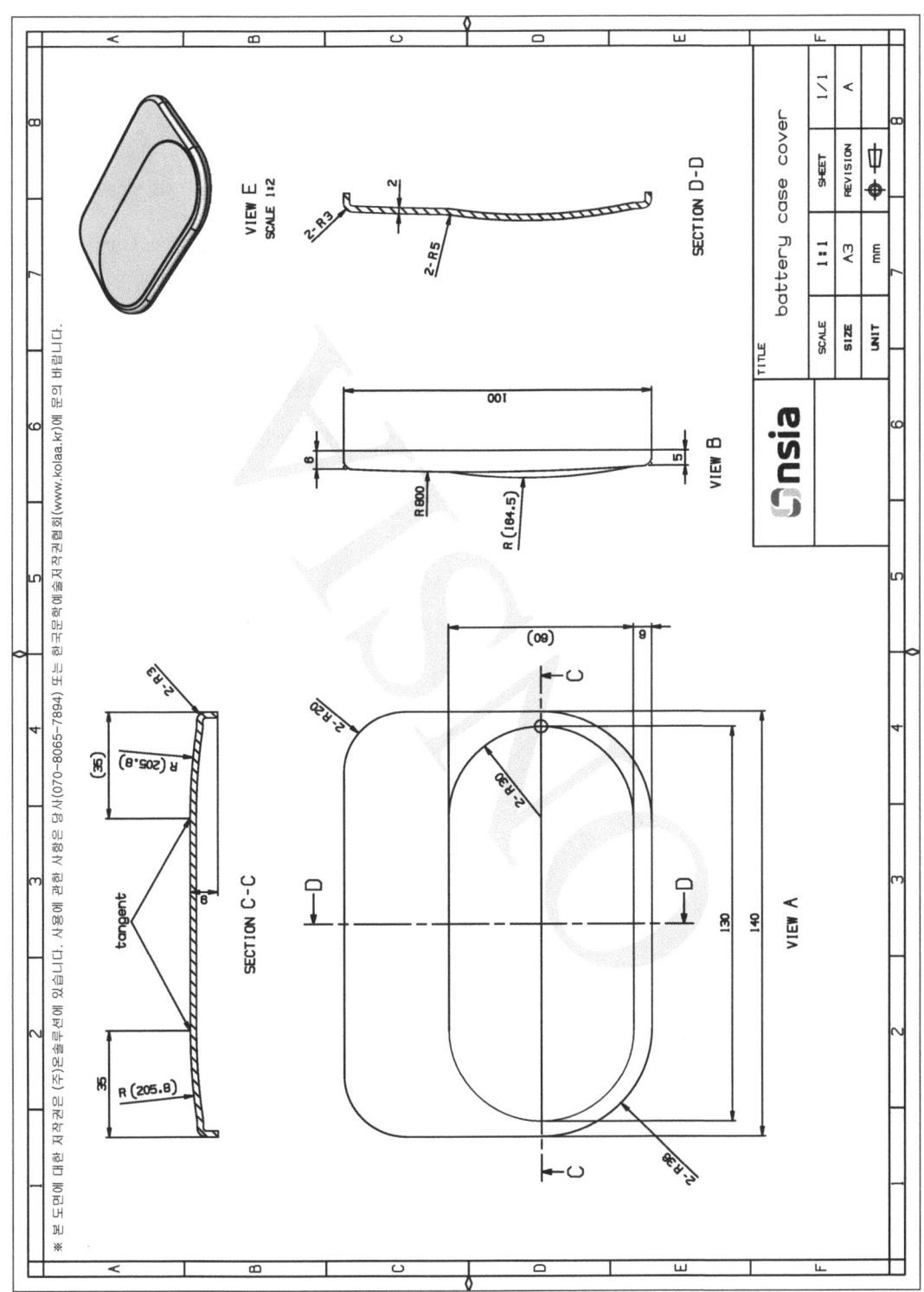

12장: 종합 모델링

모델링 과정

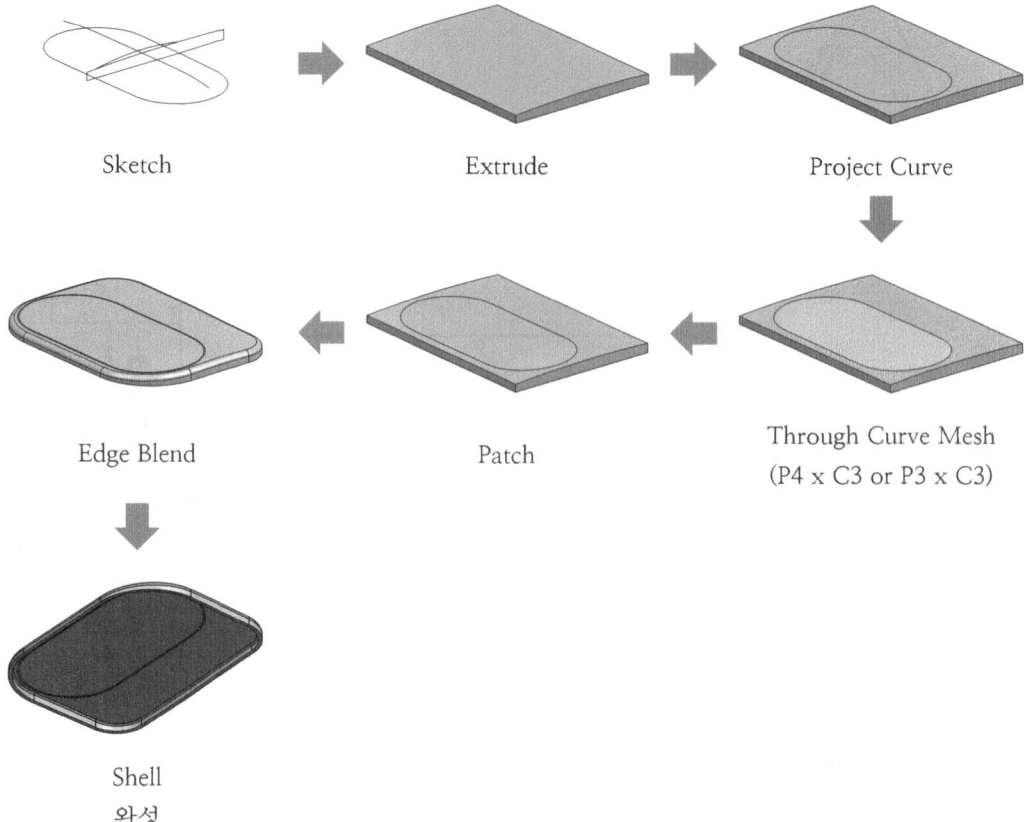

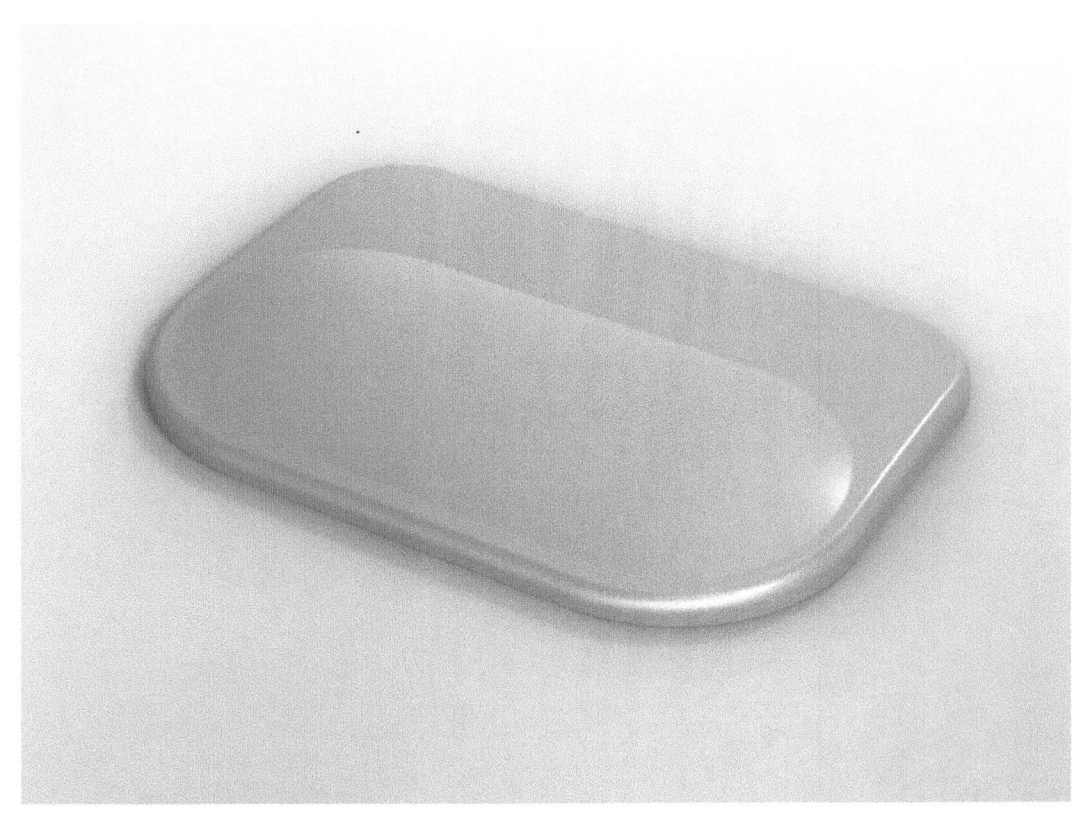

'battery case cover'의 완성 모델

12장: 종합 모델링

(빈 페이지)

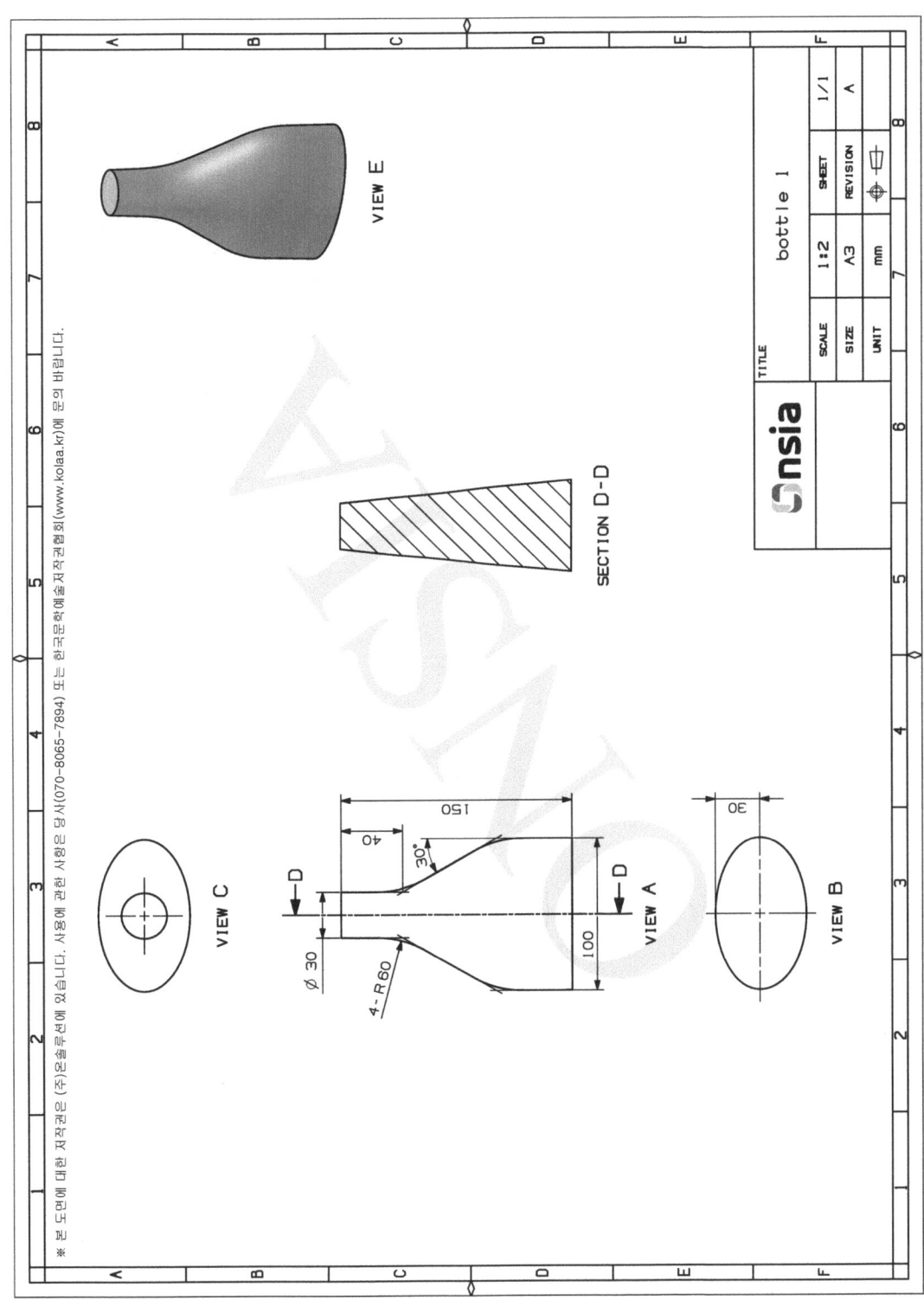

12 장: 종합 모델링

모델링 과정

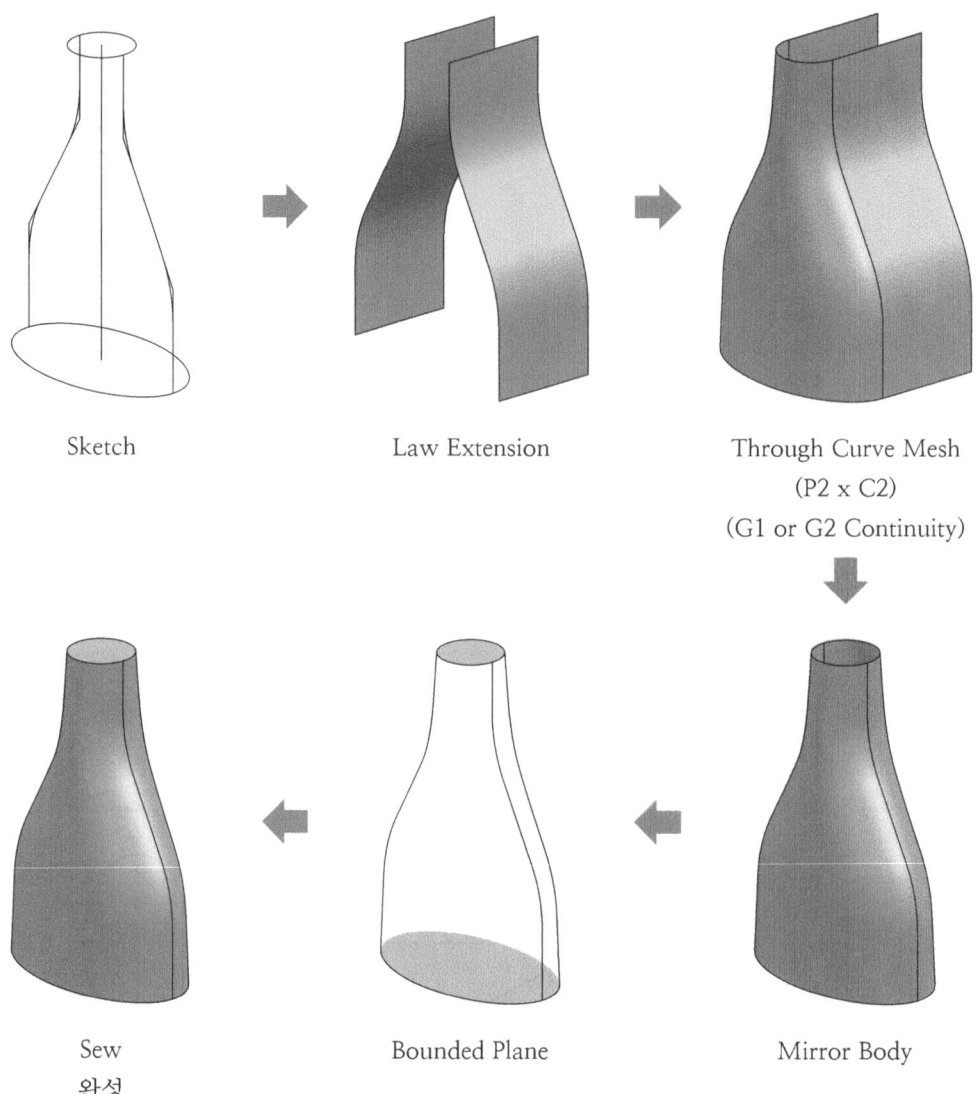

Sketch

Law Extension

Through Curve Mesh
(P2 x C2)
(G1 or G2 Continuity)

Mirror Body

Bounded Plane

Sew
완성

'bottle 1'의 완성 모델

12장: 종합 모델링

(빈 페이지)

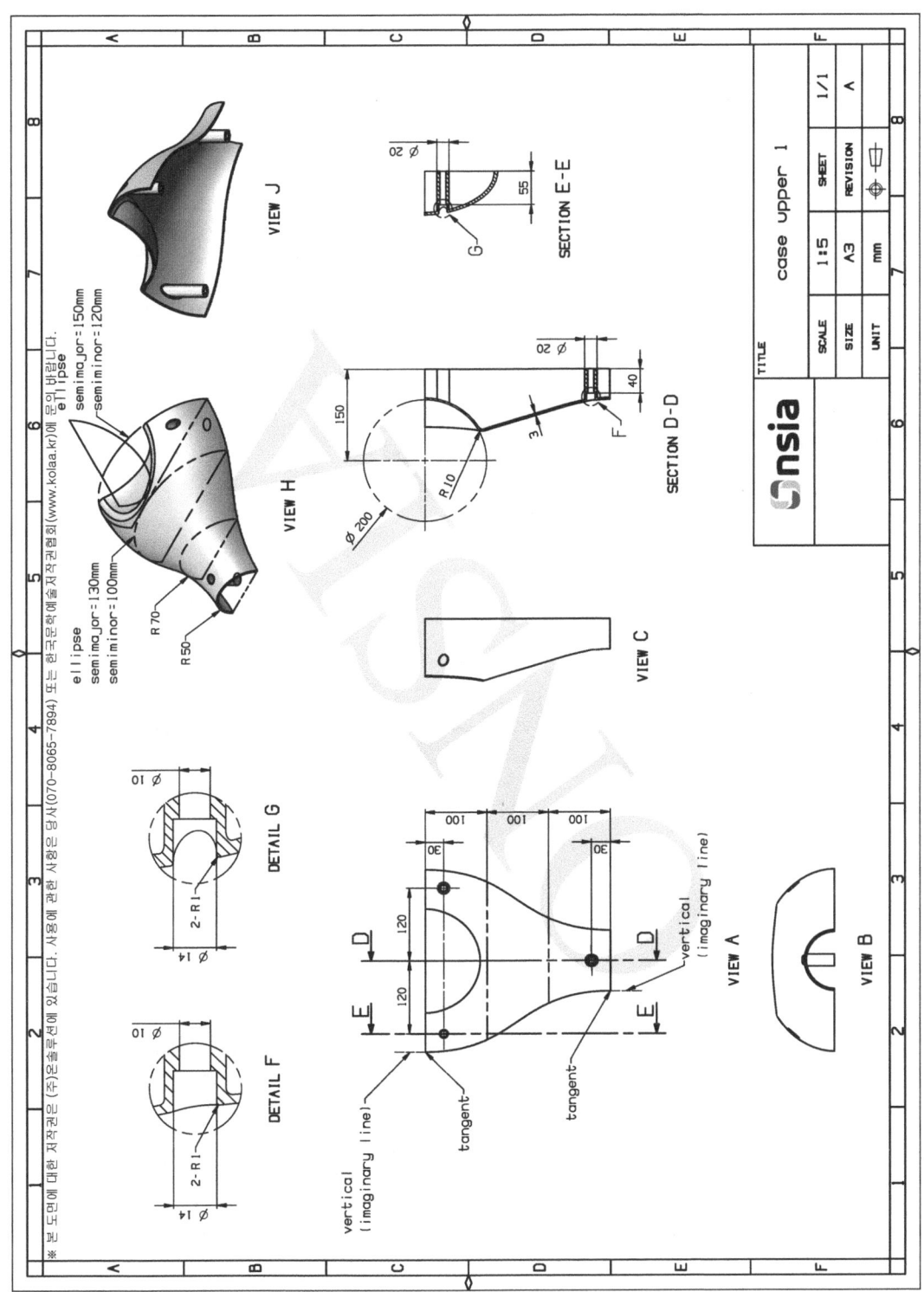

12 장: 종합 모델링

모델링 과정

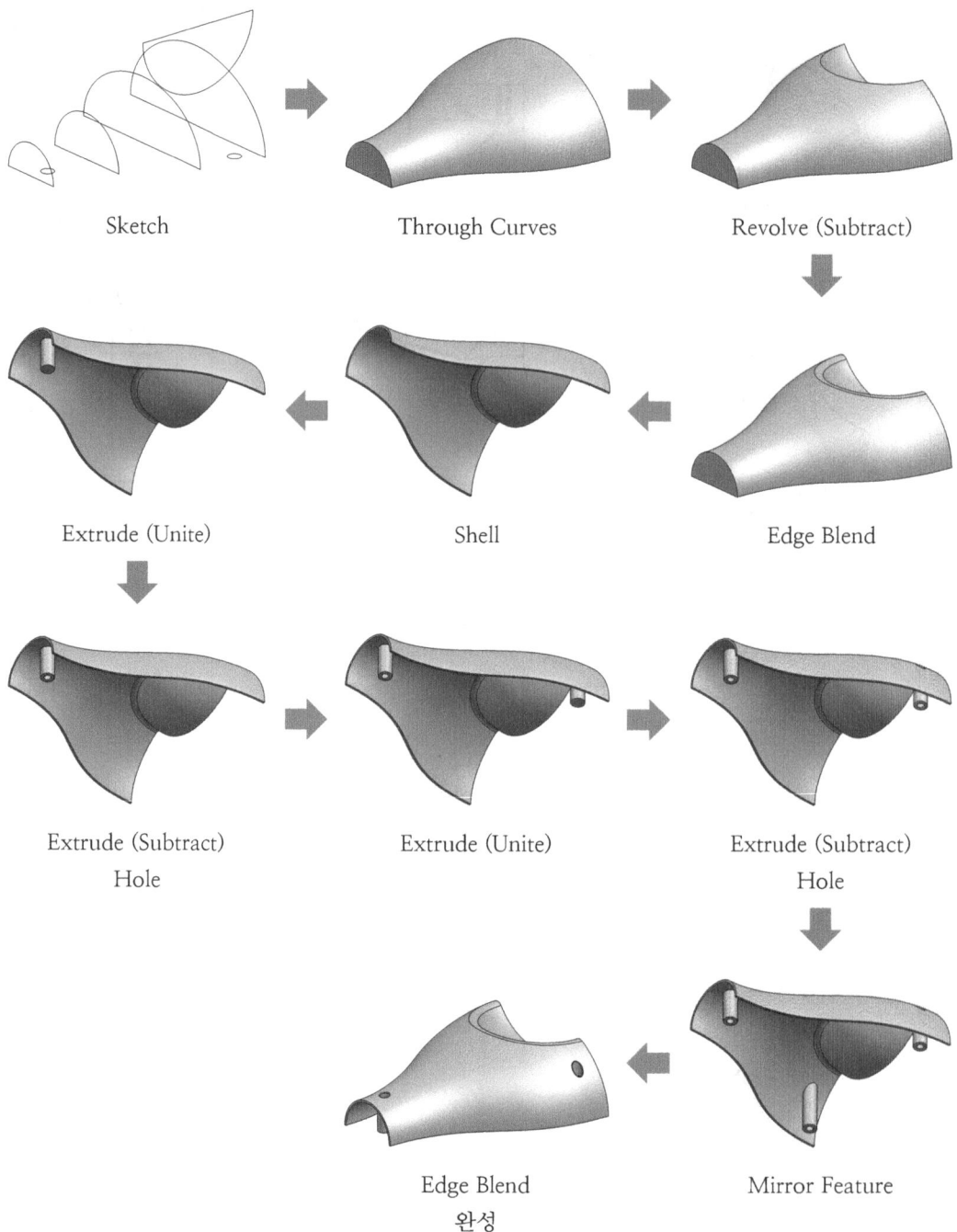

'case upper 1'의 완성 모델

12 장: 종합 모델링

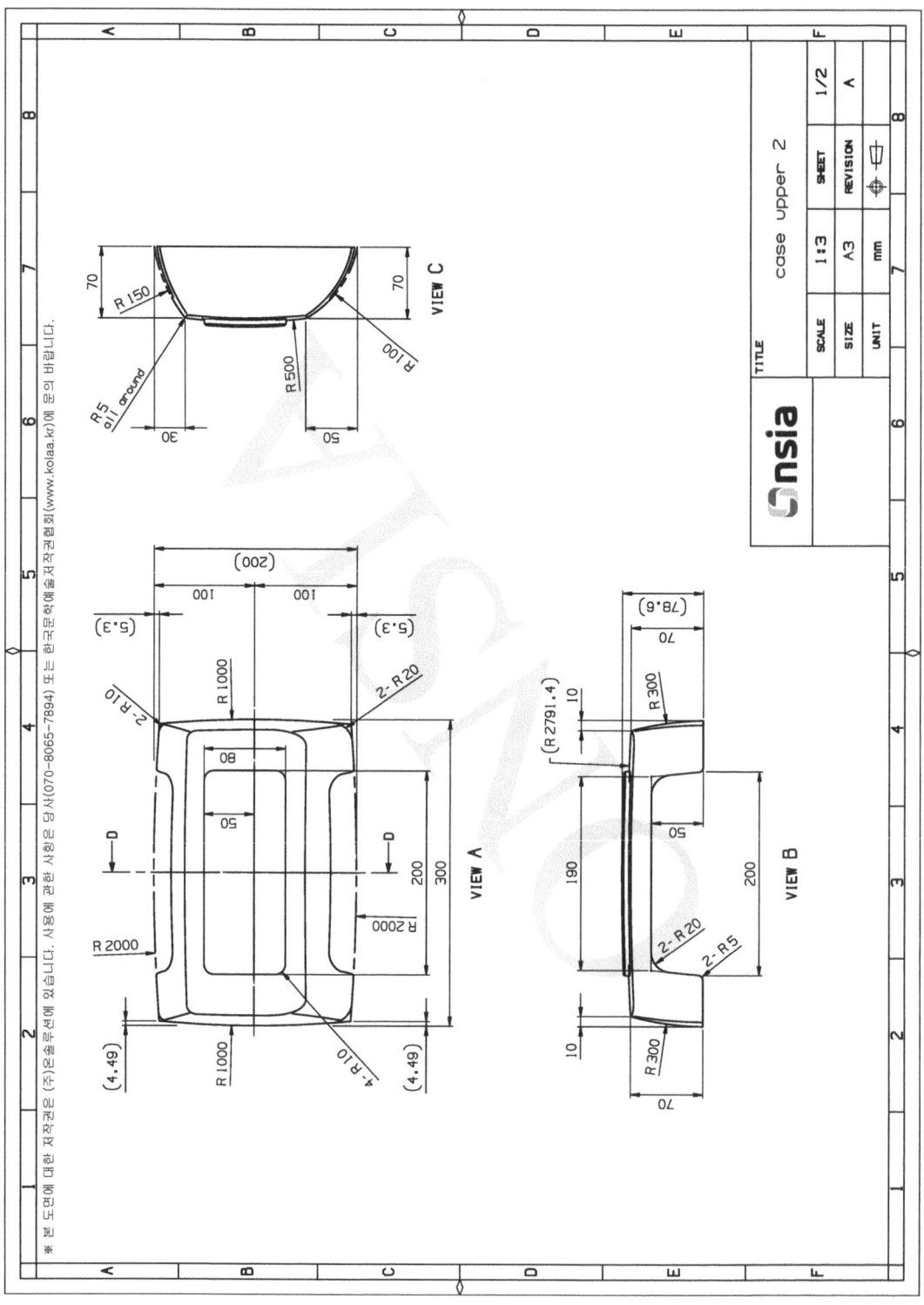

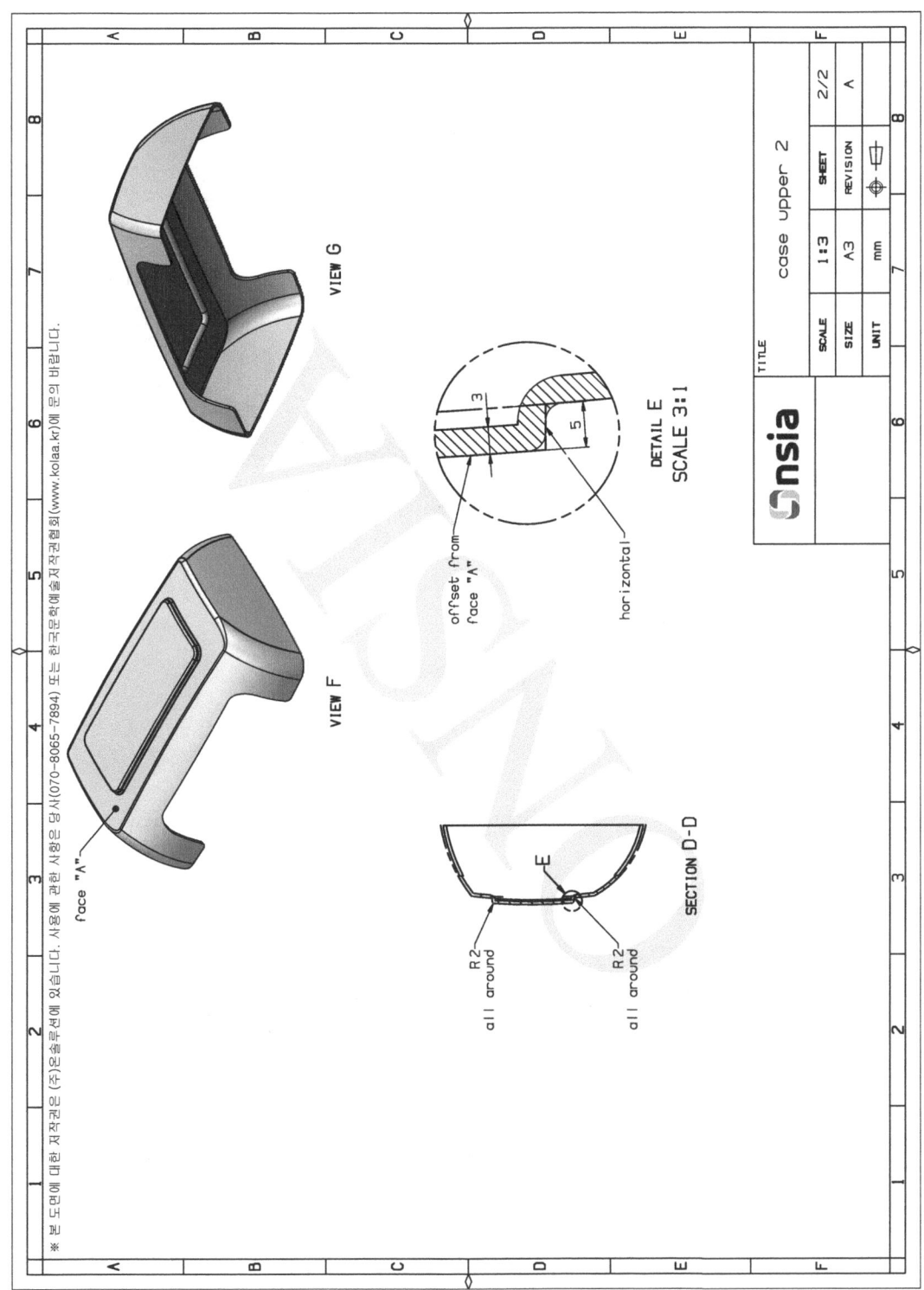

12 장: 종합 모델링

모델링 과정

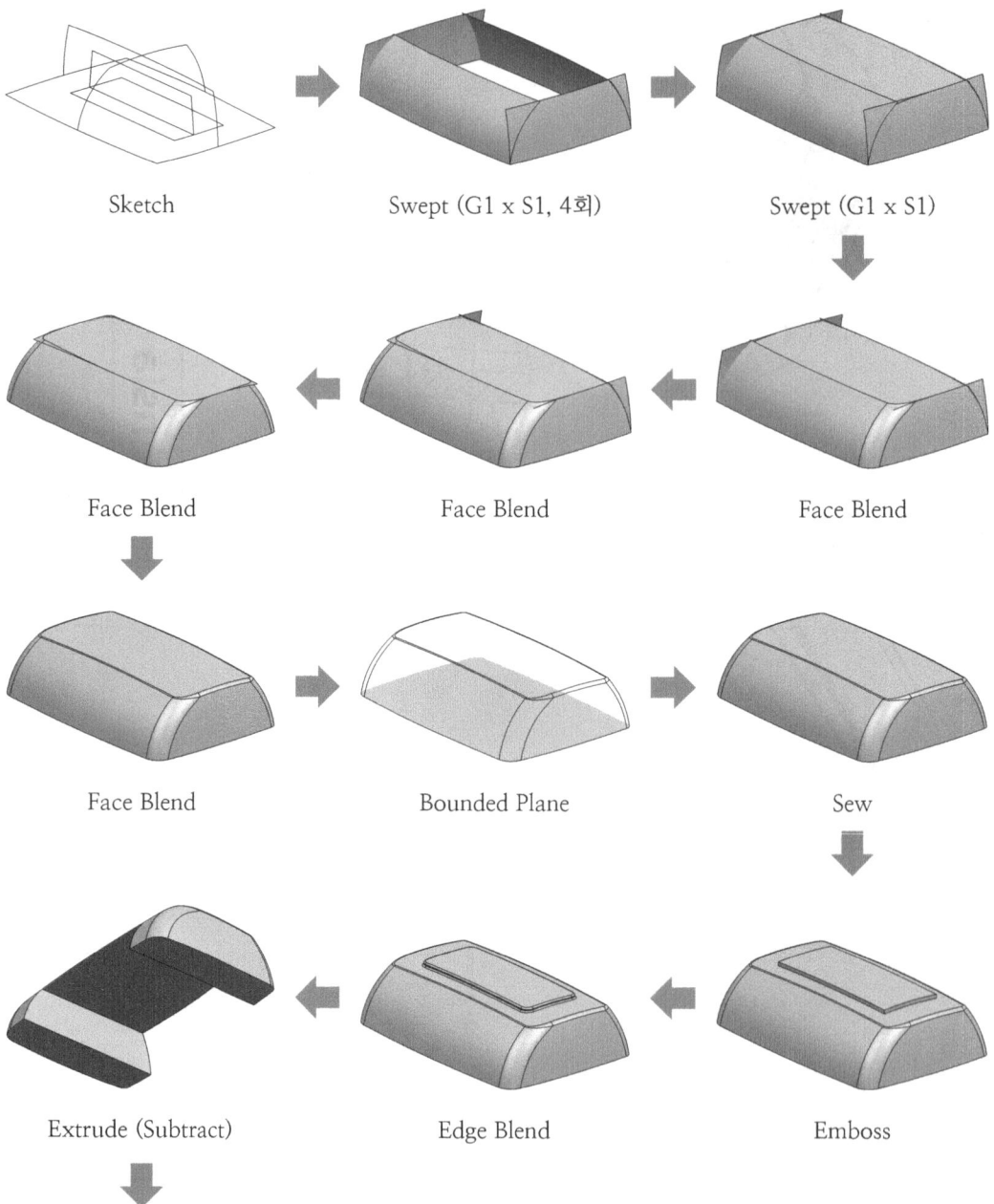

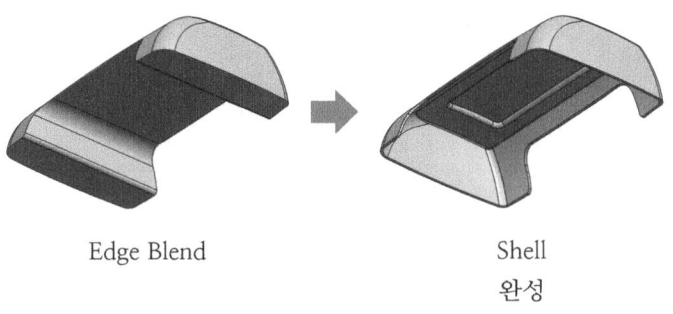

Edge Blend → Shell
완성

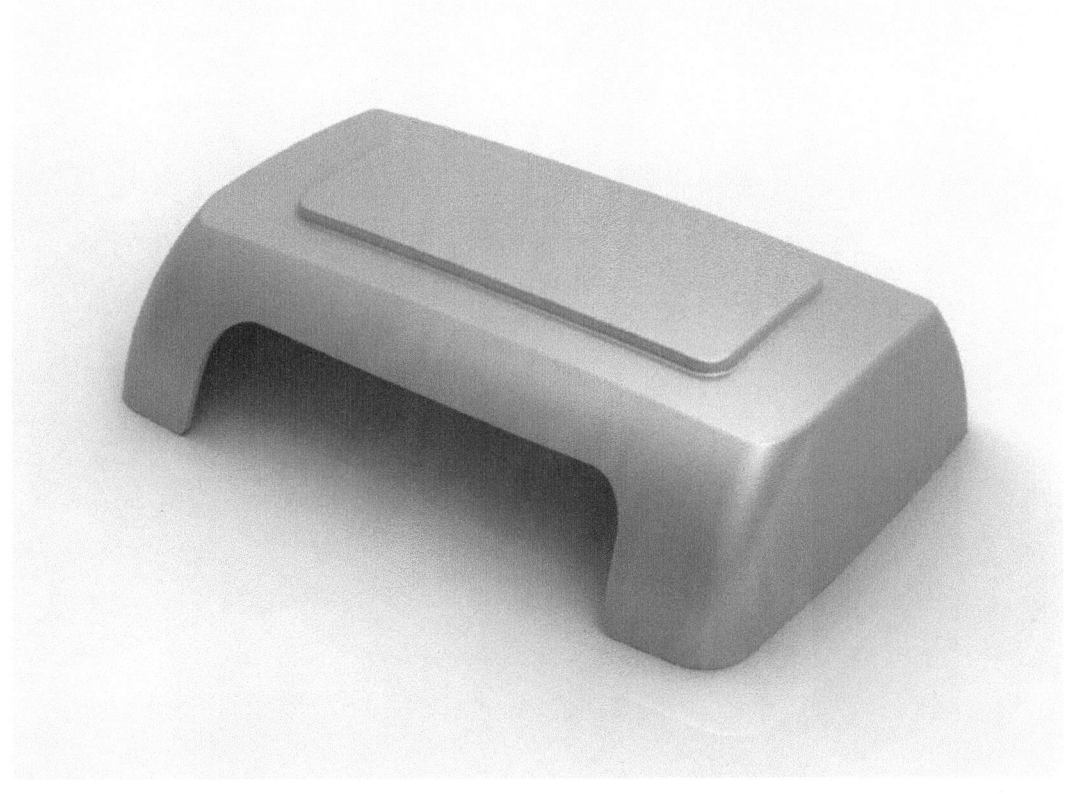

'case upper 2'의 완성 모델

12 장: 종합 모델링

(빈 페이지)

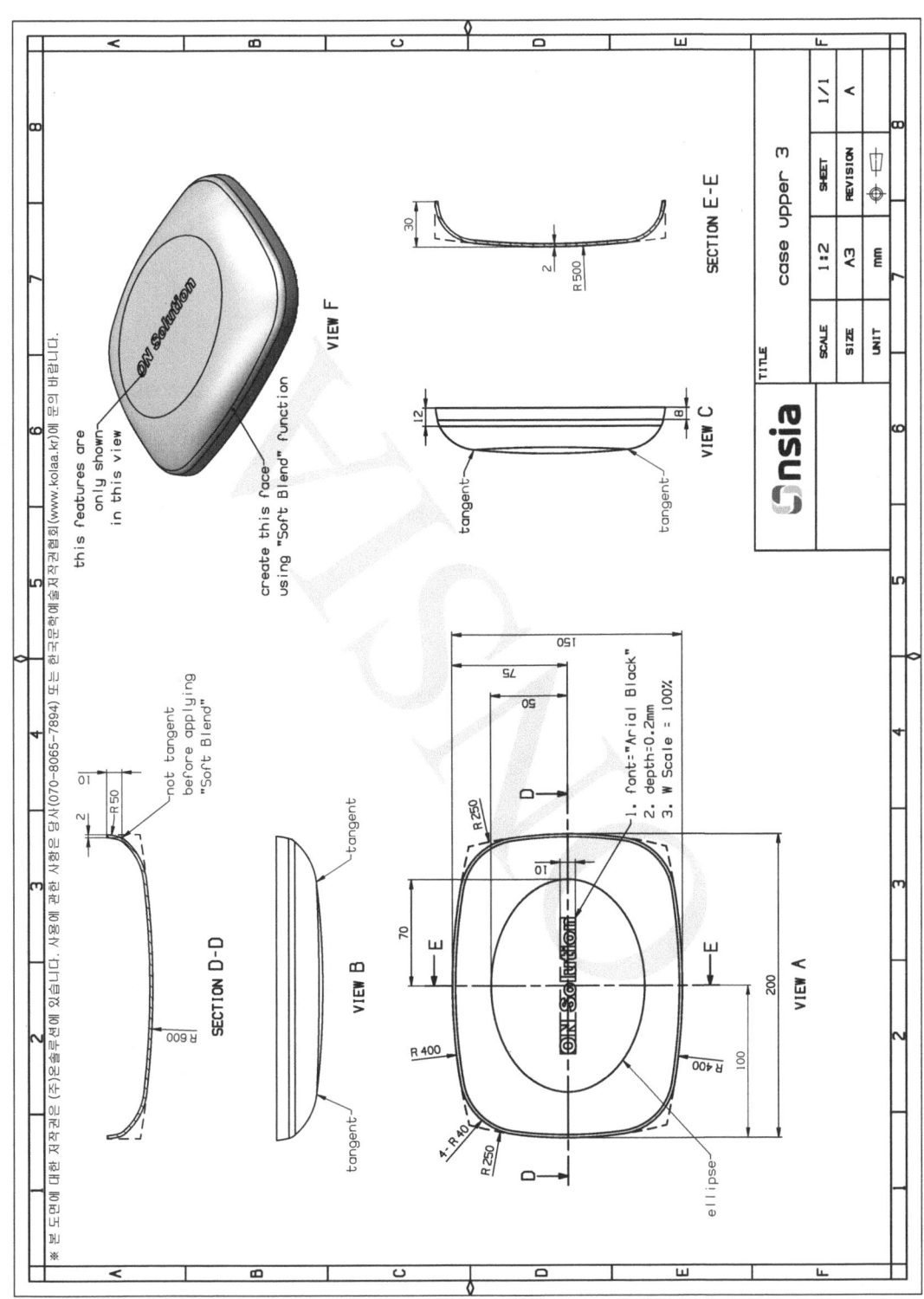

12 장: 종합 모델링

모델링 과정

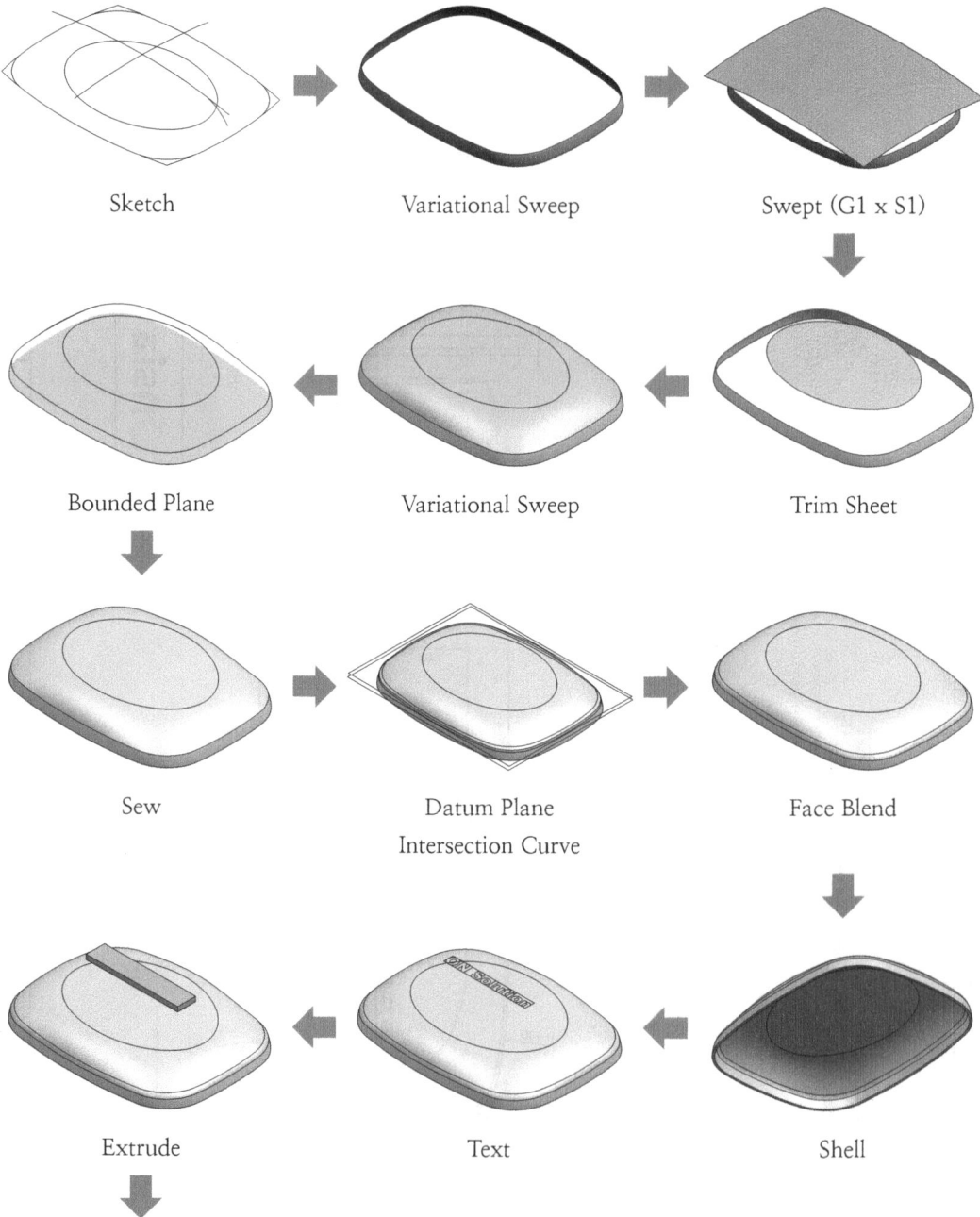

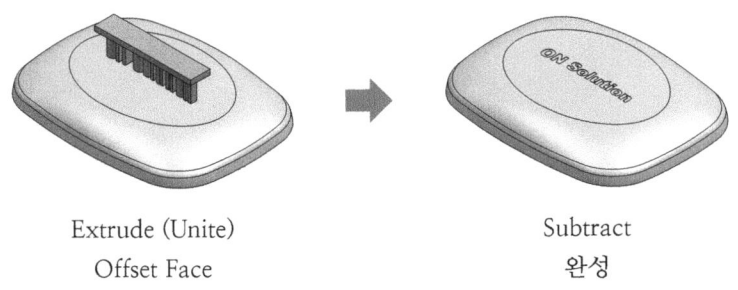

Extrude (Unite)　　　　　Subtract
Offset Face　　　　　　　완성

'case upper 3'의 완성 모델

12 장: 종합 모델링

(빈 페이지)

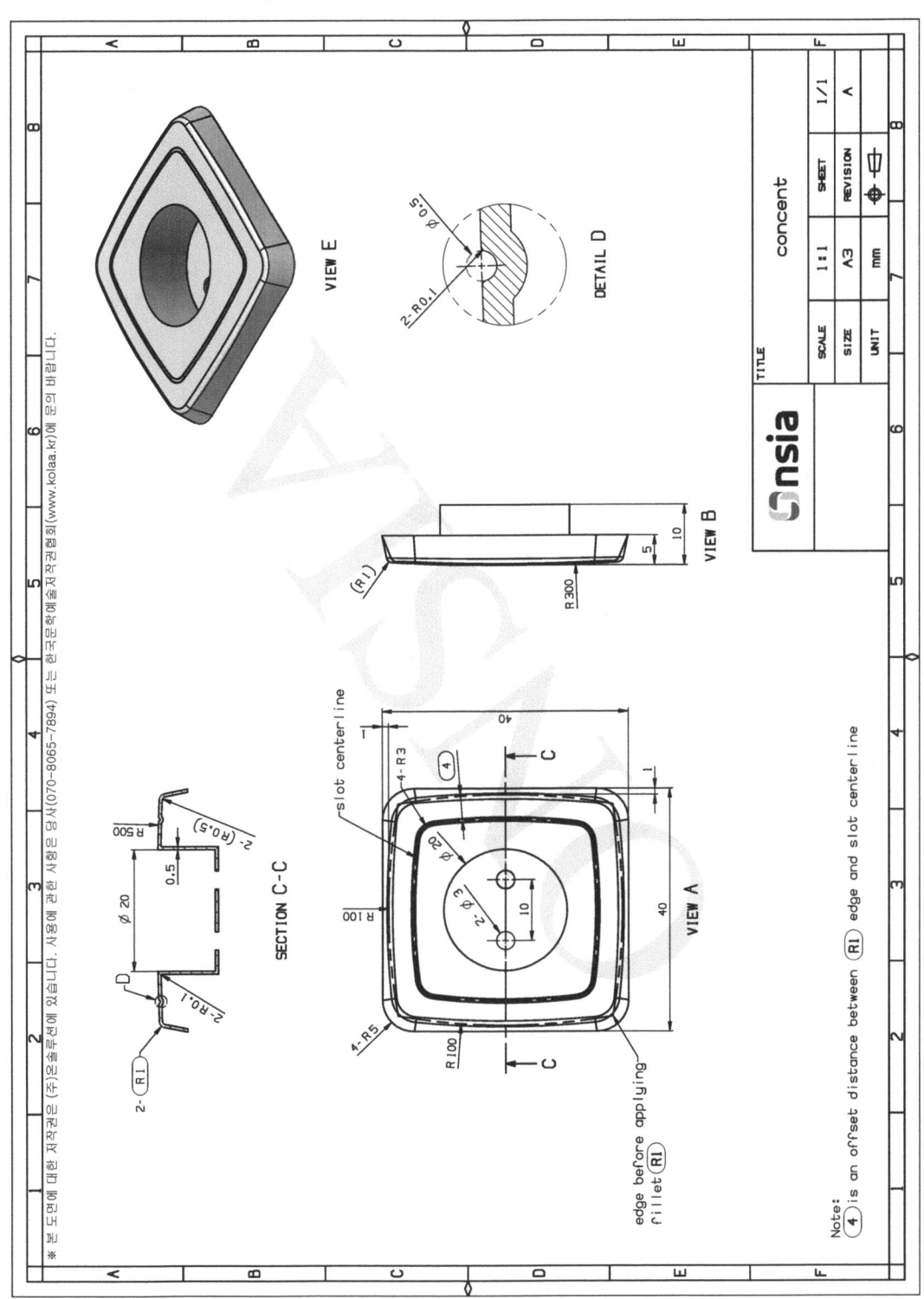

12 장: 종합 모델링

모델링 과정

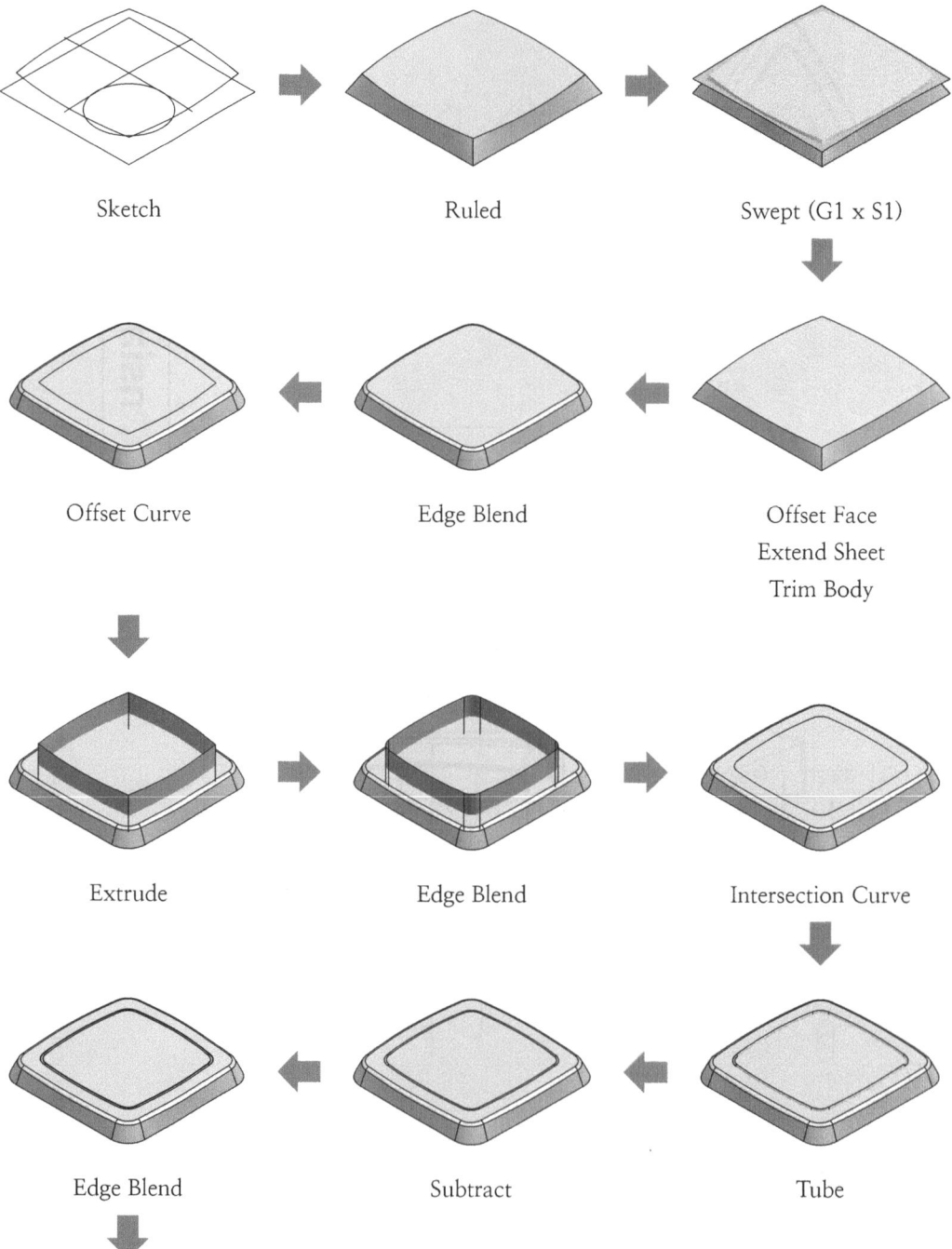

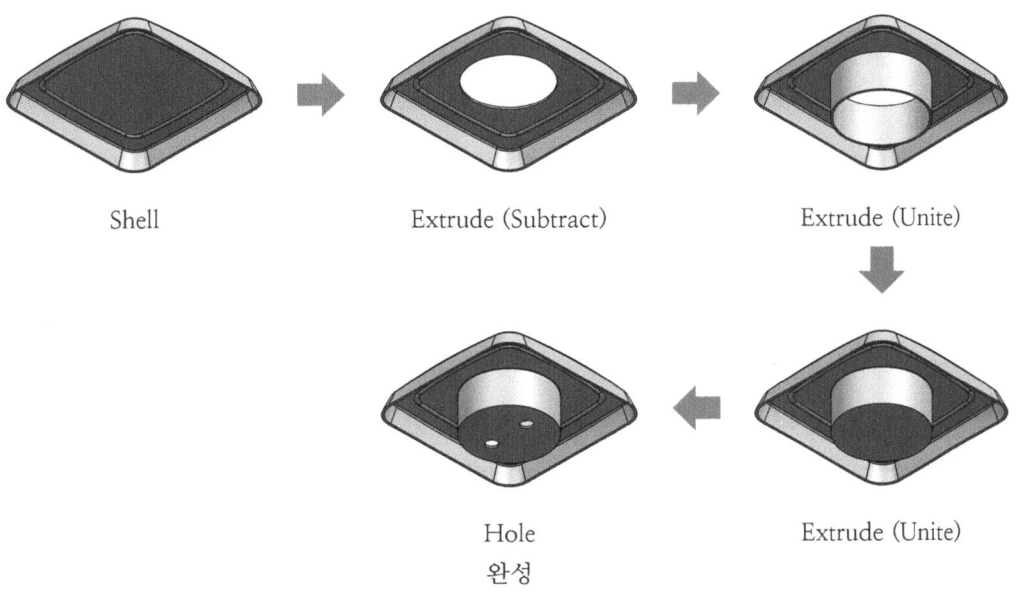

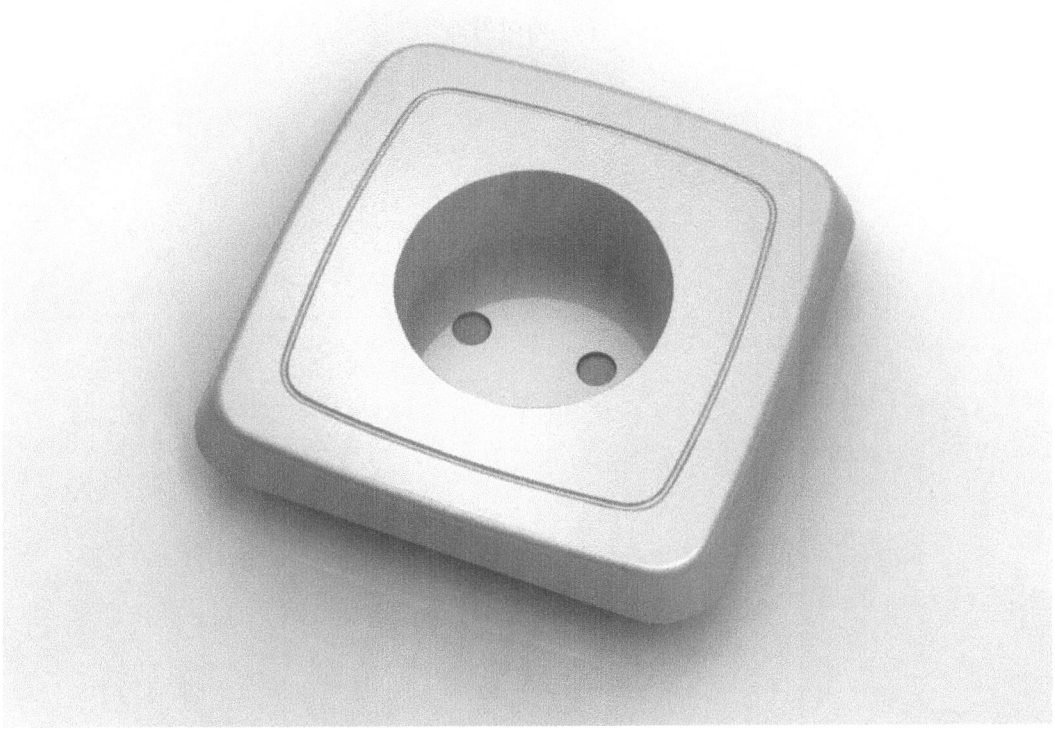

'concent'의 완성 모델

12 장: 종합 모델링

(빈 페이지)

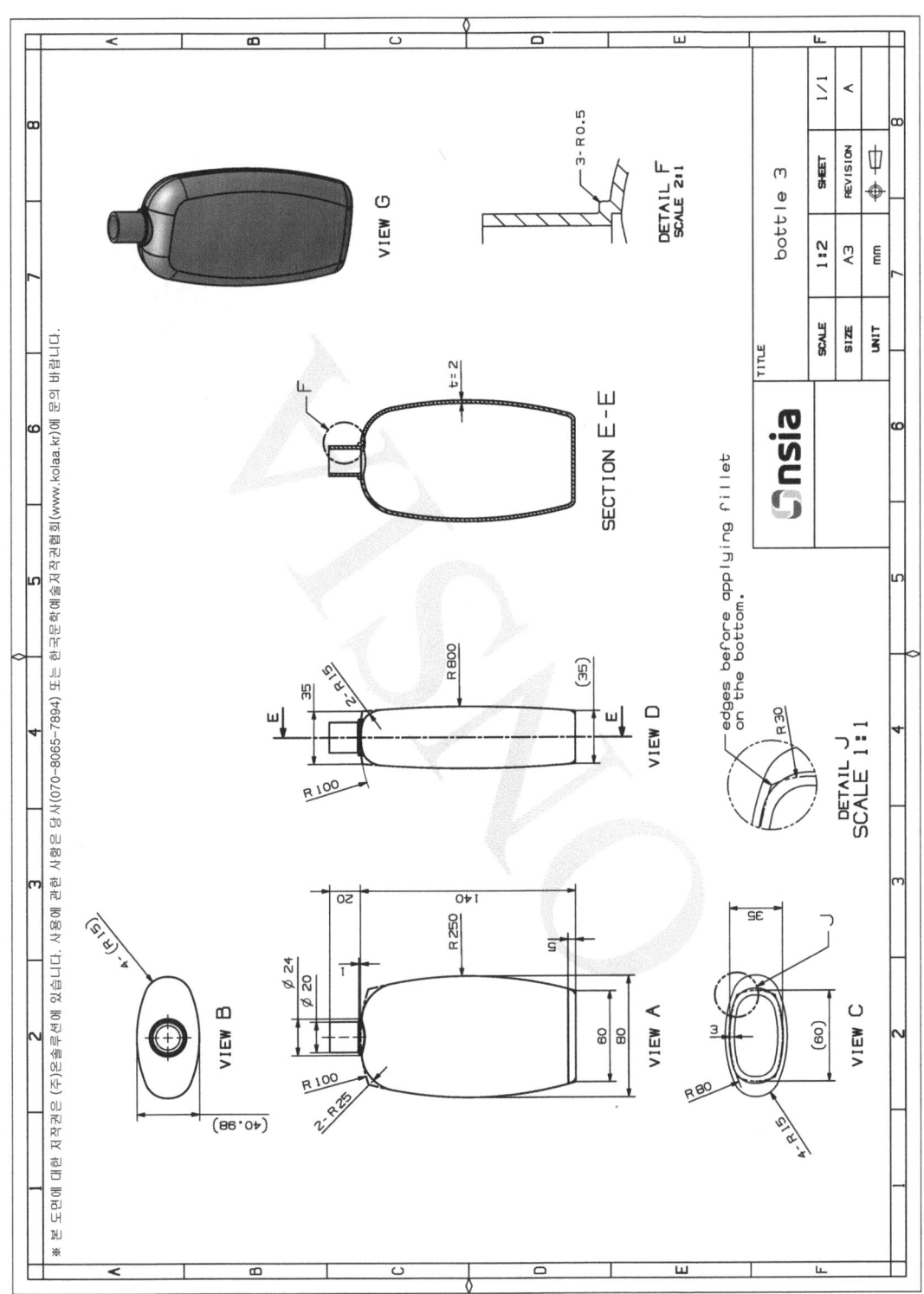

12 장: 종합 모델링

모델링 과정

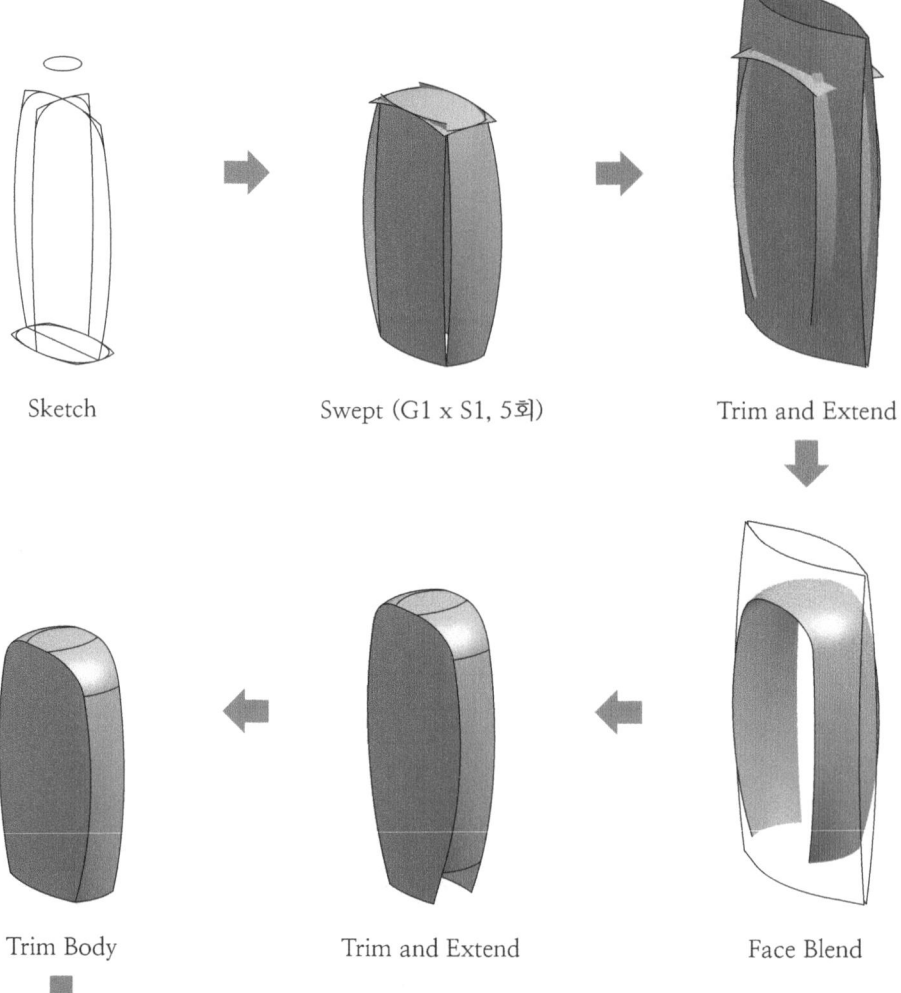

Sketch

Swept (G1 x S1, 5회)

Trim and Extend

Face Blend

Trim and Extend

Trim Body

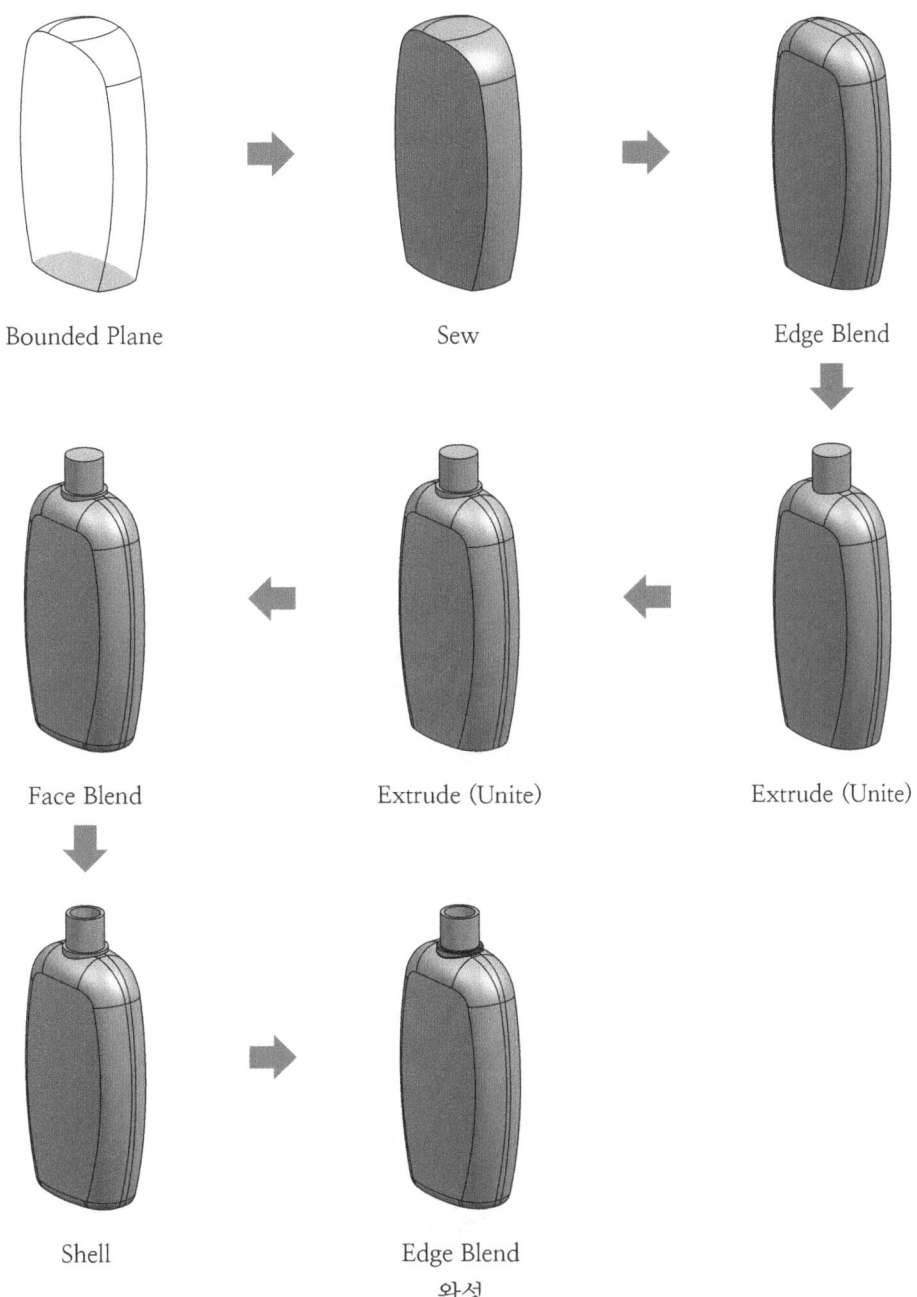

12 장: 종합 모델링

'bottle 3'의 완성 모델

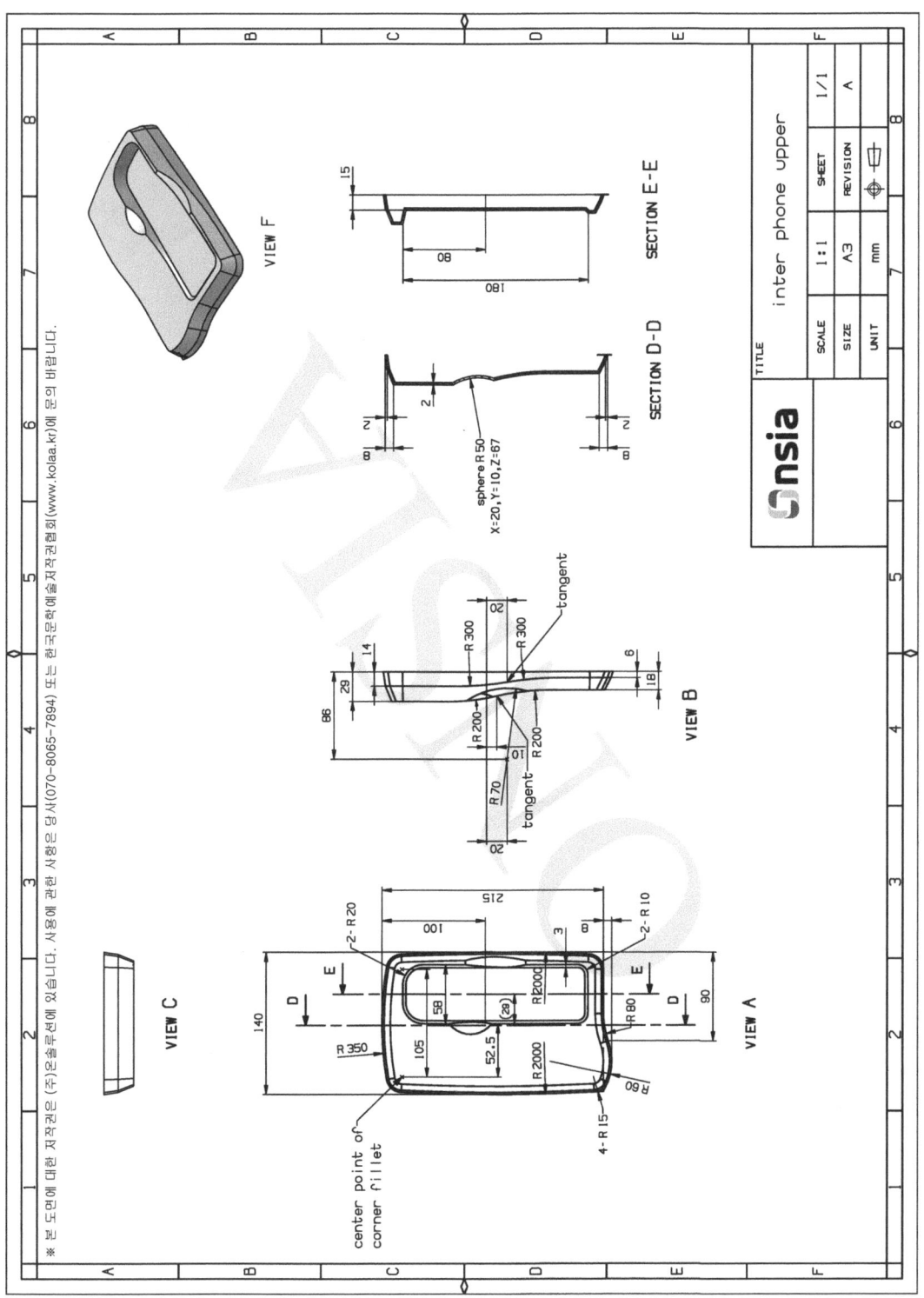

12장: 종합 모델링

모델링 과정

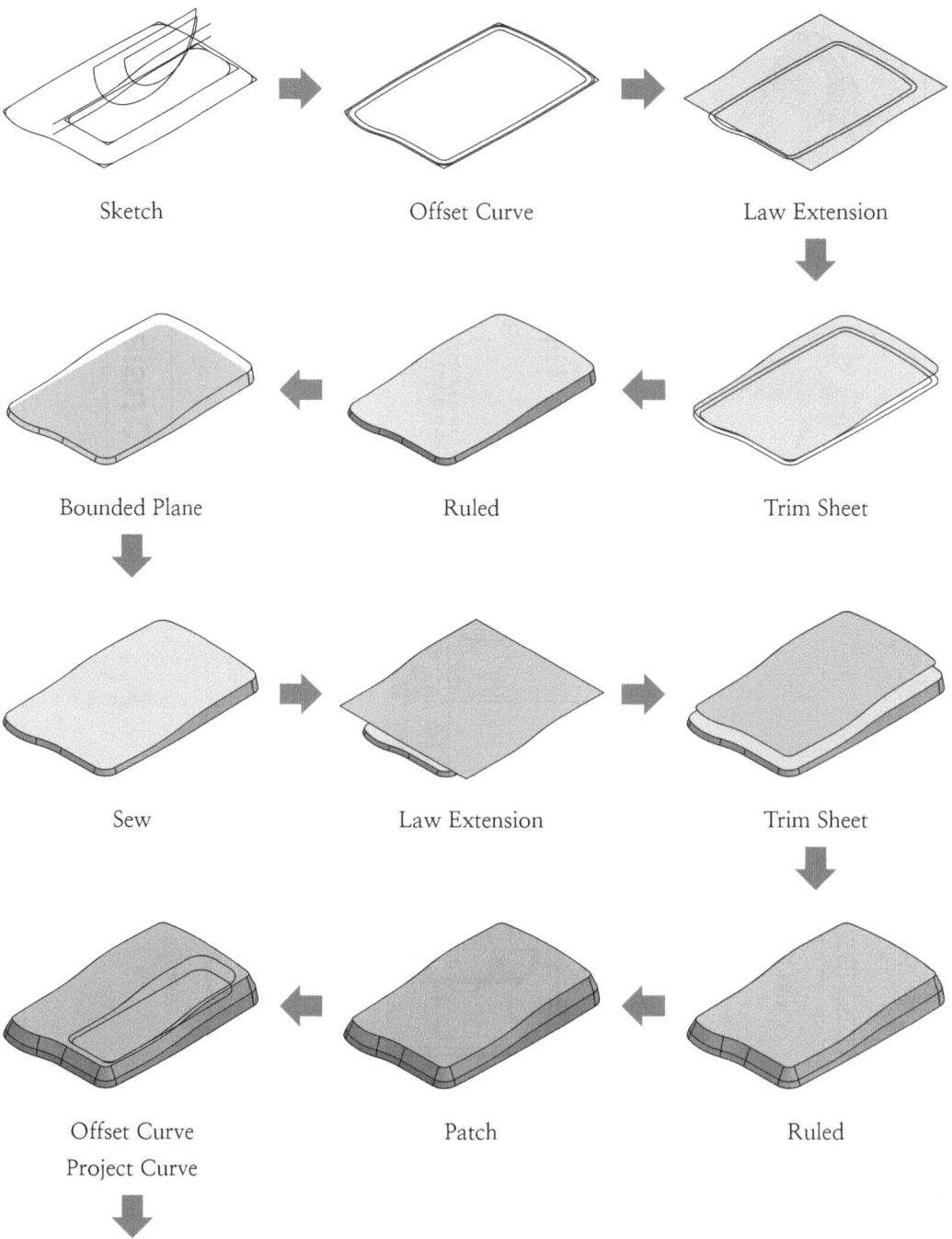

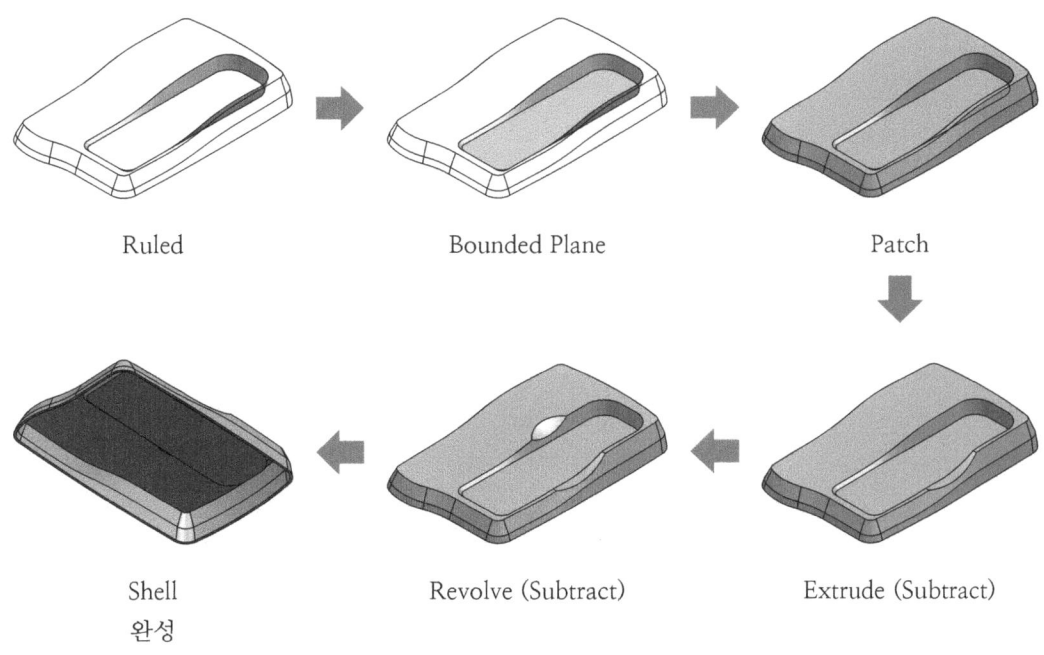

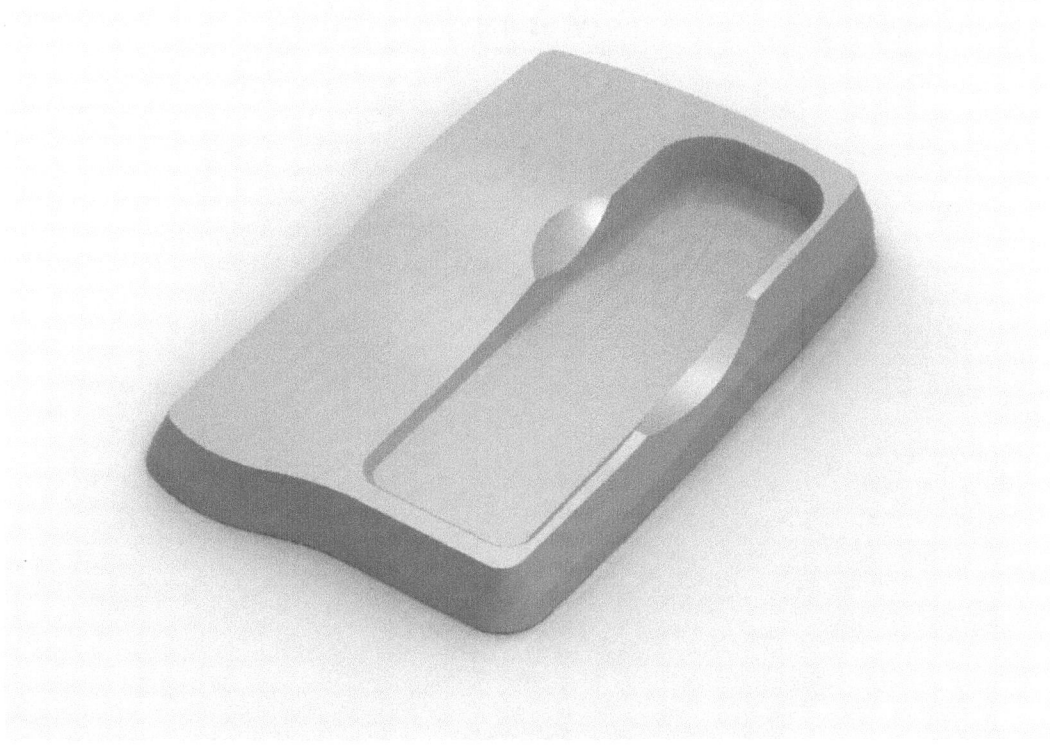

'interphone upper'의 완성 모델

12 장: 종합 모델링

(빈 페이지)

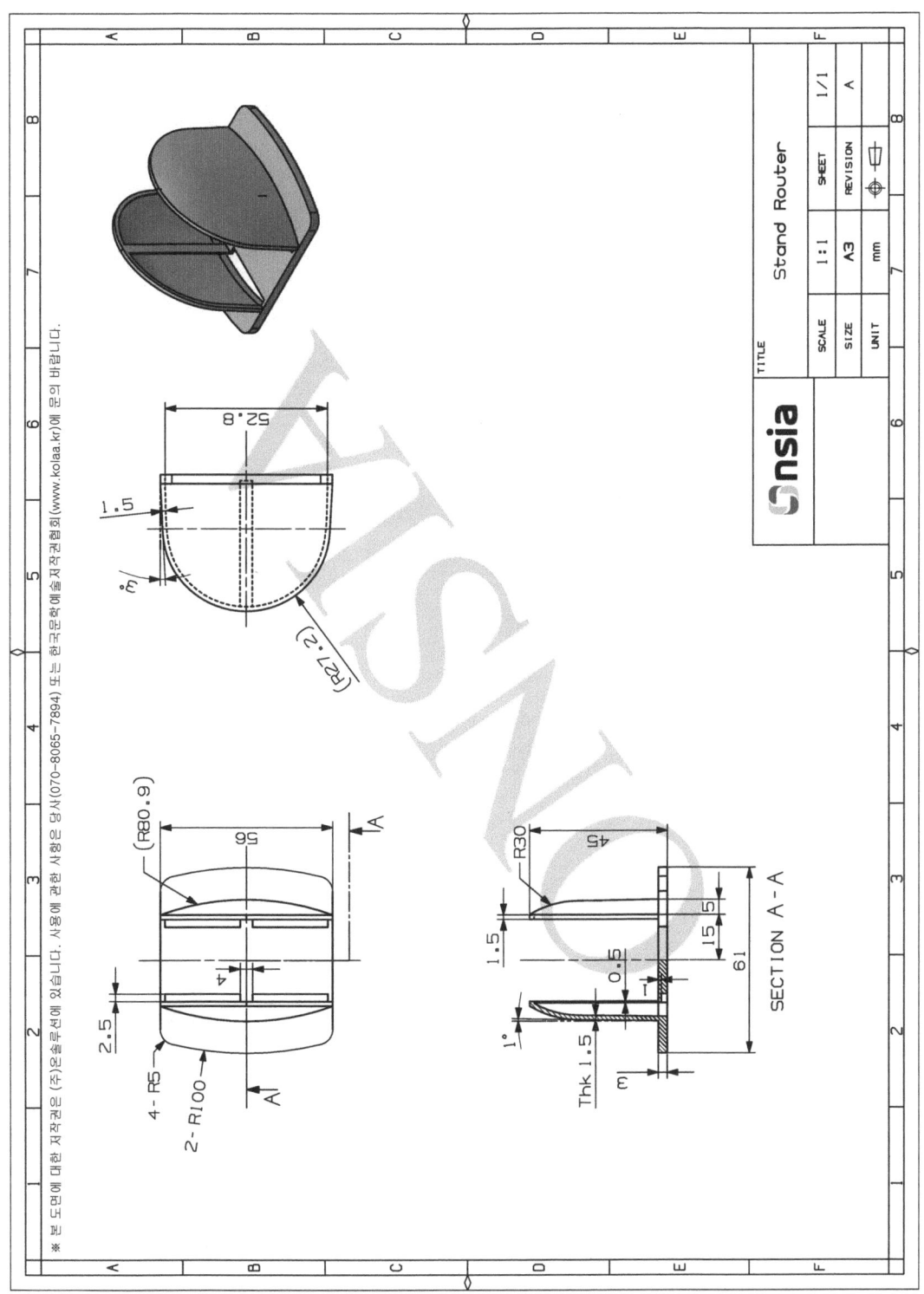

12 장: 종합 모델링

모델링 과정

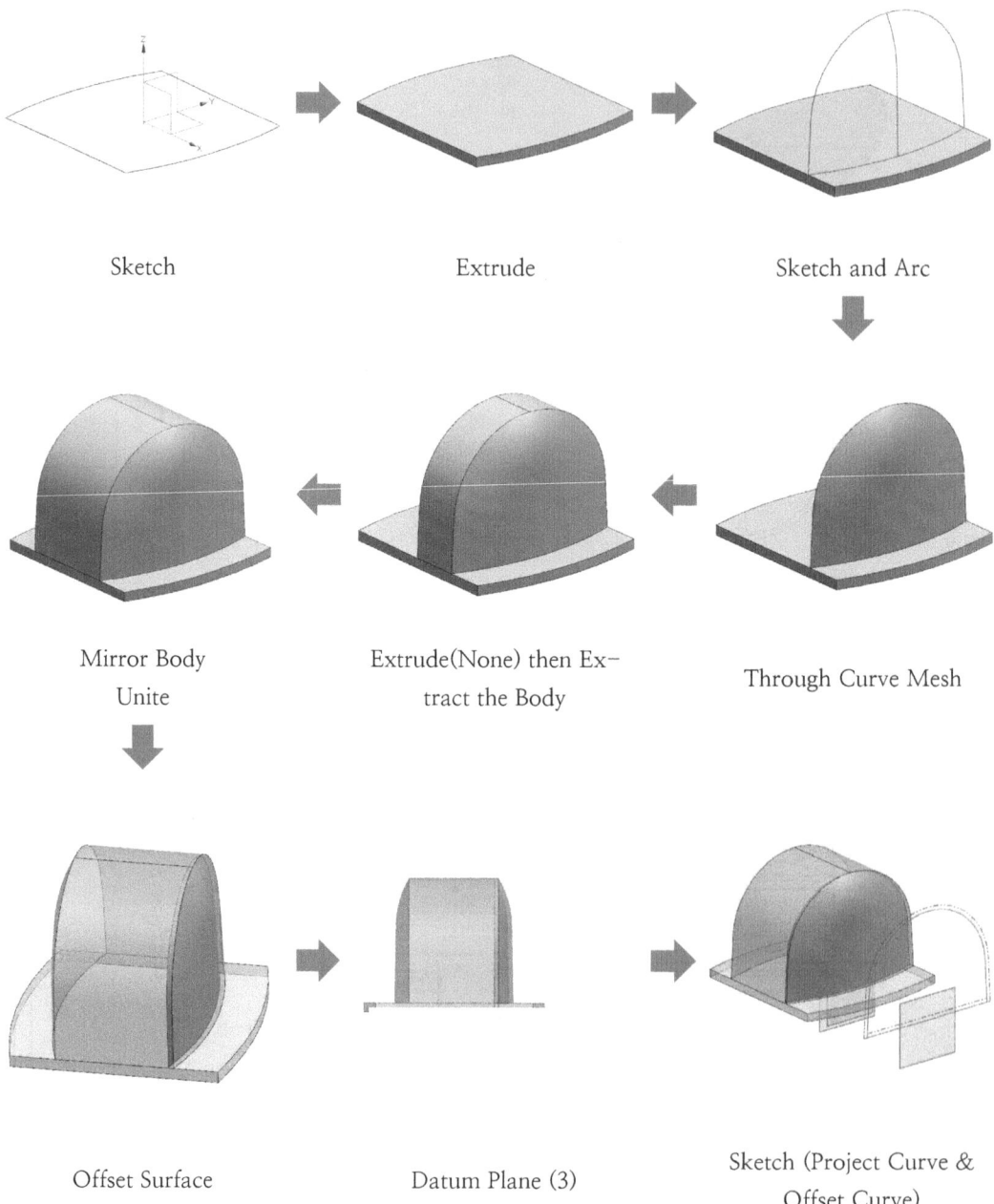

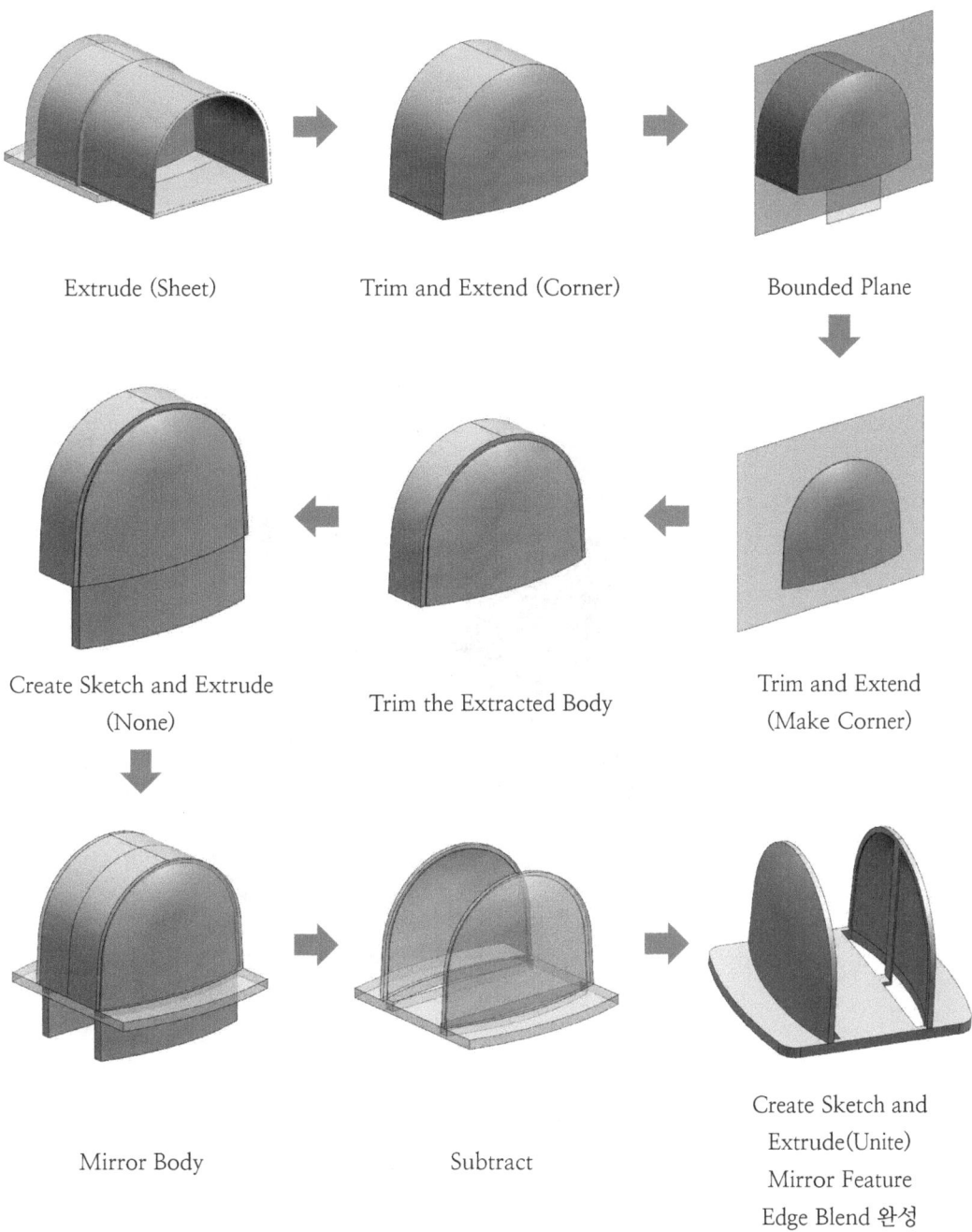

12 장: 종합 모델링

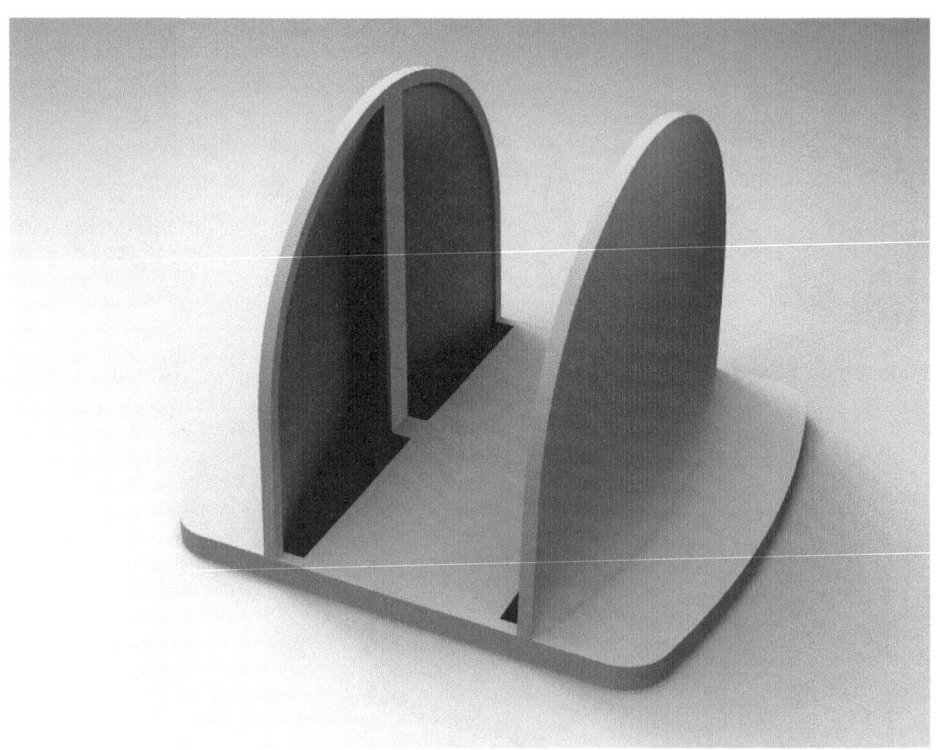

Stand Router의 완성 모델

Chapter 13
범퍼 스킨 모델링

■ 학습목표

- 자동차 카타로그의 라인을 이용하여 후면 범퍼 스킨(서피스)를 모델링 한다.

13장: 범퍼 스킨 모델링

13.1 개요

Combined Projection 기능을 이용하면 두 방향에서 보이는 윤곽선을 이용하여 공간상에 커브를 생성할 수 있으며 이렇게 생성한 여러 개의 커브를 이용하여 디자인 곡면을 생성할 수 있다. 이러한 모델링 방식은 주로 제품 개발 단계 중 컨셉 디자인 단계에서 스케치 한 디자인을 배경으로 하여 곡면을 모델링 할 때 사용된다. 이 챕터에서는 완성차의 브로셔에 있는 각 방향 프로파일을 이용하여 범퍼 스킨 곡면을 모델링 해 보자.

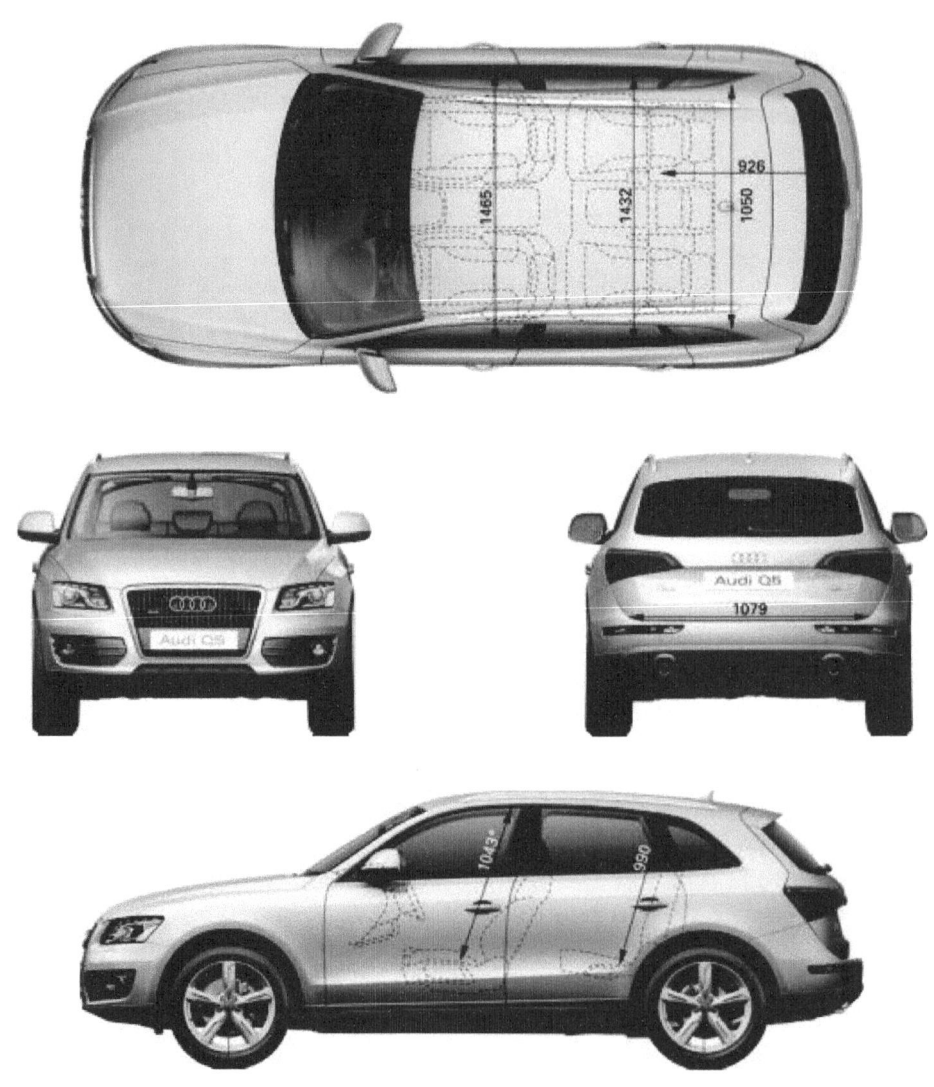

그림 13-1 Audi Q5의 4면 뷰

13.2 모델링 단계 요약

모델링 단계를 요약하면 다음과 같다.

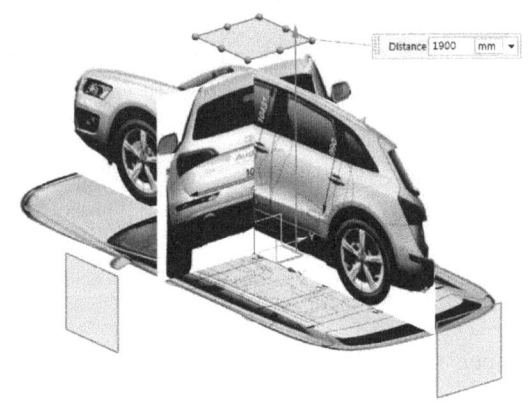

〈이미지 불러오기〉

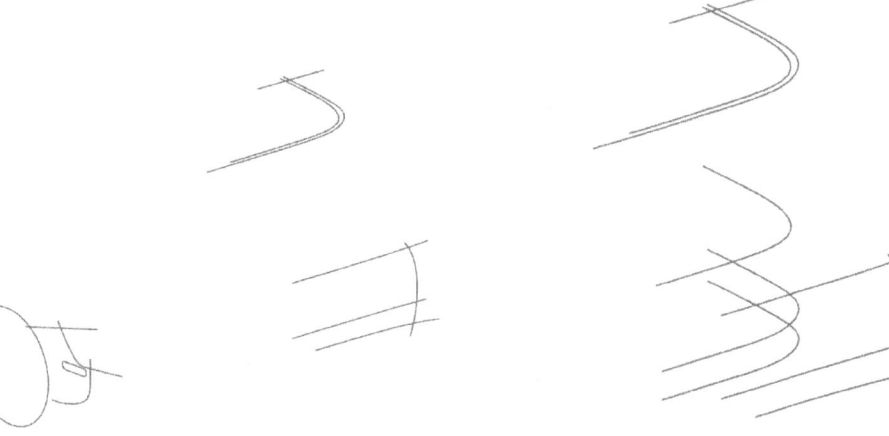

〈각 방향 커브 생성하기〉　　　　　〈3차원 커브 생성하기〉

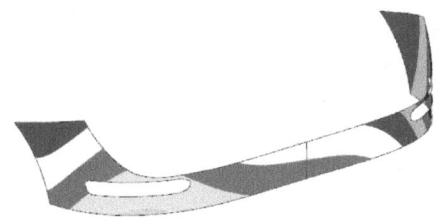

〈서피스 생성 및 수정〉

그림 13-2 모델링 단계 요약

13.3 상세 모델링

이미지를 배경으로 하여 스케치 선을 그려야 하기 때문에 필요에 따라 각 이미지를 숨기거나 보여야 한다. 하나의 파트 파일에 각 방향 이미지를 각각의 레이어에 할당함으로써 화면 표시를 조절할 수 있다. 또는 각 이미지를 각각의 파트 파일에서 불러온 다음 어셈블리 파일을 생성하고 모델링을 수행할 수도 있다. 이 예제에서는 전자의 방식을 이용한다.

13.3.1 파일 생성 및 이미지 불러오기

Side 이미지 불러오기

1. Model 템플릿으로 bumper_rear.prt 파일을 생성한다.
2. 81번 레이어를 Work로 지정한다.
3. Menu 버튼 > Insert > Datum > Raster Image를 선택한다.

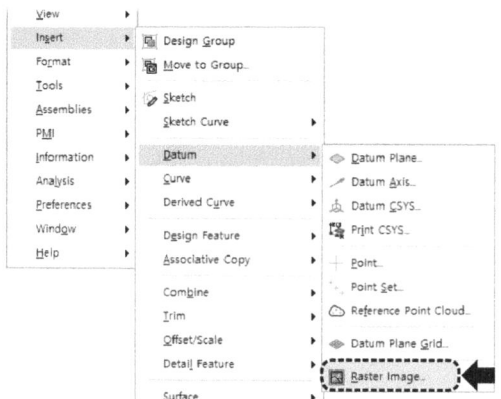

그림 13-3 Raster Image 아이콘

4. Target Object로 xz 평면을 선택한다. 평면의 방향이 -y 방향을 향하도록 한다.
5. Current Image 옵션에서 side.tif 파일을 선택한다.
6. Trimetric View가 그림 13-4와 같이 나타나도록 Orientation 옵션을 설정한다.
7. Size 옵션에서 Width를 4629mm로 입력한 후 OK 버튼을 누른다.
8. Ctrl + F를 눌러 화면을 Fit 한다.

그림 13-4 Side 이미지 추가

Rear 이미지 불러오기

1. 82번 레이어를 Work로 지정한다.
2. Raster Image 아이콘을 클릭하여 yz 평면에 Rear 이미지를 불러온다. Side 이미지를 크게 조절하였기 때문에 처음 추가된 Rear 이미지는 작게 표시된다. Basepoint 옵션을 Bottom Center로 설정한 다음 이미지 테두리의 핸들을 드래그하여 side 이미지의 높이와 맞춘다.

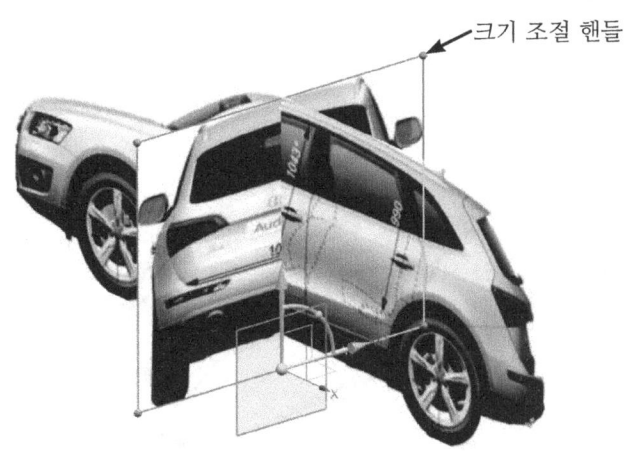

그림 13-5 Rear 이미지 추가

Top 이미지 추가

1. 83번 레이어를 Work로 지정한다.
2. Raster Image 아이콘을 클릭하여 xy 평면에 top 이미지를 불러온다. Basepoint 옵션을 Middle Center로 설정한 다음 이미지 테두리의 핸들을 드래그하여 side 이미지의 길이와 맞춘다.

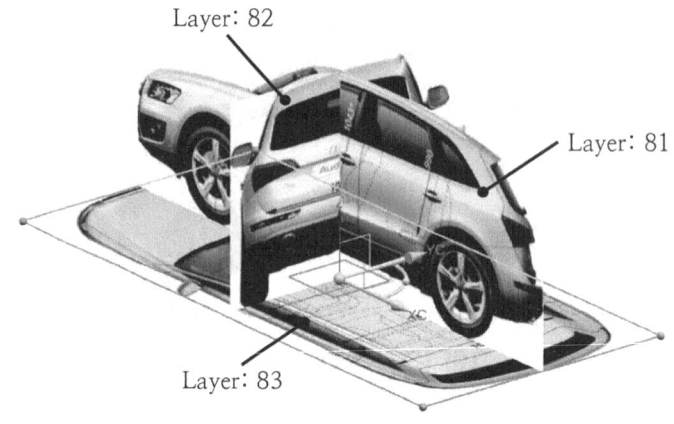

그림 13-6 Top 이미지 추가

13.3.2 스케치 생성

데이텀 평면 생성

62번 레이어에 그림 13-7과 같이 세 개의 데이텀 평면을 생성한다. 각각의 평면에 side, rear, top 뷰의 커브를 그릴 것이다. 중심에서의 거리는 상관 없으며 이미지 밖으로 나가도록 하는 것이 다음 작업을 위해 편리하다.

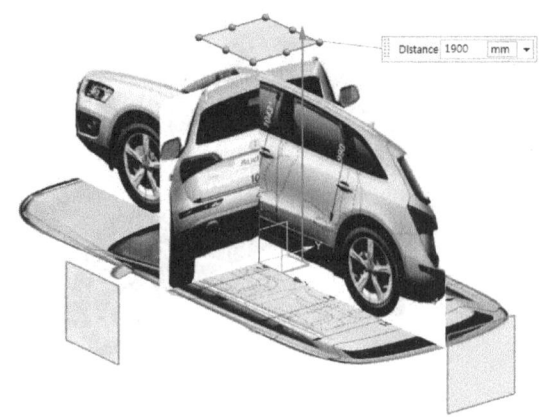

그림 13-7 데이텀 평면 생성

측면 스케치 생성

1. 21번 레이어를 Work로 지정한다.
2. 측면 이미지(81번 레이어)를 표시한 후 측면 데이텀 평면에 그림 13-8과 같이 범퍼를 모델링하기 위한 측면 스케치를 그린다. 완전구속은 생략하며 필요한 구속만 적용한다.

〈배경 이미지 표시〉

〈배경 이미지 숨김〉

그림 13-8 Side 스케치

후면 스케치 생성

1. 22번 레이어를 Work로 지정한다.
2. 21번 레이어와 81번 레이어는 숨긴다.
3. 후면 이미지(82번 레이어)를 표시한 후 후면 데이텀 평면에 그림 13-9와 같이 후면 스케치를 그린다. 완전구속은 생략하며 필요한 구속만 적용한다. 중심을 기준으로 왼쪽으로 수평 또는 수직의 직선을 먼저 그린 다음 스플라인 기능을 이용하여 모델링에 필요한 선을 그린다. 스플라인을 그릴 때 직선과 연결되는 부분에서 G2 연속을 적용한다. 자동차 형상은 중심을 기준으로 좌우로 대칭이기 때문에 반쪽만 모델링 한 후 대칭복사하는 방식을 사용한다. 따라서 대칭면에서 만나는 두 곡면은 곡률연속(G2) 이어야 한다.

13 장: 범퍼 스킨 모델링

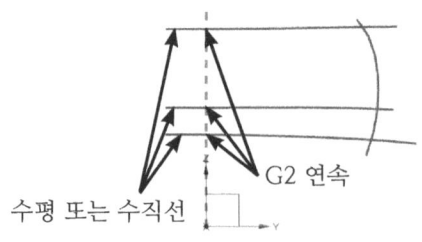

그림 13-9 Rear 스케치

상면 스케치 생성

1. 23번 레이어를 Work로 지정한다.
2. 22번 레이어와 82번 레이어는 숨긴다.
3. 상면 이미지(83번 레이어)를 표시한 후 후면 데이텀 평면에 그림 13-10과 같이 상면 스케치를 그린다. 완전구속은 생략하며 필요한 구속만 적용한다. 중심을 기준으로 아래쪽으로 직선을 먼저 그린 다음 스플라인을 이용하여 모델링에 필요한 선을 그린다. 스플라인을 그릴 때 직선과 연결되는 부분에서 G2 연속을 적용한다. 범퍼 형상이 끝나는 부분에 임의 직선을 그린다.

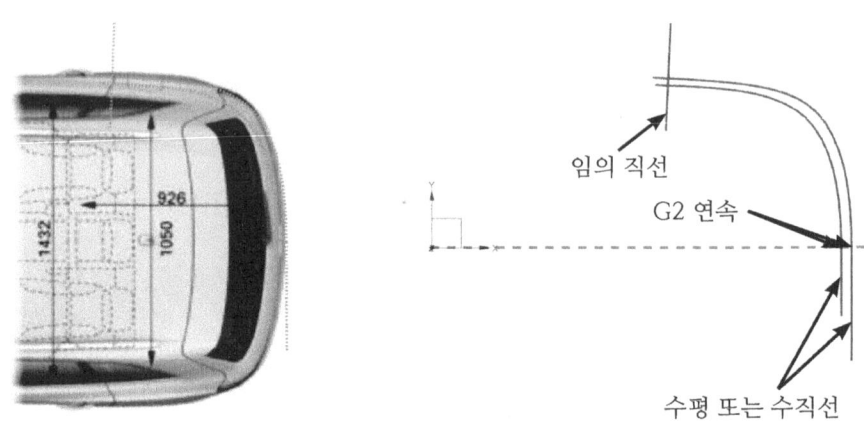

그림 13-10 Top 스케치

13.3.3 커브 생성

개별 커브 뽑아내기

스케치에서 그린 여러 개의 선을 개별 커브로 뽑아내어 후속 작업을 편리하게 할 수 있다.

1. 41번 레이어를 Work로 지정하고 스케치를 그린 레이어(21, 22, 23번)를 모두 표시한다.
2. Curve 탭 > Derived > Composite 아이콘을 클릭한다.
3. 스케치에서 그린 커브를 개별 커브로 뽑아낸다. 연속된 커브는 하나의 Composite Curve 피쳐로 생성되도록 해야 한다.
4. 스케치 레이어(21, 22, 23번)는 모두 숨긴다.

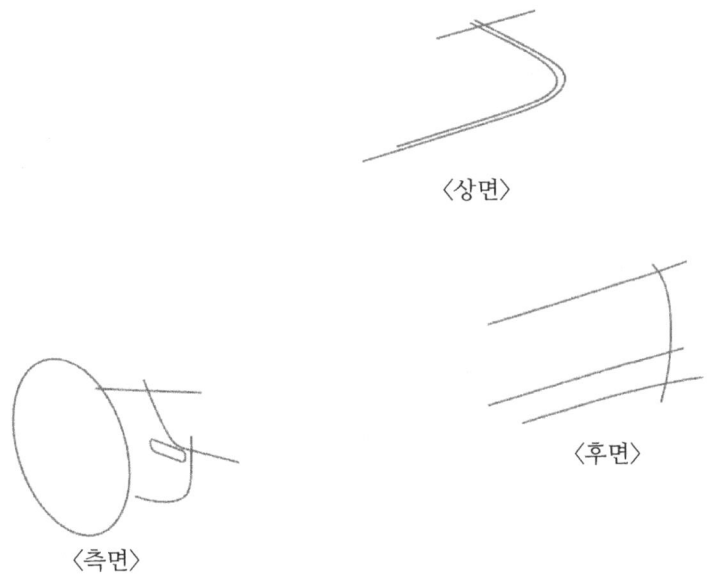

그림 13-11 뽑아낸 커브

3차원 커브 생성

평면에 그린 선을 이용하여 범퍼 곡면 생성을 위한 3차원 커브를 생성한다.

1. 42번 레이어를 Work로 지정한다.
2. Curve 탭 > Derived > More > From Curve > Combined Projection 아이콘을 클릭한다.
3. 대화상자를 Reset 하고 Curve Rule을 Feature Curve로 설정한 후 커브 Ⓐ와 커브 ❷가 교차하는 커브를 생성한다.
4. 같은 방법으로 커브 Ⓑ와 ❶, 커브 Ⓑ와 ❸ 사이에 교차커브를 생성한다.

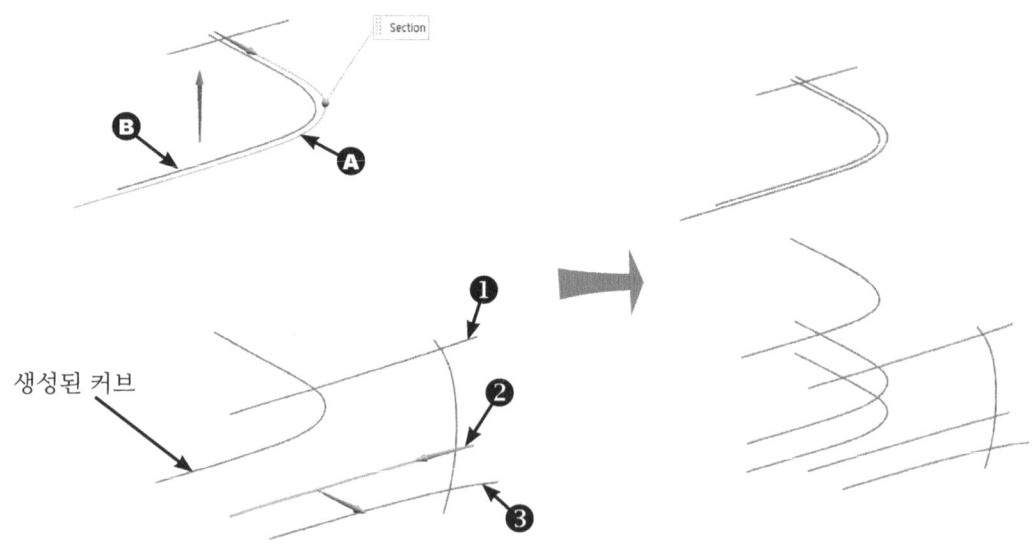

그림 13-12 3차원 커브

스플라인 생성

1. 19번 레이어를 Work로 지정한다.
2. 그림 13-10에서 생성한 임의 직선을 Extrude 한다.
3. 42번 레이어를 Work로 지정한 후 Menu 버튼 〉 Insert 〉 Datum 〉 Point Set을 선택한다.
4. Type 옵션으로 Intersection Points를 선택한다.
5. Extrude 면을 선택한 후 MB2 (마우스 가운데 버튼)를 누른다.
6. 세 개의 커브를 선택하고 OK 버튼을 누른다.
7. Curve 탭 〉 Base 〉 Studio Spline 아이콘을 누르고 Type 옵션에서 Through Points를 선택한다. 그림 13-14와 같이 두 개의 스플라인을 생성한다. 교차점을 선택할 때는 Snap Point 옵션 중 Existing Point 버튼을 켜야 한다. 스플라인2는 End Point 스냅을 이용하여 자동차의 중심을 통과하도록 생성한다.

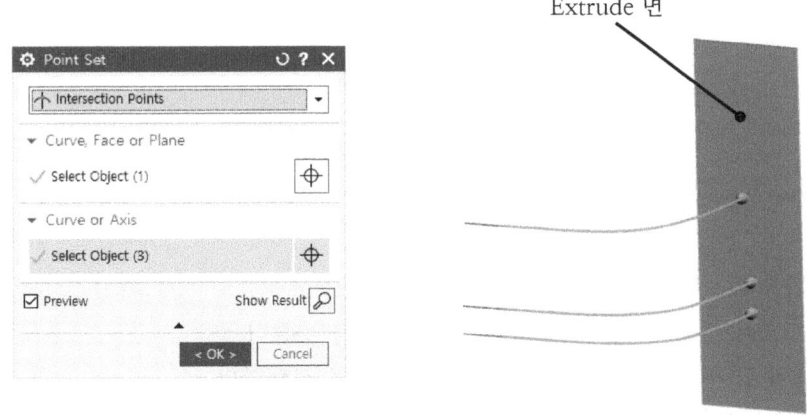

그림 13-13 교차점 생성

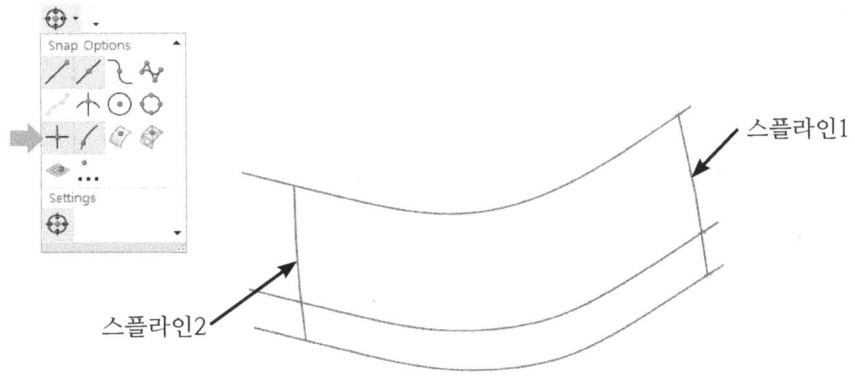

그림 13-14 스플라인 생성

13.3.4 곡면 생성

Dummy 서피스 생성

대칭면에 직각인 Dummy 서피스를 생성하여 G2 연속조건을 부여할 때 사용할 것이다.

1. 19번 레이어를 Work로 지정한다. 42번 레이어는 보이는 상태이다.
2. 그림 13-13의 Extrude 서피스는 Hide 시킨다.
3. 그림 13-14의 스플라인2를 적당량 Extrude 한다.

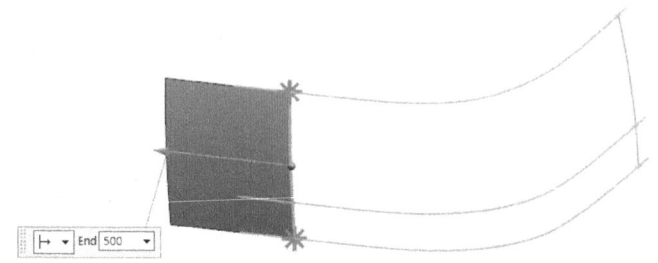

그림 13-15 Dummy 서피스 생성

Through Curve Mesh 서피스 생성

1. 11번 레이어를 Work로 지정한다.
2. Surface 탭 > Base > Through Curve Mesh 아이콘을 누른다.
3. 그림 13-16과 같이 Primary Curve와 Cross Curve를 선택한다.
4. P1에 G2 연속을 적용한다.
5. Part Navigator에서 TCM 피쳐를 더블클릭 한다. G0 연속을 만족시키지 못한다는 Alerts 메시지가 나타난다.
6. Cancel 버튼을 눌러 TCM 기능을 종료한다.

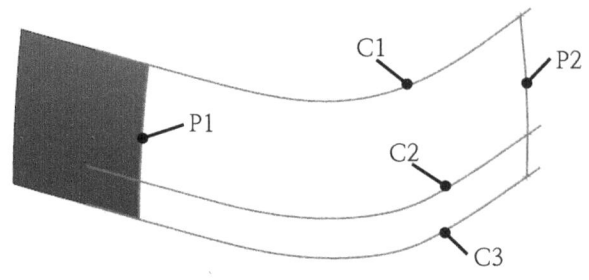

그림 13-16 TCM 서피스 생성

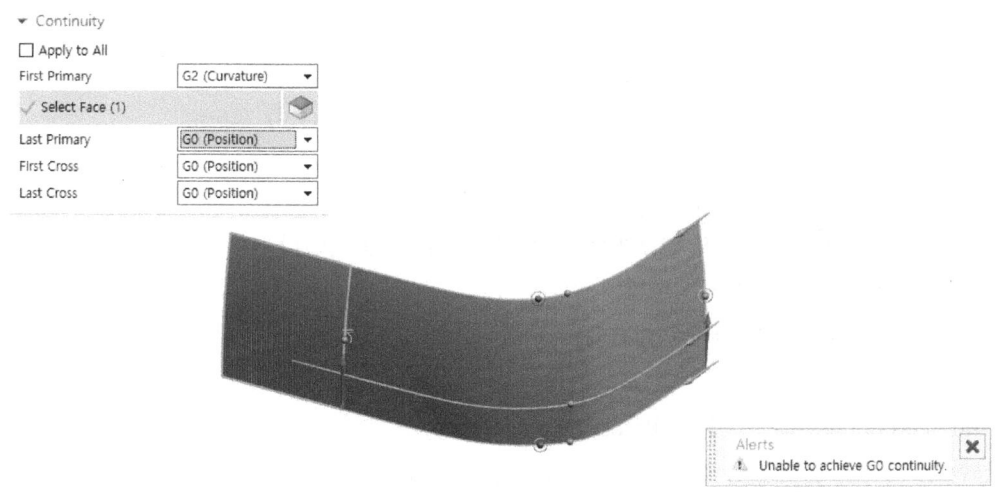

그림 13-17 G2 연속 적용

커브의 연속성 확인

1. Analysis 탭 > Relation > Curve Continuity 아이콘을 누른다.
2. 커브 ❹를 선택한 후 커브 ❺를 Reference Object로 선택한다.
3. Curve Continuity 대화상자에서 G0, G1, G2 옵션을 체크한다. G2는 만족되지 않음을 알 수 있다. 스케치를 그릴 때 G2 연속을 적용하였으나 Combined Projection 기능을 이용하여 3차원 곡선을 생성하면서 G2 연속성을 만족하지 못하는 상태로 되었다. C2, C3도 마찬가지로 G2 연속을 만족하지 못하므로 Dummy 서피스와 G2 연속을 만족하도록 커브를 다시 생성해야 한다. 이런 상태로도 G2 연속을 적용할 수는 있지만 G0를 만족하지 못하는 결과를 초래한다.

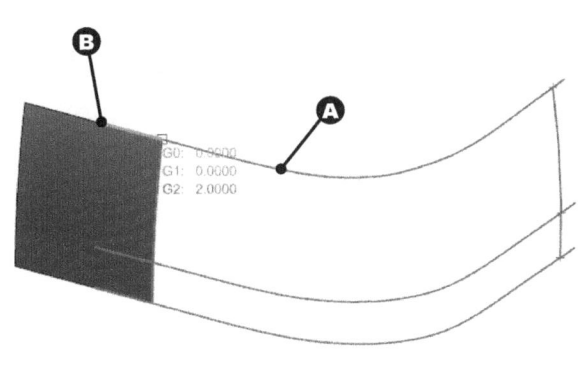

그림 13-18 커브의 연속성 확인

포인트 생성

스플라인을 다시 생성하기 위해 기존 스플라인 위에 점을 생성한다.

1. View 탭 〉 Layer 〉 Move to Layer 아이콘을 누른다.
2. 그림 13-19에 ❹로 표시한 점 3개를 43번 레이어로 이동시킨다.
3. 43번 레이어를 Work로 지정한다.
4. Curve 탭 〉 Base 〉 Point 〉 Point Set 아이콘을 클릭한다. Type 옵션으로 Curve Points를 선택한다.
5. Start Percentage 옵션과 End Percentage 옵션을 이용하여 그림 13-19와 같이 5개의 점을 생성한다. 기존 스플라인의 길이에 따라 Start와 End 값을 적절하게 입력한다.
6. C2, C3에 대해서도 같은 방법으로 점을 생성한다.

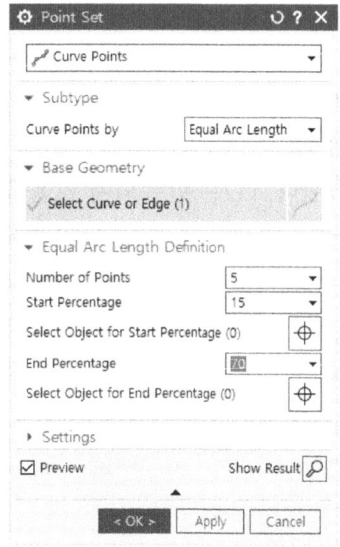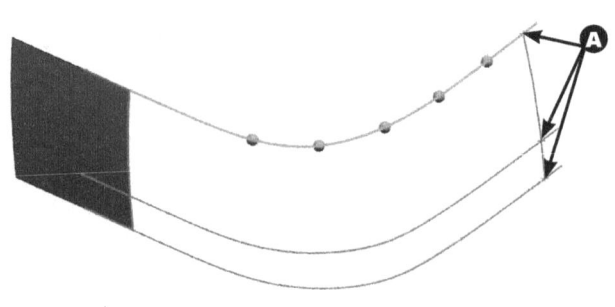

그림 13-19 포인트 생성

Isoparametric Curve 생성

C2와 Dummy 서피스 사이에 G2 연속을 부여하기 위해 Isoparametric Curve를 생성한다.

1. 42번 레이어를 숨긴다.
2. 그림 13-20에 표시한 스플라인 ❸를 생성한다.
3. Curve 탭 〉 Derived 〉 More 〉 From Body〉 Isoparametric Curve 아이콘을 선택한다.
4. Dummy 서피스를 선택하고 그림 13-20과 같이 Isoparametric Curve를 생성한다. Location 옵션으로 Through Points를 선택한 후 기존 C2 커브 위에 생성한 점 중 하나를 선택하면 된다.

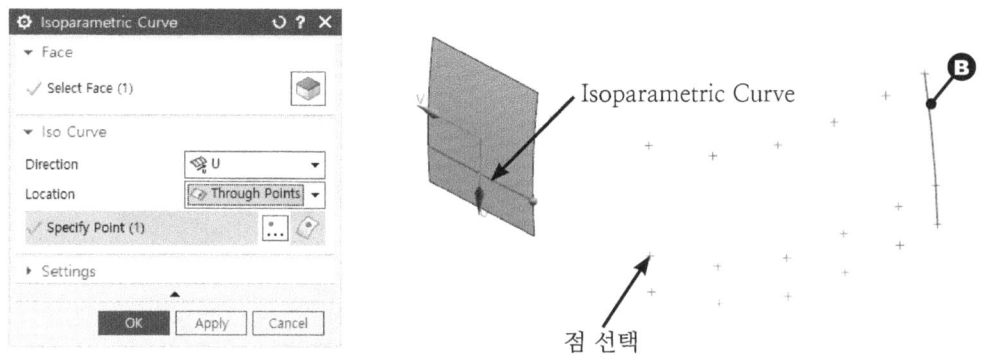

그림 13-20 Isoparametric Curve 생성

스플라인 생성

Curve 탭 〉 Base 〉 Studio Spline 기능을 이용하여 그림 13-21과 같이 새로운 스플라인을 생성한다. Work Layer는 43번이다. Dummy Surface와 연결되는 부분에서는 모서리와 G2 연속을 적용해야 한다. 점을 선택할 때 Snap Point 옵션 중 Existing Point가 선택되어 있어야 한다. 점을 한번에 선택할 경우 스플라인이 고르게 생성되지 않을 수 있다. 이런 경우에는 두 개로 나누어 생성한다. 연결되는 부분에서는 G2 연속을 적용해야 한다.

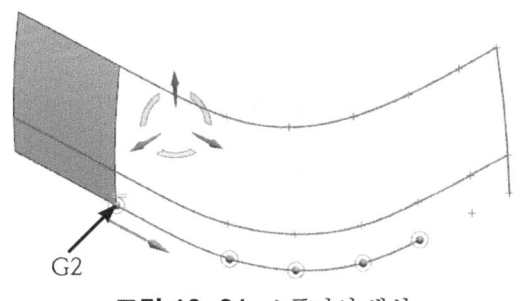

그림 13-21 스플라인 생성

Through Curve Mesh 서피스 생성

1. 11번 레이어를 Work로 지정한다.
2. Home 탭 > Base > Through Curve Mesh 아이콘을 누른다.
3. 그림 13-16과 같이 Primary Curve와 Cross Curve를 선택한다. Cross Curve를 선택할 때 Single Curve 룰을 적용하여 필요한 부분만 선택하여야 한다.
4. P1에 G2 연속을 적용한다. 그림 13-17의 Alerts 없이 G2 연속이 적용됨을 알 수 있다.
5. OK 버튼을 눌러 TCM 서피스를 생성한다.
6. 43번 레이어를 숨기고 Reflection 기능을 이용하여 두 서피스 사이의 연속성을 확인한다. (Analysis 탭 > Face Shape > Reflection)

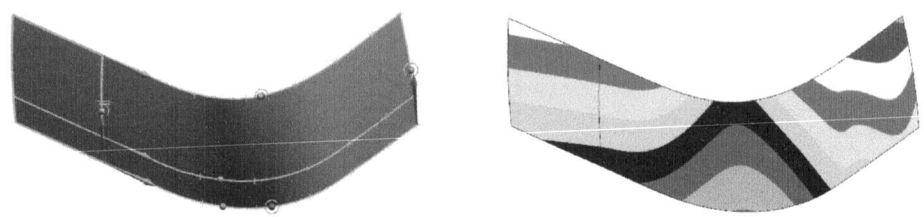

그림 13-22 TCM 서피스 생성

7. 19번 레이어(Dummy Surface)를 숨기고 TCM 서피스를 중심 평면에 대하여 대칭복사한다. Home 탭 > Base > More > Copy > Mirror Geometry 기능을 이용하면 된다.
8. 두 개의 서피스를 Sew 한다.

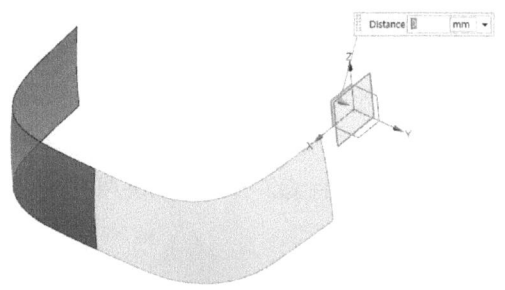

그림 13-23 대칭복사

곡면 수정

기초 곡면을 완성한 후 측면 커브를 이용하여 불필요한 부분을 잘라내어 완성한다.

1. 41번 레이어를 표시한 후 불필요한 커브는 숨긴다.
2. 19번 레이어를 Work로 지정한 후 폐곡선을 Extrude 하여 시트바디를 잘라낸다. Subtract 옵션을 이용하면 된다.

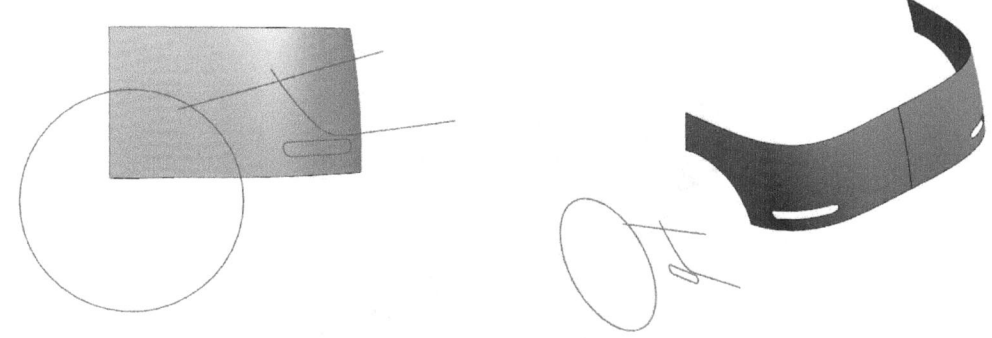

그림 13-24 측면 커브   **그림 13-25** 폐곡선으로 Subtract한 결과

3. 개곡선을 각각 Extrude 하여 시트바디를 생성한다.
4. 모자라는 부분은 Extend Sheet 기능을 이용하여 연장한다.

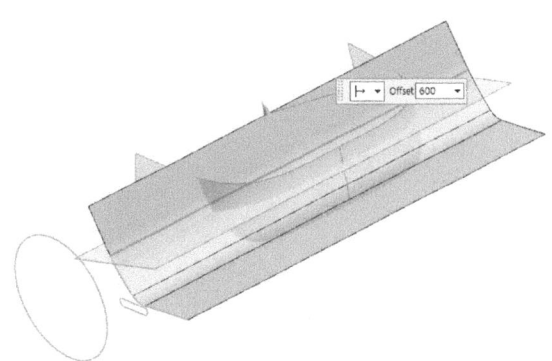

그림 13-26 시트바디 생성 및 연장

5. Trim Sheet 기능을 이용하여 잘라내어 완성한다.

그림 13-27 완성된 범퍼 서피스

색인

영문

A

Alignment 64,187
Associative 279

B

Border Bar 10
Bridge Curve 173
Bridge 커브 289
By Points 68

C

Close in V 106
Combined Projection 292,412
Composite Curve 286,411
Conic Curve 263
Contact Curve 316
Continuity 93,170,173
Cross Curve 149
Curvature 94
Curve Continuity 415
Customer Defaults 29

D

Distance Tolerance 49
Draft Analysis 145

E

Edit Object Display 102
Emboss 321
Emphasis 169
Examine Geometry 135
Extend Sheet 319
Extract Geometry 329

F

Face Analysis 116
Face Blend 305
Fit 19
Fit Percentage 19
Fix at Current Timestamp 330
Flow Direction 99

G

G0(Position) 94
G1 245
G1(Tangent) 94
G2(Curvature) 94
Grid Line 102,166

H

Helix 269

I

Intersection Curve 281
Isoparametric 102
Isoparametric Curve 143,174,286,417

L

Law Extension 303
Layer 52,331
Layer Move 331
Limits 251

M

Make Current Feature 330
Make Last Feature Current 330
Manage Current Settings 30
Master Section 240
MB1 11,12
MB2 11,12
MB3 11,14
Mirror Curve 281

N

N(Normal) 246
Normal to End Section 107
Normal to Path 256
Normal to Vector 256

O

Object Display 102
Offset Curve 276
Offset in Face 284
Offset Surface 326
Orientation 255
Orientation Method 187,202
Orient View 22

P

Pan 20
Parallel to Vector 260
Patch 40,44
Pattern Face 300
Point Set 413,416
Position 94
Preserve Shape 73
Primary Curve 149
Project Curve 280

R

Radial 팝업 15
Raster Image 406
Reflection 117,118,418
Refresh 19
Regenerate Work 167,274
Rendering Style 20
Repeat Command 24
Role 5
Rolling Ball 309
Rotate 20
Rotation Reference 24
Ruled Surface 62

S

Scaling Method 187,213
Secondary Section 251
Section Anaysis 138
Section Location 189
Sew 40,47
Shape 313
Snap Point 72,92
Spine 164,224
Spline 155
Studio Spline 413
Studio Surface 234
Surface Continuity 128
Swept 184,236
Swept Section 310

T

Tangent 94
Text 271
Thicken 41,51
Through Axis 260
Through Curve Mesh 148,236
Through Curves 88,235
Trim 40
Trim and Extend 297
Trim Body 41
Trim Sheet 323
T(Tangent) 246
Tube 325

U

User Interface 5

V

Variational Sweep 240
V-Sweep 240

W

Width Method 311

Z
Zoom 20

한글

ㄹ

레이어 52,331
롤 5

ㅁ

마우스 사용법 11

ㅅ

사용자 인터페이스 5

(빈 페이지)

본 서에 대한 독자님들의 의견을 소중히 듣겠습니다. support@onsia.kr로 메일 주세요.

본문 내용이나 예제에 대한 제안을 주시면 검토 후 다음 버전에 반영하겠습니다.

ONSIA 출판 서적

- CATIA V5 기본 모델링-2판: ISBN 978-89-94960-27-2
- CATIA V5 서피스와 실무 모델링-2판: ISBN 978-89-94960-31-9
- CATIA V5 유한요소 해석법: ISBN 978-89-94960-28-9
- NX 10 서피스 모델링: ISBN 978-89-94960-25-8
- NX 12 모델링 가이드: ISBN 978-89-94960-29-6
- SIEMENS NX 모델링 가이드: ISBN 978-89-94960-32-6
- SOLIDWORKS 기본 모델링: ISBN 978-89-94960-30-2
- NX 12 NASTRAN 유한요소 해석법: ISBN 978-89-94960-33-3

(빈 페이지)